현대사회의 위기와 동양사회사상

김미경 · 김보경 · 박수호 · 신종화 · 오세근 · 유승무 · 이동일
이명호 · 이현지 · 정승안 · 정학섭 · 최석만 · 최우영 · 홍승표

다산출판사

기획의 글

올해는 동양사회사상학회가 세상에 태어난 지 20년이 되는 해이다. 사람도 스물이 되면 어린 티를 벗고 성인이 되듯, 우리 학회도 이제 어엿한 청년으로 성장하였다. 걸음마를 시작했던 창립기를 되돌아보면 새삼 세월이 살같이 지나간 것을 실감한다. 하지만 금방 지나간 시간처럼 앞으로의 시간도 언젠가는 또 그렇게 지나가 버린 시간이 될 것이다. 마냥 회고에만 젖어 있을 수 없고 또다시 새로운 출발을 준비해야 하는 이유이다.

이 책은 동양사회사상학회의 창립 멤버이자 초대 회장이셨던 최석만 선생님의 정년을 기념하는 취지에서 기획되었다. 선생님은 학회 출발의 산파 역할을 하셨고, 이후 10여 년 넘게 학회장으로 우리 학회 성장의 견인차 역할을 해 주셨다. 선생님은 동양사회사상학회의 정신적·물질적(?) 지주로서, 누구에게는 아버지 같고, 누구에게는 큰 형 같고, 또 누구에게는 정겨운 도반 같은 존재셨다. 최석만 선생님이 아니었다면 오늘 스무살의 청년 동양사회사상학회는 결단코 존재할 수 없었을 것이다. 선생님은 동양사회사상학회의 의인판擬人版이며, 동양사회사상학회는 선생님의 물화판物化版이라고 할 수 있다.

우리는 학회의 성년과 최석만 선생님의 정년이 겹친 것을 우연이라고 생각하지 않았다. 어떻게 하면 선생님과의 학문적·인간적 인연을 더 도탑게 하면서 함께 학회의 새 출발을 기념할 수 있을까? 우리는 최석만 선생님의 학문적 논의와 직간접적으로 연결되는 글을 새로 쓰거나, 추억이 공유된 과거의 글들을 가려 뽑아 자그마한 정표情表로 남기기로 했다. 묶여

나온 이 책이 바로 그것이다.

우리가 살아가고 있는 현대의 위기는 점점 농후해져 가고 있다. 크고 작은 위기 가운데 너나없이 모두 불안해하고 있다. 어떻게 이 위기와 불안을 걷어내고 호수 같은 침잠과 꽃 같은 열정을 맛볼 수 있을까? 우리는 오랜 화두 '동양사회사상'의 입장에 서서 이러한 위기를 대면하고 그 극복의 가능성을 타진해 보고자 했다. 책의 1부가 주로 문제제기와 진단 측면에, 2부가 실제 각 문제(영역)에 대한 대응 측면에 할애된 것도 이러한 의도의 반영이다.

하지만 이 책이 우리의 거창한 문제의식에 대한 체계적이고 통일된 해답은 아니다. 오히려 이 책의 글들은 동양사회사상학회가 성년으로 자라는 과정에서 각자가 거칠게 묻고 답했던, 말하자면 청소년기의 편린片鱗 같은 것이다. 분명 더 다듬어져야 하고, 더 깊어지고 더 넓어져야 한다. 혹 어떤 생각은 철저히 전복되어야 할지도 모르겠다. 하지만 모색은 중단될 수 없고 어느덧 조금씩 나아갈 것이다. 분명 그럴 것이라고 믿는다. 그렇기에 청소년기의 성긴 과거를 반추하면서 제2의 출발선에 곧추서는 것이 더더욱 필요하지 않을까? 동양사회사상학회의 힘찬 제2도약과 최석만 선생님과의 우정이 앞으로도 영원하길 바라는 마음 가득하다.

이 책이 나오는 데 물심양면으로 도움을 주신 동양사회사상학회 정학섭 회장님과 학회원 여러분들께 깊은 감사를 드리며, 아울러 거친 원고를 마술처럼 멋진 책으로 만들어 주신 다산출판사의 여러분께도 심심한 감사의 마음을 표한다.

공저자들을 대신하여

최우영 씀

차 례

기획의 글 / 최우영 3

서 론 / 최석만 13

제1부 현대의 위기, 동양사회사상의 진단

제1장 현대 세계관과 현대문명의 위기 / 홍승표

Ⅰ 현대 세계관과 환경문제의 심화 21
1. 현대 환경문제의 근원으로서의 현대 세계관 21
2. 현대 환경문제의 양상 22

Ⅱ 현대 세계관과 사회관계의 악화 27
1. 현대 사회관계 악화의 근원으로서의 현대 세계관 27
2. 현대 사회관계 악화의 양상 28

Ⅲ 현대 세계관과 인간 소외의 심화 32
1. 현대 인간 소외의 근원으로서의 현대 세계관 33
2. 현대 인간 소외의 양상 34

Ⅳ 현대문명 위기와 동양사상의 해법 36

● 참고문헌 38

제2장 긴장과 갈등의 유교 / 최우영

Ⅰ 들어가는 말 39

Ⅱ 유교적 비판규범의 역사적 맥락 42
1. 유교 형성기의 모순적 지형 43
2. 유가의 소외와 비판적 재야성 47

Ⅲ 베버 유교론의 비판적 재검토 50
1. 유교의 존재론적 긴장 51
2. 유교의 정의(情誼)적 세계관 55

Ⅳ 유교의 내적 긴장과 비판적 규범성 61

Ⅴ 맺음말 68

● 참고문헌 70

제3장 위기의 사회와 불교 : 사회문제를 보는 시각을 중심으로 / 유승무

Ⅰ 서 론 73

Ⅱ 논의의 방향 76

Ⅲ 사회과학적 시각의 비판적 검토 77
1. 이론적 한계 78
2. 실천적 · 현실적 한계 80

Ⅳ 사회문제를 보는 불교적 시각 82
1. 사회문제의 원인 82
2. 사회문제의 실제 83
3. 사회통제 85
4. 불교적 시각의 장단점 87

Ⅴ 불교적 시각의 발전 가능성 88
1. 불교적 시각의 이론적 발전 가능성 89

2. 불교적 시각의 실천지향성 91

Ⅵ 결 론 93

● 참고문헌 94

제4장 탈근대 '생태패러다임'으로서 생태페미니즘과 우리나라 전통 선도사상의 만남 / 김미경

Ⅰ 문제제기 : 자본주의적 근대의 위기, 환경문제 97

Ⅱ 생태담론을 위한 인식론 100

1. 근대 과학주의 비판 102
2. 탈근대를 위한 성찰적 방법론으로서 '생태페미니즘' : 페미니즘과 생태주의의 만남 105
3. 우리나라의 선도(仙導)정신 : '천지인(天地人)' 사상에 나타난 자연관 110

Ⅲ '생태페미니즘'적 대안 : 환경친화적 가족가치를 위한 수행문화 116

● 참고문헌 121

제2부 우리 시대의 동양사회사상, 시각과 대응

제1장 친밀성의 위기와 순수지속의 사상적 성찰 / 정학섭

Ⅰ 후기 근대사회 정체성과 친밀성의 위기 127

Ⅱ 음양관계의 과유불급과 유가사상의 친밀성 132

Ⅲ 공경하는 관계와 친밀성의 세계 145

Ⅳ 맺음말 150

● 참고문헌 151

제2장 중독에 대한 유교사상적 이해 / 김보경

Ⅰ 문제제기 153

Ⅱ 중독의 정의와 중독의 원인 157

Ⅲ 유교적 인간의 소외와 중독 162
1. 도덕적 본성의 실현으로서의 인간과 중독 164
2. 대대적 관계로부터 소외된 인간과 중독 166
3. 공동체성의 해체로부터 소외된 인간과 중독 171

Ⅳ 결 론 176

● 참고문헌 179

제3장 위기탈출의 기예, 점복의 사회학 / 정승안

Ⅰ 들어가면서 181

Ⅱ 넘쳐나는 점복의 시대에 대한 이론적 고찰 183
1. 위기사회에 대한 일상생활사회학적 관점의 필요성 183
2. 점복의 일상생활사회학적 분석 186

Ⅲ 넘쳐나는 점술공화국의 시대 190
1. 재미와 일상의 산업화 191
2. 다양화된 점복의 양태 191
3. 새로운 투자전략의 기예 193
4. 황색저널리즘의 선두주자로서의 운세 194
5. 정보화사회와 운세의 산업화 194

Ⅳ 점복의 기능적 의미 196
1. 긍정적 기능 198
2. 부정적 기능 199

Ⅴ 위기탈출의 기예, 점복의 사회학적 함의 202

● 참고문헌 205

제4장 현대사회 노인 위기의 진상과 극복 방안 / 이현지

Ⅰ 노인 위기의 현주소 207

Ⅱ 노인 위기에 대한 연구의 현황 210

Ⅲ 현대사회 노인 위기에 대한 문명론적 접근 213
1. 현대 인간관과 현대문명의 한계 213
2. 현대 인간관과 노인의 위기 216

Ⅳ 노인 위기의 극복 방안 모색 218
1. 노인 위기에 대한 새로운 관점의 연구 218
2. 새로운 노년관 정립 220

Ⅴ 결 론 222

● 참고문헌 224

제5장 사이버공간의 갈등과 폭력, 그리고 대안적 불교윤리 / 박수호

Ⅰ 문제제기 229

Ⅱ 정보사회의 갈등 배경과 사이버공간의 갈등 230
1. 정보사회의 갈등 배경 230
2. 사이버공간의 갈등 233

Ⅲ 표출적 현상으로서의 사이버폭력 235
1. 사이버폭력의 주요 유형 236
2. 사이버폭력의 원인 238

Ⅳ 사이버폭력에 대한 재해석 : 갈퉁의 논의를 중심으로 240

1. 갈등의 폭력유형론 240
2. 사이버폭력의 재해석 242

Ⅴ 사이버폭력의 통제를 위한 대안 모색 : 불교윤리와 'CoHOST' 245
1. 사이버폭력의 통제를 위한 불교윤리의 적용 가능성 246
2. '함께 주인되기' (CoHOST) 윤리 250

Ⅵ 맺음말 252

● 참고문헌 253

제6장 공동체 위기와 마을공동체 재인식 / 이명호

Ⅰ 문제제기 255

Ⅱ 공동체와 지역공동체 257
1. 공동체에 대한 관심과 기대 257
2. 공동체의 정의와 이해 258
3. 지역공동체의 이해 259

Ⅲ 전통사회에서의 동양적 사유와 향촌공동체 263
1. 공동체적 세계관과 관계 중심적 인간론 263
2. 유교의 공동체 분류와 향촌공동체 264
3. 향촌공동체의 가치 266

Ⅳ 오늘날 한국 사회에서의 마을공동체 267
1. 마을공동체 사업의 현황 267
2. 마을과 마을공동체의 이해 269
3. 마을공동체의 가치 272

Ⅴ 결론을 대신하여 275

● 참고문헌 278

제7장 현대사회의 위기와 대안공동체 / 이동일

Ⅰ 들어가며 281

Ⅱ 현대사회의 위기 283

Ⅲ 공동체, 대안공동체의 의미 285
1. 공동체 정의와 다양성 285
2. 대안공동체의 개념과 특징 287

Ⅳ 대안공동체 290
1. 이념 290
2. 생산방식 291
3. 일상 : 의식주 293

Ⅴ 대안공동체 내부의 갈등과 한계 300
1. 사적 소유와 공적 소유 간의 갈등 301
2. 구성원 간의 인간관계 302
3. 개인과 공동체 간의 충돌 303

Ⅵ 결 론 304

● 참고문헌 306

제8장 현대 복지국가의 '돌봄' 위기에 대한 유교사상의 '좋은 돌봄' 담론 / 오세근

Ⅰ 머리말 309

Ⅱ 현대 복지국가와 '돌봄'의 위기 311
1. 현대 복지국가에서 돌봄 위기 형성의 배경 311
2. 돌봄 위기에 대한 연구의 흐름 및 주요 내용 개괄 313

Ⅲ 돌봄 위기에 대한 대응으로서 '사회적 돌봄'의 형성과 문제점, 그리고 '좋은 돌봄'의 모색 316
1. 돌봄의 위기에 대응하는 돌봄의 사회화 316
2. 사회적 돌봄의 시장화 · 상품화 문제 및 좋은 돌봄에 대한

이념 구상의 필요성 317

Ⅳ 유교사상의 노인에 대한 '좋은 돌봄(good care)'의 정책 담론 구상 320

1. 좋은 돌봄의 기저로서 사랑(仁愛)과 믿음(信)에 대한 깨달음 320
2. 개별적 돌봄에서 사회적 돌봄 관계로 차별적 확산 : 친친(親親), 인민(人民), 애물(愛物) 323
3. 상황에 맞는 돌봄 실행 : 돌봄 주체 사이의 감응(感應)과 시중(時中) 326
4. 좋은 돌봄의 제도화 : 인정(仁政) 328

Ⅴ 맺음말 331

● 참고문헌 333

결 론 / 정학섭 · 신종화 337

서 론

최석만(전남대학교 사회학과)

사회학자들이 즐겨 쓰는 말이 '위기'이다. 사실 어느 시대건 인간은 위기를 느껴 왔으며 사회를 전공으로 분석하는 사회학자들은 항상 이 위기를 먼저 감지하거나 또는 과장하여 왔다. 인구 폭발의 위기, 자원 고갈의 위기, 냉전의 위기, 사상의 위기, 종교 갈등의 위기, 현대 산업의 위기, 인간 정체성의 위기 등 수많은 위기가 우리를 스쳐 지나갔다. 하지만 21세기 지금의 인류가 겪는 위기 내지 변화의 폭은 과거의 위기를 난장이처럼 보이게 한다. 이 거대한 변화의 중심에는 테크놀로지가 자리하고 있다. 컴퓨터, 인터넷, 스마트폰이 가져온 대대적인 변화는 설명하지 않아도 이미 잘 알고 있는 바이다. 이것들은 인류의 생산력을 혁명적으로 높일 뿐 아니라 산업 전반, 인간 조직의 형태, 상호작용의 형태, 인간 삶의 모든 구석구석을 혁명적으로 바꾸어 가고 있다.

강의 중 내가 학생들에게 자주 던졌던 질문이다: "백 년 전에 한국을 방문하였던 중국 사람은 한 해에 몇 명이나 되었을까?" 아마 100명도 되지 않았을 것이다. 2014년에 한국을 방문한 중국 사람이 1000만 명이었다.

이것은 단순히 관광객수일 뿐 아니라 한국과 중국이라는 거대 사회가 얼마나 긴밀히 연결되어 가고 있는가라는 지표이다. 100년 전에 비해서 지금의 한국과 중국은 10만 배 이상 긴밀히 연결되어 있다. 물질적 연결뿐 아니라 문화, 정신, 공동체, 삶도 그렇다.

인간이 수천 년간 친숙하게 생각하고 의지해 오고 살아왔던 가족, 공동체, 국가, 그리고 세계의 외연과 성격이 혁명적으로 변해 가고 있다. 동서양을 막론하고 인류는 지금까지 부귀다산富貴多産을 이상으로 하며 살았지만 인류는 이미 부귀를 달성하여 빈곤이 아니라 비만이 더 큰 문제가 되었으며 다산이 아니라 저출산을 염려하는 최초의 인류가 되었다. 작은 부족국가끼리 생존을 위해 전쟁을 일삼았던 과거는 지나갔고 인류는 세계라는 하나의 공동체에서 마음대로 여행하고 살아가고 있다. 성(城, castle)은 선사시대 이후 인류 역사를 특징지었던 갈등과 약탈과 전쟁의 흔적이다. 성과 국경은 그 의미를 급격히 잃어 가고 있으며 인간은 마을과 성을 넘어 그리고 국경을 넘어 자유로이 여행하고 있으며 약탈의 대명사인 전쟁도 서서히 인류의 삶에서 사라져 가고 있다.

동양사상은 공동체적인 가족 윤리에 기반하여 행복과 조화를 추구하던 사상이다. 서양이 신과 시민 사회와 개인의 조화를 추구하였다면 동양은 정서적인 가족에서 사회와 국가와 우주의 삶의 모델을 찾았다. 그 가족이 얼마나 많이 변하고 있고 허물어지고 있는가는 이미 우리가 일상의 뉴스에서 접하고 있는 바이며 인간은 더 이상 가족의 유대와 보호를 필요로 하지 않을 만큼 풍요로워졌다. 가족과 부족과 종교와 국가는 운명이 아니라 선택이다.

그럼에도 불구하고 수백만 년간 호모사피엔스에게는 가족과 부족에 대한 사랑과 동정과 친애가 각인되어 있고 타 집단에 대해서는 적개심과 승부욕과 약탈 근성이 각인되어 있다. 이러한 정서적 동기들은 21세기의 풍요로운 하나의 세계에는 맞지 않는 것이지만 호모사피엔스의 내부에는 원시적인 충동들이 삶의 동기이다. 개인의 성공 욕구나 경쟁심은 21세기에도 여전하며 부족 간 경쟁심이 확대된 지역 간 · 국가 간 경쟁심도 여전히 사회와 스포츠의 동인이다.

21세기의 위기는 원시적 자아와 초현대적 물질 세계의 부조화에서 비롯된다. 21세기는 하나의 풍요로운 지구를 더 빨리 만들어 내지만 인간의 내부는 식인종 시대와 별다를 바 없는 원시적 자아가 자리 잡고 있다. 그런 의미에서 조화로운 가족과 수양을 강조하는 동양사상은 미래에서도 여전히 중요한 덕목이 될 것이다. 사실 개인들의 이러한 노력이 없이 평화로운 사회가 이루어질 수는 없다. 물질적인 풍요에도 불구하고 말이다. 이미 이런 것을 포기한 세태를 반영한 극악한 범죄가 최근 얼마나 많이 일어나고 있는가는 뉴스에서 익히 본 바이다.

인간의 자기 반성과 성찰 없이 평화로운 미래가 도래할 수는 없다. 최근의 생명공학이 밝혀낸 것처럼 호모사피엔스는 이기적인 동물에 불과하기 때문이다. 동양사상을 비롯한 인류 보편적인 도덕과 종교가 출현했던 것의 의미는 인간이 '동물적 자아'에서 벗어나 '문명적 자아'의 필요성을 발견한 것이다. 이러한 보편적 윤리에서 비로소 동물적 외연을 넘어 인간이 거대한 부족과 국가와 하나의 지구를 형성할 수 있게 된 것이며 이기적인 충동을 억제하고 나를 수양하고 바르고 넓은 세계관을 갖는 것은 미래의 우주 시대에도 여전히 사회 구성의 필수 요소이다.

이 책은 동양사회사상학회의 회원들이 필자의 정년을 기념하여 옥고를 모아 만든 것이다. 눈부신 물질문명의 발전에도 불구하고 윤리적 사회 구성이라는 명제는 미래에도 여전히 중요한 해결 과제이며 이 책에서 다루어진 주제들은 그 의미가 오래도록 남을 것이다.

이 책은 개인적으로는 더없는 영광이지만 필요 없는 노고들을 너무 많이 하신 것이 아닌가 하여 마음이 조마조마하였다.

회장님 이하 회원분 모두에게 다시 한 번 감사의 마음을 전한다.

제 1 부

현대의 위기, 동양사회사상의 진단

제 1 장 현대 세계관과 현대문명의 위기

제 2 장 긴장과 갈등의 유교

제 3 장 위기의 사회와 불교 : 사회문제를 보는 시각을 중심으로

제 4 장 탈근대 '생태패러다임'으로서 생태페미니즘과 우리나라 전통 선도사상의 만남

Chapter 1

현대 세계관과 현대문명의 위기[1)]

홍승표(계명대학교 사회학과)

현대문명 위기가 나날이 고조되고 있고, 인류는 백년 뒤 문명의 존재를 확신할 수 없게 되었다. 현대문명 위기의 결과로 인간, 사회, 그리고 지구상의 모든 생명체들이 고통받고 있다. 사회학자인 필자에게 놀라운 것은 현대문명 위기 자체가 아니라 현대문명 위기에 무관심하고 무능한 현대 사회학의 모습이다. 사회학에게 부여된 본연의 임무는 그 시대의 사회문제를 인식하고, 해명하며, 해결방안을 제시하는 것이다. 그러나 현대문명이 심각한 위기를 겪고 있지만, 사회학은 애써 그 위기에 무관심하려는 듯이 보이고, 관심을 갖더라도 문제해결을 위해 어떤 실효성 있는 방안도 제시하지 못하고 있다.

현대 사회학이 이렇듯 현대 문명위기에 무관심하고 무력한 근본적인 원인은 무엇일까? 그 답은 현대 사회학의 세계관적인 토대에서 찾을 수 있

1) 이 글은 『동양사상과 탈현대적 삶』(2011), 3부 7장 1절 "현대 세계관과 현대문명의 위기"의 내용을 참조해서 이를 확대한 것이다.

다. 현대 사회학은 그 발생기부터 오늘날에 이르기까지 두 개의 관점을 인식의 토대로 삼고 있다. 하나는 전현대 세계관의 전형인 '집단 중심적인 관점'이고, 다른 하나는 현대 세계관의 전형인 '개인 중심적인 관점'이다. 이 두 가지 관점은 현대문명을 형성 · 발전시키고, 그 문제점을 보완하는 데 큰 기여를 했다.

그러나 탈현대문명으로의 문명 대전환을 이루어야만 할 현대 말기에 해당하는 현시점에서, 이 두 가지 관점은 사회문제 인식과 사회발전을 위해 의미 있는 방책을 제시하지 못하고 있다. 현대 문명위기를 바라보며, 전자의 관점에 서 있는 사회학자는 무력한 노인의 한탄을 연발할 따름이며, 후자의 관점에 서 있는 사회학자는 '현대는 아직도 완성되지 않았다'는 대사를 되풀이할 따름이다. 이것이 바로 현대 사회학 위기의 본질이다.

현대문명이 심각한 위기를 겪고 있다는 사실을 인식하는 데는 상상력이 필요치 않다. 현대문명 위기는 그것을 알아보기 힘든 초기 증상의 형태로 존재하는 것이 아니라 이미 전면적으로 확산되어 있다. 환경문제의 증대, 사회관계의 악화, 인간 소외의 심화 등 현대문명 위기는 전 방위적으로 표출되고 있다.

이 글에서는 영역별로 현대문명 위기의 양상을 서술하고, 현대 세계관과의 관련에서 현대문명 위기의 근본적인 원인을 진단할 것이다. 첫째, 현대 세계관이 어떻게 생태위기와 환경오염을 비롯한 환경문제 심화에 영향을 미치는가를 탐구하고, 둘째, 현대 세계관이 어떻게 개인과 개인 · 집단과 집단 간의 관계를 포함한 모든 사회관계의 악화에 기여하는가를 서술하며, 셋째, 현대 세계관이 인간 소외의 심화에 미친 영향을 밝히고자 한다. 이 세 가지 문제에 초점을 맞춘 이유는 이 세 가지 문제가 바로 현대문명 위기의 중핵을 이루고 있기 때문이다. 그리고 글의 마지막에 동양사상이 현대문명 위기 종식을 위해 어떻게 기여할 수 있는가를 논의했다.

I 현대 세계관과 환경문제의 심화

환경문제의 심화는 인류와 인류의 문명뿐만 아니라 지구상의 모든 생명체의 생존을 위협하고 있다. 여기에서는 현대 세계관이 어떻게 현대 환경문제의 근원적인 원인으로 작용했는가를 밝히고, 현대 환경문제의 심각성에 대해 서술하도록 하겠다.

1. 현대 환경문제의 근원으로서의 현대 세계관

현대 환경문제의 근원은 현대 세계관이다. 현대 인간관의 핵심은 '이 세계와 근원적으로 분리된 개체' 로서의 인간 인식이다. 그러므로 현대 인간관의 관점에서 볼 때, 자신을 둘러싸고 있는 세계는 자신과 아무런 연관성도 없는 무의미한 존재이다. 외부세계가 자신에게 어떤 의미를 갖게 되는 것은 '자신의 욕망 충족을 위해 이용가치가 있을 때' 뿐이다. 이것이 현대 자연관의 핵심이다. 즉, 자연이란 인간이 자신의 욕망 충족을 위해 이용, 극복, 지배해야 할 대상일 따름이다.

현대를 만들어 간 선구자의 한 사람인 베이컨(Francis Bacon, 1561-1626)은 "인간의 지식이 곧 인간의 힘이다."(베이컨, 2001: 39)라고 말했다. 이 말은 부연하자면, '자연의 작동 원리에 대한 지식이 바로 자연을 인간의 욕망 충족의 목적을 위해서 이용할 수 있는 힘' 이라는 말이다. 실제로 현대문명은 이런 방식으로 자연을 대해 왔고, 그 결과 오늘날 자연은 황폐화되었다.

현대 인간관의 핵심이 '욕망 주체로서의 인간' 이기 때문에, 현대인은 욕망 충족을 추구하는 삶을 살아가고 있으며, 현대사회는 욕망 충족적인 문명 건설을 추구해 왔다. 이리하여 생산과 소비에 삶의 중심을 두는 현대적인 삶의 양식이 확립되었다. 왜냐하면, 생산이란 욕망 충족의 대상물을 만들어 내는 활동이고, 소비란 생산된 욕망 충족의 대상물을 사용하는 것이기 때문이다.

이와 같이, 욕망 충족적인 삶과 문명의 추구가 필연적으로 빚어내는 것이 환경문제이다. 욕망 충족적인 삶과 문명의 추구는 생산과 소비의 끝없는 확장을 초래한다. 끝없는 생산 증대는 생산과정에서 많은 공해물질을 배출하고 자원고갈 문제를 야기시킨다. 또한 지나친 소비는 많은 쓰레기를 발생시키며, 이는 환경오염의 직접적인 원인이 된다. 공기와 수질 오염을 포함한 환경오염은 지구상 모든 생명체들의 건강한 삶을 위협하며 결국 생태위기를 가속화시킨다.

상황이 이러함에도 불구하고 오늘날 세계의 거의 모든 나라들은 과학과 기술 발전에 혈안이 되어 있다. 그들은 더욱더 욕망 충족적인 사회 건설을 향한 광기에 가득 찬 행진을 멈추지 않고 있다. 과학 기술 발전에 바탕해 고생산-고소비의 욕망 충족적인 사회를 건설하려는 현대의 기획이 성공을 거듭할수록 생태계의 재난은 더욱 깊어질 수밖에 없다. 자본주의 경제 체제 아래서 구조화된 고생산-고소비의 생활양식과 가치 역시 자연의 황폐화를 촉진시키고 있다.

2. 현대 환경문제의 양상

위에서 언급한 현대 세계관과 현대 세계관에 바탕을 둔 현대적인 삶의 양식의 결과로 환경문제가 나날이 악화되고 있다. 인류의 방만한 삶의 결과로 이미 많은 생명체들이 멸종되었고, 살아남아 있는 것들도 병들어 있다. 환경오염과 파괴가 심화되고 있으며, 자원은 빠른 속도로 고갈되어 가고 있다. 인류가 야기하는 환경파괴 속도는 엄청난 것이다. 불과 수백 년에 불과한 짧은 시간 동안에, 인류는 수십 억 년 동안 균형과 조화를 유지해 온 지구 생태계를 교란시키고 파괴했다. 파괴 속도는 최근 들어 더욱 가속화되고 있다. 이제 영역별로 현대 환경문제의 양상을 서술해 보도록 하겠다.

1) 환경오염 문제

오늘날 환경오염은 너무나 빠른 속도로 진행되어, 하늘과 땅, 물과 공기와 같이 도저히 오염될 수 없을 것 같은 영역에서마저도 오염이 급진적으로 진행되고 있다. '하늘이 오염되다니', '바다가 오염되다니', '공기가 오염되다니', 이런 과거 인류가 상상조차 할 수 없던 일들이 우리에게 현실 문제로 다가오고 있다. 수십 억 년 동안 찬란한 생명의 꽃을 피어온 아름다운 혹성 지구는, 모든 생명체들이 살아가기에 부적합한 곳으로 급속히 변해 가고 있고, 이제 사람들은 마음 놓고 물을 마시고, 햇볕을 쬐고, 숨을 쉴 수조차 없다.

첫째, 물이 빠른 속도로 오염되고 있다. 공장에서 흘러나온 폐수와 생활하수, 축산폐수, 농약살포, 쓰레기의 증대, 무분별한 개발 등으로 인해, 하천과 바다가 오염되고 있고, 지하수도 오염되고 있다. 생활하수의 경우, 합성세제의 사용, 음식물 찌꺼기와 분뇨의 배출 등이 수질 오염의 직접적인 원인으로 작용한다. 골프장 같은 곳에서 대량으로 살포하는 제초제도 수질을 악화시키는 요인이 된다. 공장에서 흘러나오는 폐수, 거기에는 각종 화학물질과 때로 독극물이 포함되어 있어 수질 악화의 원인이 된다. 다시 말하자면, 현대적인 삶의 양식 자체가 수질 오염의 원인이다.

1960년대만 하더라도, 사람들은 계곡에 흐르는 시냇물을 마시고, 그 물로 음식도 해먹었다. 하지만 이런 일은 이제 상상조차 할 수 없다. 여행길에 제일 먼저 챙기는 것이 생수가 되었다. 하지만 하천에 살고 있는 물고기들은 생수를 사서 마실 수 없다. 그들은 하천 오염으로 고통받고 있으며, 급속히 개체수가 줄어들고 있다.

지하수 오염도 심각하다. 지표수와는 달리 폐쇄회로 구조를 갖고 있는 지하수는 한 번 오염되면 회복이 거의 불가능하다. 우리가 퍼서 마시는 지하수 중에는 삼국시대나 그 이전에 내린 빗물도 많다고 한다. 농촌 지역에서 무분별한 관정의 사용과 사후관리의 미비, 공장 등에서 흘러나온 독극물의 침투, 생활쓰레기의 유입 등으로 인해 지하수 오염이 빠른 속도로 진행되고 있다.

바닷물 오염 문제도 심각하다. 바다는 광대하지만 생명을 풍부하게 양육하는 바다는 육지와 연결되어 있는 대륙붕 지역이다. 수많은 쓰레기가 바다로 흘러들어가고 이것이 쌓이면서 대륙붕은 급속히 오염되고 있다. 어획량이 감소하는가 하면, 해산물 오염이 증가하고 있다.

둘째, 대기 오염이 가속화되고 있다. 거대 도시에는 광화학 스모그가 형성되어 있는 곳이 많다. 스모그 현상이 발생하면 햇볕을 가려 인간을 비롯한 동식물에 막대한 피해를 준다. 오존층 파괴는 대기 오염의 잘 알려진 사례이다. 자외선을 차단해 주는 오존층이 파괴됨으로써 자외선에 과도하게 노출되어 피부와 눈 등에 많은 해를 끼친다. 또한 대기 중에 질소산화물이나 황산화물이 과도하게 분포함으로써, 산성비가 내릴 때가 많다. 한국의 경우도 중국에서 배출된 오염물질이 편서풍을 타고 이동해 산성비를 내리곤 한다. 산성비는 인간, 동물, 식물 그리고 건축물에 이르기까지 나쁜 영향을 끼친다.

지구온난화는 대기 오염의 중요한 결과 중 하나이다. 화석연료를 연소시킬 때 발생하는 이산화탄소가 지구온난화의 주범이다. 대기 오염의 결과로 온실효과가 발생하여, 지구 표면 온도가 지속적으로 상승하고 있다. 이로 인해 생태계가 파괴되고, 사막화가 급속히 진행되며, 북극 얼음이 녹아 해수면이 상승하고, 이상기후 현상이 증가하는 등 많은 피해가 발생하고 있다. 또한 대기 오염이 심한 공단지역에 거주하는 근로자들과 같은 경우는 호흡기 질환이나 심폐 질환의 발생률이 높다. 또한 대기 오염 물질 중에 암 유발 물질도 있어서, 암의 발생률도 높다.

대기 오염의 주원인은 공장에서 배출되는 오염물질, 자동차 배기가스, 연료 연소에 의한 것 등이다. 비닐 등을 태울 때 나는 유독 가스나 스프레이 또는 냉장고나 자동차 냉매로 쓰이는 프레온 가스 배출도 대기 오염의 원인이 된다.

셋째, 토양 오염이 가속화되고 있다. 농약 살포는 토양 오염의 주요 원인이다. 중금속을 함유한 산업폐수도 토양오염의 원인이 된다. 원자력 발전과 핵실험 등으로 인해 생성된 방사성 폐기물이 비와 함께 떨어져 토양을 오염시키기도 한다. 사람들이 버리는 음식물 쓰레기나 기타 쓰레기 등도 토양 오염의 원인이 된다. 특히 썩지 않는 비닐이 땅 속에 매립되면 토양에 나쁜 영향을 미친다. 유기성폐기물 매립장이나 가축 축사의 분뇨야적장 부근에서 유기물에 의한 토양오염이 발생하는 경우도 많다. 근본적으로 보면, 도시화와 산업화가 토양 오염의 원인이다.

토양 오염의 문제점 중 하나는 일단 오염이 되면 복원이 거의 불가능하다는 점이다. 토양 오염은 지하수 오염과 하천 오염의 원인이다. 또한 오염된 토양에서 자라는 식물들은 유해한 요소를 포함하게 된다. 토양 오염은 땅 속에 살고 있는 미생물에게 치명적인 영향을 줄 수 있다. 미생물이 줄어들면, 유기물의 분해가 잘 이루어지지 않고, 땅은 썩어 들어간다.

2) 생태계 붕괴 문제

생태계는 정교하고 민감한 시스템이어서, 약간의 충격과 교란에도 전체 시스템의 균형이 붕괴되기 쉽다. 예를 들어, 6천 년 전만 하더라도 사하라 사막의 일부에는 물이 넘쳤으며 호수와 늪에는 악어와 하마, 물고기들이 살았었다고 한다. '꿀벌의 개체수가 줄어들고 있다.', '아마존 열대우

림이 줄어들고 있다.', '사막화현상이 가속화되고 있다.', '고래, 참치, 황새치, 상어 등의 개체수가 줄어들고 있다.', '북극 얼음이 녹고 있다.', '중국의 황하, 아프리카의 나일강, 북미의 콜로라도강은 지류가 말라붙었다.', '많은 동·식물이 멸종 위기에 놓여 있다.', '산호가 사라지고 있다.', '만년설이 녹고 있다.', '지구온난화로 인해 해수면이 상승하고 있다.', '골재용 모래채취로 해양생태계가 붕괴되고 있다.' 이런 것들은 지구생태계 교란과 붕괴의 몇 가지 예이다.

생태계 교란의 가장 근본적인 원인은 인구의 증가인 것 같다. 불과 2천년 전만 하더라도 세계 인구는 대략 2~3억 정도였다. 1850년경에 세계 인구는 10억을 넘었고, 현재 세계 인구는 70억에 가깝다. 단순히 인구만 증가한 것이 아니라 1인당 소비하는 자원도 엄청나게 증가해서, 양자를 곱하면 지구생태계가 현 인류문명을 부양하기에 힘겨움을 짐작할 수 있다. 이것이 생태계의 교란과 붕괴의 가장 근본적인 원인이다.

장회익은 현대문명이란 지구 생태계의 관점에서 보면 암세포와 같다고 말했다. 현대문명은 개발과 발전이라는 미명 아래 수많은 동·식물들을 멸종시켜 왔으며, 암세포와 마찬가지로 문명의 증식은 멈출 줄 모르고 그 모태가 죽음에 이를 때까지 맹렬한 기세로 계속될 것 같다는 것이다(장회익, 1993: 128-129).

야생동물의 멸종은 현대문명과 직접적인 관련을 갖고 있다. 경작지나 주거지, 상업지역과 산업시설의 확대, 도로건설 등이 야생동물의 서식처를 급속히 축소시키고 있다. 지난 200년 동안 인위적인 원인으로 멸종한 척추동물의 종수는 포유동물 약 100종, 조류 약 160종, 기타 많은 분류군이 멸종한 것으로 추산되고 있다. 특히, 호랑이, 늑대, 사자, 쿠거, 상어 같은 자연계의 '최상위' 포식동물들이 크게 줄어들었다.

Ⅱ 현대 세계관과 사회관계의 악화

현대 세계관에 근원을 둔 현대문명 위기의 하나는 사회관계의 악화이다. 현대 관계관의 영향으로, 현대사회에서는 모든 행위 주체가 대립물을 자신의 욕망 충족을 위해 이용·극복·착취·지배해야 할 수단과 도구로 인식한다. 서로가 서로를 이런 방식으로 인식할 때, 개인·집단·국가·문명을 가리지 않고 모든 단위의 행위 주체들의 관계는 파탄에 이르게 된다. 2015년 IS의 파리테러와 프랑스의 보복공격은 이런 관계 파탄의 전형이다.

1. 현대 사회관계 악화의 근원으로서의 현대 세계관

현대 세계관의 관점에서 볼 때, 인간은 자신을 둘러싸고 있는 세계와 근원적으로 분리된 개체이며, 욕망의 주체이다. 세계는 나와 아무런 근본적인 연관성이 없다. 세계가 나에게 의미를 갖는 것은 오직 세계가 내 욕망 충족의 대상이 되었을 경우뿐이다.

그러므로 내가 너와 관계를 맺게 되는 것은 오직 나의 욕망을 충족시키기 위해서이다. 이것은 나와 관계를 맺는 상대편도 마찬가지이다. 이때, 상대편은 내가 나의 욕망을 충족시키기 위해서 이용, 착취, 극복해야 할 수단과 도구로서의 대상이다.

그런데 나의 욕망과 너의 욕망은 빈번하게 충돌한다. 욕망 충족의 대상물을 상대편이 갖고 있을 경우, 충돌은 갈등의 형태를 띤다. 욕망 충족의 대상물이 제 삼자의 손에 있을 때, 충돌은 경쟁의 형태를 띤다. 경쟁이든 갈등이든 내가 원하는 것을 차지하기 위해서는 너를 극복해야만 한다. 그러므로 현대 세계관의 지배를 받게 되면, 관계가 악화된다.

갈등의 결과 한쪽이 결정적인 승리를 거두게 되면, 지배와 복종 관계가 형성된다. 경쟁이나 갈등이 아니라 서로가 원하는 것을 주고받게 되면 교환관계가 형성된다. 그 어느 경우라고 하더라도, 상대편이 나의 욕망 충족을 위한 수단과 도구에 불과함은 동일하다.

이런 유형의 관계에서는 자신과 상대편에 대한 근본적인 존중이나 사랑, 애정이 없다. 자신과 상대편에 대한 진정한 존중의 정신이 없이는 튼튼하고 창조적인 관계를 맺을 수 없다. 바로 이런 이유로 인해서, 현대사회에서는 모든 형태의 관계들이 혼란과 파탄에 직면하고 있는 것이다.

2. 현대 사회관계 악화의 양상

위에서 살펴보았듯이, 현대 세계관의 지배를 받으면 필연적으로 사회관계는 악화된다. 여기에서는 주요 사회관계 영역에서 사회관계 악화의 양상을 살펴보도록 하겠다.

첫째, 부부관계의 악화를 살펴보겠다. 통계청에 따르면, 한국인의 이혼건수는 1970년 11,615건에서 2009년 123,999건으로 지난 30년 동안 무려 10.7배나 늘었다.[2] 이 수치는 명백하게 지난 30년 동안 부부관계가 심각하게 악화되었음을 보여준다. 한국사회의 경우 이혼건수가 아주 가파르게 상승하고 있지만, 이혼건수 증가는 범세계적인 현상이다. 다시 말하자면, 현대사회에서 부부관계는 전반적으로 악화일로를 걷고 있다.

부부관계가 악화되는 근본 요인은 현대 관계관의 영향이다. 현대 관계관에서 보면, 배우자는 자신의 욕망 충족을 위한 수단적이고 도구적인 존재이다. 이것은 배우자의 선택과정에서부터 영향을 미친다. 상대편이 갖고 있는 재산, 직업과 수입, 외모, 성격 등을 서로 따져서 일종의 거래로

2) http://kosis.kr/nsportal/wnsearch/totalSearch.jsp에서 「인구동향조사: 인구동태건수 및 동태율 추이」 참조.

결혼이 성립하는 경우가 많다. 이런 경우, 상대편이 성적인 매력이 없어졌다거나 직장을 잃었다거나 해서 거래 대상으로의 가치를 상실할 경우 이혼을 고려하게 된다. 만일 이런 부부가 원활한 거래를 유지하면서 평탄한 부부생활을 영위한다고 하더라도, 이들의 부부관계는 지극히 소외된 것이다.

정열적으로 사랑해서 결혼한 부부의 경우는 더 나쁜 결말에 이르는 경우가 많다. 이런 부부들은 본능에서 유래한 상대편에 대한 정열을 사랑이라고 착각한다. 어떤 강렬한 열정도 결혼 후 몇 년을 지속하지 않는다. 열정이 식는 시점이 오면, 이들은 상대편의 애정이 식었다며 불평을 갖고 상대편이 갖고 있는 작은 단점조차 용서하지 않는다. 서로를 이렇게 대하게 되면, 필연적으로 부부관계는 악화된다.

현대 부부관계 악화의 근본적인 원인은 남편과 아내 모두 '사랑할 수 있는 능력' 이 없다는 점이다. 이들은 자신과 다른 상대편의 특징을 존중하지 않는다. 이혼한 부부의 이혼사유를 보면 성격차이가 가장 많은데, 이 경우가 바로 여기에 해당한다. 어떤 부부도 서로 차이가 있을 것인데, 현대 부부들에게는 서로의 차이를 조화로 만들어 나갈 능력이 없는 것이다.

왜 현대 부부들은 서로의 차이를 존중하지 못할까? 그 답은 현대 세계관의 영향이다. 현대 인간관의 관점에서 보면, '나' 도 '너' 도 유한하고, 무력하며, 무의미한 존재이다. 그러므로 현대인은 배우자는 물론이고 자기 자신도 존중하지 않는다. 존중해야 할 이유가 없기 때문이다. 부부간에 서로를 존중하지 않으면, 필연적으로 화목한 부부생활이란 불가능해진다.

자신과 다른 배우자를 존중조차 할 수 없는데, 사랑한다는 것은 더군다나 불가능한 일이다. 배우자를 깊이 믿고, 잘못을 용서하며, 깊이 사랑하는 것은 현대인에게 불가능한 일이다. 그래서 열정이 식는 순간 부부간의 사랑도 끝이 난다. 세월과 더불어 더욱 깊은 사랑을 키워가는 부부가 드문 것은 바로 이런 이유 때문이다. 부부관계의 본질이 전형적으로 사랑의 관계인 점을 감안한다면, 현대인의 부부관계는 심각한 소외를 겪고 있다.

둘째, 부모와 자녀 간의 관계 역시 악화되어 있다. 부자관계는 세상에서 가장 친밀한 관계의 하나이다. 그런데 이 세상 많은 부모와 자녀가 서로 소통조차 되지 않으며, 때로는 심하게 증오하고 있다는 사실은 놀라운 것이다. 왜 이런 일이 발생하는 것일까? 그 직접적인 원인은 부모에게 있다.

현대 부모들은 대부분 사랑의 무능력자들이다. 그들은 생물학적인 본능에 바탕을 둔 자녀에 대한 열정을 사랑이라고 착각한다. 그 결과 현대 부모들은 자녀에게 다양한 형태의 잘못을 범한다. 몇 가지 예를 들면 다음과 같다.

자녀의 개성을 존중하지 않는 부모가 많다. 그들은 자신이 자녀에게 바람직하다고 생각하는 진로나 성격 등을 강요한다. 그들은 무의식중에 자녀를 지배하려 하고 소유하려 한다. 부모가 이런 자세를 취했을 때, 부자관계는 반드시 파탄에 이르게 된다. 자녀가 부모를 증오하게 되었을 때, 부모도 고통스럽지만 자녀도 고통스러우며, 이들 모두의 고통의 근원은 부모이다.

또 흔히 보는 부모의 잘못의 한 가지는 무엇이든지 자녀가 원하는 대로 해 주는 것이다. 요즘 젊은 부모 가운데 이런 경우가 많다. 자녀가 사랑스러운 나머지 무엇이든지 최고 비싼 것으로 아이를 치장하고, 아이들이 원하는 것은 무엇이든 들어준다. 이것은 외양만을 보면 아이에 대한 사랑이고 존중인 것처럼 보인다. 하지만 실제는 그렇지 않다.

부모의 역할의 하나는 아이의 스승이 되어 주는 것이다. 아이가 마음 깊이 존경하고 자기 삶의 본으로 삼을 수 있는 사람이 되어야 할 의무가 부모에게는 있다. 아이에게 절제를 가르치고, 자신의 욕구 충족만이 아니라 사랑할 수 있는 능력을 키워줘야 할 의무가 부모에게는 있다. 위에서 말한 젊은 부모들은 이런 의미에서 부모의 의무를 팽개치는 것이며, 결국 아이를 소외된 존재로 만들게 된다.

이렇듯, 현대 인간관의 관점에서 자아확장투쟁으로서의 삶을 살아온

현대 부모는 사랑의 능력이 없다. 현대 부모는 아이를 사랑한다고 생각하지만 결과적으로는 아이를 불행하고 고통스럽게 만든다. 부자관계도 당연히 정립될 수 없다. 부모가 노인이 되고 나서도, 창조적으로 교감하는 부자관계를 현대사회에서는 찾아보기 힘든다. 결국 부모의 무력함으로 인해서, 부모도, 자녀도, 이들 간의 관계도 모두 고통스러워지는 안타까운 현실에 현대는 직면해 있다.

셋째, 사제관계의 악화도 심각하다. 오늘날 언론매체나 주변 사람들의 이야기를 통해서 '교실붕괴' 라는 말을 자주 듣는다. 이 용어는 일본에서 사용되던 '학급붕괴' 라는 말을 옮겨온 것이다. 다시 말하자면, 일본은 한국보다 앞서서 교실붕괴를 경험했으며, 또한 미국은 일본보다 앞서서 교실붕괴를 겪었다.

교실붕괴란 수업시간에 잠을 잔다거나 휴대폰이나 게임기로 장난을 치는 행위, 소란을 피우는 행위, 수업시간 중에 나가기, 선생님 말에 말대꾸하기나 선생님을 노려보기, 선생님에게 무례한 학부모 등과 같은 현상을 가리킨다. 교실붕괴가 심화되면서 선생님들은 아이들과의 만남 자체를 싫어하게 되는 경우가 많다. 한 선생님은 "학교 문을 들어서는 순간 온몸이 짓눌리고 수업시간이 되면 숨이 막힙니다. 책상이고 교탁이고 따 때려 부수고 싶은 충동을 느낍니다."(김혜련, 1999)라고 털어놓았다.

현대가 겪고 있는 사제관계 악화나 교실붕괴에는 근본적인 원인이 있다. 그것은 오그번(William Fielding Ogburne, 1886-1959)이 말한 일종의 문화지체 현상이다. 정보사회가 되면서 이미 만들어져 있는 정보인 지식 전달이 가치를 상실하고, 신기술 발전으로 노동자에 대한 사회적인 수요가 감소하고 있는데도, 교육 현장에서는 여전히 지식 전달과 직업인 양성을 주된 교과내용으로 삼고 있다. 이로 인해서, 시대가 요구하는 새로운 교육을 기존 교육이 충족시키지 못하면서, 학교 자체가 심각한 붕괴 위험에 직면하게 된 것이다.

또 한편으로 보면, 사제관계의 악화에는 선생님과 학생 모두에게 책임이 있다. 이들 양자는 모두 현대 세계관의 영향을 받고 있다. 현대 인간관의 관점에서 보면, 학생이 선생님을 존경해야 할 이유를 찾을 수 없으며, 선생님이 학생을 사랑해야 할 이유도 찾을 수 없다. 또한 이들은 존경할 수 있는 능력도 사랑할 수 있는 능력도 갖고 있지 않다. 학생이 선생님을 존경하지 않을 때 그리고 선생님이 학생을 사랑하지 않을 때, 필연적으로 창조적인 사제관계의 정립은 불가능하다. 더군다나 현대 관계관의 영향으로, 학생은 교사를 지식 판매인으로 여기는 경향이 높고, 교사는 학생을 자신의 지식을 구매하는 고객으로 여기는 경향이 높다. 결국, 사제관계의 악화는 이런 현대 교육 패러다임이 바뀌지 않고서는 피할 수 없는 일로 보인다.

넷째, 집단 간 관계가 악화되고 있다. 그 예로, 국가 간 관계 악화를 살펴보겠다. 국가 간 관계에서 더 이상 '친구의 나라'는 존재하지 않는다. 상대편 국가는 단지 내 국가의 욕망 충족을 위해 이용하고 지배해야 할 대상일 따름이다. 상대편 국가에 대한 존중이나 존경심은 찾아볼 수 없다.

2015년 IS의 파리테러와 프랑스의 보복공격은 이런 국가 간 관계 파탄을 잘 드러내는 사례이다. 상대 집단에 대한 차별, 차별받은 집단의 테러, 테러당한 집단의 보복공격은 끝없이 순환하면서 고통을 양산한다. 테러와 보복공격을 통해 상대편에 대한 복수심을 다소간 만족시킬 수 있겠지만, 결국 각 집단이 떠안는 것은 고통과 파괴일 따름이다.

Ⅲ 현대 세계관과 인간 소외의 심화

현대 세계관의 영향으로 초래된 현대문명 위기의 또 한 가지 국면은 인간 소외의 심화이다. 현대 인간관은 출발점에서부터 인간의 한정된 부분만 인간으로 전제함으로써 이런 인간 소외를 예고하고 있었다. 그 결과,

현대사회에는 인간 소외가 광범위하고 전폭적으로 발생하고 있다.

1. 현대 인간 소외의 근원으로서의 현대 세계관

인간 존재에는 세 가지 차원[3]이 있다. 생물학적인 존재 차원, 에고로서의 존재 차원, 그리고 셀프로서의 존재 차원이 그것이다. 인간 존재의 세 차원은 수평적으로 병렬되어 있는 것이 아니라 수직적으로 배열되어 있으며, 인류의 발전론적인 과정을 반영한다.

문명 이전의 인류는 생물학적인 차원에서만 존재했다. 다른 동물이 그러하듯이 생물학적인 본능에 따라 생활했다. 식욕, 성욕, 배설욕, 수면욕, 공격욕 등이 이 단계에서 인류의 삶을 지배했다. 이 단계에서는 아직 자의식을 포함해서 자각적인 의식이 존재하지 않았다.

문명 발생과 에고의 발생은 거의 동의어에 가깝다. 문명 발생과 더불어 인간은 분리된 자아로서의 삶을 시작하게 되었다. 현대 이전에는 집단 에고로서의 삶이 주류를 이루었고, 현대 이후에는 개별 에고로서의 삶이 주류를 이루었다.

개별 에고로 인간을 규정하는 현대 인간관은 현대문명의 발생과 발전이라는 측면에서 보면 기능적인 것이었다. 하지만 현대문명과 탈현대문명의 대전환기인 현시점에 이르러서 현대 인간관은 근본적인 문제를 야기시키고 있다. 지금 인류는 에고 차원으로부터 셀프 차원으로의 존재 혁명을 요구받고 있다. 하지만 현대 인간관은 이런 시대의 요청에 적절히 부응할 수 없다. 왜냐하면 현대 인간관에는 셀프로서의 인간에 대한 관점이 탈락되어 있기 때문이다. 결과적으로, 현시점에 이르러서 현대 인간관은 인간 소외의 근본적인 요인으로 작용하고 있다.

---

3) 인간 존재의 세 가지 차원에 대한 구체적인 설명은 홍승표의 『동양사상과 탈현대적 삶』(2011), p.16의 〈그림 1 문명 단계와 인류의 존재 차원〉과 아래 설명을 참조.

2. 현대 인간 소외의 양상

개별 에고를 인간으로 전제하는 현대 인간관이 이 시대를 지배하면서, 인간 소외가 광범위하고 심각하게 발생하고 있다. 현대 인간관의 관점에서 보면, 인간다움에 도달하는 성패는 자신의 외부에 위치한 희소자원을 얼마나 쟁취하는가에 달려 있다. 그러므로 현대 인간관이 지배하고 있는 현대사회에서는 자아확장투쟁으로서의 삶이 보편화되어 있다.

현대인의 의식 활동은 외부 지향적이다. 즉 현대인의 일상적인 의식은 주로 외부 환경을 조작해서 돈, 지위, 성공, 권력, 인기 등과 같은 외적인 것들을 성취하는 데에 집중되어 있다. 이것은 필연적으로 자신에 대한 관심의 결여를 초래한다. '자신에 대한 진정한 관심의 결여', 이것이 현대 인간 소외의 핵심적인 측면이다.

이에 따라서, 현대인은 자신에게 진정한 관심을 기울이지 않으며, 자신을 사랑하지 않는다. 마찬가지로, 타인이나 자연에 대해서도 진정한 관심을 기울이지 않는다. 자연히 현대인은 자연이나 타자와 교감할 수 있는 능력이 부족하며, 현실을 생생하고 풍부하게 느낄 수 없다. 엘리어트(Thomas Stearns Eliot, 1888-1965)가 '황무지'라고 명명했듯이, 현대인의 의식 내부는 메마르고 공허한 것이 되어버렸다.

현대인은 외부 세계를 대상으로 자신의 욕망 충족을 추구하는 삶을 살아가고 있다. 이에 따라서, 현대문화는 지극히 물질주의적이고 감각적이다. 그 결과는 내면세계의 황폐화이다. 현대 자본주의 체제는 이런 감각형 문화의 강화에 일조하고 있다.

현대 세계관에 기초하고 있는 경제체제인 자본주의는 현대사회에서 맹위를 떨치고 있다. 자본주의는 모든 것을 상품화하고, 결국 자기 자신과 상대편마저도 상품으로 바라보게끔 한다. 자본주의는 또한 유용성의 관점에서 자신과 세계를 바라보도록 조장한다. 장자莊子의 '무용지용無用之用'과는 정반대의 상황이 현대를 지배하고 있다. 이렇듯 자본주의 체제는 현대 인간 소외의 직접적인 요인이 된다.

현대 세계관의 영향 아래, 감각형 문화와 자본주의 체제가 이 시대를 지배하고 있다. 그 와중에서 인간은 점점 이기적인 존재로 변모하고 있다. 인간의 경쟁심은 더욱 비대해지고 있다. 현대인의 이기심과 경쟁심은 현대 인간 소외의 중요한 양상이다.

위에서 살펴본 바와 같이, 현대인은 심각한 소외상태에 놓여 있다. 소외의 결과는 고통과 불행이다. 현대인은 고통스런 삶을 살고 있다. 현대인은 지금 이 순간의 삶을 즐길 수 있는 능력이 없다. 현대인은 숨 쉬는 것을, 걷는 것을, 잠자는 것을, 운전하는 것을, 식사하는 것을 즐길 능력이 없다. 일상의 삶을 즐길 수 있는 능력이 떨어질수록, 삶에서 경이로움과 행복을 섭취할 수 있는 능력도 떨어진다.

현대인의 의식은 외부 희소자원에 집중되어 있고, 이를 쟁취하기 위해 경쟁하고 갈등한다. 경쟁과 갈등은 고통스런 것이다. 경쟁과 갈등에서 패배했을 때도 고통받는다. 무언가를 쟁취했을 때도 그것을 잃어버릴 것에 대한 불안으로 고통받는다. 경쟁과 갈등은 그 과정과 결과에서 상대편에게도 고통을 준다. 자기 스스로 고통스럽고, 또 자신의 존재가 상대편에게 고통을 주는 사람이 행복할 수는 없다.

현대인은 자신과 세계에 대해 진정한 관심과 사랑이 없다. 현대인은 사랑할 수 있는 능력이 턱없이 부족하다. 깊은 행복은 진정으로 사랑하고 사랑받는 것에서 온다. 그러므로 사랑할 수 없는 현대인이 행복한 사람이 되는 것은 불가능하다. 현대문명은 엄청난 성취를 이루었지만, 이 시대를 살아가는 현대인이 과거 어느 시대의 사람들보다 더 큰 고통과 불행을 겪고 있는 것은 바로 이 때문이다.

Ⅳ 현대문명 위기와 동양사상의 해법

위에서 살펴보았듯이, 현대문명 위기의 근원에는 현대 세계관이 작용하고 있다. 현대문명 위기의 근원이 현대 세계관이라면, 현대문명 위기의 해법은 현대 세계관으로의 탈피이다. 다시 말하자면, 문명 대전환의 핵심은 세계관의 대전환이며, 현시점에서 세계관의 대전환은 현대 세계관으로부터 탈현대 세계관으로의 대전환이다.

현대문명 위기를 극복하는 데, 동양사상이 기여할 수 있는 바가 바로 이것이다. 즉, 동양사상은 탈현대 세계관 구성에 큰 기여를 할 수 있다. 이것은 고대 그리스와 로마 사상이 현대 세계관 구성에 큰 기여를 한 역사적인 경험과 원리적으로 동일한 것이다.

동양사상이 탈현대 세계관 구성에 기여할 수 있는 점은 무엇인가? 그것은 세 가지 양상으로 나눌 수 있는데, 탈현대 인간관, 탈현대 관계관, 탈현대 세계상이 바로 그것이다. 이들 각각을 간단히 서술하면 다음과 같다.

현대 인간관의 발흥 배경은 서구 중세의 기독교적 인간관에 대한 반발이다. 중세사회에서는 인간의 육체, 이성, 욕망, 감정 등 인간적인 특징에 대한 억압이 심했는데, 현대 인간관은 이에 대한 반발로 중세사회에서 억압된 인간적인 특징을 인간으로 간주하게 된다. 그 결과, 현대 인간관에는 인간 속에 내재한 신적인 특징이 배제된다. 다시 말하자면, 인간의 사랑할 수 있는 능력, 용서할 수 있는 능력, 겸손할 수 있는 능력, 아름답게 미소 지을 수 있는 능력 등과 같은 가장 높은 수준에서의 인간적인 특징이 인간에 대한 규정에서 탈락되게 되었던 것이다.

탈현대 인간관의 핵심은 현대 인간관에서 탈락된 가장 높은 수준에서의 인간적인 특징의 복권이다. 유불도의 동양사상의 공통점은 바로 이런 가장 높은 수준에서의 인간적인 특징을 인간 본질로 간주하고 있다는 점이다. 유교에서는 인간에 내재한 인仁, 불교에서는 인간에 내재한 불성佛性, 도가에서는 인간에 내재한 도道를 자각하고 활성화시키는 것을 인간다움을 실현하는 것과 동일한 것으로 간주했고, 이것이 바로 동양사상에서의 삶의 궁극적인 목표였다. 바로 이런 맥락에서, 동양사상은 탈현대 인간관을 구성하는 데 있어서 보고가 될 수 있다.

탈현대 관계관의 구성에 동양사상은 어떤 기여를 할 수 있는가? 현대 관계관의 핵심은 각 행위 주체가 생존과 성취를 추구하는 가운데, 행위 주체 간의 적대적인 대립에 대한 가정이다. 현대사회에서 일어나고 있는 다양한 수준에서의 행위 주체 간의 갈등에는 이런 현대의 적대적 대립관이 토대가 되고 있다. 다윈의 진화론은 현대의 적대적 관계관의 형성과 발전에 결정적인 기여를 했다.

탈현대 관계관이란 무엇인가? 대립對立을 잠재적인 적대로 인식하는 것이 아니라 '마주 보고 있는 것을 기다리는對待 관계'로 인식하는 것이 탈현대 관계관의 핵심이다. 동양사상에는 탈현대 관계관 구성을 위한 풍부한 자원이 내장되어 있다. 특히 『주역周易』 전반에 걸친 음양대대陰陽對待에 대한 논의는 탈현대의 대대적對待的 대립관 구성의 황금어장이라 할 만하다.

탈현대 세계상이란 무엇인가? 우선 현대 세계상에 대해 먼저 설명하자면, 현대 세계상이란 '모든 존재들 간의 근원적인 분리'라는 전제 위에서 이루어지는 세계 인식을 말한다. 이것은 뉴튼의 기계론적 세계관에서 그 기원을 찾을 수 있다. 현대 세계관은 개인 간, 집단 간, 지역 간, 국가 간, 인간과 자연 간 등 모든 차원에서의 행위 주체 간의 근원적인 분리와 반목의 세계관적 토대가 되고 있다.

탈현대 세계상이란 현대 세계상과 정반대로 '모든 존재들 간의 근원적인 통일성'의 전제 위에서 세계를 인식하는 관점이다. 동양사상에는 탈현대 세계상이 풍부하게 내장되어 있다. 특히 불교 화엄사상은 가장 정밀한 형태의 탈현대 세계상을 구성하고 있다. 화엄사상은 상즉相卽과 상입相入의 논리를 바탕으로 장엄한 통일체적 세계로서 현상을 인식한다.

이와 같이, 현대문명 위기 극복의 핵심은 현대 세계관으로부터 탈현대 세계관으로의 세계관의 대전환인데, 동양사상은 탈현대 세계관의 구성에 큰 도움을 줄 수 있다. 탈현대 세계관의 구성 자체가 세계관의 전환을 뜻하지 않으며, 또한 현대문명 위기의 종식을 의미하지 않는다. 그러나 탈현대 세계관의 구성은 세계관의 전환과 현대문명 위기의 종식을 위한 필연적인 과정이다. 동양사상이 현대문명 위기의 종식에 기여할 수 있는 핵심적인 측면이 바로 여기에 있는 것이다.

참고문헌

김혜련. 1999. 『학교종이 땡땡땡』. 미래M&B.

베이컨, 프란시스(Bacon, Francis). 2001. 『신기관 – 자연의 해석과 인간의 자연 지배에 관한 잠언』. 진석용 옮김. 한길사.

장회익. 1993. “우주생명과 현대인의 암세포적 기능.” 김종철 편. 『녹색평론선집 1』. 녹색평론사.

홍승표. 2011. 『동양사상과 탈현대적 삶』. 계명대학교 출판부.

http://kosis.kr/nsportal/wnsearch/totalSearch.jsp

Chapter 2

긴장과 갈등의 유교

최우영(전북대학교 사회학과)

I 들어가는 말

보수성 내지 정체성停滯性은 유교에 덧씌워진 오랜 혐의이다. 우리는 별다른 거리낌 없이 유교의 정치 사회적 속성을 이렇게 규정하곤 한다. 자연적, 규범적 질서 원리인 오륜 체계를 절대화하여 신분 및 지배 질서의 고착화에 기여한 것이 유교의 본질이자 사회적 효과라는 이유에서이다. 물론 이러한 진단이 마냥 근거 없는 것만은 아니다. 분명 역사적으로나 이론적으로 유교는 이러한 평가에 상당한 빌미를 제공했고, 그런 만큼 응분의 책임으로부터 자유롭기 어렵다. 문제는 이처럼 유교의 성격을 일면적으로 상수화常數化함에 따라 실상 다양한 동태로서의 유교의 역할이 제대로 포착되지 못할 뿐 아니라, 나아가 유교와 불가분 연결되어 있던 전통 사회의 역동적 면면들이 부당하게 화석화된다는 데 있다. 최근 유교에 대한 새로운 해석들이 이러한 이해 방식에 도전하고 있으나(Metzger, 1977; 조혜인, 1993; 유석춘, 1997; 드 베리, 1998; 이영찬, 2001), 정치 사회적 보수 이념이라는 유교에 대한 오랜 선입견은 쉽게 불식되는 것 같지 않다. 더구나 넓은 의미의 '모더니티 프로젝트modernity project'에 박차를 가하고 있는 한국 사회에서 유교에 대한 균형 잡힌 이해의 가능성은 앞으로도 그리 낙관적으로 보이지만은 않는다.[1]

특정 이념, 특히 과거 역사 속의 주도적 이념에 대한 해석과 평가의 관점은 크게 두 가지로 나뉠 수 있다. 하나는 오늘날의 준거와 지향에 따라 그 이념을 해석 및 평가하는 관점이고, 다른 하나는 당대의 맥락 속에서, 다시 말해 그 시대의 기준과 현실에 비추어 해당 이념을 해석하고 평가하는 관점이다. 이들 두 관점이 논의의 목적에 따라 나름의 분석적 장점을 지닌다는 것은 두말할 나위가 없다. 또한 우리의 존재 구속성을 고려할 때 후자의 관점이 완벽하게 견지될 수 없다는 점 역시 자명하다. 그럼에도 불구하고 그간 한국 사회의 유교 이해는 의도와 상관없이 전자의 관점에 의해 압도되어 왔음을 부인하기 어렵다. 역사 속에서 구현된 '사회적 사실social fact'로서의 유교 이념이 충분한 맥락 위에서 이해되기보다는 몰역사적 추상으로 변질된 것이다. 그 결과, 유교는 전통 사회를 요동시키고 그 사회 변동에 직·간접으로 개입한 다면적, 역동적 실체로 체감되는 것이 아니라, 현대적 준거에 입각하여 편향적으로 화석화되어 버렸다. 오늘날 유교적 갈등이나 변동, 혹은 유교적 비판이란 말이 지극히 생경하게 들리는 이유도 이러한 상황과 무관해 보이지 않는다.

---

1) '모더니티 프로젝트' 자체가 과거로서의 전통의 부정 혹은 전통의 극복을 기치로 하는 것은 어느 정도 보편적이다(Eisenstadt, 1973). 하지만 한국의 경우는 합방과 식민지, 전쟁과 분단이라는 부정적 경험을 거치면서 전통에 대한 극단적 부정과 혐오를 내면화하게 되었고, 바로 이것이 세계 최빈국의 초조감과 결합하여 역설적으로 근대화에 적극 매진하게 하는 핵심 동력으로 전이됐다고 볼 수 있다. 전통(적 세계와 논리)을 고난의 진원이자 부정의 대상으로 생각하며 근대(화)를 그 역으로 규정하는 것은 한국 근·현대사가 만들어 낸 세계관적 이분법이라고 할 수 있다.

무릇 모든 이념은 아무리 완성도 높은 이념이라 하더라도 내부적으로 모순된 사유의 조각들이 불완전하게 얽혀 있기 마련이다. 유교 역시 예외일 수 없으며, 그렇기 때문에 유교는 하나의 얼굴을 한 체계이기보다는 여러 개의 설명축과 가치 지향이 혼재된 일종의 다면 체계였다. 더욱 중요한 사실은 이러한 유교의 다면적, 갈등적 성격이 단지 사유의 차원에 그친 것이 아니라 구체적 현실과 결합하면서 정치 사회적 갈등의 주요한 배경으로 작용하였고, 정확히는 그러한 갈등과 적대에 직·간접적으로 대응하고 있었다는 점이다. 이를테면 조선의 유교(원리)는 맥락에 따라 지배 구조와 권력의 향배를 가르는 중요한 기축으로 작용했고,[2] 그런 점에서 유교의 내적 긴장과 갈등은 단순히 사상적인 수준에 머무른 것이 아니라 기실 첨예한 정치 사회적 갈등 수준과 맞닿아 있었다. 오늘날 보수성이나 봉건성의 명목으로 유교를 선험적으로 일면화하는 것은 이처럼 다양한 유교의 내적 긴장과 갈등의 존재를 간과한다는 점에서 치명적인 오류의 가능성을 내재하고 있다.

이 글은 이상의 문제 및 상황 인식에 터하여 유교의 성격을 그 내적 긴장 및 갈등의 관점에서 재검토한다. 여기서 유교란 공맹기의 원시 유교와 송대 이후 성리학을 대상으로 하지만, 특히 한국 전통 사회의 지배이념이었던 성리학에 그 초점을 맞춘다. 이 글의 의도는 유교의 보수성 규정에 반대하여 일방적으로 유교를 변호하려는 데 있지 않다. 상기한 대로 그에 대한 평가는 맥락에 따라 다분히 엇갈릴 수 있고, 또한 시대적 구속성에 따라 가변적일 수 있기 때문이다. 대신 필자는 보수와 정체의 이름으로 압도된 유교 이해 속에서 미처 주목받지 못했던 긴장과 갈등의 요인들을 규명하

2) 대표적 사례가 현종기에 벌어진 두 차례의 禮訟이라 할 수 있다. 예송 논쟁이 그렇게 오랜 기간 집요하게 펼쳐진 것은 당시의 지형에서 예의 해석과 준수 여부가 권력의 향배에 얼마나 중요한 변수였는지를 단적으로 보여 준다(김상준, 2001). 그리고 이는 조선의 현실에서 유교의 영향이 결코 관념이나 윤리의 영역에 제한되어 있지 않았음을 웅변해 주는 것이다.

고, 이로부터 유교 사회의 갈등과 변동에 영향을 준 이념적 계기들을 찾아보려 한다.

구체적으로 이 글은 다음과 같이 진행된다. 첫째, 기원 및 전개 과정을 통해 형성된 유교 고유의 시원始原적 성격을 역사적 입장에서 살펴본다. 특히 향후 성리학의 주요 특질 중의 하나를 이루는 이른바 '비판적 재야성在野性'에 주목하여 거기에 함축된 유교적 긴장과 갈등의 단초들을 드러내 보인다. 둘째, 유교에 부과된 보수와 정체의 낙인에 대한 이론적 근거들을 비판적으로 재검토한다. 특별히 그러한 이론적 규정의 선구자라 할 수 있는 막스 베버Max Weber의 유교 논의를 비판적으로 상대화함으로써 흔히 간과되었던 유교의 다른 면모와 그 가능성을 찾아본다. 셋째, 두 번째의 논의를 매개로 하여 유교 내의 갈등과 긴장 요인 그리고 그 대립 구도를 이론적(존재론적) 차원에서 규명한다. 그런 다음 유교의 이론적 긴장이 가지는 사회 변동에의 함의를 간략히 따져 봄으로써 글의 결론에 대신하려 한다. 역사적으로 유교가 전통 사회의 현실과 긴밀하게 교섭했다는 것은 불문가지의 사실이다. 그런 점에서 이 글은 당대의 정치 사회적 갈등과 변동을 이해하기 위한 포석으로서 이념 요인적 접근의 시론이라 할 수 있다.

Ⅱ 유교적 비판규범의 역사적 맥락

일반적으로 특정 종교나 이념이 가지는 고유한 성격과 지향은 그 종교나 이념이 기원한 시점의 사회 정치적 조건이나 상황으로부터 결정적인 영향을 받는다(Brandon, 1971). 이를테면 초기 이슬람 공동체가 아라비아의 무역로를 실질적으로 장악하는 등 중요한 정치 경제적 자산을 향유할 수 있었던 데 비해, 기독교는 '피억압자의 종교'로 그 생명을 시작했다는 사실은 이후 양 종교의 성격 형성에 중대한 차이를 노정하였다(Turner, 1992:

59-60).

기독교에서 특별히 부각되는 '고난'과 '권력'의 개념은 유대기의 피억압, 예루살렘의 몰락, 잇따른 로마 제국의 압제 등 초기 기독교를 둘러싼 사회 정치적 상황과 결코 무관하지 않았다. 반면 기독교와 달리 종교의 형성기에 외부의 군사적 침탈로부터 상대적으로 자유로웠던 이슬람교는 이러한 고난이나 권력 개념이 덜 중요하거나 희박할 수밖에 없었다. 요컨대 종교의 기원 시점에서 이슬람 세력이 지배자나 권력자의 입장에 있었고 기독교 세력이 피억압자의 위치에 있었다는 사실은 이후 양 종교의 고유한 성격 형성에 중대한 영향으로 작용하였다. 이러한 논리는 유교의 경우에도 마찬가지로 적용해 볼 수 있다.

1. 유교 형성기의 모순적 지형

유교의 고유한 성격을 이해함에 있어 공자 시대의 의미는 각별하다. 우선 그 시대는 예를 중심으로 한 기존 질서의 해체기였고, 동시에 새로운 지배 질서의 모색기였다. 부국강병과 패권을 놓고 각축하던 제후들이 저마다 이현거以賢擧,[3] 즉 현자 등용 정책을 적극 추진했던 것도 이 같은 변동기의 불안을 제거할 수 있는 사회 질서의 비전vision을 제공받고자 함이었다. 유가를 비롯해 수많은 제자백가들이 등장한 이유도 여기에 있었다. 하지만 군웅할거의 패권적 투쟁과 신흥 농민 및 상인층의 부상이 대변하듯 당시 사회를 지배하던 압도적 힘은 무력과 경제력이었다. 이른바 무치武治와 경제주의적 지배가 시대의 지배 원칙이었던 것이다. 유가는 바로 이 무치

3) 晋에서 최초로 나타났던 以賢擧는 이른바 지식인 등용 정책이라고 할 수 있는데, 그것은 周代의 종법사회에서 친인척을 관리로 등용했던 以親擧 정책과는 근본적으로 구분되는 현상이었다. '이친거'가 혈연적, 가족주의적 사회 구조를 반영한 것이었다면, '이현거'는 그러한 경향이 해체되고 있음을 반영하는 것이라 할 수 있다(이강수, 1992: 26-28).

와 경제주의적 지배를 강력히 비판하면서 등장한 일군의 지식인 집단이었다. 이들의 반反무치, 반反경제주의적 입장이야말로 유교의 이념적 정체성을 규정하는 핵심적인 요소였다. 유가는 기본적으로 주周의 붕괴가 가져온 무력적, 경제주의적 지배 상황을 일탈 혹은 병리로 파악하였다. 대신 그들이 지향한 이상적 지배는 윤리, 도덕에 입각한 문치文治에 있었고 그것만이 당시의 혼란상을 극복할 수 있는 항구적인 지배 원칙이라고 생각하였다.

유가의 이러한 지향 밑바탕에는 주대周代의 예치禮治가 하나의 지배 이념형으로 자리하고 있었다.[4] 다시 말해 주대의 문물, 특히 예라는 총체적 질서 체계가 유가가 지향했던 문치의 이상적 모델 역할을 하였으며, 이로부터 당대의 반예치적 상황에 대한 비판의 근거를 마련할 수 있었다. 논어에서도 확인할 수 있듯이[5] 주대를 현재화하려는 노력은 유교의 중요한 시원적 지향이었다.[6] 이는 일반적으로 말해, 예에 의한 지배 질서의 적극적 회복이라는 의미를 가졌다. 특히 제후들의 무력적 패권 투쟁으로 점철됐던 당시 상황에서 주대의 예치적 이상은 유가의 각별한 염원일 수밖에 없었다.

---

4) 여기에서 지배의 이념형이라는 말에는 주의해야 할 함의가 들어 있다. 그것은 이념형이라는 개념이 암시하고 있듯이 주대의 지배 질서가 오로지 예에 의한 지배로 일관된 것은 아니라는 사실이다. 『禮記』, 「曲禮」에 나오는 "예는 아래로 서민에게 미치지 않고 형벌은 위로 대부에까지 미치지 않는다(禮不下庶人, 刑不上大夫)"는 표현처럼 실제 주의 지배는 예치와 형치의 혼합에 의해 이루어졌던 것이 역사적 현실이었다. 다만 신분제를 부정하지 않은 데다 그 자신들 역시 士 계층의 일원이었던 유가의 입장에서는 사, 대부 이상을 규제했던 예적 질서가 주의 대표성을 갖는 것으로 파악되었고, 그런 점에서 주는 유가의 이념적 모델이 될 수 있었다.

5) 『論語』, 「爲政」 23, "殷因於夏禮, 所損益可知也. 周因於殷禮, 所損益可知也. 其或繼周者, 雖百世, 可知也."

6) '주대의 현재화'라는 지향이 유교의 본원적 성격이라는 점은 부인하기 어렵지만, 이것이 곧 유교에 내재된 보수성의 진원이라고 파악하는 것은 어느 정도 맥락을 무시한 소치로 보인다. 실제로 많은 서구 학자들이 여기에 주목하여 유교의 본질주의적 성향, 보수 성향을 문제 삼고 있지만(Pye, 1985: 34-39), 당시의 맥락에서 주대의 현재화 명제는 오히려 현실 정치에 대한 강력한 비판의 무기로 기능했기 때문이다.

원시 유가의 예치 내지 문치적 지향이 일차적으로 당시의 무력적 지배 상황에 대한 비판이었다면, 다른 한편으로 그것은 당대의 경제주의에 대한 도덕적 비판의 의미를 함께 갖고 있었다. 춘추 전국기의 혼란은 지배구조의 균열과 지배 세력의 투쟁에서 비롯되기도 했지만, 생산력 발전과 맞물린 광범위한 농민층 분해도 여기에 결정적으로 기여하였다. 주초 이래의 노동지대가 현물지대로 바뀌면서 농민들은 그들이 경작하는 토지에 대해 지속적인 권리를 획득해 나가게 된다. 이들 중 자신의 사유화 토지를 기반으로 부를 확대하는 데 성공한 일부 농민층은 '은호殷戶'라고 불리는 새로운 지주층으로 성장, 전화하였다(송영배, 1987: 33). 물론 이 과정 이면에는 정치적 패배에 따라 몰락한 기존 지주층과 더욱 영세해져 새로운 지주층의 소작인으로 전락한 기존 농민들이 함께 존재하였다. 어쨌든 구舊경제관계의 해체와 함께 농민층이나 거기서 전화한 상인층이 새로운 지주로 등장한 것은 종법 질서의 균열이 가속화됨과 동시에 사회관계가 경제력에 의해 재편됨을 의미하였다. 이는 사회 작동의 원리로서 경제주의의 확산을 가져온 당대의 기본적인 조건이었다.

유가의 입장에서 볼 때, 질서의 원칙으로서 경제주의는 무치에 버금가는 해악이었다. 그들이 지향한 예치가 기본적으로 도덕적, 규범적 질서 체계라는 것을 고려할 때, 경제주의적 지배는 사사로운 이해에 추동되는 반규범적 질서 체계였다. 여기서 유가가 이해한 경제주의의 범위는 비단 경제적 이해의 추구에만 국한되지 않았다. 물론 경제적 이해 관심이 중심에 있긴 했지만, 그 외 모든 영역에서 힘을 발휘하는 개인의 사사로운 이해 추구 경향이 넓은 의미에서 경제주의로 간주되었다. 그 결과 경제주의는 유가들에게 질서의 원칙이 아니라 '천하무도天下無道'의 진원으로 받아들여졌다. 그들은 예치적 질서를 통해 궁극적으로 대동大同이 구현되는 공公의 세계를 실현하고자 하였다. 따라서 그들이 경제주의적 현실에 반발한 것은 당연한 귀결이었다. 경제적 이해를 포함한 사사로운 이해 추구는 이른바

사私의 행위 원리로서 공公을 지향한 유가의 예치적 질서에 결정적으로 반하는 것이었기 때문이다.[7]

유교 경전에서 숱하게 나타나는 리利와 사私 혹은 소인小人에 대한 경계는 당시에 만연된 경제주의적 이해 추구 경향을 간접적으로 반영하고 있으며, 거기에 대한 강렬한 반감은 유교의 시원적 특성 가운데 빼놓을 수 없는 부분이다.[8] 예적 지배 질서와 공적 대동의 이념에 반한다는 점에서, 그리고 문사로서 자신들의 지위를 위협한다는 점에서 그것은 결코 유가들로서는 인정할 수 없는 현실이었다. 그런 점에서는 무력적 질서 역시 마찬가지였다.

이상 간략히 살펴본 것처럼, 유교 형성기의 상황은 유가들의 입장에서 볼 때 자신들의 지향적 가치와 날카롭게 충돌하는 반유교적 지형이었다. 따라서 시대적 맥락상 그들의 이념적 지향에는 사회 비판적 성격이 다분히 내포될 수밖에 없었다. 위에서 본 패권주의에 대한 비판과 경제주의에 대한 비판은 그 전형적 외현外現인 동시에 주된 내용이었다.

---

7) 유교의 예치가 가장 기본적으로 요구했던 조건이 바로 '자기'의 극복이었다. 여기에서 '자기'란 다름 아닌 사사로움 혹은 사사로운 이익을 의미하는 것으로서 지금 맥락에서 정확히 경제주의적 개인(이해)이 이에 해당된다고 할 수 있다(『論語』, 「顔淵」 1, "克己復禮爲仁. 一日克己復禮, 天下歸仁焉, 爲仁由己, 而由人乎哉?").

8) 경제주의에 대한 유가의 반감은 그들 자신의 문사적 배경을 고려할 때, 그리고 사농공상의 신분적 질서 체계를 고려할 때 일정 수준 계급적 이해 관계의 표출로도 볼 수 있다. 그런데 주의를 요하는 것은 그들이 반대한 대상이 경제주의였지 결코 경제(적 활동) 자체의 필요성과 의의를 부인한 것은 아니라는 사실이다(유인희, 1992). 다시 말해 예나 공과 같은 유교적 규범 원칙의 지배하에 그것의 확장에 공헌하는 한, 오히려 경제적 행위는 적극적으로 요청되고 또 어떤 의미에서는 권장되기까지 하였다. 그들은 백성들의 경제적 삶의 고양이 유교적 질서 체계의 근간임을 부인하지 않았다. 이를테면 『孟子』, 「梁惠王上」의 다음 구절이 그것을 잘 보여준다. "不違農時, 穀不可勝食也, 數罟不入洿池, 魚鼈不可勝食也, 斧斤以時入山林, 材木不可勝用也. 穀與魚鼈不可勝食, 材木不可勝用, 是使民養生喪死無憾也, 王道之始也." 유가들이 반발하고 경계했던 것은 경제적 이해의 원리가 예나 공의 규준을 대체하고 복속시키는 것이었다. 따라서 유가를 무조건적으로 모든 이익 추구를 반대하고 단지 인의도덕의 교조만 공담한 무리로 보는 것은 그들의 의리관과 경제 사상을 오해한 것이라 할 수 있다.

2. 유가의 소외와 비판적 재야성

원시 유교에 내포된 기원적 비판성은 백가百家가 쟁명爭鳴하는 당시 상황에서 유가가 주류 질서 속에 편입되지 못했다는 사실로부터 결정적으로 강화된다. 이른바 재야의 지식인으로서 주류 지배 질서로부터 소외되어 있었던 시대적 조건이 역설적으로 그들의 이념적 비판성을 보다 공고하게 만들었던 것이다.

유가는 기본적으로 사士 집단을 자신들의 계층적 기반으로 하였으며, 그중에서도 무사가 아니라 문사literati로서의 사회적 정체성을 갖고 있던 사람들이었다. 평민이 아닌 그들은 국가 통치에 대한 다양한 전문 지식과 기술을 갖고 있었을 뿐 아니라 정사에 직접 참여할 수 있는 신분 자격 역시 구비하고 있었다. 유가들은 그들이 희구한 예치적 질서와 '천하위공天下爲公'의 실현이 기본적으로는 현명한 군주에 의해 영도되어야 한다고 믿었다.[9] 하지만 중요한 사실은 그들이 바로 그 과정에서 진정한 '군주지도君主之道'를 제시하며 군주를 보필할 수 있는 적임자로 자신들을 지목하고 있었다는 점이다. 국가 통치의 능력은 선천적인 것이 아니라 고도의 문치적 지식과 자기규율에 바탕을 둔 것이기 때문에 경전에 대한 폭넓은 이해와 유교적 수양으로 훈련된 유가들이 여기에 가장 잘 부합할 수 있다고 생각한 것이다. 이러한 유가의 입장은 그들이 이상적 인간형으로 내세운 '군자君子'의 역할에서도 분명히 확인할 수 있는데,[10] 유가들은 군자의 현실태 내지 적어도 군자의 가능태를 자신들에게서 찾았던 것이다.

하지만 직접 통치를 하는 왕이나 귀족 계급이 아니었던 이들은 뛰어난 문치적 지식에도 불구하고 자신들의 사회적 재생산을 기본적으로 제후나

---

9) 『論語』, 「子路」 12, "如有王者, 必世而後仁."

10) 『論語』, 「泰伯」 6, "可以託六尺之孤, 可以寄百里之命, 臨大節而不可奪也, 君子人與? 君子人也!"

귀족들의 선택에 의존할 수밖에 없는 계층이었다(함재봉, 2001: 4; 유초하, 1994: 68). 더욱 결정적인 관건은 원시 유교의 발흥기에 유가들이 당시의 지배적 제후들로부터 철저하게 외면당하고 있었다는 사실이다.[11] 무력과 경제력에 기반한 소위 만인 대 만인의 투쟁 상황에서 유가의 예치적 도덕 질서 원리는 전혀 매력적이지 못했다. 대표적으로 유가의 강력한 경쟁 세력 가운데 하나였던 법가가 많은 제후들의 주목을 받고 결과적으로 통일된 진秦의 지배 원리로 수용되었던 것은 이를 정확히 반증하고 있다.[12] 결국 제후나 귀족 등 권력 집단으로부터 외면당하면서 동시에 부농이나 상인 등 신흥 경제주의 세력으로부터 도전받고 있던 것이 당대 유가의 불우한 입지였다. 바로 이 소외된 지형은 유교 이념 속의 중요한 한 흐름으로서 비판적 재야성을 각인시키는 결정적인 계기로 작용하였다.

문제는 이처럼 비판적 재야성이 주조된 시원적 맥락 속에 이미 향후 성리학적 긴장의 주요한 측면들이 예견되고 있었다는 점이다. 구체적으로 그것은 당대 유가들의 모순된 지위 혹은 모순적 지향으로부터 설명된다.

---

11) 함재봉은 『論語』의 첫 구절인 「學而」 1, "學而時習之, 不亦說乎? 有朋自遠方來, 不亦樂乎? 人不知而不慍, 不亦君子乎慍"에서 당시 유가의 소외된 상황이 직접적으로 반영되어 있다고 본다. 주류 질서로부터 소외된 그들의 사회적 위치로 인해 '남이 나를 알아주지 않아도 성내지 않는다'는 자기위안적 언명이 나왔으며, '글벗이 멀리에서 찾아오니 기쁘지 아니한가'라는 구절 역시 소외된 사계급이 공유하는 일종의 同病相憐的 감정 표현이라는 것이다(함재봉, 2001: 2-6). 물론 철학적 수양론이나 윤리론의 입장에서는 이와 다른 해석이나 함의가 가능하겠지만, 적어도 당시 유가들이 처해 있던 소외된 사회적 상황을 지적하고 있다는 점에서 타당한 의견이라고 생각된다.

12) 유가와 법가의 차이는 여러 측면에서 발견할 수 있지만, 특히 백성을 어떻게 보느냐 하는 점에서 결정적으로 갈라진다. 물론 양 진영 모두 백성을 직접적인 정치적 주체로 보는 것은 시대적 한계로 인해 공히 불가능했다. 하지만 그런 제한 속에서도 유가는 백성을 정치의 근본으로 상정하고 인격적 대상으로 이해했던 반면 법가는 백성을 통치의 객체로서 하나의 재료 또는 수단으로 간주하였다. 이러한 차이는 양 진영이 갖고 있던 국가-백성 관계에 대한 관점의 차이로 연결되는데, 유가가 국가-백성 관계를 상보적이고 조화로운 것으로 상정했다면, 법가는 적대적, 영합적(zero-sum) 관계로 파악했다고 볼 수 있다(루빈, 1983: 106-110). 결국 무력을 배경으로 강력한 형과 벌을 질서의 원천으로 내세운 법가의 입장은 당시의 투쟁적 지형과 현실적 친화성을 가졌다고 할 수 있다.

지위 측면에서 볼 때, 그들은 명목적으로는 지배층의 분파였다. 더욱이 그들은 정치에의 참여, 구체적으로 말해 예치와 문치의 주도적 실천을 통해서만 궁극적으로 자신들의 존재 의의를 확인할 수 있는 집단이었다. 하지만 이미 지적했듯이 당대의 현실은 달랐다. 정치(권력)로부터 소외되어 있었던 점에서 실질적으로 피지배층의 상황과 크게 다를 바 없었던 것이 그들의 위치였다. 말하자면 그들은 지배층의 피지배 분파 내지 피지배층의 지배 분파였다.[13] 도덕 정치의 주체로서 군자 역할을 자임했던 그들에게 이런 현실은 참기 힘든 모순이 아닐 수 없었다. 그런 점에서 비판적 재야성과 함께 다른 한편으로 강렬한 '권력에의 의지'를 산출한 것도 바로 이 맥락이었다. 주지하는 바대로 유교가 수기의 이념이면서 동시에 치인의 이념인 것도 이러한 조건과 무관하지 않았다. 결국 비판적 재야성과 권력 의지, 이 양자는 분리할 수 없는 같은 뿌리의 상이한 발현이었고, 거기에는 필연적으로 긴장이 개재될 수밖에 없었다. 뿐만 아니라 '야野와 여與', '도덕(종교)과 정치', '민중 지향성과 권력 지향성' 등 다양한 측면에 걸친 갈등적 성격이나 모순적 지향이 이에 직·간접적으로 대응하고 있었다.

한대漢代 이후 유교는 시원기의 소외된 지위를 벗어나 국가의 지배 이념으로 승격된다. 이후 유교의 전개 과정은 말하자면 시원기의 비판적 재야성과 거기에 연루된 내적 긴장들이 수면 아래로 잠재하는 과정이었다. 한대 이후로 관학화된 유교의 지형은 앞서 본 긴장의 대립축 가운데 후자, 다시 말해 여, 정치, 권력 지향의 축에 편향되어 그 반대 지향을 억압하였기 때문이다. 그 속에서 긴장과 갈등의 표출은 체계적으로 차단되거나 은폐될 수밖에 없었다. 그것이 수면 위로 떠올라 전면화하기 위해서는 귀족화된 관학 유교에 대한 일대 비판으로서 송대宋代 성리학의 등장을 기다려야

13) 이 규정은 조선 중기 이래 향촌의 처사 신분 집단을 설명하는 유승무(2000)의 글에서 따온 것이다. 정치 참여의 신분적 자격과 의식적, 문화적 자산을 갖추었음에도 불구하고 공식적 정치로부터 배제될 수밖에 없었던 그들의 정치 사회적 위치는 비록 정확히는 아니라 하더라도 지금의 맥락과 이어지는 바가 있다.

만 했다. 원시 유교의 비판적 갱신을 표방한 성리학은 그 자체가 유교 내적 긴장의 산물이면서 동시에 그 긴장의 전면적 표출이었기 때문이다.

Ⅲ 베버 유교론의 비판적 재검토

유교가 사회학적 관심의 대상으로 등장할 수 있었던 결정적 계기를 제공한 사람은 베버였다. 중국 사회에 대한 그의 선구적 연구가 기폭제 역할을 하였다(베버, 1991). 베버의 중국 사회 연구는 그의 대가연大家然한 재능을 확인해 주듯 여러 요소와 다양한 측면들을 망라하고 있지만, 명백히 그 중심에는 유교가 놓여 있었다. 베버의 중국 사회 연구는 곧 유교의 연구로 등치될 수 있을 만큼 유교는 베버가 중국 사회를 설명하는 핵심적 관건이자 통로였다.[14] 그의 지대한 영향력을 반영하듯, 오늘날 유교에 대한 사회학적 이해의 도정에서 베버를 우회하는 것은 거의 불가능해 보인다. 적어도 지금 단계에서는 그렇다. 문제는 베버의 탁월한 혜안 역시 정보의 제약과 더불어 어쩔 수 없는 서구의 개신교적 맥락 속에 갇혀 있었다는 사실이다(김석근, 1999). 그 결과는 개신교를 준거로 한 유교의 상대적 규정, 일면적 규정으로 나타났고, 이것은 의도와 무관하게 유교에 대한 체계적 오해의 출발점이기도 했다. 우리는 앞 절에서 유교에 내포된 시원적 비판성과 긴장의 단초들을 확인한 바 있다. 지금껏 유교의 이해에서 이 요인들이 간과되어 왔던 것도 어떤 면에서는 베버의 이론적 재단 탓이 컸다. 유교의 다른 면모와 가능성을 모색하는 이 글이 베버를 우회할 수 없는 이유가 바로 여기에 있다.

14) 물론 이는 세계 종교의 경제 윤리라는 그의 비교종교사회학적 관심이 직접적으로 투영된 결과이기도 하다.

1. 유교의 존재론적 긴장

기본적으로 베버는 유교를 서구의 개신교와 비교되는 '기능적 등가물 functional equivalent'로 파악하고 그러한 관점에서 접근하였다. 따라서 그가 이해한 유교는 맥락에 근거하여 귀납적으로 이해된 유교라기보다는 개신교의 핵심적 성격을 기준으로 연역적으로 도출된 유교였다고 할 수 있다. 그렇기 때문에 베버가 설명하고 있는 유교의 성격과 내용은 비록 전적으로 잘못된 것이라고는 할 수 없어도 적어도 몇 가지 핵심적 측면에서 재론의 여지를 남기고 있다. 특히 원시 유교의 비판적 긴장 요인을 승계하여 체계적으로 재구성한 송대 이후 성리학에 대해서는 더욱 그렇다고 할 수 있다.

베버가 이해한 유교는 다른 어떤 점보다 아래 두 가지 측면을 핵심적인 특징으로 하고 있었다. 우선 유교는 서구의 개신교와는 달리 현세에 대한 긴장 대립을 결여한 종교로 파악되었다. 합리적인(윤리적인) 요구로서 세계에 대항하는 모든 종교는 어떻든 간에 세계의 비합리성과 긴장 대립의 관계 속에 빠질 수밖에 없지만, 유교는 그러한 측면을 결여했거나 혹은 최소화하고 있다고 보았다. 서구의 개신교가 절대자로서 신의 세계와 인간의 현실 사이에 화해할 수 없는 긴장과 대립을 상정했던 데 비해, 유교는 고유의 '현세적 합리주의'로 인해 현실을 대립 없는 적응의 대상으로 정초시켰다는 것이다.

> 현세는 있을 수 있는 세계 중에서 최선의 세계이며, 인간의 본성은 그 소질에 있어서 윤리적으로 선하다. 그리고 이 세계 속에 있는 인간들은 모든 사물에 있어서와 같이, 정도의 차이가 있지만 원칙적으로는 서로 동일한 성질을 지녔으며, 여하튼 무제한적으로 완성의 능력을 지녔고 도덕을 실행하기에 충분하였다(베버, 1991: 325).

개신교의 정치적 함의는 타락한 피조물의 세계인 인간 사회를 신에 비추어 개조하려는 '개혁성' 내지 '진보성'에서 발견할 수 있다(트뢸취,

1992). 이러한 정치적 지향을 만들어 내는 기본적인 동인은 신의 세계와 인간 세계 간의 대립적 긴장에서 나왔다. 신에 비추어 볼 때 인간은 모두가 타락한 피조물이라는 점에서 차이가 없으며, 그러한 인간들의 인위적 집합체인 현세적 사회 역시 절대적으로 불완전한 죄악의 원천이었기 때문이다(베버, 1991: 338). 베버가 파악한 현실 개혁의 에너지는 현실을 상대화하는 준거로서 초월의 세계로부터 제공되었다. 그런데 바로 이 초월의 차원을 결여하고 있다는 것이 베버가 파악한 유교의 핵심적 특성 가운데 하나였다.

베버가 지적한바, 초월적 신의 세계로부터 비롯된 현실과의 격렬한 긴장, 그리고 윤리적 예언에 결부되어 있던 천년왕국의 대안적 메시지는 현실을 전면적으로 부정하게 만드는 명백하고도 근원적인 힘이었다. 문제는 이러한 논리가 유교에 기계적으로 적용되었을 때 발생한다. 유교에는 분명 개신교적 의미의 초월적 인격신 개념과 천년왕국의 심판 메시지가 존재하지 않았다.[15] 따라서 적어도 이러한 논거에 의한 현실과의 격렬한 대립은 존재하지 않았던 것이 사실이다. 하지만 그렇기 때문에 유교가 무비판적 현실 적응의 이념이 될 수밖에 없었다는 설명은 다소간의 논리적 비약이며 단순화된 이분법의 오류라고 할 수 있다. 이런 식의 유교 이해는 개신교를 잣대로 한 세계 종교의 비교 연구는 될지언정 유교의 본질에 대한 연구는 되기 어렵다.[16] 개신 유교인 성리학에서 보다 잘 드러나는 것처럼,

---

15) 흥미롭게도 줄리아 칭은 유교에 초월적 인격신 개념이 부재했다는 주장에 대해 반론을 펴고 있다(칭, 1993: 147-183). 원시 유교의 경우 비록 산만하고 비체계적이었지만, 제사를 통한 인격신의 숭배가 명백히 표현되고 있으며, 天이나 天命 개념은 바로 이 인격신의 합리화의 결과였다는 것이다. 이러한 주장의 타당성을 검토하는 것은 이 글의 논의 범위를 벗어나기 때문에 여기에서 직접적으로 다룰 수는 없다. 하지만 흔히 간과되어 온 유교의 종교적 성격을 환기시키고 있다는 점에서는 의의가 있다고 생각한다. 다만 유교에 대한 그녀의 글이 지나치게 개신교와의 동일성을 찾고자 하는 점에 모아져 있는 것은 비판적으로 짚고 넘어가야 할 문제로 보인다.

16) 파킨은 세계 종교의 비교 연구에서 베버가 파악한 유교, 힌두교 등의 모습이 과연 그 종교의 본질인지 아니면 베버 이념형의 산물인지가 쟁점이 될 수 있다고 지적한다(파킨,

유교 역시 현실과의 긴장을 야기하는 준거로 소이연所而然이자 소당연所當然으로서 리理의 원리를 초월적으로 보지保持하고 있었기 때문이다(유초하, 1994: 117).

주지하다시피 성리학의 리기론理氣論에서는 리의 원리에 부합하지 못하고 기질에 의한 파행화로 나아가는 것을 존재론적 모순이자 규범적 악으로 규정하였다. 이때 존재의 근원인 리는 현실과의 긴장을 자아내는 초월의 원리로 기능했으며, 이로부터 제공된 부정의 논리는 성리학을 기존 체제의 묵수墨守라는 현실 적응의 이념으로 안주하도록 내버려두지 않았다(Metzger, 1977; 드 베리, 1998). 초월의 리적 원리로부터 지지된 공公/시是/정正의 지향이 기질 작용의 결과인 사私/비非/사邪의 현실과 끊임없는 긴장을 불러일으켰던 것이 성리학의 정확한 정치, 사회적 효과였다(이승환, 1998: 322-346).

물론 초월 세계의 근간으로서 리는 형식과 내용 면에서 개신교의 초월적 인격신 개념과는 명백히 구분되었다. 개신교의 초월적 인격신은 피조물인 인간을 위계적으로 그리고 절대적으로 단절시키면서 이른바 구원예정에 의해 인간에게 구원 불안이라는 비합리적 긴장을 유발하는 원천이었다. 개인적 차원에서 부과된 이러한 비합리적 긴장을 해소하려는 과정에서 일종의 '의도하지 않은 결과'로서 등장한 것이 바로 세계에 대한 합리적 긴장이었다(버거, 1990: 123-141). 그리고 천년왕국이라는 대안적 예언이 궁극적으로 세계와 긴장 대립할 수 있는 든든한 배경이 돼 주었다.

이에 비해 궁극적 주재자이자 당위 법칙이었던 리는 개신교의 인격신 개념과는 달리 인간과 단절되지 않은 편재적ubiquitous 보편 원리였다(馮友蘭, 1993: 47-48). 리는 한편으로 인간으로부터 초월해 있으면서 다른 한편

1992: 107). 파킨 이외에도 비기독교 종교에 대한 베버의 논의를 상대화할 필요가 있다는 문제 의식은 로댕송(Rodinson, 1974), 메츠거(Metzger, 1977), 터너(Turner, 1992) 등에서 개진되고 있다.

으로 인간에게도 내재되어 있는 이중적 성격을 가지고 있었다. 따라서 이 초월의 의미는 개신교의 경우와는 달리 현세와 인간의 궁극적인 규범적 가치를 인정한 위에서 현세를 내용적으로 뛰어넘는 것을 뜻했다. 그렇기 때문에 이 초월은 현세적 인간으로부터 절대적으로 단절되어 있는 것이 아니라 상대적으로 단절되어 있는 그러한 초월이었다. 이는 절대적 초월, 절대적 단절만을 상수화한 개신교의 초월 개념으로부터는 정확히 포착하기 힘든 성리학의 독특한 세계 이해 방식이었다. 양 종교를 가르는 중요한 기점이 바로 여기였다.

리의 초월성은 개신교의 인격신과는 달리 인간에게 구원 불안과 같은 비합리적 긴장을 노정한 것이 아니라 애초에 기질적 세속성을 반성하게 하는 합리적 긴장을 부과하였다. 구원 불안이 유발한 비합리적 긴장을 해소하는 과정에서 의도하지 않게 세계와 대립하게 되는 것이 아니라 애초부터 직접적으로 기질적 세계와 대립했던 것이 성리학의 초월 세계였다. 그런 점에서 합리적 근거에 의해 세계와 긴장 대립했던 것이 성리학이었다. 그 초월 개념은 내용적으로 현세와 긴장하지만 현세를 극복해서 대안적 천년왕국으로 이전하는 것이 아니라 현세 속에서 현세를 극복하도록 하는 합리적 에너지였던 셈이다.

이렇게 볼 때, 초월의 의미가 다르고 거기에 따른 현세 부정의 공간적 좌표 역시 달랐지만,[17] 궁극적으로 유교 체계가 현실과의 긴장을 촉발하지 못했다는 것은 성리학에 대한 왜곡된 이해의 소치라 할 수 있다. 당연히 베버로서는 자기 안에 있는 기질적 세력은 물론 바깥의 현실 세계와 투쟁

17) 개신교의 현세 부정이 인간 세계와 공간적으로 구분되는 절대적 초월의 영역을 지향한 것이라면, 성리학의 그것은 인간 세계 속에서 인간 세계를 초월하려는 이른바 내재적 초월을 지향한 것이라 볼 수 있다. 이러한 차이가 발생하는 근본적인 이유는 성리학적 존재론이 인간 세계에 이미 초월적 주재자(원리)가 잠재적 가능태로서 내재되어 있다고 본 탓이다. 다른 말로 개신교가 신과 인간 세계의 단절적 이원론에 입각해 있었던 데 비해 성리학은 초월 세계와 인간 세계가 하나로 연결되어 있는 통합적 일원론 위에 서 있었기 때문이다.

하는 도덕적 인격체로서의 성리학적 인간형을 포착할 수 없었다(정재식, 1982: 231). 그것은 곧 현실을 혁신할 수 있는 정신적 힘의 부재로 결론지어졌다.

그는 본연의 성性이 기질의 작용으로 왜곡되면서 촉발되는 성리학적 자아의 긴장을 발견하지 못했으며, 마찬가지로 자아와 현실 사이에 유발되는 첨예한 긴장 역시 이해하지 못했다. 하지만 기질적 사욕私慾으로 인해 궁극적인 실재와 단절된 인간 실존을 통탄한 결과, 사욕을 억제하고 자아와 우주에 내재한 신성한 리와 접촉함으로써 힘을 얻고 이를 통해 세상을 개혁하고자 한 유교의 도덕적 이상은 베버가 말한 개신교의 윤리적 예언을 대신할 만한 것이었다(Metzger, 1977). 요컨대 분명 개신교의 맥락과는 구분되는 것이었음에도 불구하고, 우주의 본원적 원리와 현실의 괴리가 빚어 내는 성리학적 긴장은 유교 사회의 정치 질서를 요동시킨 중요한 동력 가운데 하나였다. 이는 베버가 유교의 핵심적 특성으로 규정했던 현실적응적 성격과 결정적으로 대립하는 것이었다.

2. 유교의 정의情誼적 세계관

베버는 유교의 또 다른 특성으로 이른바 '정의적 세계관'을 지목한다. 개신교 세계는 구원의 긴장에 대응하여 세계를 합리적으로 조직화하며, 그 기본적 동력은 세계에 대한 객관적, 즉물적 몰주관성의 논리였다. '탈주술화 명제'와 맞물려 있는 이 논리는 세계에 대한 긴장을 합리적으로 해소함으로써 궁극적으로 세계를 개조하고 극복할 수 있는 힘으로 이해되었다. 이 힘에 기반하여 개신교는 유대교의 민족적, 종교적 윤리인 특수·개별주의적 이중 도덕과 조상 숭배, 카스트 제도 같은 집요한 주술적 제약을 극복하는 한편, 사회적으로도 혈연적인 가족주의의 틀을 효과적으로 타파할 수 있었다. 개념적으로 볼 때 그것은 세계 인식의 논리이자 사회적 행위의 논리로서 보편주의적 세계관과 통하는 것이었다. 베버는 정확히 이에 대립되는 의미에서 유교가 특수주의적 세계관을 반영한다고 보았다. 주술이 매개된 전통적 질서와 전통적 행위 원리를 절대화하는 가운데 그것을 구체적 인간 관계 속에 규범적으로 사사화私事化한 것이 유교의 전형적인 특징이라는 것이다.

그의 말대로 유교의 세계관이 특수주의적 성격을 가진다고 할 때, 거기에는 분석적으로 두 가지 측면이 중첩되어 있다. 우선 대내외 집단의 구성원을 하나의 원리에 의해 균질적, 등가적으로 인식하는 것이 아니라 차별적으로 인식하는 세계 인식 원리로서의 특수주의가 있다. 다른 하나는 그러한 차별적 세계 인식을 조장하는 사회 관계의 내용적 측면으로서 정의성(혹은 정의 원리)이 있다. 사회 관계를 인격적 정의 관계로 채색하여 이로부터 모든 사회적 상호작용을 사사화한다고 할 때 그 주된 계기가 바로 이것이다. 물론 이는 어디까지나 분석적 구분일 뿐이지만, 그중에서도 베버는 특히 후자의 정의성 부분을 집요하게 문제 삼고 있다. 아래에 인용문이 이를 잘 표현해 준다.

> 유교윤리는 인간을 다분히 의도적으로 그 자연발생적인 또는 사회적 상하관계에 의해 주어진 정의적 관계 속에 위치시켰다. 유교윤리는 이러한 관계를 그리고 단지 이 관계만을 윤리적으로 빛나게 하였기 때문에 결국 인간과 인간의 관계, 즉 군주와 신하, 상관과 부하, 아버지/형과 아들/동생, 스승과 제자, 친구와 친구 간의 그러한 정의적 관계에 의해 만들어진 인간적인 공순恭順 의무 이외에 어떠한 사회적인 의무도 알지 못했다(베버, 1991: 341).

그는 사적 영역인 가족(친족)은 물론이요 공적 제도 영역인 국가 차원에서도 이러한 정의 원리가 무차별적으로 관철되고 있었고, 그렇기 때문에 유교 체계에서는 보편적 공적 원리가 정착될 수 없었다고 본 것이다.

베버는 유교의 정의적 특성이 '자연성' 내지 '비非반성성'의 또 다른 표현이라고 생각했다. 전통의 강한 규정력에 의해 선조로부터 전승되어 온 행위 원리 및 경제 양태를 자연적인 것으로 수용함으로써 구성원 상호 간의 정의적 인간 관계를 반복적으로 재생산하게 하는 것이 유교적 세계관의 사회적 효과라는 것이다. 이 과정에서 전통과 기존 질서에 대한 회의나 반성적 일탈이란 근본적으로 불가능하였다. 왜냐하면 그것은 유교가 궁극의 초월적 세계로부터 연원하는 하나의 통일된 퍼스낼리티, 즉 내적인 핵으로서 어떤 중심적이고 독자적인 가치의 입장에서 유출되는 하나의 통일된 생활양식을 결여한 데서 오는 필연적인 결과였기 때문이다(베버, 1991: 331). 베버가 이해한 유교의 정의성이 초월 영역의 부재, 윤리적 예언의 부재와 긴밀히 연결되고 있음을 여기에서도 확인할 수 있다.

한편, 전통을 매개로 한 유교의 정의적 세계관은 정치적인 면에서 기존 질서의 묵수라는 문화, 의식적 정향을 낳는 것으로 설명된다. 유교의 정의적 세계관은 주어진 인간 관계와 조화를 이루고 공동 생활에 관한 사회의 여러 요구에 적응하도록 요구했을 뿐 아니라, 마찬가지 방식으로 세속의 정치적 질서에 순응할 것을 요구하였기 때문이다. 이는 서구의 개신교가 제공한 몰주관적 세계관이 전통적 규범과 인간 관계를 즉물적으로 상대화하고 나아가 현세적 정치 질서를 합리적 통제의 대상으로 상정했던 것과는 전혀 다른 함의를 가졌다. 그것은 유교가 인격적 정의 원리를 허물 수 있는 어떠한 초월적 동력도 제공할 수 없었고, 그 결과 가산적 정치 질서와 선택적으로 친화함으로써 정치적 보수주의를 생산하고 지원했다는 의미였다. 이러한 진단은 베버의 다음 글에서도 잘 표현되고 있다.

> 봉건영주에 대한 공순은 부모, 스승 및 관직 서열에서의 장長과 관리 일반에 대한 공순과 더불어 받들어졌다. 왜냐하면 그들 모두에 대해서 공순(효)은 원칙상 동일한 성격을 지니고 있었기 때문이다. 사실상 봉건적 충성은 관리들 내에서의 후원관계로 옮겨졌다. 그리고 충성의 기본적 성격은 봉건적이 아니라 가부장적이었다. 부모에 대한 자식의 무제한적인 효행은 부단히 가르쳐진 바와 같이 모든 덕 중에서 절대적

으로 근본적인 것이었다. 다른 덕들과 상충될 때 그것은 다른 덕에 우선하였다(베버, 1991: 231).

나아가 이 정의적 세계관은 사회적 차원에서 객관적, 즉물적 논리의 제도적 표현인 탈인격적 조직(체)의 출현을 원천적으로 봉쇄했다고 설명된다. 인격적 정의 원리로 움직이는 친족 집단은 그 자체가 자기충족적인 하나의 세계였고,[18] 이 양상은 국가와 정치 차원에도 고스란히 적용되었기 때문에 사적 정의 원리를 허물어뜨리는 제도적 사회 조직의 필요성은 어디에서도 제기될 수 없었다는 것이다. 그는 유교 사회에서 서구의 시민적 결사체에 비견될 만한 사회 조직이 출현하지 못했던 이유를 이러한 맥락에서 구했다. 합리적 법 체계의 부재 역시 마찬가지 방식으로 설명하였다. 요컨대 유교 체계가 가족과 국가 사이의 '사회' 영역의 출현을 억압하였고, 유교가 제공한 일관된 정의 원리가 이를 문화적으로 억제했다는 것이 베버의 입장이었다.

베버가 설명한 대로 유교는 사회적 인간 관계가 즉물적, 몰주관적 관계로 치환될 수 없다고 보았다. 그것을 바람직하게 여기지도 않았다.[19] 오륜 체계로 대표되는 인간 관계는 우주적 원리가 반영된 자연적 관계이면서 동시에 당위적 '규범' 관계였기 때문이다. 따라서 그것은 기본적으로 윤리적 관계였으며, 정의성이 내용으로 채워지는 것은 자연스러운 일이었다. 개신교는 개인과 절대자와의 직접적 대면에서 이루어지는 초사회적 관계를

---

18) 이러한 친족 집단의 자기충족성과 관련하여 베버는 중국 사회에서 카리스마가 특정 개인에 부착되어 있기보다는 그 개인이 속한 친족 집단에 부착되어 있었다고 설명한다(베버, 1991: 62-63).

19) 정창수(1990)는 타자와의 관계의 유형을 사회심리적 관점에서 두 가지로 구분하는데, 하나는 인지적 측면에서 타인에 대해 이해(understanding)를 도모하는 관계이고 다른 하나는 정의적 측면에서 타인에 대한 공감(sympathy)을 추구하는 관계이다. 이 구분에 의거한다면, 일단 유교는 타인과의 공감적 일치를 바람직한 인간 관계의 전형으로 추구했다고 볼 수 있다.

일차적 중심에 놓고 있었지만, 사회적 인간 관계를 중심에 놓고 그 내용으로서 윤리의 문제에 몰두했던 성리학에서는 정의적 인간 관계가 오히려 바람직한 지향이기도 했다. 따라서 원인을 어디에서 찾든 베버가 유교 세계에서 이 정의 관계가 별다른 제약 없이 강화될 수 있었다고 본 것은 전혀 근거 없는 진단만은 아니었다(베버, 1991: 331). 하지만 베버가 이해한 유교는 정확히 여기까지였고, 그나마 다분히 일면적이었다.

지금 유교의 특성으로 지목되는 정의적 세계관이 개념적으로 특수주의적 세계관에 포섭되는 것은 분명하다. 특히 서구의 개신교가 유발한 근대의 보편주의적 세계관과 대비된다는 의미에서 그렇다. 하지만 이러한 이분법적 관점은 때론 모순적으로 보이기도 하는 유교의 복합적 성격을 포착하기 어려울 뿐 아니라 그것을 지나치게 단순화시키고 만다. 베버가 이해한 유교의 성격이 사적 정의성의 체계에 편향되어 있는 것도 이와 무관하지 않다. 물론 유교가 전통을 숭상하고 정의적 사회 관계를 중시했던 것은 부인하기 어렵다. 하지만 그 기저에는 유교가 본질적으로 내재하고 있던 공적, 보편적 지향이 명백히 교차하고 있었다. 이른바 천리天理의 규범적 현실태인 '공'의 이념이 현실과 세계의 무비판적 사사화를 결정적으로 제약하고 있었던 것이다(이승환, 1998: 330-335). 그것은 현실의 인격적 관계를 즉자적으로 인정하지 않고 대자적 입장에서 반성적으로 접근할 것을 요구한 원천적인 힘이었다. 특히 성리학에서 사적 정의성에 대한 경계의 논리는 주변적인 것이 아니라 오히려 본질적인 부분이었다.

성리학은 주관적 정의성에 함축될 수 있는 사사성의 폐해를 날카롭게 인식하고 있었다. 성리학이 인仁 중심의 공자보다는 상대적으로 의義 중심의 맹자 사상에 보다 많이 기대고 있었던 데서도 이를 간접적으로 확인할 수 있다(전낙희, 1995: 469). 대표적으로 맹자의 방벌론放伐論은 군신 간의 오륜적 (정의)관계만큼, 혹은 그 이상으로 천명에 입각한 보편 원리의 구현이 중함을 역설하고 있다. 정의성은 유교가 인간 관계 면에서 적극적으로 지향한 내용이기도 했지만, 동시에 그것은 기질 작용으로 편벽되게 흐를 수 있다는 점에서 경계와 감시의 대상이었다. 오히려 인격적 관계를 빌미로 어느 일방의 사사로운 이해 관계를 고착시키는 것은 비공非公이라 하여 성리학이 주의 깊게 경계한 바였다(유초하, 1994: 123). 구체적으로 그것은 내재적 초월 원리인 리에 비추어 기질의 왜곡을 바로잡으려는 노력, 다른 말로 보편적 도심道心에 의해 특수주의적 인욕人慾을 제어하려는 실천적 지향에 입각해 있었다. 이런 관점에서 보면, 성리학이 인간 관계의 정의성을 기계적으로 묵수해야 할 어떤 것이 아니라 반성적으로 구현해야 할 지향의 과제로 삼았던 것은 지극히 당연한 결과였다.[20] 그것은 예컨대 공적 정의성이라 할 만한 것이었다.[21]

이상 베버의 논의를 반추하면서 우리는 공적 원리의 부재, 자율적 사회(조직)의 부재, 변혁 및 돌파의 에너지 부재 등 일련의 부재 명제의 기본 책임이 유교에 전가되고 있음을 새삼 확인하였다. 분명 베버는 유교의 중요한 한 측면을 예리하게 포착하였다. 뿐만 아니라 그것을 체계화하였다. 하지만 그는 그만큼 다른 측면의 존재와 가능성들을 놓치고 있었던 것이 사실이다. 그는 원시 유교에 내재된 현실 긴장의 단초와 그것이 체계적으로 반영된 성리학의 비판적 특질을 간과했거나 이해하지 못했다. 싫든 좋든 그의 출발점은 동양 사회가 서구 역사에서 성취했던 바로 그 근대의 등장을 이루어 내지 못했다는 사실에 있었다. 여기에 고착된 나머지 그는 유교

---

20) 드 베리는 이러한 측면을 성리학이 갖고 있는 자유주의적 성격으로 규정한다. 그에 의하면 중용의 도를 추구하는 성리학적 자유주의는 전통 속에서 숙성된 지혜를 받아들이면서도 씌어져 있는 텍스트나 공적인 제도 안에 구현되어 있는 집단적인 경험에 즉자적으로 매몰되지 않고, 오히려 그것에 반할 수도 있는 자기 자신의 양심의 소리에 귀를 기울이려 했다는 것이다(드 베리, 1998: 45-46).

21) 최석만(2002)은 공은 사회적 행위를 뜻하는 것이 아니라 천리에 맞는 윤리적 행위를 뜻했기 때문에 가족 내에서의 효와 친애 역시 공의 중요한 요소로 남아 있었다고 지적한다. 그의 지적은 유교 세계에서 가족이라는 사적 영역과 효, 친애와 같은 정의적 요소 역시 공의 범주에서 벗어나 있지 않았음을 의미하는데, 이는 서구의 (영역적) 공사 개념으로 파악되지 않는 유교의 독특한 공사 이해 방식이었다.

를 정체의 이론으로 구성하였지 독자적인 발전론 내지 변동의 이론으로 정립시킬 수 없었다. 베버의 유교 논의가 비판적으로 상대화되어야 할 적실한 이유가 바로 여기에 있다.

Ⅳ 유교의 내적 긴장과 비판적 규범성

모든 이념은 크든 작든 내부적으로 어느 정도의 긴장이 존재한다. 아무리 체계적이고 완성도 높은 이념일지라도 내부적으로 모순적 긴장이 없는 경우는 찾아보기 힘들다.[22] 더구나 그 긴장은 구체적 현실과 접하면서 직·간접의 실제적 갈등과 연계되기 마련이고, 그런 점에서 이념은 단지 이념에 그치지 않는 것이다. 특정 사회, 특정 시기의 주도적 이념일수록 더욱 그렇다. 당연히 유교도 예외일 수 없었다. 우리는 앞 절에서 유교의 시원적 비판성과 내적 긴장의 단초들을 역사적으로, 그리고 베버에 대한 이론적 고찰을 통해 우회적으로 확인해 보았다. 이제는 성리학에 반영된 긴장의 기본 지형과 갈등의 계기들을 살펴볼 차례이다.

성리학에 내재된 본원적 긴장은 일차적으로 인간에 대한 존재론적 규정에서 유래한다. 성리학은 인간이면 누구나 우주적 보편 원리인 리를 본연의 성으로 체화하고 있기 때문에 도덕적 자질에 있어 누구도 다를 것이 없다고 보았다. 이는 성리학이 내장한 존재론적 평등의 원리였다. 하지만 동시에 현실의 구체적 인간은 제각기 작용하는 기질적 정情으로 인해 도덕적 발현의 현저한 차이를 노정한다고 본 것이 또한 성리학이었다. 그 결과

22) 이를테면 터너는 베버의 저작 내에서 디오니소스적 측면과 아폴로적인 측면, 다시 말해 비합리적 카리스마의 측면과 합리적 이성의 측면이 동전의 양면처럼 공존하고 있으며, 이것이 베버 사회학의 지적 긴장을 촉발시키는 주요한 원천이라고 보고 있다. 특히 그는 베버 사회학이 암암리에 주목하고 있는 비합리적 측면을 통해 오늘날 유행하는 포스트모더니즘의 단초가 이미 베버에게도 내재되어 있었음을 주장하고 있다(Turner, 1992: 3-21).

존심양성尊心養性과 거경궁리居敬窮理의 수양을 거쳐 자신의 도덕성을 최대로 발휘하는 성인군자聖人君子가 그렇지 못한 소인小人들을 도덕적으로 지도하고 또 정치적으로 지배해야 한다는 것이 성리학의 또 다른 요청으로서 구체화되었다(최봉영, 1997: 313-314). 말하자면 성리학 내에서 존재론적 평등의 원리와 함께 현실적 불평등의 원리가 모순적으로 공존했다고 볼 수 있다.

성리학의 불평등 원리는 원래 도덕적 자질의 실현 정도에 따른 규범적 위계에서 비롯되었지만, 현실의 차원에서는 그것이 사회 · 정치적 신분의 위계로 전환되었다. 바로 여기에서 성리학의 본원적 긴장이 촉발된다고 할 수 있다. 존재론적 원리에 의해 규정된 보편주의가 구체적 현실에서의 특수주의와 충돌하면서 내적 갈등을 노정하게 된 것이다. '사회 신분에 상관없이 모든 사람이 원론적으로 동일한 도덕적 자질을 갖고 있다. 하지만 현실적으로 그러한 도덕성을 발휘할 수 있는 능력은 사계급에 한정되어 있다. 따라서 사에 의한 특수주의적 지배가 불가피하다.' 이렇게 본 것이 바로 성리학의 정치이론이었다. 'By the people' 이 아니라 'For the people' 을 지향한 성리학적 정치에서 사의 독점적 지배는 일견 당연한 것으로 비춰지기도 했지만(신오현, 1983: 67), 실상 그 저변에는 무시 못할 존재론적 긴장이 흐르고 있었던 셈이다.

이 긴장을 해소하려는 처방은 크게 보아 '지배 계급의 자기규제' 와 이에 기반한 '민본적 보편 정치' 로 나타났다. 성리학이 이 두 측면을 정치의 핵심적 관건으로 규정한 것은 그 체계의 긴장 구도상 필연적인 귀결이었다. 왜냐하면 불평등하게 배분된 정치 참여의 기회 구조를 통해 보편주의적 이해 관심을 관철하기 위해서는 특수주의적 지배 계급의 철저한 자기규제(곧 수기)가 무엇보다 필요했으며, 정치의 내용 역시 참여에서 배제된 피지배 계급의 이해 관심을 보편적 관점에서 담아 내지 않으면 안 되었기 때문이다. 성리학이 치자에게 자기규제와 위민爲民을 예외적으로 강하게 요구한 것은 특수주의적 (지배)형식의 모순을 보편주의적 내용으로 보완하고자 한 결과였다.

이상에서도 간접적으로 드러나듯이, 성리학은 존재론적 평등 원리와 현실적 신분 지배의 긴장을 일종의 '분업적 위임 논리'를 통해 해소하려고 했다. 피지배 계급인 일반 백성들은 전체 사회의 물질적 생산을 담당하고, 지배 계급인 사는 이들로부터 위임된바 사회 전체의 질서와 윤리의 확립을 담당하는 것으로 분화시킨 것이다(유초하, 1994: 64-65). 성리학에서는 이러한 위임의 논리를 두 단계로 처리한다. 즉 원초적으로 현실의 지배 질서는 하늘이 부여한 것이지만, 그러한 하늘의 명령은 피지배 계급의 의사를 통해 표현된다고 규정한 것이다. 같은 맥락에서 군주(나아가 치자 일반)의 현실적 지위는 천명에 의해 부여되지만, 역시 천명에 의해 박탈될 수도 있다고 본 것이 성리학에 내장된 혁명적 성격이었다. 그리고 백성을 지배 계급의 압제에 무방비로 노출되어 있는 존재로 보기보다는 지배 계급에 대해 천명을 표현해 주는 존재로서 국가의 근본으로 상정한 것이 바로 성리학이었다. 이때 일반 백성의 감각과 판단이 천명의 결정 자료가 된다고 봄으로써(유초하, 1994: 64), 성리학은 비록 간접적이긴 했지만 지배 계급의 위임적 성격을 분명히 하였다. 위임의 논리를 통해 지배 계급의 현실적 지위를 상대화하고, 또 백성의 의사를 위임된 지배의 정당성을 가늠하는 잣대로 상정함으로써[23] 성리학은 그 본연의 긴장을 최소화하고자 했던 것이다.

성리학 체계에서 긴장을 자아내는 또 다른 원천은 정의적 인간 관계와 보편적 공공 원리 사이의 갈등에 있었다. 주지하다시피 성리학은 오륜의 인간 관계를 리의 원리를 함축한 규범적 관계로 보아 그 속에 정의성이 내

23) 최석만(1999)은 유교 국가의 천명과 민본의 기치가 오늘날 민주주의적 대의 제도로 쉽게 전화할 수 있었던 기반이라고 파악한다. 하지만 좀 더 정확히 표현한다면, 천명과 민본 개념에 깔려 있던 위임의 논리가 오늘날의 대의 제도와 친화성을 가졌던 것으로 볼 수 있다.

용으로 담길 것을 강하게 요구하였다. 문제는 이러한 요청 이면에 수반되어 있던 엄연한 전제 조건으로부터 발생한다. 그것은 인간 관계가 일방의 사사로운 이해관심으로 부당하게 위계화되어서는 안 되며, 반드시 호혜적이고 상보적으로 구성되어야 한다는 또 다른 규범적 조건이었다.[24] 개인의 사사로운 관점으로 환원될 수 없는 '공'의 존재론적 의미가 이를 규제한 근원적인 힘이었다. 이 양자의 긴장을 간과한 채 유교가 정의적 인간 관계만을 전 사회적으로 확산시켰다고 이해한 것이 앞서 본 베버의 입장이었다. 분명 성리학은 정의적 관계를 이상으로 추구하였다. 하지만 동시에 그것이 리의 공적 성격을 구현하는 반성적, 실천적 관계일 것을 강하게 요구한 것이 성리학이었다. 특히나 정치 영역에서 이러한 요청의 수준은 예외적으로 높고 강력하였다. 사가 주도한 성리학적 정치란 보편성을 담보로 하는 일종의 위임적 실천 활동이었던 탓이다. 하지만 이러한 타협에도 불구하고, 실상 정의적 인간 관계와 보편적 공공원리 사이에 개재되는 긴장 대립의 가능성을 완전히 배제하기는 어려웠다. 물론 규범 법칙과 객관 법칙을 분리할 수 없다고 본 성리학에서 양자의 마찰 없는 공존은 당연한 지향이었지만, 현실적으로 양자 간의 긴장은 오히려 첨예할 수밖에 없었다. 성리학이 주관성이 높은 인의 논리보다 상대적으로 객관화된 의와 예의 논리에 보다 많이 기대고 있는 것도 이런 긴장 상황에 대한 나름의 처방으로 해석된다. 어쨌거나 정의적 관계에 개입되기 쉬운 사사로움의 측면과 거기에 대립하는 공적 보편성의 측면 사이에 화해하기 어려운 긴장을 부과한 것이 바로 성리학이었다.

마지막으로 주목해야 할 긴장의 원천은 성리학의 종교성과 정치성 사이에서 발견된다. 명확히 구분하기는 어렵지만, 한대 이래 성리학 출현 이전까지의 유교는 관학화된 정치 이념으로서의 성격이 지배적이었다. 종교

---

24) 성리학의 이러한 규정은 이미 원시 유교에 그 싹이 내재되어 있었다. 대표적으로 잘 알려진 공자의 언급으로서 '己所不欲 勿施於人'의 논리가 이를 대변해 주고 있다.

성을 상당 부분 탈각한 채 세속의 정치 이념으로 그 지위가 한정되어 있던 것이 기존 유교였다. 유교는 세속의 이념으로, 불교와 도교는 탈세속적 종교로서 상호 공존해 왔던 저간의 사정이 이를 반증한다. 이런 맥락에서 볼 때, 성리학의 등장은 유교의 종교성 회복이라는 의미와 함께 불완전한 이중적 종교 구조를 불식하고 단일한 종교 지형을 구축했다는 점에서 중대한 의미를 갖고 있었다.

물론 그렇다고 유교가 정치 이념으로서의 성격을 잃어버린 것은 아니었다. 오히려 그것을 더욱 합리적으로 강화시키고 체계화한 것이 성리학이었다. 요컨대 성리학은 종교성과 정치성이라는 이중의 지향을 동시에 관철시키고자 했고, 어느 정도의 한계에도 불구하고 결과적으로 이에 성공하였다.[25] 특히 정치적 실천을 세속적 이해 관심의 차원에서 초월적 보편 원리의 차원으로 고양시켰다는 점에서 그러했다. 다시 말해 세속의 가치로 지향된 정치를 우주의 본원적 원리에 귀일歸一하고자 하는 종교 차원의 실천 활동으로 전화시켰던 것이다. 물론 이 종교적 성격이 개신교나 불교처럼 세속과 단절된 전혀 다른 초월의 세계를 지향한 것은 아니었다. 앞서 본 것처럼, 성리학의 초월 개념은 현실적으로 현세와 단절되어 있으면서도 원리적으로 현세와 이어져 있는, 다시 말해 반성적 실천을 통해 도달할 수 있는 합리적 초월이었기 때문이다.[26]

사실 유교의 종교성은 원시 유교 때부터 그 씨앗이 내장되어 있었다.

---

25) 馮友蘭(1993)은 성리학이 구축한 세계가 결국 聖과 俗을 하나로 묶은 통합된 세계였으며, 그런 점에서 성리학은 종교와 정치를 아우르는 통합적 원리였다고 평가한다.

26) 사실 그동안 유교가 가진 종교적 성격은 무시되거나 간과되어 온 것이 사실이다. 대표적으로 베버는 유교가 불교와 마찬가지로 '윤리'에 불과했으며, 그나마 불교와는 달리 철저하게 현세적인 俗人의 윤리였다고 규정한다. 그는 유교가 현세와 그 질서 및 관습에의 적응이었으며, 궁극적으로는 교양 있는 세속인을 위한 정치적 준칙이나 사회적 예의범절의 거대한 법전에 불과했다고 적고 있다(베버, 1991: 225). 하지만 지금 맥락에서 보건대, 그는 유교(성리학)의 내재적 초월 개념을 이해하지 못했으며, 설혹 그것을 이해했다 하더라도 개신교를 준거로 했을 때 상대적으로 부각되는 유교의 현세적 합리주의에 과도하게 주목한 나머지 부당하게 유교의 종교성 자체를 무시했다고 볼 수 있다.

예컨대 공자가 강조한 예의 개념 속에는 사회 질서의 원리로서 윤리적 성격뿐 아니라 희생犧牲을 바치고 제사를 지낸다는 종교적 의미가 강하게 함축되어 있었다(드 베리, 1998: 64-65). 이때의 예란 씨족, 지역 공동체, 국가 등의 구성원들이 공동의 제사에 참여하면서 각자의 지위와 계급에 따라 행해야 할 의식 절차를 의미하였다. 다시 말해 공동체의 연대와 질서를 재확인하고 강화시키는 제의의 절차가 예였다. 그런 점에서 원시 유교의 본원적 성격을 계승한 성리학은 관학화의 과정에서 퇴색되어 버린 원시 유교의 종교적 성격을 체계적이고 합리적인 방식으로 복원했다고도 볼 수 있다. 성리학이 이전 시기의 유교와 달리 불교나 도교에 대해 일정한 종교적 경쟁력을 확보할 수 있었던 근거도 여기에 있었다. 따라서 성리학이 수기의 전거로 '극기복례克己復禮'를 말할 때, 거기에는 자기억제라는 계몽적 실천의 의미와 함께 자기초월이라는 종교적 의미가 동시에 들어 있었다. 성리학에서 정치적 실천이란 도덕을 통해 사회질서를 바로잡으려는 계몽적 행위이기도 했지만, 그와 동시에 초월적 절대를 지향하는 구도적求道的 행위이기도 했다.

종교성과 정치성의 이중적 지향 아래 성리학은 성속일체聖俗一體의 단일한 가치 구조를 만들어 내었다. 종교와 정치를 존재론적으로 구분하지 않는, 다시 말해 절대적 원리의 구현이 곧 정치로 이해되는 성리학에서 이는 당연한 지향이었고 또 결과였다. 그 속에서 성리학은 종교적 초월의 원리를 합리화하여 정치에 부과하는 한편, 역으로 현실의 정치 논리를 종교적으로 규범화하려는 유기적 통합 관계를 모색하였다. 그 결과 성리학은 서구의 개신교와는 전혀 다른 지형을 산출했던 것이다.

문제는 아무리 간극을 좁혔다 하더라도 종교성과 정치성이 무리 없는 완전한 통합을 이루는 것이 본질적으로 어려웠다는 데 있었다. 구도적 입장에서 당위적으로 리를 구현하려는 종교의 논리와 현실적 이해와 권력 관계를 반영할 수밖에 없는 정치 이념의 논리 사이에는 만만찮은 긴장이 노정될 수밖에 없었기 때문이다. 물론 양자의 성격은 존재론적으로 상호 침투하기도 했지만, 정확히 말해 양자는 성리학 원리의 구현이라는 공유된 과제를 놓고 일종의 헤게모니적 투쟁 관계를 형성하고 있었다. 그것은 구도求道로서의 성리학과 지배로서의 성리학이 만들어 내는 필연적인 긴장의 결과였다. 앞서 베버 부분에서 지적했던바 성리학이 현세와 긴장 대립하는 맥락도 바로 이 정치에 대한 종교의 긴장과 무관하지 않았다. 뿐만 아니라 존재론적 보편주의와 현실적 특수주의 간의 긴장 역시 이 대립 지형과 중첩적으로 교차하였다.

이상 몇 가지 측면에서 성리학에 내재된 존재론적 긴장과 갈등의 단초를 살펴보았다. 흥미로운 것은 이 모순적 긴장들이 시원기의 소외된 지형 위에서 유가들이 가졌던 양가적ambivalent 가치들을 체계적으로 재현하고 있다는 점이다. 앞서 본 것처럼 원시 유가들은 재야의 문사로서 현실 비판의 의지와 권력에의 의지를 동전의 양면처럼 겸비하고 있었다. 그들은 재야의 지식인 집단이었지만, 동시에 몸소 도덕 정치를 실현하려는 잠재적 정치참여 집단이었고, 그런 점에서 권력지향 집단이기도 했다. 이 양 측면의 공존은 서로가 서로의 수단이고 목적이 된다는 점에서 기능적일 수도 있으나, 현실적으로 두 측면 사이에 날카로운 긴장이 개입되는 것은 불가피했다. 예컨대 야와 여, 도덕(종교)과 정치, 민중성과 권력성 사이에 반영된 지향의 대립이 그것이다. 이들의 모순된 지위와 양가적 지향이야말로 유교의 내적 긴장을 만들어 낸 역사적 기원이었으며, 성리학은 그 긴장의 체계적 반영이자 표출에 다름 아니었다.

잠재적이든 현재적이든 이 긴장은 유교의 숙명과도 같았다. 중국, 조선할 것 없이 숱하고 치열하게 벌어졌던 사상 논쟁들이 이를 간접적으로 대변해 준다. 하지만 역설적이게도 그것은 모순된 현실과의 치열한 대면 과정을 매개로, 유교를 단지 어느 일면의 유교로만 머무르지 않게 한 비판과 반성의 계기이기도 했다. 왜냐하면 이 긴장 요인들이 구체적 현실 맥락과 결합하면서 정치, 사회적 갈등을 노정하고 나아가 사회 변동의 주요한 원인으로까지 작용했기 때문이다. 의도한 것은 아니지만, 바로 이 긴장의 존재로 인해 유교는 마냥 보수와 정체의 이념이 아니라 반대 성향의 또 다른 이념일 수 있었다. 그것은 유교의 물적 장場이었던 유교 사회의 경우에도 마찬가지였다.

V 맺음말

보수성은 유교의 숙명인가?

기실 베버를 위시한 많은 학자들은 유교 사회가 발전의 계기적 동력으로서 '사회적 긴장 혹은 적대'를 희석화한 결과 필연적으로 정체할 수밖에 없다고 보았다. 그리고 그 밑바탕에는 부재의 진원으로서 유교가 있었다. 유교에는 분명 보수적 측면이 존재하였다. 굳이 근대화론의 잣대를 들이대지 않더라도 유교에는 그러한 측면이 엄존했던 게 사실이다. 문제는 '유교=보수성'이라는 규정 속에서 많은 유교의 다른 면모와 가능성들이 부당하게 사장된다는 데 있다. 그 폐해는 비단 여기에 그치지 않는다. 유교의 보수성 명제로부터 곧바로 유교적 전통 사회의 보수성이 연역적으로 도출되는 것이 더 큰 문제이다. 유교가 전통 사회의 국가 이념으로서 당대의 현실을 지배했음을 고려할 때, 전통 사회의 성격 역시 유교의 그것을 닮아 있을 것이라는 이유에서이다.

이 글은 이러한 규정에 대한 비판적 거리 두기의 일환으로 시도되었다. 거리 두기의 근거는 크게 두 가지였다. 첫째는 원시 유교가 갖고 있던 비판적 재야성과 현실 긴장성이다. 유교 형성기 유가들은 스스로를 대동의 이상을 실현할 수 있는 정치의 주체로 자처했지만, 현실은 그들을 배제시키고 크나큰 소외를 강요하였다. 예치의 이상이 무너지고 무력과 경제력이 지배하던 시대, 더구나 자신들의 이념을 실현할 수 없는 세상에서 그들은 자연스럽게 사회(현실) 비판적 성격을 뚜렷이 하게 되었다. 시원기의 이러한 조건은 유교의 성격 가운데 비판적 현실 긴장성을 각인시키는 결정적인 계기였다. 물론 이후의 유교가 역사적으로나 이론적으로 많은 굴곡을 보이기도 했지만, 이 시원적 비판 에너지는 유교가 마냥 보수의 이념으로 흐르는 것을 내버려두지 않았다. 더구나 비판적 재야성은 그 이면에 놓여 있던 권력에의 의지와 모순적으로 공존하면서 유교 내적 긴장의 주요한 원천으로 작용하였다.

두 번째 근거는 성리학의 이론적 긴장이다. 원시 유교의 비판성과 모순적 계기를 계승한 성리학에는 유교 고유의 이론적 긴장이 체계적으로 반영되어 있었다. 대표적으로 존재론적 평등의 원리와 현실적 불평등의 원리, 인간 관계의 정의성과 보편적 공공 원리, 마지막으로 유교의 종교성과 정치성 사이의 긴장이 바로 그것이다.

이 긴장이 중요한 이유는 그것이 단지 사상적, 이론적 차원에 국한된 문제가 아니라 실제 정치 사회적 적대를 형성시키는 명백한 소재이자 계기였기 때문이다. 성리학적 긴장 요인들 자체가 구체적 현실 맥락과 결합하면서 정치 사회적 갈등을 노정하고 나아가 사회 변동의 주요한 원인으로 작용한 것이다. 예컨대 각각의 긴장 요인들은 사회 구조적 위치와 이해 관계를 달리하는 유교 사회의 제 세력과 선택적으로 결합함으로써 당대의 정치와 사회를 균열시키고 지배 구조의 급격한 변화를 초래하기도 했다. 실제 조선에서 군주와 신료 관계, 권력 정통성의 문제, 사대부 계급의 분화와 대립 관계, 대민 정책, 언론 문제 등 민감한 사회 정치적 현안마다 갈등과 적대 구도를 형성시킨 기축의 하나가 바로 이것이었다. 유교의 내적 긴장이 중요한 사회학적 의미를 가지는 것은 바로 이 때문이다. 유교는 보수 혹은 개혁의 이념이기 이전에 긴장과 가능성의 텃밭이었다.

참고문헌

김상준. 2001. "조선시대의 예송과 모랄폴리틱." 『한국사회학』 35(2): 205-236.

김석근. 1999. "유교윤리와 자본주의정신?－'베버테제' 의 재음미." 『동양사회사상』 2: 197-228.

드 베리, 시어도어(de Bary, Theodore). 1998. 『중국의 자유 전통』. 표정훈 역. 이산.

루빈, 비탈리(Rubin, Vitaly). 1983. 『중국에서의 개인과 국가』. 임철규 역. 현상과 인식.

버거, 피터(Berger, Peter). 1990. 『종교와 사회』. 이양구 역. 종로서적.

베버, 막스(Weber, Max). 1991. 『유교와 도교』. 이상률 역. 문예출판사.

송영배. 1987. 『중국사회사상사』. 한길사.

신오현. 1983. "비판적 입장에서 본 유교윤리." 『한국인의 윤리관』. 한국정신문화연구원.

유석춘. 1997. "동아시아 '유교자본주의' 재해석." 『전통과현대』 겨울호: 124-145.

유승무. 2000. "처사신분집단과 성리학적 민본주의." 『동양사회사상』 3: 149-177.

유인희. 1992. "공자의 경제사상－정의와 이익의 관계를 중심으로." 윤사순 외. 『공자사상의 발견』. 민음사.

유초하. 1994. 『한국사상사의 인식』. 한길사.

이강수. 1992. "공자사상의 형성배경." 윤사순 외. 『공자사상의 발견』. 민음사.

이승환. 1998. 『유가사상의 사회철학적 재조명』. 고려대학교 출판부.

이영찬. 2001. 『유교사회학』. 예문서원.

전낙희. 1995. "한국의 전통문화와 민주주의." 『한국정치학회보』 29(2): 455-484.

정재식. 1982. "유교문화전통의 보수이론." 『종교와 사회변동』. 연세대 출판부.

정창수. 1990. "사회심리학적 관점에서 본 사찰논변의 의의와 문제점." 『한국사회학』 24(여름호): 25-44.

조혜인. 1993. "조선향촌질서의 특징과 그 정착과정." 『유교적 전통사회의 구조와 특성』. 한국정신문화연구원.

최봉영. 1997. 『조선시대 유교문화』. 사계절.

최석만. 1999. "유교의 국가론－현대 국가론 및 동양적 전제국가론의 비교 고찰." 『사회와 문화』 11: 1-22.

———. 2002. "공과 사－유교와 서구 근대사상의 생활영역 비교." 『동양사회사상』 5: 5-21.

칭, 줄리아(Ching, Julia). 1993. 『유교와 기독교』. 최효선 역. 서광사.

트뢸취, 에른스트(Troeltsch, Ernst). 1992. "프로테스탄티즘과 진보이념." 시드니 버렐 편. 『서양근대사에서 종교의 역할』. 임희완 역. 민음사.

파킨, 프랭크(Parkin, Frank). 1992. 『막스 베버』. 양승태 역. 학문과 사상사.

馮友蘭. 1993. 『중국철학사』. 정인재 역. 형설출판사.

함재봉. 2001. "군자론." 『민주주의와 동아시아전통 워크숍 자료집』. 유네스코한국위원회.

『論語』.

『孟子』.

『禮記』.

Brandon, S. G. F. 1971. *The Trial of Jesus of Nazareth*. Paladin.

Eisenstadt, S. N. 1973. *Tradition, Change and Modernity*. John Wiley.

Hall, David L. and Roger Ames. 1999. *The Democracy of the Dead: Dewey, Confucius and the Hope for Democracy in China*. Open Court.

Metzger, T. 1977. *Escape from Predicament: Neo-Confucianism and China's Evolving Political Culture*. Colombia University Press.

Pye, L. 1985. *Asian Power and Politics: The Culture Dimensions of Authority*. The Belknap Press of Harvard University press.

Rodinson, M. 1974. *Islam and Capitalism*. Allen Lane.

Turner, Bryan S. 1992. *Max Weber: From History to Modernity*. Routledge.

Chapter 3

위기의 사회와 불교 : 사회문제를 보는 시각을 중심으로

유승무(중앙승가대학교 불교사회학부)

I 서 론

신자유주의의 기수로 알려진 대처는 "사회 따위는 존재하지 않는다."라고 외쳤다(어리, 2015). 그 후 지금까지 대처리즘으로 대표되는 신자유주의가 세계화를 주도하면서, 세계사회에서는 공동체나 사회적 연대로서의 사회[1]가 그야말로 초토화되었다. 굳이 울리히 백Ulrich Beck의 개인화 이론을 들먹이지 않더라도, 공동체나 연대로서의 사회가 사라진 사회적 공간에는 각자도생의 길을 찾아 나선 자유주의적 개인들이 적나라한 생존 경쟁에 더욱 혈안이 되어 가고 있다.[2] 게다가 세계화가 진전됨에 따라 국가마

---

1) 이러한 사회 개념을 포함하여 사회 개념에 대한 총체적 논의는 엘리엇 · 터너(2015)를 참고하기 바란다.

2) 물론 공동체와 개인화 사이의 관계는 사회적 상황에 따라 다양하게 전개될 수밖에 없다. 심영희(2013)는 한국 사회에서 개인화와 공동체 사이의 관계에 어떠한 변화가 발생하는지를

저 퇴각하는 경향을 보인다(스트레인지, 2001). 일국은 말할 것도 없고 세계사회가 속수무책으로 '정글의 법칙'에 포섭되어 가고 있다.

1990년대 초부터 재빠르게 세계화의 대열에 들어선 한국 사회도 예외는 아니었다. 한국 사회에서 사회불평등이 급격히 증가한 것[3]은 이를 웅변하고 있다. 사회관계의 약자, 즉 인간과 자연의 관계에서 자연, 자본가와 노동자의 관계에서 노동자, 부유한 나라와 가난한 나라의 관계에서 가난한 나라, 지배자와 피지배자의 관계에서 피지배자, 강자와 약자의 관계에서 약자(노인, 어린이/청소년/장애인/홈리스/외국인 노동자 등)가 기댈 수 있는 언덕은 극히 낮아지거나 사라져 갔다. 그렇다고 사회관계의 강자만의 세상도 별유천지로 변하지는 않았다. 오히려 그 반대다. 2008년 글로벌 금융위기가 웅변하고 있듯이, 브레이크 없이 질주하는 전차를 기다리는 것은 각종 대형사고였다.[4]

최근 메르스 사태에서 실감했듯이, 세계화가 위험한 것은 그것이 위험의 세계화를 동반하기 때문이다. 실제로 세계화는 사람, 사물(상품), 정보뿐만 아니라 위험을 세계화하고 있다(어리, 2015). 그럼에도 불구하고 신자유주의 세계화의 질주는 멈추지 않고 오히려 인간의 사회적 삶의 모든 영역으로 전일화되어 가고 있다. 우리의 삶에 최소한의 고정성을 확보해 주던 시공간의 제약이 사라지면서, 물질만능주의 시대의 위기에다가 불확실성 시대의 위기가 더해지고 있는 형국이다. 현대인의 삶은 물질적 · 정신적 소외를 넘어 정체성마저 흔들리고 마침내 인간성 자체의 파괴를 경험하

잘 실증하고 있다. 그럼에도 불구하고 경향적으로 볼 때, 개인화는 공동체의 영역을 침식시킬 수밖에 없다는 것이 필자의 판단이다.

3) 유승무 · 임운택(2011)은 한국 사회에서 신자유주의가 진척됨에 따라 사회불평등이 급격히 증가하고 있음을 구체적인 자료를 토대로 실증한 바 있다.

4) 홍찬숙(2015)은 도시형 대형사고와 외환위기와 같은 경제적 · 사회적 충격을 구분하고 있다. 언뜻 보기에 매우 설득력이 있는 주장처럼 보이지만, 그 뿌리가 신자유주의 세계화를 추동하는 '정글의 법칙'이라는 점에서 보면 그러한 구분의 의미는 크게 약화된다.

고 있다(세넷, 2002). 위기의 사회가 목전에 다가온 것이다.

그렇다면 이러한 위기의 사회에 대처하기 위해 우리는 무엇을 어떻게 해야 하는가? 이와 관련하여 이 글에서는 일단 불교에 주목해 보고자 한다. 그 이유는 크게 두 가지다. 현세를 '고해苦海'로 표현하는 대표적인 현세 부정의 종교로서 불교는 현세를 초월할 수 있는 교리를 잘 발전시켜 왔고 그러한 점에서 위기의 사회를 극복하는 데 필요한 다양한 아이디어를 내장하고 있기 때문이다. 또한 신자유주의와 그 사회적 결과를 논의하는 행간에서 명백히 드러났듯이 오늘날의 사회 위기가 서구 근대성의 사생아이기 때문에, 그것을 극복하기 위한 처방전은 서구 근대성과는 다른 문명적 DNA를 가진 사상과 문화에서 찾을 수밖에 없는바,[5] 그때 가장 먼저 주목할 사상이 바로 불교이기 때문이다.[6]

이 글의 목적은 오늘날과 같은 위기의 사회에 응전할 수 있는 대안적 사회모델을 모색하는 데 있어서 불교가 어떠한 모종의 기여를 할 수 있을 것인지를 논의해 보는 데 있다. 다만 지면의 한계상 여기에서는, 사회의 위기는 사회문제를 바라보는 시각(혹은 세계관)과 무관하지 않다는 전제하에, 사회문제를 바라보는 시각에 초점을 맞추어 불교의 시각이 기존 사회문제이론적 시각과 어떤 차이점을 가지는지를 구체적으로 실증해 보고, 그 이론적 · 실천적 함의를 도출해 보고자 한다.

---

5) 이러한 점에서는 유교에도 주목할 필요가 있을 것이다. 그러나 베버의 개념화에 따르면 유교는 대표적인 현세긍정의 윤리이다. 결국 앞서 언급한 첫 번째 이유 때문에 서구 근대성의 대안을 모색함에 있어서는 불교가 상대적으로 더 적절한 대상이라는 것이 필자의 판단이다.

6) 필자(유승무, 2010)는 이미 서구 근대를 지양할 수 있는 대안적 사회모델을 찾기 위해서는 발상의 전환이 필요하고 그 발상의 전환을 위해서는 불교에 주목할 필요가 있음을 이론적 차원에서 체계적으로 논증한 바 있다.

Ⅱ 논의의 방향

어느 시대, 어느 사회에서나 사회문제[7]는 존재해 왔고 그것은 또 항상 인간의 사회적 삶을 위협하곤 하였다. 그렇기 때문에 어쩌면 지금까지 모든 사회는 말세였는지도 모른다. 특히 성스러움의 경지에서 이상사회를 추구하는 종교적 초월의 차원에서 볼 때, 세속은 이미 문제 그 자체이고 위험스럽기 짝이 없는 공간이기도 하다.[8] 물론, 굳이 초월적 잣대가 아니더라도, 실감의 차원에서 볼 때도 현대사회가 산업화를 거쳐 신자유주의 세계화를 통과하면서 사회문제는 훨씬 심각해짐을 느낄 수 있다. 게다가 오늘날 한국 사회에서는 이러한 보편적인 사회문제뿐만 아니라 민족분단 문제를 비롯하여 서구문화와 동양문화의 갈등과 같은 고유한 사회문제들이 우리의 삶을 위협하고 있다.

이러한 맥락을 고려하면 사회문제에 대한 학문적 관심이 높아지는 것은 지극히 당연하다. 실재로 오늘날 우리 사회에는 사회문제의 해결과 관련된 수많은 이론이 소개되어 논의되어 왔고 그에 발맞추어 다양한 학문적 성과도 축적되고 있다. 그럼에도 불구하고 우리 사회의 사회문제는 오히려 점점 더 심각해지고 있다. 아직도 냉전체제의 산물인 민족분단 문제를 해결하지 못하고 있을 뿐만 아니라, '자살률' 처럼 사회적 고통을 나타내는 사회지표들은 세계 수위권에 이르고 있는 반면에 행복지수는 상대적으로 매우 낮게 나타나고 있다(유승무, 2009). 이는 사회문제가 이론과 무관하게 발생함을 의미하기도 하지만 동시에 사회문제에 관한 기존의 모든 사회문

7) 여기에서 우리는 이 개념에 대한 별도의 정의를 논의할 여유를 지니고 있지 못하다. 다만, 여기에서 이 개념은 집합적이고 공적인 성격을 지니고 있다는 의미로 사용되고 있으며 그러한 점에서 개인적이고 사적인 개인 문제와는 다른 의미를 지니고 있다는 점만 분명히 해둔다.

8) 실제로 불교에서는 이를 사바세계로 일컫고 고해(苦海)라 규정하고 있다.

제이론도 일정한 한계를 지니고 있음을 시사한다.

크게 볼 때, 사회문제와 관련된 학문적 과제는 크게 두 가지이다. 하나는 오늘날의 사회문제에 대한 다양한 경험적 연구를 지속적으로 축적하여 일반적인 함의를 지닐 수 있는 새로운 이론을 창안해 나가는 과제이고, 다른 하나는 선행 사회문제이론들을 논리적으로 검토해 보고 발상의 전환을 통해 그것을 극복할 수 있는 새로운 시각을 재구성해 내는 과제이다. 전자가 경험과학적 과제라면 후자는 이론적 과제다. 이 글의 목적은 이 중에서 이론적 과제를 해결하는 데 있다. 그런데 사회문제에 관한 이론적 과제는 크게 두 가지 연속적인 과정을 포함한다. 그 하나는 선행 이론들을 비판적으로 검토해 보는 것이고, 다른 하나는 그러한 검토 결과를 토대로 하여 새로운 시각을 재구성해 보는 것이다. 이에 이 글에서도 제3절에서는 선행 사회문제이론을 검토해 보고 그 한계와 종교 문화적 근원을 밝혀 보고자 한다. 다음으로 4절에서 밝힌 한계를 극복할 수 있는 새로운 시각을 불교에서 찾아보자는 취지에서 불교의 여러 경전 속에 흩어져 있는 사회문제 관련 내용들을 취합하여 재구성해 보고, 그 장단점을 객관적으로 평가해 보고자 한다. 마지막으로 제5절에서는 두 가지 시각을 비교해 봄으로써 불교가 이론적 차원이나 실천적 차원에서 사회문제 해결에 어떻게 기여할 수 있을 것인지를 밝혀보고, 나아가 불교적 시각의 위험사회론적 함의를 시사하고자 한다.

Ⅲ 사회과학적 시각의 비판적 검토

이론이 사회문제를 해결할 수 있는 수단이라면, 문제의 해결에 앞서 그러한 수단들에 대한 사전 점검이 필요하다는 것이 우리의 인식관심이다.[9]

9) 테크놀로지의 발전으로 인한 인간의 기계화 경향이 심각한 사회문제로 제기되어 있는 오늘

그럼에도 불구하고 『지배받는 지배자』(김종영, 2015)가 지배하는 한국 사회는 서구 사회과학적 시각을 무비판적으로 수입하여 그 틀에 한국 사회의 현실을 끼어 맞추기에 바빴다. 그러나 자명한 사실은 기존의 모든 사회문제이론은 불완전한 이론일 뿐만 아니라 그것조차도 서구의 경험을 통해 일반화된 이론이라는 점이다. 이에 여기에서는 우선 이론적 측면과 실천적 측면에서 기존 사회문제이론의 한계를 비판적으로 검토해 보고자 한다.

1. 이론적 한계

사회문제의 원인에 대한 해명은 사회문제이론의 요체이다. 그렇다면 이에 대한 사회과학적 시각을 검토해 보자.

첫째로, 구조기능주의를 보자. 뒤르껭의 저 유명한 "자살론"에서 알 수 있듯이, 사회문제의 원인은 사회 전체의 아노미 상태(가치관 혼란 상태나 무규범 상태)이다. 그런데 여기에서 아노미는 사회적 사실로서 인간과 무관한 구조적 요인에서 유래한다. 이렇듯 사회문제의 원인을 외재적 요인에서 찾는 시각은 아노미를 사회질서에서 허용된 문화적 목표와 사회구조적 기회구조 사이의 불일치로 정의하는 머튼의 사회문제론에서도 동일하게 이어지고 있다.

둘째로, 갈등론의 경우를 보자. 주지하듯이 마르크스는 생산을 둘러싼 지배자(착취자)와 피지배자(피착취자) 사이의 계급 모순과 계급 갈등이 사회문제의 궁극적인 원인이라고 주장한다. 이른바 경제결정론으로 알려진 마르크스의 사회문제론에서 경제란 개별 인간의 의지가 아닌 토대의 변화 및 계급 투쟁의 산물이다. 이는 마르크스도 사회문제의 원인을 외재적 요인인 계급 갈등 구조에서 찾고 있음을 의미한다. 비록 이후 마르크스주의자

날, 수단의 과잉화에 대한 경계는 불가피하다. 왜냐하면 그것은 수단과 목적의 전도현상을 초래하고 그것을 방치하거나 허용하는 데서 인간소외가 발생하기 때문이다.

들이 인간적 요인을 다소 고려하기도 하지만, 사회문제의 원인을 계급 모순 및 계급 갈등에서 찾았다는 점에서는 마르크스의 이론과 다르지 않다.

셋째로, 미시적인 시각으로 알려진 상호작용론이나 교환이론을 보자. 미드의 이론에서 알 수 있듯이, 상호작용론적 시각에서 타자는 결정적인 중요성을 지닌다. 미드에 따르면, 인간 자신의 정체성조차도 타자에게 보여지는 바에 의해 형성되기 때문에, 인간 행위에 있어서 타자가 누구인가를 밝히는 것은 곧 사회문제의 원인을 드러내는 것이 된다. 비록 미드가 순수 주체의 역할을 적극적으로 고려하고 있기는 하지만, 이는 변증법이라는 외재적 법칙에 의해 타자와 상호작용할 뿐이다. 한편, 공리주의나 심리학의 영향을 받은 교환이론의 경우 행위자의 합리성은 결정적인 요소이다. 이러한 교환이론에 따르면, 사회문제의 원인은 합리적 행위를 불가능하게 하는 요인인바, 사회적 요인이 바로 그것이다.[10]

물론 이외에도 오늘날에는 여러 가지 특수한 사회문제론이 새롭게 발전되어 오고 있지만,[11] 이러한 시각들은 이론적 측면에서는 앞의 논의의 범주를 크게 벗어나지 않는다. 이렇게 본다면, 사회문제에 대한 사회과학적 시각은 공통적으로 그 원인을 인간의 외재적 조건에서 찾고 있음을 잘 알 수 있다. 이렇듯 외적 원인론적 시각은 동일한 조건 속에 있는 개인들 사이의 차이를 설명하기 어려운 난점을 지니고 있다는 점에서 결정적인 한계를 지니고 있다. 이러한 원인에 대한 진단은 논리적으로는 실천의 문제로 연결되는바, 아래에서는 이에 대해 살펴보고자 한다.

---

10) 이상에서 살펴본 사회문제이론에 대한 보다 심층적인 이론적 논의로는 터너(1997)를 참고할 수 있다.

11) 이러한 특수한 사회문제론과 관련된 논의로는 최일섭 · 최성재 공편(1996)을 참고할 수 있으며, 최근에는 범죄이론(윌리암스 · 맥샤인, 1994), 낙인이론(리스카, 1994) 등 특수 사회문제론도 소개되고 있어 참고할 수 있다.

2. 실천적 · 현실적 한계

사회문제론의 실천성은 사회개혁 및 제도 개선, 구조적 기능이나 외적 조건의 보완, 그리고 사회혁명 등을 통해서 비로소 확보된다. 그러나 사회문제를 해결할 수 있는 이러한 수단은 본질상 용이하게 갖추어지지도 않을 뿐만 아니라 설령 갖추어진다고 하더라도 사회문제가 해결된다는 확신을 가지기도 쉽지 않다. 오늘날 테크놀로지 및 기술만능주의 사고의 횡포[12]와 사회주의 실험의 실패는 이러한 어려움을 잘 웅변해 주고 있다.

또한 이러한 시각은 사회문제를 유발한 특정한 행위자에 대한 이해의 가능성을 제시해 주지 못함으로써 처방의 구체성이 결여되어 있다는 한계를 내포하고 있다. 게다가 행위자의 시각에서 볼 때, 이러한 시각은 궁극적인 가치체계 및 신념체계를 문제 삼는 종교적 시각에 비해 행위자 개인에 대한 구속력이 약하다는 한계를 지니고 있기도 하다. 이러한 시각의 더욱 심각한 한계는 현실 적용가능성의 문제와 관련된다. 비록 외재적 요인을 인정하더라도 한국 사회는 분단구조와 같은 독특한 사회구조적 조건을 갖고 있을 뿐만 아니라 독특한 문화적 전통을 지니고 있는바, 기존의 사회과학적 시각은 이러한 문화적 특수성을 설명하지 못하는 한계를 갖고 있다.

결국 기존의 사회과학적 시각은 사회구조적 측면을 너무 강조함으로써 인간 행위의 내적 동기를 경시하고 있으며(이영찬, 2001), 결국 유교 및 불교의 전통이 강하게 남아 있는 한국 문화의 현실을 설명하는 데는 적합하지 못한 것이다. 오히려 이는 기독교적 세계관과 무관하지 않다. 다음의 인용문을 보자.

---

12) 『유나바머』(조병준 역, 박영률출판사, 2001)는 오늘날 테크놀로지의 위험성을 논리적으로 잘 지적하고 있다. 특히 이 책은 권력과정으로부터 소외된 현대인들의 한계를 설득력 있게 제시하고 있다.

> 서양은 기독교 사상의 영향 아래 인간은 죄인이라는 전제를 가지고 있다. 기독교에서는 사람이 스스로 구원할 수 없다는 입장에서 출발하기 때문에 사람은 선하게 될 수도 없고 또한 선한 행동을 할 수도 없다. 사람이 의롭게 되는 것은 전적으로 하나님의 은총에 의해 가능할 뿐이다. 즉 하나님이 인간에 대한 책임을 갖는 것과 같이 오늘날에는 사회가 그 구성원들에 대한 책임을 맡아야 한다는 논리가 전개된다. 따라서 개인의 무기력함은 사회가 구조적으로 해결해야 한다는 것으로 발전되기 때문에 서양사회가 다분히 사회주의적 성격을 띠고 사회의 개혁을 통해 인간 구원을 강구하는 것이다(김일균, 2001: 127-128).

위의 인용문은, 사회문제의 원인을 사회구조적 차원에서 찾고자 하는 서구문화의 기독교적 뿌리를 잘 지적하고 있다. 이러한 지적을 고려할 때, 사회문제의 원인을 인간의 외적 조건에서 찾으려는 선행 사회문제이론의 결정적인 한계를 극복할 수 있는 새로운 시각은 불가피하게도 인간의 내적 수양을 통한 도덕적 완성에서 사회문제 해결의 실마리를 찾아보려는 불교나 유교 등 동양의 종교전통에서 구하지 않을 수 없다. 여기에서 다시 한 번 김일균의 동양문화에 대한 주장을 인용해 보자.

> 동양은 인간 스스로가 구원할 수 있다는 전제에서 출발하기 때문에 모든 문제의 해결은 인간에게 있다고 보고 인간의 무기력에 대한 사회구조적 해결의 출발도 인간에게서 찾는다. 그래서 사람이 마음의 평화를 갖느냐 갖지 못하느냐는 사회구조적 측면에 중점을 두기보다는 인간 개인의 수양을 강조하고 개인의 도덕성을 문제시해 왔다(김일균, 2001: 148).

위의 인용문은 서양문화와 대비되는 동양문화의 특징을 비교적 잘 지적하고 있는바, 특히 인간 스스로가 구원할 수 있다는 동양문화의 전제와 관련된 지적은, 불교의 불성이나 맹자의 성선설에서 알 수 있듯이, 설득력을 지니고 있다. 뿐만 아니라 동양문화에서 인간은 궁극적으로는 불교의 법法이나 유교의 도道와 같은 비인격적 절대자와 일치를 목표로 삼고 있기 때문에, 자신의 내적 완성을 위한 노력 즉 수양이나 수행을 매우 강조하고 있는 것도 사실이다.[13] 게다가 인간 행위의 기준이라는 측면에서 보더라도, 법이나 도와 같은 비인격적 절대자라는 절대적 기준은 사회규범과 같은 상대적 기준에 비해 보다 강한 사회통제적 영향력을 행사한다. 그중에서도 특히 불교는 기독교적 전통과는 달리 인간의 완전함을 전제로 내적인 수행을 매우 강조하고 있다.

Ⅳ 사회문제를 보는 불교적 시각

앞에서 언급했듯이 이 글의 목적은 사회과학적 시각의 한계를 극복할 수 있는 새로운 시각을 불교에서 찾아보는 데 있다.[14] 그러나 불행하게도 불교는 사회문제를 바라보는 별도의 이론이 구축되어 있지 않다. 이에 아래에서 우리는 불교의 기초 교리에 근거하여 불교 경전에 산재해 있는 여러 가지 비유담이나 교리적 내용들을 재해석함으로써 사회문제를 바라보는 불교적 시각을 재구성해 보고자 한다.

1. 사회문제의 원인

주지하듯이 불교교리에서 탐욕은 3독毒 가운데 가장 첫 번째에 해당한다. 그것은 탐욕이야말로 본래의 불성을 더럽히는 근원이기 때문이다. 따라서 불교에서는 끊임없이 욕망과 집착을 버리라고 강조한다.[15] 이렇게

---

13) 이에 대해서는 유교의 경우 이영찬(2001)을, 불교에 대해서는 유승무(1999)를 참고하기 바란다.

14) 이영찬(2001)은 이미 주역을 근거로 하여 일탈 및 사회통제에 관한 유교적 시각을 자세하게 논의하고 있다. 이는 여기에서 우리가 논의를 불교에 한정한 또 다른 이유이기도 하다.

15) 물론 욕망(탐욕)은 만족(행복)과 반비례한다는 공리(公理)도 탐욕을 멀리하라는 가르침의 정당한 근거로 작용하고 있다.

볼 때, 우리는 불교가 탐욕을 사회문제의 근원으로 간주하고 있음을 쉽게 유추할 수 있다. 물론 우리는 이에 대한 근거를 수없이 제시할 수 있지만, 직접적으로 사회문제와 연관된 또 다른 근거를 우리는 5계五戒에서도 쉽게 확인할 수 있다. 주지하듯이 5계의 마지막 계는 불음주不飮酒이다. 그렇다면 왜 불음주가 오계의 하나로 설정되었는가? 그것은 음주가 자기통제를 방해하기 때문이다. 물론 여기에서 자기통제의 대상이 욕망임은 두말할 나위가 없다. 실제로 불교 경전에는 이러한 탐욕 때문에 사유재산 제도가 생겨나고 도둑질, 간음, 살인과 같은 다른 범죄가 잇따라 발생하게 되었음이 자세하게 묘사되어 있다(Ratnapala, 1992).

그러나 이를 불교에서는 탐욕만을 사회문제의 유일한 원인으로 간주하고 있다는 것으로 이해해서는 안 된다. 오히려 우리의 진술은 탐욕의 우선성(선차성)을 강조한 것으로 독해해야 한다. 불교에서는 인간의 존재를 12 연기법으로 설명하고 있기 때문에 일탈을 포함한 인간의 모든 행위 역시도 이러한 연기법에 따라 해석될 수밖에 없다.[16] 실제로 불교에서는 사회문제를 도덕적 · 정신적 요인뿐만 아니라 물리적 요인과 생물학적 요인, 심리적 요인 등과 같은 복합적 요인으로 설명하고 있다(Ratnapala, 1992).

2. 사회문제의 실제

모든 인간사회에는 사회문제가 존재하듯이 부처님 재세시에도 사회문제가 존재하고 있었다. 실제로 불교 경전에는 당시의 사회문제와 그에 대한 불교적 이해가 고스란히 담겨져 있다. 그렇다면 불교 경전에는 어떠한 사회문제들이 거론되고 있으며 그것을 불교는 어떻게 이해하고 있는지 살펴보자.

16) 불교에서는 연기법을 모든 행위를 최종 판단하는 최고의 비밀법정으로 간주하고 있다. 이에 대해서는 Putuwa(1991)를 참고하기 바란다.

불교 경전에 등장하는 사회문제의 유형으로 우리는 먼저 범죄를 지목하지 않을 수 없다. 물론 불교 경전에 나타난 범죄의 유형은 대부분 승가와 관련된 범죄 유형이지만,[17] 이는 세속적 범죄를 이해하는 데 확대적용 가능하다. 예컨대 사중금계四重禁戒 중 간음, 살인, 거짓말 등은 개인에 대한 범죄로, 절도죄는 재산에 대한 범죄로, 음주나 매매춘 등은 도덕 · 사회질서에 대한 범죄로, 그리고 국왕을 죽인 아자사타의 행위와 같은 범죄는 국가에 대한 범죄로 치환하여 해석할 수 있기 때문이다(Ratnapala, 1992).

다음으로 불교 경전에서는 정신건강뿐만 아니라 육체적 건강을 위협하고 나아가 가산을 탕진시키는 알코올중독이나 약물중독을 주요한 사회문제의 하나로 지목한다. "왜냐하면 참으로 술취한 바보는 나쁜 짓을 하기 때문이다. 그리고 다른 사람에게 정숙하지 못한 행동을 한다. 그가 바보의 즐거움에 정신을 빼앗기고 현혹되는 이러한 잘못된 행동을 하지 않도록 하라(Ratnapala, 1992)." 이 인용문은 사가타라는 출가사문이 코브라를 제압한 후 마을사람들이 보답으로 제공한 술을 마시고 부처님 앞에서 불경스런 행동을 한 이후 행해지기 시작한 가르침으로 전해지고 있다. 또한 경전에는 약물중독을 일으키는 마취제를 사용하면, 도박, 향락장 출입, 가무 등으로 인한 재산탕진은 물론, 나쁜 친구를 사귀게 되고 나아가 스스로도 타락과 게으름에 빠진다고 경고하고 있다. 그 결과는 여섯 가지 나쁜 결과를 가져오는 것으로 묘사되어 있는바, "첫째는 재산을 흩어지게 할 것이다. 둘째는 다투는 일이 빈번해진다. 셋째는 여러 가지 질병에 걸리기 쉽다. 넷째는 나쁜 평판을 얻게 될 것이다. 다섯째는 수치심과 명예심을 잃게 된다. 여섯째는 지적 능력이 회복될 수 없을 정도로 손상될 것이다(Ratnapala,

---

17) 그중에서도 특히 승가의 범죄에 대해서는 매우 구체적으로 언급되어 있는바, 대체로 3가지 하위 유형이 있다. 첫째, 4 중금계(간음, 살인, 절도, 깨달았다는 거짓말)에 해당하는 치유 불가능한 중죄, 둘째, 13 승잔죄와 미수죄를 포함한 치유할 수 있는 중죄, 그리고 셋째, 사타나 단타와 같은 치유할 수 있는 경죄 등이다. 이에 대한 자세한 논의는 사토 미츠오(1991)를 참고하기 바란다.

1992).”

또한 불교 경전에서는 생명을 해치는 폭력과 테러에 대해서도 많은 경고를 하고 있다. 말과 생각 그리고 행동에서의 폭력은 희생자를 해치는 것 이외에도 자기 자신에게도 어떤 행복도 가져다주지 않기 때문이다. “그는 격심한 고통과 질병, 육체적 상처나 심한 통증 혹은 정신 상실, 아니면 왕에 의한 압제, 또는 심한 비난, 친척의 상실, 재산의 파괴나 화재 등과 같은 참화를 당하게 될 것이다. 이러한 어리석은 사람은 육신은 죽어서 지옥에 태어날 것이다(Ratnapala, 1992).” 이 인용문은 법구경의 구절인데, 폭력이 궁극적으로는 자기 자신을 해치는 것으로 해석함으로써 폭력을 스스로 멈추도록 유도하고 있다. 이는 테러의 경우에도 마찬가지이다. “모든 사람은 처벌을 두려워한다. 삶은 모든 사람에게 소중한 것이다. 남들을 자기 자신과 비교하여 남을 죽이지 말아야 하며 죽음을 초래해서도 안 된다(Ratnapala, 1992).” 이렇듯 테러에 대한 금지는 살인자 앙구라마라에 대한 비유담에 잘 나타나 있다.

한편, 불교 경전에는 빈곤문제가 매우 빈번히 언급되고 있다. 그것은 빈곤이야말로 생활고의 원인일 뿐만 아니라 생명과도 직결되는 절박한 사회문제라고 보았기 때문이다. 바로 이러한 문제와 관련하여 불교에서는 빈곤문제를 해결할 수 있는 지도자의 경제 정책을 구체적으로 제안하고 있기도 하다. 이렇게 볼 때, 불교에서는 개인적 일탈뿐만 아니라 사회구조적인 문제를 모두 사회문제로 간주하고 있음을 알 수 있다.

3. 사회통제

사회문제와 사회통제는 동전의 양면과도 같다. 사회문제가 사회규범의 허용범위를 벗어나는 사회현상이라면 사회통제는 그것의 준수와 연관된다. 또한 사회문제가 사회질서의 혼란을 초래한다면 사회통제는 사회질서의 유지를 목표로 하고 있다. 그렇기 때문에 우리는 사회통제에 관한 불교적 입장을 통해 사회문제에 대한 불교적 대책 및 해결책을 살펴볼 수 있다.

일반적으로 사회통제는 두 가지 방법으로 이루어진다. 하나는 외적 규제를 통해 규범에의 동조를 이끌어 내는 것이고 다른 하나는 행위자가 자신의 내적 명령에 따라 자발적으로 사회규범을 준수하는 것을 말한다. 물론 불교 경전에도 이러한 두 가지 통제 방법에 대한 언급이 산재해 있다. 다만 불교는 법(다르마)이라는 보편적 원리를 사회질서의 근간으로 설정하고 있다는 점에서 사회통제 일반과는 달리 종교적이고 절대적 차원을 내포하고 있다는 특징을 지니고 있다.

불교의 대표적인 초기경전인 『아함경』에는 사회통제가 이루어지게 되는 네 가지 동기가 나타난다. 첫째는 자책自責에 대한 두려움이고, 둘째는 다른 사람의 비난에 대한 두려움이고, 셋째는 처벌에 대한 두려움이고, 넷째는 다가오는 삶에서 초래될 바람직하지 않은 결과에 대한 두려움이다. 이 중에서 첫째는 자율적 통제를 의미하고, 둘째와 셋째는 타율적 통제이며, 마지막은 인과법의 깨달음에 의한 자발적 통제이다(Ratnapala, 1992). 이렇게 본다면, 불교는 크게 행위자 자신의 양심이나 행복이라는 이익에 기초한 자발적 통제와 법이나 계율과 같은 제도에 의한 타율적 통제를 구분하고 있음을 잘 알 수 있다.

비록 불교에서는 이러한 두 가지 사회통제 방법을 모두 중요시하고 있음에도 불구하고 특히 자발적 통제방법을 선호하고 있다는 독특성을 지니고 있다. 오히려 불교 경전에서는 처벌의 최소화와 신중함에 대해 매우 자세하게 언급하고 있다.[18] 게다가 불교에서는 언제나 자비의 마음에 기초하여 처벌이 이루어져야 한다고 강조하고 있다.

18) Ratnapala(1992)에는 처벌의 최소화와 신중화를 위한 절차와 그 구체적인 내용들이 자세하게 기술되어 있다.

> "너는 그들을 처벌해야 한다. 그러나 자비로써 그리고 소중한 자녀들이 네가 바라는 대로 훌륭한 사람이 되게 하겠다는 서원을 가지고 그들을 처벌해야 한다. 그리고 너는 증오나 물질적 욕망에 끄달려서는 안 된다(Ratnapala, 1992)."

이렇게 볼 때, 결국 불교에서는 보편적 진리인 법을 기초로 사회질서를 세우려는 전제하에 가능한 한 인간들을 그러한 보편적 이치로 이끌어 가려는 통제방법을 제시하고 있는 셈이다.

4. 불교적 시각의 장단점

불교는 궁극적으로는 행위자 자신의 내적 각성과 성숙을 통해 사회문제를 해결할 수밖에 없음을 강조하고 있다는 점에서 앞서 살펴본 사회과학적 시각과 다르다. 그리고 행위의 판단기준 혹은 사회통제의 궁극적 원천은 사회규범이 아니라 법(다르마)이다. 시대와 상황에 따라 상대적인 속성을 지니는 규범의 구속력에 비해, 진리로 받아들여지는 따라서 절대적인 속성을 지닌 법(다르마)의 구속력은 훨씬 강력하다. 따라서 불교적 시각은 외적 강제의 동원에 따르는 비용을 지불하지 않고도 가장 강력하고 효과적인 사회질서를 유지할 수 있는 장점을 지니고 있다. 게다가 이러한 불교적 시각은 불교문화의 전통이 강하게 남아 있는 한국 사회에 적용하기에 상대적으로 적합하다.

그러나 이러한 시각을 고수하는 이상, 불교적 시각은 사회문제를 해결함에 있어서 그 나름의 단점도 내포하고 있다. 실제로 불교는 2500년 이상 전에 인도지방에서 탄생한 종교이고 그러한 점에서 불교 경전에 나타난 제반 비유담과 내용을 토대로 구성한 불교적 시각이 오늘날의 사회문제를 해결하는 데 분명한 한계를 지닐 수밖에 없다. 또한 이론적 차원에서도 불교는 모든 인간사를 궁극적으로는 마음의 문제로 환원함으로써 사회 개념이

성숙할 수 있는 여지를 스스로 좁혀 놓는 결과를 초래하고 있다. 게다가 실천적 차원에서 볼 때 사회문제의 사회구조적/제도적 해결을 최고 지도자의 손에 맡겨둔다는 결정적인 약점을 지니고 있다. 빈곤의 해결, 알코올 및 마약의 추방, 그리고 폭력 및 테러의 근절도 결국은 진정한 지도자가 모범을 보이고 정책적인 노력을 기울일 때 비로소 가능한 것으로 언급되어 있다. 그러나 오늘날의 사회현실을 보면, 사회문제의 해결책을 정치적 지도자에게 맡겨둘 수도 없다. 오히려 시민들 스스로가 적극적으로 행동을 하고 있으며 사회구성원들 또한 그에 대해 기대를 하고 있다.

V 불교적 시각의 발전 가능성

이상으로 우리는 사회문제를 보는 사회과학적 시각과 불교적 시각을 비판적으로 검토해 보았다. 이에 아래에서는 두 가지 시각을 비교해 보고, 사회문제론과 관련하여 불교적 시각이 이론적 차원이나 실천적 차원에서 어떠한 발전의 가능성을 내포하고 있는지를 논의해 보고자 한다. 그리고 이러한 논의가 이른바 위험사회론과 어떻게 연관되는지를 밝힘으로써 그 이론적 함의를 시사하고자 한다.

물론, 주지하듯이 사회의 위기와 관련하여 가장 먼저 떠오르는 이론은 위험사회론이고 동시에 그 대표적인 이론가인 메리 더글라스, 울리히 벡, 니클라스 루만, 안토니 기든스 등이 연상된다.[19] 그러나 다음 절에서 그 이유를 언급하겠지만, 불교적 시각과 연관시켜 논의할 필요가 있는 이론가는 단연 니클라스 루만이다. 게다가 루만은 기존의 사회과학적 시각을 구舊유럽적 사유의 한계를 내장하고 있다고 비판하고 있어서 사회문제를

19) 이들의 위험사회론에 대한 비교는 홍찬숙(2015)을 참고하기 바란다.

보는 사회과학적 시각에 이 글의 비판과 궤를 같이한다. 또한 루만은 복잡계로 특징지어진 현대사회는 기능분화사회이고 그것은 자기준거적으로 작동하기 때문에 총체성을 지닌 생태문제를 해결할 수 없다고 주장하고 있는 바(루만, 2014), 이를 수용할 경우 사회적 위기에 대처하기 위해서는 또 다른 차원의 개입을 요구할 수 있는 이론적 근거가 확보된다. 그러나 루만은 현대사회의 생태적 커뮤니케이션이 환경윤리학적 지향성을 가짐으로써 지나치게 도덕적으로 윤색되어 있다고 비판할 뿐만 아니라 환경운동을 포함한 신사회운동까지도 비판함으로써 또 다른 차원의 개입여지를 봉쇄하고 있다.[20] 이에 아래에서는 이론적 차원에서는 루만을 수용하면서도 실천적 차원에서는 루만을 비판적으로 극복할 수 있는 가능성을 불교적 시각에서 찾아보고자 한다.

1. 불교적 시각의 이론적 발전 가능성

루만은 사회를 개인들로 구성된 하나의 특정한 실체로 전제하는 기존의 사회과학적 시각을 구유럽적 사유라고 규정한다. "지금은 우리가…사회를 인간으로 구성되며, 인간의 생명이 어떤 식으로든 사회적 질서에 대한 필요의 근거가 되는 것을… 전제하는 오랜 전통을 갖고 있습니다. 그 전통을 나는 구유럽적 전통이라 부릅니다."(루만, 2015: 49) 그리고 그는 사회를 실체를 가진 연구의 대상이 아니라 소통으로 규정한다. 심지어 그는 인간의 인식이나 의식조차도 소통에 의해 구축되는 것으로 간주한다. 그러한 소통적 관점에서 그는 인간이나 규범적 기대를 전제한 사회이론, 지역적 경계를 설정하고 있는 사회이론, 그리고 시간의 고정성($t=0$)을 전제하는 사회이론을 구유럽적 사고라고 비판한다.

20) 루만(2014)은 이를 매우 자세하게 논의하고 있는 저서이다.

이렇듯 사회를 소통하는(혹은 구성되는) 것으로 간주하는 루만의 사회이론은, 닐스 보어나 하이젠베르크의 불확정성의 원리, 생물학자인 바렐라의 자기준거적 자기재생산 개념Autopoiesis, 수학자인 스펜서 브라운의 구별의 구별된 것으로의 재진입 등 자연과학의 최근 성과와 인식론적 궤를 같이한다.[21] 그런데 매우 흥미롭게도 이러한 자연과학자들이 모두 불교의 연기법(혹은 동양적 인식론)으로부터 영감을 얻거나 영향을 받은 것으로 알려져 있다.[22] 이러한 루만의 관점이나 연기법적 관점에서 사회를 파악할 경우, 구조로서의 사회이든 연대로서의 사회이든 실체론적 관점으로 사회를 규정하는 기존의 사회과학적 시각은 분명한 한계를 갖는 것으로 평가되는 반면에 오히려 불교적 시각은 무한한 개발의 잠재력을 가진다. 그렇다면 과연 불교적 시각은 사회문제론과 어떠한 이론적 발전의 가능성을 갖고 있는지를 보다 구체적으로 살펴보자.

앞 절에서 논의하였듯이 불교는 연기법에 어긋나는 행위(혹은 행위의 동기)가 사회문제(혹은 위험이나 위기)를 초래하는 것으로 간주하였다. 마찬가지로 오늘날 신자유주의처럼 존재의 상호의존성을 무시하고 인간(혹은 인간의 의식)이나 사회 혹은 그 관계를 실체론적 관점에서 인식하면서 행위하는 것이야말로 오늘날의 사회문제 혹은 위기사회의 원인이다. 이를 루만의 관점으로 풀이하면, 소통의 장애를 초래하는 행위가 사회문제인 것이다.

최근 몇몇 사회학자들이 새로운 사회학이란 기치를 내걸고 '구조로서 사회'나 '연대로서 사회'를 넘어서서 '창조로서의 사회'나 '흐름(이동)으

---

21) 이들이 모두 루만의 저서에서 빈번히 언급되고 있지만, 그중에서도 특히 자기준거적 자기재생산 개념이나 재진입 개념은 루만의 사회이론에서도 핵심적 개념이다. 이에 대한 자세한 논의는 이철(2014)을 참고하기 바란다.

22) 닐스 보어가 동양사상으로부터 영감을 얻어 양자역학을 발견했다는 것은 널리 알려진 사실이다. 그리고 바렐라와 불교의 인식론적 비교에 대한 자세한 논의는 메이시(2004)를 참고할 수 있고, 루만과 불교(특히 선불교)의 관련성에 대해서는 그립-하겔슈탕에(2013)를 참고할 수 있다. 그리고 스펜서 브라운은 노장사상에 심취했던 것으로 알려지고 있다.

로서 사회'에 주목하고 있다. 이러한 시각에서 보면, 극단적 민족주의 및 인종주의나 외국인 노동자의 인권침해 등에서 분명하게 드러나듯이, 창조적 결합(이종결합이나 혼종결합)이나 흐름(혹은 이동)을 방해하는 장애물이야말로 사회문제의 원인이다. 그렇기 때문에, 그리고 세계화가 지리적 경계나 국경을 따라 설치된 이 장애물들을 걷어내는 사회적 흐름이라면, 더불어 정보화와 탈근대의 경향을 고려하면, 향후 불교적 시각이 주목받을 가능성은 상대적으로 높을 것으로 전망된다.

2. 불교적 시각의 실천지향성

앞 항에서 우리는 사회를 소통으로 보는 루만의 사회이론에 비추어 기존의 사회과학적 시각을 비판한 바 있다. 그러나 실천적 차원에서 보면, 루만의 사회이론도 결정적인 한계를 갖고 있다. 인간을 환경으로 간주하고 인간의 인식이나 의식조차도 소통으로 구축되는 것으로 환원할 경우 인간의 실천은 사회의 작동에 아무런 영향을 미칠 수 없고 따라서 사회문제의 해결에도 거의 기여할 수 없다. 비록 루만이 인간의 마음을 사회체계와 구조적으로 연동되어 있음을 주장하고 있지만(Luhmann, 2002: 177), 인간 혹은 인간의 마음을 사회체제 외적 환경으로 간주하고 있고, 그러한 점에서 루만의 사회이론 역시도 인간과 사회의 이분법적 틀 속에 갇혀 있으며, 최소한 실천적 차원에서는 기존의 사회과학적 시각과 동일한 실천적 한계를 갖는다.

반면에 불교의 경우, 일체유심조一切唯心造라는 표현에서 알 수 있듯이, 이성적 인식이나 의식은 물론 감성, 의지, 기억, 상상력의 복합적 상호작용의 산물인 마음을 사회형성의 능동적 요인으로 간주하고 있다.[23] 또한

23) 이에 대한 자세한 논의는 유승무(2014)를 참고하기 바란다.

그렇기 때문에 실천적 차원에서는 마음을 잘 관리하고 통제하는 것이 문제 해결에 결정적인 의미를 가지며, 마음의 조율 결과에 따른 마음가짐이야 말로 사회적 실천에 적극적으로 개입한다. 이는 불교문화 속에서 마음공부로 알려진 수행이 그토록 강조되어 온 까닭이기도 하다. 그렇기 때문에 앞 장에서 논의했듯이, 사회문제에 대한 불교적 시각은 법률에 의한 강제보다도 인격적 성숙에 의한 문제의 해결을 강조하고 있다. "정의는 단지 인격이 그 자체로 최대한의 능력을 발휘할 수 있도록 도와 줄 때 비로소 수립될 수 있을 뿐이다(Ratnapala, 1992)." 따라서 불교에 있어서 행위의 판단기준 혹은 사회통제의 궁극적 원천은 세속적 법Law이 아니라 연기법Dharma의 깨달음이다.

그렇다면 이러한 불교적 시각은 어떠한 실천적 함의를 가지는가? 무엇보다도 불교적 시각은 인간의 마음 수행을 매우 강조하고 있다는 점에서, 현대인의 정신적 소외 문제나 자아상실의 위기 등과 같이 정신적 · 정서적 영양실조로 인해서 발생하는 각종 질병이나 폭력, 우울증, 스트레스 등에 적극적으로 대처할 수 있는 실천성을 지니고 있다.

다음으로 불교의 수행은 궁극적으로는 마음에 생겨난 번뇌 즉 탐욕, 증오, 이기주의 등을 제거하여 청정한 불성Buddhahood을 회복함으로써 타자와 소통하고 상대를 배려하는 선한 행위를 하는 데 있다. 여기에서 타자란 인종, 민족, 피부색, 성별의 다름을 초월한 인간 일반은 물론 자연이나 미물까지도 포함한다는 점을 고려하면, 불교적 시각은 지구적 차원의 소통과 이동의 시대에 발생하는 각종 차별과 불평등을 해결하는 데 기여할 수 있는 실천성을 내포하고 있다.

마지막으로 비록 불교가 마음의 수행을 강조하고 있지만 생존의 필수적인 물적 기초를 경시하는 것은 아니다. 지혜와 더불어 '자비행'이 불교의 양대 축이란 점을 고려하면, 불교는 빈곤자나 곤궁자, 고독자, 장애인 등 사회적 약자를 돕는 행위를 의무화하고 있다. 특히 제3절에서 언급했듯이 불교는 빈곤문제의 해결에 매우 적극적일 수밖에 없다. 실제로 붓다 스스로가 굶주린 사람에게는 설법 이전에 밥부터 챙겨주어야 한다고 했을 뿐만 아니라[24] 대승불교의 대표적인 실천행인 육바라밀의 첫 번째 조항이 보시布施이다. 이는 불교가 신자유주의 세계화로 인해 발생하는 사회적 약자의 물질적 문제를 해결하는 데 실천적으로 기여할 수 있음을 의미한다.

Ⅵ 결 론

지금까지 우리는 '불교가 과연 위기의 사회에 어떠한 기여할 수 있을 것인가?' 라는 인식관심하에서, 이와 연관된 가장 기본적인 주제 즉 '사회문제를 보는 시각' 을 중심으로 기존의 사회과학적 시각과 불교적 시각을 비판적으로 검토한 다음, 불교적 시각의 발전 가능성을 논의해 보았다.

이를 통해 우리는 사회과학적 시각과 불교적 시각이 각각 장점과 단점을 갖고 있음을 확인하였다. 보다 구체적으로 말하면, 사회과학적 시각은 인간의 외적 조건을 해명하는 데 장점을 지니고 있는 반면 불교적 시각은 인간의 내적 측면을 통해 사회문제에 접근할 수 있는 장점을 가지고 있었다. 또한 사회과학적 시각의 장점은 불교적 시각의 결정적인 한계로 나타났고 불교적 시각의 장점은 사회과학적 시각의 결정적인 한계로 드러났다. 이렇듯 사회과학적 시각과 불교적 시각의 차이는 동양과 서양의 종교적 세계관의 차이에서 유래함을 알 수 있었다. 그러나 포스트모더니즘이나 해체주의 사조가 유행하고 세계화 · 정보화의 구호가 난무하는 21세기의 현실에서 우리는 이러한 차이를 확인하는 것 그 자체에 만족할 수는 없었다.

24) 붓다가 깨달은 이후 최초의 제자인 5명의 비구에게는 사성제와 팔정도를 설했지만 두 번째 일반 신도인 야사와 그 친구들에게는 시론(施論), 계론(戒論), 생천론(生天論)을 설했다고 알려져 있는데, 여기에서 시론이 바로 보시를 의미한다.

이에 이 글에서는 불교적 시각이 오늘날의 사회문제를 해결하는 데 어떤 측면에서 어떻게 기여할 수 있을 것인지를 구체적으로 제시해 보고, 이론적 차원이나 실천적 차원에서 그 발전 가능성을 제시해 보았다. 그리고 이러한 논의를 토대로 하여 루만의 위험사회론을 비판적으로 수용할 수 있음을 밝힘으로써 위험사회론적 함의를 시사하였다.

그러나 사회문제를 해결하기 위해서는, 노인문제와 청소년문제의 실상과 쟁점이 매우 다른 데서 쉽게 유추할 수 있듯이, 개별 문제 하나하나에 대한 구체적인 경험적 연구를 수행해야 한다. 그럼에도 불구하고 이 글에서는 이러한 작업을 하지 않았다. 후속과제로 남겨 놓을 수밖에 없다. 다만, 오늘날 한국 사회과학계의 사회문제론 중에 불교적 시각이 전혀 포함되어 있지 않은 학문적 현실 속에서, 그리고 기존의 사회문제론이 한국 사회의 문화현실과 커다란 괴리를 보이고 있는 현실 속에서, 이 글이 미약하나마 균형추의 역할이라도 할 수 있기를 기대해 본다.

참고문헌

고영복 편. 1991. 『현대사회문제론』. 사회문화연구소.

그립-하겔슈탕에, 헬가(Gripp-Hagelstange, Helga). 2013. 『니클라스 루만-인식론적 입문』. 이철 옮김. 타임비.

김일균. 2001. "용의자 카진스키가 유나바머라는 가정하에 이루어진 그의 사회심리 분석 보고서." 『유나바머』. 박영률출판사.

김종영. 2015. 『지배받는 지배자』. 돌베개.

루만, 니클라스(Luhmann, Niklas). 2014. 『생태적 커뮤니케이션』. 서영조 옮김. 에코 리브르.

________________. 2015. 디르크 베커 편. 『사회이론 입문』. 이철 옮김. 이론출판사.

리스카, 알렌(Liska, Allen, E.). 1994. 『일탈의 사회학』. 장상희 외 옮김. 경문사.

메이시, 조애너(Macy, Joanna). 2004. 『불교와 일반시스템이론』. 이중표 옮김. 불교시대사.

사토 미츠오(左藤 密雄). 1991. 『초기불교 교단과 계율』. 김호성 옮김. 민족사.

세넷, 리처드(Sennett, Richard). 2002. 『신자유주의와 인간성의 파괴』. 조용 옮김. 문예출판사.

스트레인지, 수잔(Strange, Susan). 2001. 『국가의 퇴각』. 양오석 옮김. 푸른길.

심영희. 2013. "개인화의 두 유형에 관한 연구." 『사회와 이론』 제23집. 한국이론사회학회. 이학사.

어리, 존(Urry, John). 2015. 『사회를 넘어선 사회학』. 윤여일 옮김. 휴머니스트.

엘리엇, 앤서니 · 브라이언 터너(Elliot, Anthony and Bryan S. Turner). 2015. 『사회론』. 김정환 옮김. 이학사.

윌리암스, 프랭크 · 마릴린 맥샤인(Williams, Frank P. and Marilyn D. McShane). 1994.『사회문제론』. 박승위 역. 민영사.

유승무. 1999. "불교적 사회복지 모형의 재구성과 그 현대적 함의." 『전통과 현대』 제7호. 전통과 현대사.

———. 2009. "현대 한국인의 행복지수와 불교의 행복방정식." 『불교복지, 행복과 대화하다』. 학지사.

———. 2010. 『불교사회학』. 박종철출판사.

———. 2014. "연기, 마음, 그리고 '합심' 사회의 사회학." 『사회학적 관심의 동양사상적 지평』. 다산출판사.

유승무 · 임운택. 2011. "사회불평등에 대한 국가적 개입의 불교적 정당성." 『동양사회사상』 제23집. 동양사회사상학회.

이영찬. 2001. 『유교사회학』. 예문서원.

이 철. 2014. "자기준거적-자기생산적 체계에 대한 바른 이해." 『현상과 인식』 38(4).

최일섭 · 최성재 공편. 1996. 『사회문제와 사회복지』. 나남.

카진스키, 테오도르(Kaczynski, Theodore J.). 2001. 『유나바머』. 조병준 역. 박영률출판사.

터너, 조나단(Turner, Jonathan). 1997. 『사회학이론의 구조』. 김진균 역. 한

길사.
홍찬숙. 2015. "위험과 성찰성: 벡, 기든스, 루만의 사회이론 비교."『사회와 이론』 제26집. 사회이론학회.

Luhmann, N. 2002. *Theories of Distinction*. Stanford University Press.
Putuwa, S. 1991. *The Buddhist Sangha*. University Press of America.
Ratnapala, N. 1992. *Buddhist Sociology*. Sri Satguru Publications.

Chapter 4

탈근대 '생태패러다임'으로서 생태페미니즘과 우리나라 전통 선도사상의 만남[1)]

김미경(광주대학교 사회복지전문대학원)

I 문제제기 : 자본주의적 근대의 위기, 환경문제

본 연구는 자본주의 체제라는 근대가 낳은 많은 사회문제를 해결할 수 있는 실마리를 찾고자 하는 사회학적 관심으로부터 출발하고 있다. 자본주의는 인간들에게 물질적 풍요로움과 편리함을 안겨주었지만, 다른 한편으로 물질만능주의에 따른 인간성 상실과 자연파괴 및 생태계 교란을 결과하고 있다(임춘식, 1996). 본 연구자는 근대가 낳은 다양한 사회문제의 해결책을 찾고자 하는 노력으로서 탈근대 논의를 중심으로 현재 우리 사회가 처해 있는 문제점을 분석하고, 그 해결을 위한 인식론적 작업을 시도해 보고자 한다. 이러한 논의를 위해 자본주의 비판과 대안으로 생태학적 관점

1) 본고는 김미경(2008c)의 원고에 기초하여 재구성하였음.

을 받아들여 근대적 '발전패러다임'에서 탈근대적 '생태패러다임'으로의 전환 가능성(안관수, 2000)을 '생태페미니즘'과 우리나라 전통선도사상에서 찾아보고자 한다. 왜냐하면 자본주의 문제는 환경의 문제이며, 이는 자본주의 체제 내부에서 제시하는 법, 제도, 정책으로는 해결할 수 없기 때문이다(조용개, 2001). 현대자본주의가 낳은 위기는 '생태의 위기'이기 때문에, 그 대안은 생태계의 회복에서 찾아져야 한다. 따라서 '생태패러다임'은 기존의 지배패러다임에 대한 도전이기도 하다(이득연, 1998). 본 연구에서는 새로운 생태패러다임으로의 논의를 위해 필요한 인식론적 문제를 먼저 살펴보고, 이어 '생태담론'을 위한 방법론으로 '생태페미니즘'과 우리나라 전통 선도사상을 소개하였다.

신분제에 기초한 농경생산방식의 해체와 함께 자유로운 임노동에 기반한 상품생산방식의 자본주의적 가치를 기준으로 근대와 전근대의 구분이 이루어져 왔다. 농경생산방식의 해체에 따른 신분제의 해체는 전근대적 대가족구조를 동시에 해체하고 도시를 중심으로 자유로운 임노동에 근간한 근대적 핵가족을 구성하였다. 물론 전근대에서 근대로의 이행이 단선적으로 이루어지는 것이 아니고 대부분의 경우 근대와 전근대가 상호 중첩되어 있는 것이지만(Beck, Giddens, and Lash, 1996), 근대 말을 살아간다고 받아들이는 연구자들의 근대 문제를 해결하고자 하는 학자적 책임감은 탈근대에 대한 논의를 발전시켜 왔으며 근대적 세계관으로부터 벗어나고자 탈근대성에 대해 논의하기에 이른다. 소위 포스트모더니즘이라 불리는 탈근대적 사조는 때론 지나치게 '상대주의적 회의'에 빠지기도 하지만(박영도, 2003: 192), 근대의 문제로부터 자유로이 근대를 해체하고 재구성한다. 그러나 문제는 탈근대적 현상은 가치관의 변화에서보다는 문화현상에서 더 빠르게 나타나고 있어 문화지체를 결과하고 있다는 점이다. 이 문화지체가 가장 심각하게 일어나고 있는 곳이 바로 가족이라는 사회체계이다. 결혼과 출산을 통해 이루어진 부부와 그들의 미혼자녀로 이루어진 근대의 전형적인 핵가족 형태는 점점 사라지고, 고령화 사회에서 혼자 남은 노인 단독가구 및 싱글문화와 한부모 가족, 조손가족, 입양가족, 다문화 가족, 동성애 가족, 비혼 가족, 기러기 가족 등 탈근대적 가족형태가 점차 증가하고 있다. 이러한 탈근대적 형태의 가족관계 확산에도 불구하고 대부분 현대인들의 가족에 대한 가치는 여전히 근대적 내지는 전근대적 인식에 머무는 문화지체에 따른 아노미 현상을 경험하고 있다(김미경, 2008b).

이러한 현대인들이 갖는 위기의 문제를 세계관의 위기로 보고 근대의 문제를 해결할 수 있는 방법으로 근대적 세계관에 반하는 탈근대적 세계관의 정립이 제안되기도 한다(홍승표, 2005). 여기서 탈근대적 세계관으로서 전근대적인 사상인 유교적 세계관이 재해석되고 있다(이현지, 2008). 무엇보다도 이러한 탈근대 논의에서 중요한 점은 근대의 문제를 해결하고 벗어나고자 하는 사상사적 노력이 이루어지고 있다는 사실이다. 비록 근대는 자유, 평등, 박애를 기치로 신분제적 억압과 불평등, 비인격성과 같은 전근대의 문제들을 해결하였지만, 근대적 자유주의 사상의 과대한 팽창은 사람들을 경제적 압박과 불평등, 소외로 다시 내몰고 있다. 지구의 생태적 근간을 뒤흔드는 환경파괴와 매일매일 오염된 먹거리로 무엇을 먹어야 할지 고민해야 하는 현대인들, 학교는 인성교육을 포기한 지 이미 오래되었고, 소위 '명문대학' 합격률을 꼽기 바쁘며 대학입시의 압박 속에서 학교폭력이 일상화된 지 오래다. 돈을 위해서는 사람을 속이고 죽이는 일이 보통이 되었으며, 사랑하는 사람들이 함께 이룬 가족 안에서 휴식과 안정을 얻기보다는 상처를 받는 사람들이 늘어가고 있다. 낳아서 길러준 부모의 돈을 빼앗기 위해 해외로 유인하여 버리고, 경제적으로 무능력한 부모는 자식으로부터 학대받는다. 매일매일 하루도 빠짐없이 신문지상에 등장하는 현대사회의 문제들의 핵심에는 인간성 상실이 존재한다.

자본주의적 가치에 기반한 근대적 세계관의 가장 큰 프로젝트는 인간을 영적인 존재에서 세속적인 존재로 만드는 것이었으며(안관수, 2000), 세속적 존재가 되기 위한 필수 조건은 내세를 위한 금욕적 사고에서 벗어나 현세에서의 구원을 추구하는 프로테스탄트 윤리와 과학이라는 이름의 기술발전이라고 하는 문명화였다. 따라서 현대사회에서 영적인 문제는 종교의 영역, 비과학 또는 미신의 영역으로 치부되어진다. 본 연구는 이러한 근대적 자본주의 가치를 담고 있는 인식론의 문제를 검토한 후 이러한 세계관이 노동과 가족의 영역에 미친 영향을 중심으로 근대의 문제를 분석하고자 한다. 본 연구자는 '경쟁적 자본주의의 소비적 여가 문화'가 낳은 환경문제와 인간성 상실의 문제를 해결하기 위한 대안으로 한국전통 선도문화인 '천지인' 사상에 나타난 자연관을 생태페미니즘과 접맥시키기 위한 인식론적 작업을 수행하고자 한다.

Ⅱ 생태담론을 위한 인식론

근대 자본주의 문명비판을 위해서는 그것이 기반으로 하고 있는 세계관에 대한 검토가 필요하다. 현대 인류문명의 위기는 자본주의 문명을 근원적으로 뒷받침하고 있는 기계론적 세계관의 문제이며, 그 핵심에는 인간에 의한 자연지배 사상이 있다(안관수, 2000: 219; 소기석; 2004). 현대인들은 근대의 기계적 세계관에 입각한 과학에 대한 신봉 아래 물질적 풍요를 최고의 가치로 추구하여 왔다. 기계론적 세계관에 기반한 근대적 세계관은 모든 존재가 근원적으로 분리되어 있다는 사상에 기초하고 있다. 한민족韓民族인 우리의 '한' 사상은 분리가 아닌 하나의 근원으로부터 왔다는 천지인天地人 사상을 가지고 있었다(이승헌, 1992a). 그러나 서구화에 따라 유입된 근대적 세계관에서는 나를 세계로부터 분리, 독립시킨다. 근대를 지배하는 개인주의, 이성, 합리성의 가치는 '나'라는 개인적 존재를 부각시키고 개인의 이성적 능력을 통해 세계를 개인의 필요에 맞게 변형시킨다. 이러한 근대적 세계관에 따르면 이상적인 삶이란 인간의 욕망을 추구하고 충족시키는 삶이다(홍승표, 2005). 이러한 과학주의의 기본전제인 가치중립주의는 물질의 풍요를 가져왔을지는 모르지만 도덕적 가치의 퇴보를 결과하였다(김항규, 1986). 도덕적, 정신문명적 퇴락현상은 인간성 상실을 의미한다. 미국의 물리학자 카프라는 "과학의 발달이 자연을 훼손하고 인간성 상실을 결과하고 있다."고 성찰하고 서구적 과학주의의 근간을 이루는 근대적 가치중립 사상에서 근본적인 원인을 찾고 있다(카프라, 1989).

가치중립의 기치하에 인간의 편리함과 물질적 풍요를 추구하는 과학적 사고관과 이를 바탕으로 한 기계문명, 고도로 분화되어 가는 조직구조의 비대화와 관료제화에 따라 인간은 보다 편리한 물질문명을 누리고 있지만 사람과 사람 사이의 정신적 유대관계는 피폐해져 가면서 인간성이 상실되어 가고 있다. 이는 근대의 자연관과 밀접한 관련을 갖는다. 우리나라는 전통적으로 인간과 자연의 조화와 공생을 중시여기는 천지인 사상을 가지고 있었다. 그러나 세계에 대한 기계론적 해석에 기반한 서구의 근대적 자연관은 자연을 인간의 지배대상으로서 무한한 물질을 창출하는 이용대상으로 객체화시킨다. 근대적 사고의 특징은 자연과 물질, 객체와 주체가 분리되는 이분법적 구조에 있다. 이러한 이분법적 인식론에 기초한 근대 자연관은 헤겔의 자연사상에 영향을 받은 것으로 헤겔은 자연을 절대자인 정신의 자기 외화라고 파악함으로써 자연은 인간이 자신을 드러내는 대상에 지나지 않은 것으로 받아들인다. 헤겔의 자연관은 노동의 개념에도 드러나는데, 노동은 인간이 자신을 주체로서 대상화하는 수단으로, 인간은 노동을 통해 자연을 자신에게 유용하게 변형시키며 물질세계를 구축한다(양운덕, 1989). 즉, 인간에 의해 변형된 자연은 인간의 자기 표상으로 이해되어진다. 이렇듯 인간은 노동을 통해 자연의 예속으로부터의 해방되었지만, 인간 중심의 세계관은 자연을 왜곡하고 훼손시키고 있다. 그리고 아이러니하게도 스스로는 자신의 생산물로부터 소외를 경험한다. 이러한 서구의 근대 기계론적 세계관은 자본주의의 발전과 자기모순을 동시에 설명해 주는 틀이 되고 있다.

이와는 달리 동양사상을 관통하는 중심은 조화이다. 노자사상 역시 자본주의는 인간의 욕망을 자극시키는 재화의 유통이라고 하였고, 『도덕경』에서 자연의 이치대로 두는 생태적인 상태가 가장 좋은 상태로서 정치를 하는 것으로 보았다. 장자는 '기심', 즉 도르래를 써서 편함을 추구하는 마음을 얘기하며 기계문명을 거부하고 자연으로 회귀할 것을 주장하였다(안관수, 2000). 다음에서는 기계론적 세계관에 입각한 근대의 인식론의 자연파괴적 성격을 살펴본 후 한민족의 고유한 경전 천부경의 '인중천지일人中天地一'에 입각한 자연과 인간이 하나라는 '한사상'에 대해 살펴보고자 한다. 생태문제는 인간성 회복의 문제이며 인식론의 문제이다. 그러나 이러한 새 시대의 가치창출에 있어 과거 전통문화와 연계시키는 작업이 진취성을 저해하는 보수적인 태도라는 인식이 있다면, 그것은 잘못된 것이다(안관수, 2000: 232-233). 전통사상을 통해 근대의 문제를 벗어나고자 하는 시도가 단순히 과거로의 보수적 회귀를 의미하는 것이 아닌, 자본주의 정신이 피폐시킨 자연성의 회복이며 우주섭리와 조화를 추구하는 가치를 재창출하는 것이 되어야 하기 때문이다. 더불어 근대의 문제를 해결하고자 하는 탈근대적 방법론으로서 가부장적 자본주의의 비판으로부터 유래한 성찰적 페미니즘의 방법론을 수용하고자 한다. 그래야지만 자본주의가 가지고 있는 노동 중심적 근대가치를 통한 환경 파괴적, 가족 파괴적 병리현상을 제대로 진단, 치유할 수 있을 것이다.

1. 근대 과학주의 비판

본 연구자의 문제제기는 학문은 과학적이어야 하는가? 과학을 어떻게 이해하여야 할 것인가? 학문은 가치중립적인가? 하는 문제의식에서부터 출발하고 있다. 사회학은 그동안 '과학'이 되기 위해 자연과학에서처럼 증명 가능한 모든 방법론을 수용하여 왔다. 이러한 작업은 사회학의 아버지인 콩트로부터 계속해서 이어져 오고 있다. 그러나 사회학문에서는 자연과학과 같이 측정 가능한 면보다는 측정 불가능한, 예측 가능한 면보다 예측 불가능한 측면을 더 많이 가지고 있다. 길이, 부피, 무게 등을 재고 성분을 분석하고 실험할 수 있는 대상을 다루는 자연과학과 달리 사회학문은 측정 불가능한 대상을 더 많이 다룬다. 그러나 소위 '과학적'이지 않은 학문은 학문에서 제외되어지고, 학문을 분화하고 차별화하는 일들이 계속적으로 일어나고 있다. 소위 학문간 상호교류interdisciplinary의 필요성이 제기되고 있지만, 여전히 학문 내부에는 위계질서가 만들어지고, 학문은 과학이 되기 위해 지속적으로 연구대상을 객관화하고 객체화하고 계량화하려는 작업들을 해 오고 있다. "유럽문명권에서 들어온 사회학문은 자연학문의 방법을 인문학보다 더욱 적극적으로 받아들이는 것을 자랑으로 삼는다(조동일, 1997: 284)." 그러나 실증주의라는 이름으로 통계적 연구만을 고집하는 것은 학문의 식민지성이다(조혜정, 2006). 학문은 과학만으로 이루어져 있지 않다. 사회학의 대부분은 사실 과학이라 할 수 없는 측면이 많지만, 그렇다고 학문이 아닌 것은 아니다. 즉, 사회학이 꼭 과학이어야 할 필요는 없는 것이다. 그러나 학자들이 흔히 빠지는 오류는 과학이 아닌 학문을 '비과학'이라고 부른다는 사실에 있다. 우리는 여기에서 과학이론 역시 패러다임에 지나지 않는 것으로 파악하였던 쿤Kuhn을 상기할 필요가 있다.

눈에 보이는 대상을 설명하고 있는 학문이 과학이라면, 눈에 보이지 않는 것을 해명하려는 학문을 무엇이라고 해야 할 것인가? 본 연구자는 소위 '통찰'이라는 개념, 즉 이제까지 사회과학 방법론에서 흔히 '성찰'이라는 개념으로 논의되어 왔던 문제에 주목하고자 한다. 조동일 교수는 과학이 아닌 학문의 영역에 "복잡한 구조를 한꺼번에 파악하는 능력"으로서 통찰의 개념을 끌어들여 통찰 개념에 대한 학문적 지원의 필요성을 강조하고 있다(조동일, 1997). 통찰을 부인하게 되면 학문의 대상을 측정 가능한 것으로만 한정하는 잘못을 저지르게 된다는 것이다. 유럽학문의 인식론적 흐름들 속에서 사회과학 방법론이 정립되어 온 과정을 통해 알 수 있듯이, 사회과학은 측정 가능한 것으로 그 범위를 점점 한정시켜 왔다. 현대인들은 자신이 경험하지 못한 세계에 대해 신뢰하지 않는다. 그러나 본 연구자는 연구자의 보고, 듣고, 냄새 맡고, 맛보고, 만지는 오감을 통해 경험한 인식의 범주를 넘어선 '통찰'의 필요성을 제기하고자 한다. 나아가 본 연구자는 '통찰'이라는 개념을 사회학적 방법론으로 정립하기 위해 '반성'과 '성찰'의 개념을 수용하고자 한다(Habermas, 1968).

이전까지 사회과학은 대상에 대한 객관적 틀을 제시하고, 분석, 비판하는 것으로 방법론적 사명을 다하고자 하였으나, 분석하는 대상을 대상화하고 분석하는 주체로서 연구자를 타자화하는 한계에 머물러 있었다. 소위 객관성에 대한 추구는 가치자유나 가치중립에 대한 믿음으로부터 출발하고 있다(Harding, 1991). 그러나 연구자의 가치를 배제하거나 가치중립에 머무르는 과학으로는 미래에 대한 대안을 제시할 수 없다. 이러한 방법론적 입장은 본 연구자가 사회문제를 분석, 해석할 때는 베버적 '가치자유 Wertfreiheit'나 '가치중립'적 관점이 필요하지만 사회문제를 해결하고자 할 때 마르크스적 '당파성Parteilichkeit'이 필요하다고 생각하기 때문에 중요하다.[2] 대안을 제시할 수 없는 학문은 허무주의나 상대주의에 빠지기 쉽고, 분석과 비판만 일삼을 뿐 실천에 무관심하거나 무기력하다. 반대로 정치적 당파성만 주장하는 입장은 현실에 대한 충분한 설명력을 가지고 있지 못하는 경우가 많다. 여기서 이론과 실천의 괴리가 존재할 수밖에 없다. 그러나 문제해결을 위한 통찰을 위해서는 모든 문제를 자기 자신으로부터

2) 흔히 '가치자유'와 '당파성'이 상호 대립적인 개념으로 이해되기도 하지만, 분석적 차원의 개념도구인 '가치자유'는 실천적 영역의 '당파성'과 같은 범주로 이해해서는 안 될 것이다.

출발하여야 한다. 바로 이 부분이 성찰적 페미니즘이 추구하는 방법론과 만나는 지점이며, 근대적 세계관이 낳은 자본주의적 병폐로서 환경문제를 접근하는 데 필요한 생태학적 관점이다.

2. 탈근대를 위한 성찰적 방법론으로서 '생태페미니즘' : 페미니즘과 생태주의의 만남

1) 여성학 방법론 : 성찰적 페미니즘

페미니즘은 이제까지 남성 중심적으로 쓰여진 역사를 여성의 시각으로 재편성하는 것에 관심이 있었기에 과학이 책무로 맡고 있던 연구대상의 보편성과 특수성을 밝히는 일보다 여성의 생애사에 더 관심을 가져 왔다. 여성의 생애사는 소위 과학이라고 하는 실증주의적 계량화 방법보다는 심층면접이나 구술 등과 같은 질적 방법에 더 의존해 있다.[3] "여성이 만드는 역사는 여성 스스로 기록한다"는 슬로건으로 출발한 여성주의적 방법론 women's studies은 역사 속 행위주체와 후에 이를 기록하는 연구자가 구분되어서는 안 된다는 입장에서 이론과 실천을 매개하려고 한다. 여기서 우리는 이러한 여성학적 방법론이—소위 성찰적 사회학자들이 자주 질문하는—"개방적이고 대화적이며 구성적"인가?라는 질문을 던져볼 필요가 있다(임현진 · 정일준, 1994: 4). 독일 여성학 방법론사를 통해 성찰적 페미니즘의 역사를 간략히 살펴보면, 여성학에서 '성찰Reflexion'의 개념이 주요하게 등장한 것은 사회심리학적 배경을 가진 사회주의 여성학자들에 의해서였다. 공장 여성노동자의 생애사에 관심을 가지고 오랜 연구를 해 오던 Becker-Schmidt는 프랑크푸르트Frankfurt학파의 비판이론에 근거하고 있

3) 더 나아가 일부 급진적 여성학자들에게는 실증주의적, 양적 방법론은 남성주의적 방법론이라고까지 이해되어지기도 한다(Mies, 1978).

는 '성찰'의 개념에 주목하고 있다. 그러나 남성주의적 비판에서 빠져 있는 자기성찰Selbstreflexion의 개념을 독특한 여성학적 방법론으로 들여온다. 자기성찰은 첫째, '자신이 당면한 문제'인 당파성Selbstbetroffenheit에 대한 분석이다(Becker-Schmidt, 1985). 이는 연구자가 연구대상인 여성의 현실에 한 발짝 더 다가갈 수 있는 기회를 의미한다. 즉, 동질감 내지는 동료애의 기본이 되는 것이다. 둘째는 공감Empathie의 개념으로, 이는 상대에 접근하기 위한 도구적 틀이 아닌 서로를 연대해 낼 수 있는 것이어야 한다. 셋째, 연구대상의 갈등상황에 자리를 놓아주는, 즉 갈등상황에 대한 심리적 대처방안에 대한 이해방법으로서 비판적 자기반성Introspektion의 개념이 있다. 연구자의 연구대상에 대한 당파성, 아래로부터 보는 관점, 연구와 해방적 실천의 통합에 대한 이 세 가지 성찰유형Reflexformen을 통해 환경문제에 대한 이해에 있어서도 실천을 통한 환경의 변화, 자본주의적 환경파괴에 저항하는 운동에 대한 연구자의 관심, 연구를 통한 연구주체와 객체 스스로의 의식화, 그리고 인식론적 최종목적으로서 환경에 대한 인식과 행동의 일치인 이론과 실천의 지향이 가능하다. 결국 본 연구자가 성찰적 페미니즘이라고 부르고자 하는 이 방법론은 연구자들의 연구대상들과의 관계를 중시여기기 때문이며 "개방적, 대화적, 구성적이며," 이러한 성찰적 페미니즘의 방법론은 생태문제를 접근하는 데 유용하다(김미경, 2005).

2) 여성학과 생태주의의 만남 : '생태페미니즘'

본 연구자는 생태의 문제를 접근하는 데 있어 성찰적 방법론에 기반하고 있는 여성학 방법론이 유용하다고 생각하고, 여성학 방법론이 생태패러다임으로 정착하는 데 기여하기 위해 다음의 세 가지 문제가 논의되어져야 한다고 생각한다(김미경, 2005). 첫째, 성찰적 페미니즘은 남성과 여성,

공과 사, 환경과 인간이라는 서구 유럽의 이분법적 사고를 극복하고 있는가? 둘째, 여성은 진정 남성보다 '평화적'이고 '생산적'인가? 개인주의화, 이기주의화되어 가는 인간은 자신들만의 재생산을 위하여 생태계를 교란시켜 왔다. 그러나 본 연구자는 방법론적 당파성을 옹호하고 있지만, 여성과 남성이라는 이분법에 따라 일방적으로 여성의 편에 서는 것은 유보하고자 한다. 여성학적 주제들은 마르크스주의적 전통의 계급이론이나 후기구조주의의 관심영역 밖에 있었던 일상의 문제들에 주목함으로써 현실에 발을 딛고 삶을 영유해 가고 있는 여성의 일상에 한층 가깝게 접근하고 있다. 예를 들어 독일페미니즘의 전통에서 볼 때 급진적 페미니즘에서 유래하고 있는 에코페미니즘은 백인 부르주아 남성 중심의 자본주의의 가부장성을 현실 속에서 잘 설명하고 있다(Mies and Shiva, 1995). 그러나 너무도 철저히 여성에 대한 당파성을 가지고 있는 나머지 자본주의의 파괴적, 폭력적 성격을 사냥하는 남성Jaeger과 채집하는 여성Sammler이라는 원시적 성별 분업의 결과로부터 유래하는 본질적인 것으로 파악하면서 여성은 남성보다 평화적이고 자연친화적이라는 이분법적 사고의 틀 안에 갇히게 된다(Bennhold-Thomsen, Mies, and von Werlhof, 1992). 여성이 과연 남성보다 환경친화적이고 평화로운 존재로 일반화될 수 있는지는 현실 속에서의 경험적 증명을 요구한다.[4] 이러한 맥락에서 독일의 급진적 에코페미니즘은 영미의 입장이론과 맥을 같이하고 있다. 즉, 여성은 남성과 분명히 다른 그 무엇이 있으며, 그것을 여성의 재생산적 노동에 기반한 '경험'으로 이해하는 포스트모더니즘적 페미니즘의 입장이론가들과 마찬가지로 에코페미니즘 역시 '평화로운 여성 일반'을 전제함으로써 여성 내부의 다양성을 간과하고 있다는 비판을 면하기는 힘들다.

---

4) 여성이 남성보다 평화로운 것은 본성의 문제가 아니라 남성과 다른 차별적인 경험의 결과임을 강조하는 강윤희, "여성과 평화: 국제적, 지역적 평화표준 사례를 중심으로," 『한국국제정치학회 학술대회 발표집』(2004)을 참조.

셋째, 여성학은 충분히 이론과 실천을 매개하고 있는가? 하는 문제에 있어 급진적 에코페미니즘은 이론과 실천을 매개하고자 노력하고 있다.[5] 근대의 이분법적 사고는 환경문제에 있어 정점을 이루고 있다. 이론적으로 환경보호의 필요성에 대해 강조하는 사람들 중에서도 실제 환경보호를 실천하는 사람은 많지 않다. 현대인들은 종이컵으로 물을 마시면서 환경을 보호하자고 말하는 자기 스스로를 성찰하기 힘들다. 그런 의미에서 이론과 실천의 차이가 가장 극명하게 드러나는 분야가 자본주의 사회에서의 환경문제이다.[6] 에코페미니즘은 여성과 자연의 친화성을 강조한다. 이들은 여성과 자연의 친화성을 여성의 생물학적 재생산활동의 속성과 자연의 속성이 유사하다는 점에서 찾고 있다. 이러한 입장은 자연을 무생물적인 도구적 차원으로 전락시켜 자연을 황폐화한 서구의 이원론, 단선적 진보론, 기계적 세계관에 대한 자생적 비판에서 비롯된 것이며, 근대이론이 해체시킨 '자연에 기초한 영성'을 부활시킨다. 즉, 자연은 영Spirit을 지닌 살아 있는 존재로 '자연에 기초한 영성'을 받아들일 때 우리는 자연의 살아 있는 모든 존재와 더불어 느낄 수 있는 능력, 연민에서 나오는 정책과 행동을 실행할 수 있다는 것이다. 이러한 주장은 환경보호가 구호차원에서 머무는 근대적 사고의 현대인들에게 이론과 실천을 매개할 수 있는 유익한 단초를 제공한다. 모든 생명체를 영적인 존재로 보고, 살아 있는 영적 존재에 대한 연민, 보다 성찰적 페미니즘의 개념으로 이해했을 때 공감Empathie을 회복하는 것이 물질적 만능주의에 젖은 현대인들에게 필요하기 때문이다. 앞서 문제제기에서 잠깐 언급하였듯이 인간이 영적인 존재에서 세속적인 존재가 되면서 근대가 출발하였듯이, 자본주의적 근대가 낳은

5) 에코페미니즘이라는 용어 자체가 여성운동과 평화운동, 환경운동 등 1970년대 말에서 1980년대 초반까지의 다양한 사회운동에서 성장해 나온 것으로, 실천을 매개하는 이론이다(Mies and Shiva, 1995).

6) 반대로 '부모의 자식에 대한 사랑'이라는 가치는 이론과 실천이 가장 일치하는 부분이다. 즉, 부모는 자식을 사랑하고자 하는 마음을 대부분 바로 실천으로 옮긴다.

환경문제를 해결하기 위해 인간은 다시 영적인 존재로 회귀해야 한다는 주장이 타당성을 갖는다.[7]

생태학에서는 생명의 신성함을 재발견하기 위해 영성을 강조한다. 영성으로 생태학에 접근하고 있는 Starhawk에게 있어서 영성은 여성으로 하여금 생명을 사랑하고 축복하게 해 주는 에너지이며, 만물에 담긴 주술이다. 이러한 자질은 종교적인 내세의 신이나 초월자에게서 주어지는 것이 아니라 일상생활에, 우리의 노동에, 우리를 둘러싼 모든 것에, 우리의 내재성에 존재한다.[8] 그리고 때로 제례의식으로 춤과 노래로 이 신성함을 찬양한다. 어머니 대지에 의지하고 찬양하는 이러한 생태페미니즘은 근대의 기계론적 세계관과는 근본적으로 다르다. 근대 과학관은 어머니 대지에 대한 의존을 사유에 대한 인간의 권리를 침해하고 조롱하는 것으로 이해하고 이를 타파하고자 하였다. 그러나 생태페미니즘은 베버가 이해한 근대적 합리성의 전제인 탈주술화Entzauberung에 반기를 들고 영성을 통해 어머니 대지를 치유하고자 세계에 다시 주술을 건다. 이러한 생태페미니즘의 영성에 대한 강조는 유럽보다는 미국에서 더 강조되고 있다. 생태운동의 정치성을 강조하는 독일의 Mies나 인도의 Shiva와 같은 생태페미니스트들은 영적 생태주의가 추구하는 뉴에이지 운동과 같은 정신적 사조를 정신, 문화 자원의 상품화라고 비판하고 자급적 생산방식에 기초한 생존생산Subsistanzproduktion을 대안으로 제시한다(Mies and Shiva, 1995). 다음 절에서는 우리 민족 전통 선도仙導의 '천지인天地人' 사상에 나타난 자연관을 통해 생태페미니즘 내부에 존재하는 영성과 정치성에 대한 입장을 통합해 보고자 한다.

---

7) 여성들이 환경, 평화, 여성, 특히 건강 등 다양한 사회운동 영역에서 모든 것의 상호의존성과 연관성을 재발견하면서 '삶의 영적 차원'에 대해서도 새로이 발견하게 되었고, 이 상호연관성에 대한 깨달음 자체가 영적인 것으로 일컬어진다(Mies and Shiva, 1995).

8) 종교적 영성을 통해 생태의 문제에 접근하는 연구에 대해서는 유기쁨(2006), 소기석(2004)의 박사논문을 참조할 수 있다.

3. 우리나라의 선도仙導정신 : '천지인天地人' 사상에 나타난 자연관

'생태담론'을 위한 성찰적 페미니즘은 정치적이며 경제적이며 동시에 규범적이어야 한다. 그러나 오늘날 경제, 정치, 규범을 논할 때 "보편주의적 독단"과 "상대주의적 회의"에 빠지기 쉽다(박영도, 2003: 192). 제국주의적, 가부장적 자본주의 생산방식을 비판하고 자급자족적 생태경제를 주장하는 Mies와 Shiva와 같이 뛰어난 생태페미니스트들이 빠지기 쉬운 위험이 바로 "보편주의적 독단"이며, 모든 근대적인 것을 해체하고자 하는 포스트모더니즘은 "상대주의적 회의"에 빠진다. 따라서 이를 헤쳐 나갈 대안적 사유가 절실히 필요하다. '보편주의적 독단'과 '상대주의적 회의'에 빠지지 않기 위해서 필요한 방법론이 바로 '성찰'이다. 이를 박영도 교수는 신유가 사상의 '내재적 초월'의 개념으로 설명하면서 하버마스의 '형식적 화용론'과 접맥시키고 있다. 그리고 '내재적 초월'을 구성하는 전략에 있어 상처받은 자연의 고통을 치유하는 문제를 제기하면서 "당시의 조건 속에서 사회적으로 불행한 방식으로 실현되었던 생명력의 운동에 대한 깊은 통찰을 수용해야 한다"고 결론짓는다. 그렇다면 보편주의적 독단과 상대주의적 회의에 빠지지 않기 위한 성찰의 전제는 생명력의 운동에 대한 깊은 통찰이라 할 수 있겠다. 그런 의미에서 성찰은 다시금 생태페미니즘의 영성과 통한다. 그러나 물질적이고 감각적인 시대를 살아가는 현대인에게 있어 '내재적 초월'은 불가능한 것처럼 보인다. 오감에 의존하여 감각적이지 않은 것에 대해서는 인지 대상으로도 인식할 수 없는 인간들에게 '내재적 초월'이나 생명력의 운동에 대한 깊은 통찰은 너무나 먼 이야기처럼 느껴지기 때문이다. 그러나 Mies와 Shiva가 주장하는 생태적 자급경제가 가능하려면 결국 이러한 영적 각성이 먼저 이루어져야 한다는 결론이다. 영적 각성이 없는 정치적 선택은 보편주의적 독단 속에서 규범적 구호로 흐르기 쉽기 때문이다.

영적 자각은 사람과 자연이 하나라는 천지인 사상에 대한 자각이다. 현대인들은 서구적 근대철학이 낳은 기계적 세계관에 대한 대안적 세계관으로 유, 불, 도과 같은 동양사상의 자연관에서 찾는다. 물리학자 카프라는 동양사상과 물리학을 비교하면서 현대 물리학에서 일어난 새로운 자연관이 동양의 고대사상 속에 담긴 세계관과 유사하다는 점을 지적하고, 서구의 기계론적 세계관은 동양의 유기체적 자연관으로 대체되지 않을 수 없다고 보았다(카프라, 1989). 서구문명을 주도해 온 과학적 방법은 주로 공간적 분할과 분석의 방법으로 일一에서 다多를 보지만, 동양의 철학자들은 주로 명상과 직관의 방법으로 다多에서 일一을 보았고, 시간의 축에서 생성, 소멸하는 자연을 창조적인 생명의 원리, 즉 유기체로 파악하였다. 또한 사회학자 홍승표 교수는 유, 불, 도 사상이 각각 독특한 관점과 특성을 가지고 있지만 통일체적 세계관을 바탕으로 대상세계를 인식한다는 점에서 이들 사상은 공통된 기반을 갖고 있다고 지적한다(홍승표, 2005: 97). 부분과 전체를 분리된 독립범주가 아닌 근원적 통일성을 갖는 것으로 보는 '통일체적 세계관'에서는 개인을 개성의 구현을 통해 전체사회에 기여하는 존재로 파악하고 통일성의 각성을 위한 수행을 강조한다. 본 연구자가 보기에 홍승표 교수가 이해하는 수행의 개념은 에코페미니즘의 영성의 개념과 통한다. 즉 인간과 자연을 하나의 통일체로 바라볼 수 있는 능력은 영성의 개발을 통해 가능하며 이 영성은 수행을 통해 개발되어지는 것으로 이해할 수 있다. 결국 '내재적 초월'이나 '생명력의 운동에 대한 깊은 통찰'도 수행 안에서 가능하다는 것이다.

이러한 수행문화는 신선도라고도 불리는 우리나라 전통 선도에 있어 왔다. 우리나라의 전통 선도 수행은 고구려의 조의선인, 신라의 화랑, 백제의 대선을 통해 맥이 이어져 왔다(선도문화연구원, 2005: 35). 물론 동양의 수행문화는 도가에서는 도를 통한 무위無爲의 세계를 통해, 유가에서는 예禮를 통해 실현되지만, 그 핵심은 본성을 깨닫고 회복했을 때 존재론적 변화가 가능하다고 보았다는 점이다. 바로 이 지점에서 한편에서는 자본주의 사회에서 물질적 욕망을 추구하고 다른 한편에서는 자연을 갈망하고 인간성을 회복하고자 추구하는 현대인들의 딜레마로부터 벗어날 수 있는 단초가 제시되고 있다. 환경문제에 대한 관념적인 이해가 환경보호를 실천하는 행동으로 연결되기 위해서는 수행을 통해 모든 존재의 통일성이 인식될 때 비로소 가능하다. 우리나라의 '한사상'은 이러한 우주만물의 통일성에 대한 이해를 바탕으로 하고 있다. '한사상'은 모든 것이 하나라는 우리 민족 고유의 경전, 천부경의 '일시무시 일종무종일一始無始 一終無終一'의 사상, 즉 '인중천지인人中天地一'의 사상이다. 이것은 사람 안에 천지가 있고 하나로 조화되어 있다는 뜻이며, 이것을 깨달은 사람이 천지인天地人이다. 천지인은 인간성이 회복되어 깨달은 인간을 의미한다. 즉, 하늘사람 천인을 뜻한다(이승헌, 1992b). 천지인 사상을 회복하기 이전에 인간은 항상 불완전한 존재로 인식될 뿐이다. 천지인 사상은 관념으로 회복되는 것이 아니라 수행을 통해서 가능하다. 이 수행문화가 만들어질 때 인간의 본성이 복본될 수 있다.[9] 하늘과 땅은 떨어져 있는 것 같으나 하나이다. 그저 어디서부터 분류하느냐 하는 인식의 문제이다. 땅에는 수없는 하늘이 들어가 있고 땅속 깊은 곳에도 물은 흐르고 있다. 원자로 되어 있는 땅속에는 수많은 공간이 존재한다. 전부가 허공이며 동시에 땅이다. 공기 속에는 탄소, 수소 등의 수많은 물질이 들어 있다. 단지 우리의 육안으로 보이지 않을 뿐이다. 물론 현대 과학이 이러한 이치를 이해할 수 있게 만들었다. 과학 이전에는 이러한 이치를 깨달았다 해도 증명하지 못하고 그저 하나의 신념으로 믿었을 뿐이다(이승헌, 1990).

---

9) 이와 유사하게 시인 김지하는 단군을 신인간의 모델로서, 고조선은 이상적 문명사회로 제시하고 있다(김지하, 2001). 그리고 이러한 이상 문명을 재현하기 위해서 전 인류의 질적 향상, 영적 성숙을 요구하며 "민중이 모두 성인으로, 신인간으로 성화되어야" 한다고 주장한다(김지하, 1999).

우리나라에 우리 고유의 선교문화仙教文化가 있었다고 처음 말한 근대 역사가는 단재 신채호였다. 선교는 선도仙導를 뜻한다. 1910년 3월 11일자 대한매일신보에 실린 「동국고대선교고東國古代仙教考」에서 단재는 우리나라에 불교, 유교가 들어오기 이전에 고유의 선교가 있었다고 주장하였다. 무당 말고 우리에게 종교가 없었다고 믿었던 당시로서는 매우 파격적인 주장이었다. 단재에 따르면 선교는 단군 이래 무려 2000년간이나 계승 발전하여 온 우리의 소중한 문화였다. 즉, 선교는 단군의 가르침이다. 유불도 이전에 선도문화가 이미 존재하였다는 문헌적 근거로 삼국유사의 고조선조를 들 수 있다. 그러나 조선 오백년의 유학자들은 성리학과 유교문화를 강조하고 불교와 도교 그리고 선교를 이단이라고 탄압하였다. 조선시대 유학자들은 우리나라 역사에 대해서는 가르치지 않고 중국의 역사만 가르쳤던 것이다(선도문화연구원, 2006).

오늘날 사회과학이라는 학문은 태생적으로 유럽문명권 주도의 근대학문이라 할 수 있으며(조동일, 1997: 540), 근대학문의 한계를 극복하는 문제는 유럽 중심적인 사고로부터 벗어나 인식의 대상을 나, 우리 안으로 가지고 오는 것과 관련이 있을 것이다. 즉, 성찰적 페미니즘의 방법론에서 얘기하는 자기반성Introspektion의 문제이다. 사회과학이 학문이 되기 위해 기울였던 자연과학과 같은 '과학적' 학문으로서의 자리매김을 위한 노력들을 그만두고, 인간, 나에 대한 통찰로부터 다시 출발할 때가 되었다. 조동일 교수는 이것을 국학을 통해 가능하게 하여야 한다고 주장한다. 국학이란 외래 학문이 오랜 시기를 거쳐 한국의 토착학문처럼 변화한 것이 아니라 선도문학과 같은 우리 민족 고유의 학문을 일컫는다(이승헌, 2006). "국학의 역량을 근거로 삼아야 이론창조가 가능하고, 우리 문화에 대한 투철한 이해에서 출발해야 유럽문명권의 근대주의에 대한 대안을 찾을 수 있다(조동일, 1997: 541)"는 주장에 대해 근대의 생태문제 해결을 위해 주의를 기울일 때가 되었다. 현대인들은 자신의 행위의 타당성을 위해 최대한 합리적 기제를 동원하며, 이를 과학적인 방법이라 신봉한다(Habermas, 1988). 현재 학문을 생산하는 (여성)학자들은 서구 중심의 근대화를 거친 세대로 그들의 개념과 언어는 서구 근대화의 산물이기에 국학을 강조하는 학자들이 그들의 시각에서는 '국수주의자'로 비춰지기 쉽다.[10] 물론 서구적 사고의 학문에 대해 비판하는 조혜정 교수조차도 '문화 본질주의'의 위험을 경고한다(조혜정, 2006). 그러나 본 연구자의 생각으로 국학의 의의를 강조하는 것은 국수주의에 빠지는 것과 다르다. 서구 중심의 근대화를 거친 지식인들이 국수주의에 빠지지 않고 우리의 학문, 국학을 구축하는 것은 근대의 문제를 해결하고자 하는 사회과학이 안고 있는 앞으로의 숙제가 아닐 수 없다.

현재 사회과학을 연구하는 연구자들에게 학문적으로 가장 많은 영향을 끼친 자본주의의 태동을 해명하기 위한 마르크스의 '아시아적 생산양식의 정체성'이라는 개념이나 베버의 '프로테스탄트 윤리'라는 개념은 기본적으로 서구의 이분법적 사고에 근거하고 있으며, 제국주의적 시각에 따른 구분법이다. 물질주의를 숭배하는 서구적 이념이 정신문명을 앞세우는 동양사상에 대해 문제시하고 나선 것이며, 서구 자본주의적 정신을 보편적 인류역사로 이식하기 위한 이념적 도구였다. 그러나 방법론으로서 성찰적 페미니즘은 여성들이 스스로 쓰는 자기 자신의 역사에 대한 기록이다. 따라서 여성학에서 여성의 역사적 역할에 대한 관심이 증가하고 있고, 이를 개인의 생애사 구술방법론으로 접근하고 있는 최근 경향은 매우 고무적이다. 여성학은 이제 그동안의 연구방법론이 해 왔던 것처럼 남의 이야기는 그만하고 비판적 '자기반성Introspektion'을 통해 자신들의 이야기를 하기

10) 종교학자 우혜란은 그 대표적인 예로 선도 수행법을 현대적으로 체계화하여 선도의 천지인 사상에 따라 인간성 회복을 위해 수행하는 명상단체인 단월드의 국학운동을 민족주의로, 단월드의 명상프로그램을 정신문명의 상품화로 해석하고 있다(우혜란, 2006). 그러나 종교학자인 그녀에게는 수행에 대한 내용적 이해와 관심은 보이지 않고 다만 수행단체의 구조와 체계에 대한 관심과 분석이 이루어지고 있어 전형적인 기계론적 세계관을 보인다.

시작한 것이다. 이러한 방법론적 접근은 역사 속에 묻힌 여성을 발굴하여 여성을 통해 역사를 재조명할 수 있게 한다.

우리는 현재 지구화, 세계화 시대를 살고 있다. 하지만 물질적, 경제적 세계화를 위주로 "생활세계의 체계에의 식민화"가 심화되어 가는 것은 '의식의 식민화', 즉 지구적 의식이 물질의 세계화보다 뒤지기 때문이다. 우리는 지금 시점에서 인간과 자연과의 조화에 대한 깨달음을 루소가 당시 사회를 비판하며 했던 "자연으로 돌아가라"는 말에 대해 마리앙투아네트 왕비처럼 시대착오적으로 이해할 수는 없다. 그러나 우리의 경전 천부경보다는 다른 나라의 경전에, 국학보다는 서양학문에 익숙해진 우리는 스스로의 반성Introspektion이 필요한 시점에 와 있는지도 모른다. 우리 민족의 가장 오래된 사서인 신라 박제상이 쓴 부도지를 보면 에덴동산의 신화와 같은 창세설화가 등장한다. 이 책에는 모든 사람들이 깨달음에 이르러 완전한 평화와 조화를 이루며 살았던 이상적인 공동체 이야기가 나온다. 부도지에서는 천지창조의 주인공을 율려라고 말하고 있다. "율려가 몇 번 부활하여 별들이 나타났고 그 별들은 끝없는 순환을 거듭하면서 우주의 어머니인 마고를 잉태했으며 마고성을 창조해 냈다"고 한다(선도문화연구원, 2006). 마고성은 깨달음에 이른 사람들이 조화를 이루며 살았던 근원적인 세상의 모습이며, 우리가 가장 깊은 영적 단계에 올라간 후에 반드시 돌아가야 할 세상이다. 이 지구를 경쟁하고 소유하고 지배하기보다 조화와 화합을 추구하는 지구 어머니, '마고'의 마음만이 하나밖에 없는 이 지구에 생태적 평화를 가능하게 할 것이다. 바로 마고성과 같은 공동체가 Mies와 Shiva 같은 생태페미니스트들이 추구하는 자급자족 공동체의 모습이 아닌가 생각해 본다.[11] 자연을 지배의 대상으로 이해하는 이분법적 인식을 벗

11) 어쩌면 김지하 시인이 이야기하는 '생명사상'의 실천방안으로서의 '자치'의 개념이나(김지하, 1997), 마페졸리의 '부족'의 개념(김무경, 2007), 또는 보다 종교학적으로 접근하고 있는 로버트 헌터의 그린피스 운동이나 머레이 북친의 사회생태주의의 공동체 개념들은(유기쁨, 2006) 이런 맥락에서 서로 통하는 것이라고 생각한다.

어나 천지인 삼원론을 체득하고 태초의 지구 어머니 '마고'의 마음을 느낄 수 있기 위해 수행문화가 필요한 것이다.

Ⅲ '생태페미니즘'적 대안 : 환경친화적 가족가치를 위한 수행문화

가족은 사회를 구성하는 가장 기본적인 조직체이다. 가족을 중심으로 사람들은 가정이라는 공동체를 통해 생존에 필요한 가장 기초적인 생산과 재생산을 수행한다. 산업화 이전까지만 해도 가족 안에서는 생산과 재생산에 필요한 모든 행위가 이루어졌으니 오늘날과 같은 경제, 정치, 교육, 종교 등 인간의 기초적인 활동을 위한 제도적 체계가 만들어진 것은 인류사에 있어 그리 오래되지 않았다(김미경, 2008b). 가족의 형태는 인류의 문명화 과정과 맥을 같이하고 있어, 가족발달사를 통해서 알 수 있듯이 미개와 야만을 거쳐 소위 '문명사회'에 와서는 가족이라는 공동체보다 개인의 중요성이 부각됨으로써 가족의 의미나 기능은 상실되고 대신 개인을 중심으로 사회가 재구성되어 갔다(김미경, 2004: 181). 우리 민족의 건국이념이며 교육법의 기본정신인 홍익인간 이화세계를 실현하는 가장 기초적인 단위는 가족이었다. '널리 인간을 이롭게 한다'는 추상적인 이념을 일상의 실천영역에서 실현할 수 있는 첫 번째 장이 바로 가정이었던 것이다. 그러나 가족의 가치가 상실되어 가는 현대인들에게 있어 홍익이념을 실현할 구체적 기반이 상실됨에 따라 이념은 형상화될 수 있는 구체적인 토대를 상실한 채 추상적 가치로 박제화되어 가고 있다. 하지만 개인주의화되어 가는 현대인들조차도 혼인유무를 떠나 가장 많은 시간을 보내는 곳이 또한 가정이라는 울타리이다. 그러나 이혼율의 급증과, 젊은 세대의 결혼 내지는 출산 기피현상은 우리의 삶의 토대가 되는 가족의 기능과 형태를 변화시키고 있다.[12] 우리의 아이가 아닌 내 아이만을 생각하는 배타적 가족이기주의화 과정에서 가족은 홍익이념을 가진 수행공동체에서 경쟁심과 이기심을 부추기는 소비공동체로 탈바꿈하여 왔다. 가족 간의 정신적 결속력은 약해진 반면, 가족을 묶는 구심력은 경제적인 이해관계가 되어 가고 있다.

유학의 탈근대성을 연구하는 이현지 교수는 가족여가가 현대사회의 새로운 화두라고 전제하고, 가족여가의 모델을 수행공동체로서 가족에서 찾으면서 가족여가활동의 특징을 다섯 가지로 정리하고 있다. 첫째, 가족구성원 간의 차이를 바탕으로 둔 조화의 추구, 둘째, 가족가치와 목표는 가족구성원 모두에게 내재되어 있는 '참된 가치'를 인식하는 것, 셋째, 부부관계는 도반, 부모와 사녀관세는 스승과 제자, 넷째, 수행으로 구성된 일상적 가족관계, 다섯째, 가족의 기쁨과 즐거움은 쾌락적이고 감각적인 것이 아닌 낙도樂道를 들고 있다(이현지, 2006). 그러나 가족의 여가가 수행의 모습으로 어떻게 나타나야 할지에 대해서는 구체적으로 언급하지 않는다. 본 연구자는 가족의 기능이 경쟁적 노동사회에서 소비적 여가의 주체로 전락해 가고 있는 현실(김미경, 2008a)에서 가족을 '수행공동체'로 바라보고자 하는 이현지의 발상전환에 전적으로 동의하며, 이러한 발상 자체가 생태학적 관점이라고 생각한다.

선가에서는 결혼을 성숙한 '혼의 결합'이라고 한다. "결혼은 부부가 서로의 영적 성장을 위해서 살아가기로 한 약속이며, 가정은 가족구성원의 자아실현과 성장을 지원하는 삶의 터전"이다(이승헌, 2006: 210). 수행의 핵심은 무엇보다도 영적 성장에 있다. 따라서 수행의 최종 목적은 영혼의 완성이다. 그러나 분화된 사회체계 속에서 살아가는 현대인에게 영적 성

12) 현대인들의 가족에 대한 이렇듯 모순적이면서도 이중적인 태도 속에서 가족은 많은 학자들이 우려하는 것처럼 사라지는 것이 아니라 개인화되고 파편화된 상태로 재창조되고 있다.

장의 문제는 대부분 종교적 내지는 신비주의적인 영역에 갇혀버린다. 탁월한 통찰력으로 인간발달과정을 이론화한 사회심리학자 에릭슨은 노년기를 인생의 완성기이며, 인생을 만족감과 충만함으로 돌아보는 자아통합을 이루기 위해 필요한 것이 지혜라고 하였다(김동배 · 권중돈, 1998: 161). 이 지혜는 바로 수행을 통해 얻어질 수 있다. 그러나 물질화된 현대사회에서는 노년기 역시 산업역군으로서의 사회적 존재감 속에서만 자아실현이 가능한 것으로 부추긴다. 따라서 복지정책의 대상이어야 할 노년은 여전히 노동정책의 대상이 되고 있다. 가족과 지역, 국가 곳곳에서 지혜를 전수하던 노인들은 사라지고 노동시장을 배회하는 고령화된 산업예비군만 남는다.

지혜의 또 다른 표현이 깨달음이다. 이러한 깨달음은 시간과 공간의 개념 안에 존재하는 모든 것들 간의 근원적인 분리를 전제하는 '근대적 세계관'이 아닌 시간과 공간을 넘어선 모든 존재들 간의 근원적인 통일성을 전제하는 '통일체적 세계관' 속에서 가능하다(홍승표, 2005). 통일체적 세계관을 바탕으로 한 깨달음, 즉 지혜는 인간의 첫 사회화 기관인 가족에서부터 터득되어진다. 즉, 가족은 깨달음의 수련장이 되어야 하며 홍익가정 운동의 시발점이 될 수 있다. '수행공동체로서 가족'의 모델을 만들고 있는 한 수행단체의 '홍익가정운동'을 간략히 살펴보면 크게 세 가지로 요약할 수 있다. 첫째, 부모가 가정의 의사가 되는 것, 둘째, 가정의 스승이 되는 것, 셋째, 가정에서부터 율려 문화를 복원하여 가정을 신명나는 삶의 공간으로 만드는 것이다(이승헌, 2006: 210).

현대의학에 대한 의존도가 높아질수록 전통건강법은 자리를 잃어가고 있다. 어렸을 적 손자의 아픈 배를 쓰다듬어 주던 할머니의 약손이 사라져 간다. 어디가 조금 안 좋으면 병원과 약을 먼저 찾는 습관을 버리고 전통건강법을 되살려 꼭 병원에 가거나 약을 먹을 필요가 없는 질병에 대해서는 가정에서 먼저 스스로 치유하자는 것이 '홍익가정 운동'의 출발점이다. 또한 공교육의 붕괴 및 공교육에서의 인성교육 포기 등으로 많은 부모들에게 가장 큰 경제적 부담과 사회문제가 되고 있는 교육문제에 있어서도 부모의 역할이 가장 중요하다는 점을 다시 상기하고 있는 것이 '홍익가족 운동'이다. 더 이상 인생의 스승을 찾지 않는 현대에서 이제 부모가 스승이 되어 아이들에게 인생에서 진정으로 중요한 것이 무엇인지를 가르치자고 한다. 인생의 스승은 삶의 기쁨과 가치는 여가나 소비를 통해서가 아니라, "홍익하는 삶을 통한 영적 성장에 있다는 삶의 진정한 목적을 알려주고, 타인을 배려하고 존중하는 마음, 생명을 소중히 여기는 마음, 땀 흘리는 노동을 기쁘게 여기는 마음과 같이 삶에 필요한 교육"을 하는 사람들이다(이승헌, 2006: 213). 부모가 스승이 되기 위해서는 스스로가 먼저 홍익정신 실천가가 되기 위한 자기성찰이 일어나야 한다. 명예와 돈을 중심철학으로 세상과 타협하는 모습이 아닌 스스로 홍익을 실천하는 부모를 보면서 아이들은 저절로 홍익하는 지혜를 깨닫고 자연과 하나가 된다.

자연과 하나가 된 상태에서는 우주와 우리 안에 있는 생명의 리듬, 생명의 에너지인 율려가 살아나다. 옛 선조들의 "신명 난다"는 말은 바로 이런 맥락에서 사용한 것이다. 즉, 내면에서 율려를 느끼고 사랑과 기쁨과 행복을 체험하는 것이 신명이다. 그러면 절로 웃음과 춤이 나올 수밖에 없다.[13] 이렇게 율려가 살아 있는 가정, 잘 노는 가정은 자연스럽게 멋을 사랑하고 문화를 즐기게 되고 저절로 주변 환경과 하나가 되어 어울린다. 바로 이것이 인간의 생태적 감각을 키우기 위해 생태페미니스트들이 주장하는 영성이 아닐까. 현대인들에게 있어 신명나는 일은 소비적인 여가를 의미한다고 하면 억측이 될지 모르겠다. 그러나 아이에게 비싼 음악교육을

13) 현대인들은 웃음과 춤, 노래와 같이 타고난 자질을 돈을 주고 배워야만 할 수 있는 것으로 생각할 만큼 많은 감각기능을 상실하거나 발달시키지 않고 있다. 실제로 신체 감각기능의 발달이 이루어져야 하는 시절인 영유아기 아이들이 영어교육과 조기교육 등 빠른 인지교육을 위해—인지발달 역시 운동과 감각기관의 발달과 함께 이루어지는 것임에도 불구하고—놀이터가 아닌 학원으로 내몰리고 있다.

받게 하기 위해, 해외 어학연수를 보내기 위해 부모들은 노동현장에 매달려 있는 것 또한 사실이다. 아이들과 함께 노동의 소중함을 깨닫는 땀 흘리기, 자연 속에서 생명의 소중함 느끼기, 역사기행이나 답사여행 등 놀이와 교육이 어우러지는 현장을 찾는 그 자체가 여가이며 노동이다(이승헌, 2006: 215). 이러한 여가는 노동의 현실로부터 도피 내지 탈피의 수단이 아닌 '좋은 노동'을 위한 전제이며 단초가 되기 때문이다.[14] 이것이 바로 깨달음 속에서 탄생하는 여가이며, 이를 토대로 노동과 여가가 분리되지 않은 인간다운 노동 '좋은 노동'이 가능할 수 있을 것이다. 서구에서 일어나고 있는 인간다운 노동을 위한 '좋은 노동' 운동과 한국적 '좋은 노동'이 다를 수 있는 것은 이 가족적 가치를 바탕으로 한 문화적 전통에서 찾아져야 할 것이다. 서구적 산업화 결과로 인공적으로 만들어진 자연을 즐기는 소위 '생태' 문화나 '웰빙' 문화 이전에 우리 민족에게는 오랜 선도의 역사 속에 홍익하는 율려 문화가 있어 왔기 때문이다. "홍익가족 운동"의 궁극적인 목적은 지구촌을 문화의 이질성에 기반한 경제공동체로 — 하버마스적 표현으로 체계에 의한 생활의 식민화 — 만드는 게 아니라 널리 인간을 이롭게 할 수 있는 공동체적 문화를 꽃피우는 데 있다. 즉 서로에 대한 경쟁이 아닌 각자의 '영적 완성'을 위해 서로의 성장에 기여하는[15] 지구공동체 문화운동이 생태문화인 것이다. 선도문화를 바탕으로 노동과 여가의 이분법적 분리를 지양하고, 가족을 홍익하는 수행공동체로 만들 수 있는 '생태패러다임'으로서 '생태페미니즘'과 우리나라 전통 선도사상과의 만

14) 여기에서는 지면 관계상 '노동'에 대한 부분은 자세히 다루지 못하였다. '좋은 노동'에 대해서는 김미경, "경쟁적 노동사회의 소비적 여가의 인간화–유럽의 '좋은 노동' 논의의 한국적 시사점을 중심으로,"『한독사회과학논총』 제17권 1호(한국한독사회과학회, 2008a) 참조.

15) 그러나 사랑하는 사람들이 만나 만드는 혈연공동체인 가족은 더 이상 서로의 성장을 위해 기여하기보다는 자신의 힘든 것을 상대에게 위로받고자 투쟁하는 장소로 변화하고 있고, 그 투쟁은 결국 이혼으로 끝을 맺기도 한다(김미경, 2000).

남을 보다 구체적인 내용으로 정립해 나가는 일들은 앞으로 본 연구자의 연구과제로 남을 듯싶다.

참고문헌

강윤희. 2004. "여성과 평화: 국제적, 지역적 평화표준 사례를 중심으로." 『한국국제정치학회 학술대회 발표집』.

김동배 · 권중돈. 1998. 『인간행동이론과 사회복지실천』. 서울: 학지사.

김무경. 2007. 『자연회귀의 사회학: 미셸 마페졸리』. 파주: 살림.

김미경. 2000. 『여성주의적 유토피아, 그 대안적 미래』. 서울: 책세상.

———. 2004. "사회구조와 제도." 김미경 외. 『현대사회의 이해』. 서울: 동녘출판사.

———. 2005. "지구화시대 여성주의적 방법론에 대한 일고찰–성찰적 페미니즘을 위하여." 『한국여성학회 추계학술대회 발표논문집』. 한국여성학회.

———. 2008a. "경쟁적 노동사회의 소비적 여가의 인간화–유럽의 '좋은 노동' 논의의 한국적 시사점을 중심으로." 『한독사회과학논총』 17(1). 한국한독사회과학회.

———. 2008b. "가족복지의 근대성과 전근대성–한국 가족복지방법론에 대한 비판적 성찰과 과제." 『한국가족사회학회 춘계학술대회 발표집』. 한국가족사회학회.

———. 2008c, "생태 왜 시대의 화두인가?" 『불교사회복지연구』 6. 한국불교사회복지연구소.

김지하. 1997. "조화와 생성의 생명정치를 위하여." 『월간사회평론–길』. 사회평론.

———. 1999. 『사상기행 2』. 서울: 실천문학사.

———. 2001. "접화군생: 인문학과 생태학." 『인문학과 생태학』. 서울: 백의.

김항규. 1986. "사회과학에서의 과학주의와 가치중립성의 비판." 『현대사상연구』 3: 102-125.

박영도. 2003. "신유가에서 내재적 초월의 구조와 의미." 『한국사회학』 37(4):

175-200.

선도문화연구원. 2006. 『한국선도의 역사와 문화』. 천안: 국제평화대학원대학교 출판부.

소기석. 2004. "현대환경윤리의 종교학적 고찰." 서울대학교 종교학과 박사학위 논문.

안관수. 2000. "문명의 위기와 노자의 생태학적 환경윤리." 『교육연구』 19: 219-236.

양운덕. 1989. "헤겔과 맑스의 노동개념." 『현상과 인식』 13(4): 58-104.

우혜란. 2006. "기수련단체의 민족주의적 성향과 세계화 기획: 단월드를 중심으로." 『인문과학연구』 11: 37-63.

유기쁨. 2006. "한국 종교생태운동의 전개와 특성." 한국학중앙연구원 박사학위 논문.

이득연. 1998. 『환경운동의 사회학』. 서울: 민영사.

이승헌. 1990. 『신성을 밝히는 길』. 서울: 한문화.

———. 1992a. 『단학인』. 서울: 한문화.

———. 1992b. 『천지인』. 서울: 한문화.

———. 2006. 『한국인에게 고함』. 서울: 한문화.

이현지. 2006. "탈현대적 가족여가를 위한 구상." 『동양사회사상』. 동양사회사상학회 제12집.

———. 2008. "유교연구의 새로운 지평-근대성을 넘어서." 『근대성을 다시 생각한다』. 동아시아문화포럼.

임춘식. 1996. "현대사회의 소외현상과 인간성 회복." 『밝은사회연구』 17(1): 81-106.

임현진 · 정일준. 1994. 『성찰적 근대화』. 서울: 한울.

조동일. 1997. 『인문학문의 사명』. 서울: 서울대학교출판부.

조용개. 2001. "생태학적 위기와 교육의 위기 극복을 위한 생태주의적 환경윤리교육의 과제와 방향." 『국민윤리연구』 47(1): 121-139.

조혜정. 2006. "식민지적 근대화와 '일상'을 지운 학문을 넘어서." 2006 대한 가정학회 제59차 춘계학술대회 발표문.

카프라, 프리초프(Capra, Fritjof). 1989. 『현대물리학과 동양사상』. 김용정 · 이성범 옮김. 서울: 범양사.

홍승표. 2005. 『동양사상과 탈현대』. 예문서원.

Beck, U. and E. Beck-Gernsheim. 1990. *Das ganz nomale Caos der Liebe*. Frankfurt am Main: Suhrkamp.

Beck, U., A. Giddens, and S. Lash. 1996. *Reflexive Modernisierung. Eine Kontroverse*. Frankfurt a.M.: Suhrkamp.

Beck-Gernsheim, E. 1984. *Vom Geburtenrueckgang zur neuen Muetterlichkeit*. Frankfurt am Main: Suhrkamp.

Becker-Schmidt, R. 1985. "Probleme einer feministischen Theorie und Empirie in den Sozialwissenschften." in *Feministische Studien* 2. Nov.

Bennhold-Thomsen, V., M. Mies, and C. von Werlhof. 1992. *Frauen, die letzte Kolonie*. Zur Hausfrauisierung der Arbeit, Zurich: Rotpunkt.

Habermas, J. 1968. "Erkenntnis und Interesse." *Technik und Wissenschaft als Ideologie*. Frankfurt a.M.: Suhrkamp.

__________. 1988. *Theorie des kommunikativen Handelns*. Bd. 1, Frankfurt a.M.: Suhrkamp.

Harding, S. 1991. *Feministische Wissenschaftstheorie*. Hamburg: Argument.

Kim, M. K. 2000. *Fraunenarbeit zwischen Beruf und Familie*. Opladen: Leske+Budrich.

Mies, M. 1978. "Methodische Postulate zur Frauenforschung." in *Beitraege zur feministischen Theorie und Praxis*. Heft 1. Muenchen.

Mies, M. and V. Shiva. 1995. *Ökofeminismus. Beiträge zur Praxis und Theorie*. Zuerich: Rotpunktverlag.

제 2 부

우리 시대의 동양사회사상, 시각과 대응

제 1 장 친밀성의 위기와 순수지속의 사상적 성찰

제 2 장 중독에 대한 유교사상적 이해

제 3 장 위기탈출의 기예, 점복의 사회학

제 4 장 현대사회 노인 위기의 진상과 극복 방안

제 5 장 사이버공간의 갈등과 폭력, 그리고 대안적 불교윤리

제 6 장 공동체 위기와 마을공동체 재인식

제 7 장 현대사회의 위기와 대안공동체

제 8 장 현대 복지국가의 '돌봄' 위기에 대한 유교사상의 '좋은 돌봄' 담론

Chapter 1

친밀성의 위기와 순수지속의 사상적 성찰

정학섭(전북대학교 사회학과)

I 후기 근대사회 정체성과 친밀성의 위기

"누군가와 '연결되어' 있음을 확인하는 것은 안정된 자아 정체성을 위해 반드시 필요하다. 사랑스러운 가족의 일원임을 확인하고, 또래 집단과 친밀한 우정을 나누며, 공동체와 사회의 구성원으로 인정받는 것이야말로 인간이 존재론적 안전감을 느끼는 필수 조건이다. 우리는 끊임없이 신뢰할 수 있고 친밀한 누군가와 접속, 연결되고자 열망한다. 그래서 우리의 휴대폰은 늘 누군가와 접속하려고 24시간 준비 상태이며, 우리는 매일 수시로 블로그나 소셜 네트워크 서비스에서 타인의 흔적을 확인하곤 한다(송종현, 2015: 28-29)."

2014년 2월 말 종영한 드라마 '별에서 온 그대'는 국내외에서 일종의 신드롬 현상까지 불러일으키고 있다. 특히 중국에서의 열풍은 가히 폭발적이라 할 수 있다.[1] '별그대'에서 여주인공 천송이가 '치맥(치킨과 맥주)'이란 말을 쓰자 온라인에서 화제가 되고 중국 식당에 '치맥' 메뉴가 등장했다고 한다. 한국 라면도 중국에서 '별그대' 특수를 누리고 있다. 외딴 섬 해변에서 라면을 끓여먹던 도민준(김수현 역)이 천송이(전지현 역)를 타박하며 "라면이나 먹어"라고 했었기에.

왜 이렇게 사람들이 한 편의 허구적 드라마를 두고 열광하는 것일까? '별그대' 신드롬은 오늘날 사랑을 갈구하다 상처받은 이들의 욕망구조를 대변하고 있다. 이는 사람들 사이의 친밀성과 권태로움에 관련된 부재不在와 현존現存의 변증법이기도 하다. 물결치며 넘실대는 기쁨이자 즐거움이면서도 번뇌와 고통의 몸부림이기도 한 사랑의 다중적 존재방식에 대한 재인식과 성찰이기도 하다.

'별그대' 마지막 회에서 도민준이 허공으로 사라지자 천송이는 망연자실하며 독백한다. "아~ 보고 싶다! 만지고 싶다! 함께 있고 싶다!"고. 이 세 마디는 연인 사이의 사랑 내지 친밀성이 추구하는 세계를 생생하게 상징화한다. 친밀성intimacy이란 기본적으로 서로가 서로의 손으로 만지고 싶은 물리적 접촉을 내포하고 있다. 서로 떨어지지 않고 함께 있음으로써 실존의 분리 불안을 떨쳐내려 한다. 갖가지 스킨십과 소통행위를 통해 파트너는 서로의 사랑과 친밀성을 확인하려 하는 것이다.

---

1) 워싱턴포스트(WP)는 2014년 3월 8일 '한국 드라마가 중국을 이끄는 빛이 될 수 있을까'라는 기사에서 "최근 베이징에서 열린 중국 최대 정치행사인 양회(兩會)에서 참석자들 입에 오르내린 가장 뜨거운 쟁점은 한국 드라마 열풍이었다"고 소개한다. WP는 정치국 상무위원 서기의 '한국 드라마 우수성 극찬' 평가를 보도하며 신문 1면에 주인공 전지현, 김수현 사진과 함께 비중 있게 싣고 있다. "양회의 한 회의에서는 '왜 중국은 이런 대박 드라마를 만들지 못하느냐'고 탄식하느라 반나절을 보냈다"고 전하며 중국이 자기 성찰을 하는 계기가 됐다고 덧붙인다. 네티즌들은 별그대 속편이 2014년 6월에는 촬영에 돌입해야 한다고 주장하기까지 한다. 김수현이 2014년 9월께 입대를 할 가능성이 있다고 추정하며 적어도 6월에는 시즌 2를 찍어야 원래 주인공을 바꾸지 않고 속편을 만날 수 있다는 것이다. 이들은 천송이가 어느 별에서 온 도민준의 아이를 낳는 스토리가 이어질 것이라며 상상과 기대의 나래를 펴고 있다(정학섭, 2014).

오늘날 고도로 발달한 후기 자본주의적 도상途上에서 우리는 온갖 폭력과 중독으로 점철된 위험사회를 경험하고 있다. 사랑 및 친밀성의 폭력과 중독 또한 위험 현상이기는 마찬가지다. 서로의 사랑과 친밀성을 끊임없이 추구하면서도 우리는 또한 쉽게 권태로워지거나 상처받고 있다. 작금에 이르러 우리 사회에서 결혼과 가족의 쟁점이 내포하고 있는 위기 현상도 이 같은 위험 속에 가로놓여 있다.

주지하다시피 최근 우리 사회의 구조변동은 결혼 및 가족에 대한 전통적 가치와 이념을 크게 약화시키고 있다. 혼인율의 점증적 저하, 만혼 혹은 독신의 증가, 세계 최저를 다투는 급격한 출산율의 저하, 이혼율의 급증 등이 이를 뒷받침한다. 한국 사회의 이러한 변화는 전 세계적인 흐름과 일맥상통하는 것으로 이해될 수도 있으나, 그 속도와 정도에서 유례없이 급격한 양상을 지니고 있다(정학섭 외, 2014: 5).

오늘날 후기 근대사회에서 사랑, 결혼, 가족은 근대사회 이전처럼 지속적 · 중층적인 사회적 네트워크 속에서 결합하는 경우가 드물다. 근대성이 작동하면서 개인은 지역공동체로부터 독립되어 가고 있다. 사회문화적 연결망은 단편적인 관계들로 해체되면서 개인 중심으로 바뀌고 있다. 결혼과 가족생활에서 발생하는 갈등 양상을 조정하는 기제mechanism들도 제대로 효력을 발휘하지 못하고 있다. 그렇다고 이 같은 변화를 가족의 중요성이 약화되고 있다거나 개인의 윤리나 가치관이 해체되는 현상으로만 해석하기도 어렵다.

한편 사랑, 결혼, 가족과 관련한 지식 및 정보와 삶의 조건들 또한 근본적으로 변하고 있다. 스마트폰이 빠르게 확산되고 있다. 우리들 손 안에 인터넷이 들어와 있다. 트위터나 페이스북과 같은 SNSSocial Network Service를 통한 커뮤니케이션, 실시간 e메일 확인과 응답 또한 일상적 현상이 되고 있다. 사람들 간의 소통은 더 빨라지고, 더 많은 사람들과 연결되며 무한 접속을 추구하고 있는 듯하다(정학섭 외, 2014: 6).

그런데 사람들을 연결하고 소통하게 만든다는 각종 스마트 기기에 의해 정작 사람들 간의 소통이 단절되거나, 더욱 소외되는 역설적 상황이 전개되고 있다. 언제 어디서나 누구와도 연결되는 것 같지만 정작 우리는 외로움과 혼자만의 자폐적 고립 속에 함몰되어 가고 있다. 디지털 세상에서 과거와는 다른 방식의 삶을 살고 있다고 인식하면서도 '실제로 스마트하게 살고 있는 것일까' 라는 불안에 사로잡혀 있기도 하다.

우리는 동종의 사람이 아닌 스마트폰을 쥐고 산다. 얼굴을 맞대고 이야기를 나누는 시간은 더 줄고 있다. 친구나 연인과 만나도, 가족과 오랜만에 한자리에 앉는 순간에도 각자의 스마트폰 세계에 빠진다. 소통을 촉진하고 만남을 더 자연스럽게 한다는 스마트폰이 대화의 부재, 소통의 단절 문제를 야기하는 것이다. '스마트폰 과부' '스마트폰 홀아비' 라는 신조어까지 탄생하고 있다(황상민, 2011). 아이러니하게도 스마트폰으로 인해 세상과의 소통은 용이해졌지만 친구나 가족 간의 소통은 오히려 단절돼 가고 있는 것이다.

앞으로만 구르는 바퀴처럼 물러섬을 배제한 채 굉음의 광속도로 질주하는 후기 근대적 삶 속에서 우리들은 사랑을 갈망하며 어디로 나아가고 있는 것일까? 지상의 두려움과 고통을 줄여주기는커녕 서로의 상처를 깊이 후벼파는 존재상실 속에 우리는 파트너끼리 진정한 사랑과 평화의 문법을 추구하며 '별에서 온 그대' 와 같은 허구적 상상에서 희미한 그림자를 찾고 있는 것은 아닐까? 이 같은 상황에서 우리는 '별그대' 의 도민준처럼 때로 미움과 권태의 현존에서 부재의 모드로 변화를 시도한다. 그 나타나고 사라지는 변증을 통해 서로의 사랑과 미움을 확인하기도 한다.

이 글에서는 이 같은 친밀성의 성격을 유가사상의 시각에서 새롭게 조명해 보고, 친밀성이 순수지속, 그 시간의 흐름에 따라 어떻게 변화하는지를 살펴보려고 한다. 여기서 순수지속이란 앙리 베르그송의 개념으로서 시간의 지속을 의미한다. 그는 지속 일반에 관한 논의에서, "나는 우선 내가 상태에서 상태로 이행하고 있음을 확신한다. … 감각, 감정, 의지, 표상들, 내 존재는 바로 그러한 변양變樣들로 나누어지며 그것들은 내 존재를 차례로 채색한다. 즉 나는 끊임없이 변화한다(베르그송, 2005: 19-20)."[2]고 주장한다.

시간과 공간의 재조직화는 탈피기제disembedding mechanism와 더불어 근대성이 지닌 과거의 제도적 특징들을 급진화하고 전 지구화한다(기든스, 2010: 40). 이와 함께 일상적 사회생활의 내용과 본질이 변화하는데, 여성과 남성 사이 친밀성의 성격이 크게 바뀌는 것 또한 주지의 사실이다. 기든스가 '친밀성의 변모' 라고 지칭할 때의 친밀성은 그 내부에 고유의 성찰성과 고유한 형태의 내부준거적 질서를 지니고 있다.

후기 근대적 상황에서 여성과 남성의 친밀성은 '실존적 고립existential isolation' 에 봉착해 있기도 하다. 여기서 실존적 고립이란 타인들로부터 개인이 분리돼 있다기보다는 충만하고 만족스러운 실존을 영위하는 데 필요한 도덕적 자원들로부터 고립돼 있다는 의미이다(기든스, 2010: 48). 이 글에서는 근대성의 전개과정에서 제도적으로 배제돼 왔던 실존적 쟁점들을 유가사상의 음양론적 관점에서 성찰해 보려 한다. 그래서 젠더 각자의 자아 및 타자와의 관계, 이를 둘러싼 정치경제적 · 사회문화적 환경을 되돌아보며 근대적 친밀성의 문제를 재기획해 보고자 하는 것이다.

---

2) 베르그송은 "변화(transition)는 연속적인 것이다. 그러나 우리는 각각의 심리적 상태의 부단한 변화에 눈을 감고 있기 때문에, 변이(variation)가 너무 현저해서 우리의 주의에 고정될 때, 우리는 마치 새로운 상태가 이전의 상태에 병렬된 것처럼 말할 수밖에 없게 된다. 이 새로운 상태에 대해서도 우리는 그것이 불변적인 것으로 생각하며 이런 과정이 무한히 계속된다."고 주장하기도 한다(베르그송, 2005: 21-22).

Ⅱ 음양관계의 과유불급과 유가사상의 친밀성

유가사상에서 사람 사이의 관계는 무엇보다도 음양陰陽 대대적對待的 성격을 갖고 있다. 『주역周易』에서는 도道를 설명하면서 빛과 어둠이라는 상반된 성질을 동원하고 있다. "한 번 어두웠다가 한 번 밝아지는 것을 도라고 한다(一陰一陽之道)."는 주장이다. 여기 어둠과 밝음이 바로 음양인데, 단순히 어둡고 밝다는 상태를 의미하지 않고 서로 상반된 것들을 대표해서 지칭하는 일종의 기호記號이자 상징象徵이다.

도道는 서로 상반되는 성질이 하나로 통합되는 근원根源 혹은 토대로서의 기초라고 볼 수 있다(이창일, 2011: 139-140). 빛과 어둠은 한 자리에 놓일 수 없는 두 상태이다. 그런데 빛은 어둠이 있어야 하고 어둠은 빛이 존재해야 그 존재됨이 성립할 수 있다. 양자가 한자리에 놓이는 통합성의 근거는 바로 순수지속의 그 시간이다. 시간이란 변화change가 진행되는 과정이라고 본다면, 그 시간 속에서 빛은 어둠으로 변하고 어둠은 빛으로 변화하기 때문이다. 리하르트 빌헬름도 『주역강의』에서 다음과 같이 주장하고 있다.

> 한자리에 놓일 수 없는 두 상태가 시간 속에서 서로 함께할 때는, 시간 속에서 서로 협력함으로써, 즉 앞선 것이 뒤의 것으로 바뀜으로써, 그 둘이 한자리에 놓일 수 있게 된다. 본질상 이것이 주역의 생각이다(이창일, 2011: 139에서 재인용).

이렇게 빛과 어둠은 시간의 변화 과정에서 상호작용한다. 어둠의 끝에서 빛이 생성生成되고, 그 빛의 부정否定에서 어둠이 또한 새롭게 생성되는 이 변증辨證의 과정은 변화 그 자체가 원동력이다. 말하자면 빛과 어둠의 생성 소멸은 변화에서 비롯된다. 또한 이 세상 만물과 현상은 변화 그 자체이기 때문에 변화(易)가 바로 이러한 빛과 어둠을 빚어낸다고 볼 수 있다. 그런 만큼 빛과 어둠이 스스로 변화하는 그 자체를 도라고 할 수 있으며, 변화를 일으키는 것 또한 도라고 할 수 있는 것이다.

여성과 남성의 관계도 이와 유사하다. 여성은 하나의 기호 내지 상징으로서의 어둠(陰)이며, 남성은 빛(陽)이라 볼 수 있다. 하나의 통합성으로서의 인간 본성이 이렇게 음양의 여성과 남성으로 분화된 것이다. 주자朱子의 역유태극易有太極, 주렴계周濂溪의 무극이태극無極而太極, 소강절邵康節의 도위태극道爲太極 내지 심위태극心爲太極에서 태극이 갈라질 때 하나의 기奇와 하나의 우偶가 생성된다. 한 획으로 구성된 것이 바로 두 가지이니 이것이 바로 음양의 양의兩儀인 것이다.

주렴계의 "태극이 동動해 양陽을 생生하고 동이 극極하면 정靜하니 정靜에서 음陰을 생하고 정이 극해지면 다시 동해 한 번 동하고 한 번 고요함이 서로 그 뿌리가 되어 음과 양을 나눔에 양의兩儀가 성립된다."는 것과 소강절의 "하나가 나뉘어 둘이 된다(一分爲二)."는 주장도 이를 뒷받침한다.[3]

음양으로서의 여성과 남성 관계는 본래적으로는 이렇게 하나의 통합성을 지니고 있다. 이 양자 사이의 친밀성 또한 시간의 변화에 따라 변한다. 주역에서 역이 제시하는 도道는 심대하지만 그것이 요구하는 핵심은 허물이 없는 상태, 즉 무구无咎라는 주장이 나온다. '허물없음'이란 인간들 사이에 존재하는 과실, 결함, 부적절 등과 같은 잘못이 없다는 의미를 나타낸다.

주역에서의 허물은 음양론적 측면에서 '과유불급過猶不及'으로 대변해 볼 수도 있다(최정준, 2014: 6). 양적으로 지나치거나 음적으로 모자라도 허물이라고 보면, 괘효卦爻 상에서 시위적時位的 개념의 중정中正에서 과도하게 벗어나 있는 상태라고 할 수 있다. 중정을 '모자라거나 넘치지 않으면서

---

3) 『易學啓蒙』, 周子所謂 太極動而生陽 動極而靜 靜而生陰 靜極復動 一動一靜 互爲其根 分陰分陽 兩儀立焉. 邵子所謂一分爲二者. 皆謂此也.

치우침이 없이 곧고 올바름'으로 이해한다면 음양 관계가 이러한 중정 상태를 유지해야 허물이 없는 상태를 지속시킬 수 있는 것이다.

후기 근대사회의 남녀관계에서 현실적으로 갖가지 허물이 없을 수는 거의 없다. 그렇지만 주역에서 시사하는 바처럼 그 관계 윤리에서 길흉회인吉凶悔吝의 전략을 선택하는 것은 현실적으로 유용하지 않을 수 없다. 양자 관계에서 허물이 없어 좋은 상태를 유지하는 것이 길吉이라면 허물이 축적되어 나쁜 상태에 놓여 있는 것은 흉凶이라 할 수 있다. 허물에 대해 진심으로 반성하여 반구저기反求諸己의 자세로 '지과필개知過必改'[4]하는 것이 회悔라 한다면, 자기 자신의 허물을 제대로 인정하여 성찰하지 않고 잘못을 고치려는 데에 인색吝嗇한 태도를 인吝이라 할 수 있다.

여하튼 여성과 남성 사이의 친밀성이 진정성의 차원에서 허물없는 관계를 지속적으로 유지하려면 이처럼 항상적으로 중정 상태를 지향해야 한다. 어떻게 하면 관계의 중정 상태를 유지할 수 있는지는 유가사상의 관점에서 극기복례克己復禮, 충서지도忠恕之道, 측은지심惻隱之心의 함양을 중심으로 논의하도록 하겠다.[5]

유가사상은 친밀성과 사랑(仁)을 실현하기 위한 방법으로 다음 세 가지를 제시한다. 극기복례, 충서지도, 그리고 측은지심의 함양이 바로 그것이다.

사람은 누구나 인의예지仁義禮智의 덕성을 잠재적으로 지니고 태어나지만, 사私의식이 갖는 폐쇄적 개인주의 성향으로 인해 이 덕성은 현실적으로 무력화되기 십상이다. 우리에게 덕성의 함양 내지 수행이 필요한 까닭

---

4) 『千字文』에 나오는 구절로서 허물이 있거든 알아차리고 알아차렸거든 반드시 고치라는 의미이다.

5) 극기복례, 충서지도, 측은지심의 함양에 대한 논의는 정학섭(2015)의 관련 부분을 참고하여 재구성.

이 여기에 있다. '몸을 닦아 마음을 바룸'은 바로 '극기복례'를 지향한다. 공자는 극기복례가 바로 사랑(仁)이라고 단언하고 있다.

> 안연顔淵이 '사랑이 무엇입니까' 하고 물으니, 공자께서 '자기의 사욕私慾을 이겨 예禮에 돌아감이 사랑하는 것이다. 하루라도 사욕을 이겨 예에 돌아가면 천하가 사랑으로 귀착歸着한다. 사랑하는 것은 자기 자신에게 달려 있으니, 어찌 남에게 달려 있겠는가.' 라고 말씀하셨다.[6]

사랑(仁)은 자기 중심적인 폐쇄적 이기주의를 극복하고 자아와 타자 사이의 경계를 허물려고 한다. 그리하여 타자와 더불어 공경과 정성으로 상호작용하고 예의를 갖추어 상호 존중하는 태도를 취한다. 자폐적 사욕을 벗어나 자타 간의 결속 및 유대 속에서 상호 공경의 개방적 지향을 추구한다. 예의를 갖춤은 공경지심恭敬之心을 행위지표화하고 도덕성을 질서화한 것이기도 하다. 사람들이 사랑을 실현하기 위해 '폐쇄적 자아를 초극超克[克己]' 해야 하며, '예를 회복[復禮]' 하지 않으면 안 되는 소이所以가 바로 여기에 있다.

위의 구절에 대해 주자는 "사랑하는 것은 마음의 덕德을 온전히 하는 것이고, 마음의 온전한 덕은 천리天理이나 인욕人慾에 파괴되지 않을 수 없다. 그러므로 사랑을 하는 자가 반드시 사욕私慾을 이겨 예禮에 돌아가면 일마다 천리여서 본심의 덕이 다시 내 몸에 온전하게 된다."[7]고 해석한다. 정이천程伊川은 "예禮가 아닌 부분이 바로 사의私意이니, 이미 사의私意라면 어떻게 사랑일 수 있겠는가. 모름지기 자신의 사의私意를 이겨 다해서 모두 예에 돌아가야 비로소 사랑이 될 수 있다."[8]고 말한다. 사량좌謝良佐는 "극

---

6) 『論語』「顔淵」편 1장, 顔淵問仁 子曰 克己復禮爲仁 一日克己復禮 天下歸仁焉 爲仁由己 而由人乎哉.

7) 『論語』「顔淵」편 1장, 朱子集註, 爲仁者 所以全其心之德也. 蓋心之全德 莫非天理 而亦不能不壞於人欲. 故爲仁者 必有以勝私欲而復於禮 則事皆天理 而本心之德復全於我矣.

기克己는 모름지기 자신의 성질이 편벽偏僻되어 극복하기 어려운 곳으로부터 이겨 나가야 한다."[9]고 주장한다.

극기복례와 관련하여 공자는 위의 구절에 이어서 사랑의 구체적 조목條目으로 '예가 아니면 보지 말고[非禮勿視], 예가 아니면 듣지 말며[非禮勿聽], 예가 아니면 말하지 말며[非禮勿言], 예가 아니면 행동하지 말며[非禮勿動]'의 네 가지를 제시하고 있다.[10] 그중에 특히 정이천程伊川의 다음과 같은 해석을 주목해 보고자 한다.

"안연이 극기복례의 조목을 묻자 공자께서 '예가 아니면 보지 말고, 예가 아니면 듣지 말며, 예가 아니면 말하지 말며, 예가 아니면 행동하지 말아야 한다.' 하셨다. 시視, 청聽, 언言, 동動 이 네 가지는 몸의 용用이다. 심중心中으로 말미암아 밖에 응하니, 밖에 제재함은 그 심중을 기르는 것이다. 안연이 이 말씀을 종사하였으니, 이 때문에 성인에 나아간 것이다. 후세에 성인을 배우는 자들은 마땅히 이것을 가슴 속에 두고 잃지 말아야 할 것이다. 인하여 잠箴을 지어서 스스로 경계하노라."[11]

여기서 시잠視箴, 청잠聽箴, 언잠言箴, 동잠動箴의 구체적인 덕목들을 열거하지는 않겠지만, 예는 인간관계의 방종과 일탈을 통제하기 위해 장치한 외재적 규범에 지나지 않는 것이 아니라 인간 존재의 내재적 덕성을 행위지표화하고 도덕규범화한 것임을 재확인할 수 있다.

그런데 '자아를 초극超克하여 예를 회복하는' 극기복례에서 '자아 초극'과 '예의 회복'은 쉬운 일이 아니다. 위에서 확인했던 것처럼 예는 자

---

8) 『論語』「顔淵」편 1장, 朱子集註, 程子曰 非禮處 便是私意. 旣是私意如何得仁. 須是克盡己私 皆歸於禮方始是仁.

9) 『論語』「顔淵」편 1장, 朱子集註, 謝氏曰 克己須從性偏難克處 克將去.

10) 『論語』「顔淵」편 1장, 顔淵曰 請問其目 子曰 非禮勿視 非禮勿聽 非禮勿言 非禮勿動 顔淵曰 回雖不敏 請事斯語矣.

11) 『論語』「顔淵」편 1장, 朱子集註, 程子曰 顔淵問克己復禮之目 子曰 非禮勿視 非禮勿聽 非禮勿言 非禮勿動 四者身之用也. 由乎中而應乎外 制於外所以養其中也. 顔淵事斯語 所以進於聖人. 後之學聖人者 宜服膺而勿失也. 因箴以自警.

아와 타자 간의 차이, 분별의 관점을 상정하고 기초한다. 이에 비해 자아를 초극한다는 것은 그러한 차이나 분별을 뛰어넘어 물아物我합일의 가치를 지향한다. 그래서 양자는 기본적으로 충돌하여 통합하기가 지난至難하다. 그렇지만 "예의 실천은 조화의 정신을 중시한다."[12]는 관점을 환기하여 양자의 차이를 수용하면서 그 근원의 통합성을 자각하고 실행하는 것이 더 중요하다.

여하튼 극기복례는 사의私意 및 사욕私慾의 폐쇄적 이기주의로써 타자를 부당하게 종속시키거나 지배 또는 사유화하려는 태도를 지양止揚한다. 공경과 예의를 일탈하여 감각적 · 감정적 친밀감만을 추구하려는 찰나적 · 표피적 애착이 왜곡된 허상임을 자각한다. 측은지심惻隱之心의 부단한 함양涵養과 체찰體察을 통해 자신의 근친近親에서부터 동심원同心圓적으로 확대, 심화시켜 나가려 한다. 부단히 수신 내지 수양함으로써 폐쇄적 개인주의 내지 이기주의를 극복하고 상생적 공생주의로 나아가려 하는 것이다.

이 같은 지향은 '나날이 새롭게 하고, 또 나날이 새롭게 하는'[13] 확연대공廓然大公[14]의 태도를 지니고 사람 사이의 관계를 새롭게 설정하게 된다.[15] 확연대공이란 근대성이 빚은 일탈과 불안, 폐쇄적 사고를 탈각하려는 마음가짐이다. 세계 및 우주에 삶의 중심을 둠으로써 폐쇄적 개인주의를 배격하려는 자세이기도 하다. 타자에 대한 결속 및 유대의식과 친밀성을 강화함으로써 "만민은 나의 형제요 만물은 나와 더불어 지내는 이웃이다(민오동포民吾同胞 물오여物吾與)."[16]라는 관점을 취하는 것이다. 이 같은 친밀성의 관점으로 우리는 존재의 생성과 발육을 도우면서 자아 및 타자의

---

12) 『論語』 「學而」편 12장, 有子曰 禮之用和爲貴, 先王之道斯爲美. 小大由之.

13) 『大學』 「大學章句」 2장, 湯之盤銘曰 苟日新 日日新 又日新.

14) 廓然大公이란 '크게 열린, 공변된' 마음과 태도를 일컫는다. 이것은 "만물을 자신의 존재 깊이 아우르면서 그들의 생성발육을 도우려는 뜻"(김기현, 2009: 109)을 지향한다.

15) 정학섭 외(2014: 13-15)에서 재구성.

16) 『退溪全書』 一 「聖學十圖(西銘)」, 200쪽.

평등적이고 조화로운 삶을 영위할 수 있다. 이와 관련하여 『중용』의 저자는 다음과 같이 주장한다.

> 오직 천하에 지극히 성실한 성인이야말로 자신의 본성을 제대로 실현할 수 있다. 자신의 본성을 제대로 실현하므로 타자의 본성을 실현시켜 주며, 타자의 본성을 실현시켜 주므로 만물의 본성을 실현시켜 준다. 만물의 본성을 실현시켜 주므로 천지의 만물 생성과 발육을 도울 수 있다. 천지의 만물 생성과 발육을 도우므로 천지와 더불어 나란히 참여할 수 있다.[17]

이에 대해 주자는 '자신의 본성을 제대로 실현한다' 는 것을 "성인의 덕德이 지극히 성실하기 때문에 인욕人慾의 사사로움이 없어 자신에게 있는 천명天命을 살피고 행하여 크고 작음과 정精하고 거칠음이 털끝만큼도 다하지 않음이 없는 것"[18]이라고 해석한다. 이는 기본적으로 타자나 만물이 나 자신과의 존재 관련 속에서 내 안에 내재되어 있음을 전제로 하고 있다. 그리하여 이기적인 자아 속에 외롭게 고립되는 폐쇄적 상태에서 상생 내지 공생적 자아의 성실한 수양과 실천을 통해 수기치인修己治人의 세계로 나아가려는 것이다.

타자 및 만물이 나 자신과의 존재 관련 속에 내재되어 있다는 것은 "만물이 모두 나에게 갖추어져 있으니, 그 이치를 내 몸에 돌이켜서 성실히 행하면 이보다 큰 즐거움이 없을 것"[19]이라는 맹자孟子의 주장과 상통한다. 여기에서 '그 이치란 나 자신에게 갖추어져 있는 만물' 의 의미와 가치를 의미한다.

---

17) 『中庸』「中庸章句」 22장, 唯天下至誠, 爲能盡其性. 能盡其性, 則能盡人之性. 能盡人之性, 則能盡物之性. 能盡物之性, 則可以贊天地之化育. 可以贊天地之化育, 則可以與天地參矣.

18) 『中庸』「中庸章句」 22장, 朱子集註, 盡其性者德無不實, 故無人欲之私, 而天命之在我者, 察之由之, 巨細精粗, 無毫髮之不盡也.

19) 『孟子』「盡心 上」, 孟子曰, 萬物皆備於我矣. 反身而誠, 樂莫大焉. 强恕而行, 求仁莫近焉.

맹자가 이어서 "서恕의 노력만큼 인仁을 획득하는 데 긴절한 것은 없다(强恕而行 求仁莫近焉)"고 말한 것은 이의 자연스런 귀결이다. 이것은 공자가 "우리 도道는 한 가지 리理가 만 가지 일을 꿰뚫고 있다."[20]고 했을 때의 바로 그 충서忠恕의 사상에 기초하고 있다.

충서란 무엇인가? 주자는 이에 대해 다음과 같이 해석하고 있다.

> 자기 마음을 지극히 다하는 것이 충忠이며, 자기 자신의 마음 잣대로써 타자를 대하는 것이 서恕이다. 공자의 한 가지 리理가 혼연하여 널리 응하고 곡진하게 마땅함은, 비유하건대 천지가 지성무식至誠無息하여 만물이 각기 제 나름대로의 역할을 다하는 것과 같다. … 지성무식이란 도道의 본체이니 만수萬殊가 일본一本인 것이요, 만물이 각기 제 나름대로의 역할을 다한다는 것은 도의 용用이니, 일본이 만수가 되는 것이다. 이같은 관점에서 볼 때, 일이관지의 실제를 볼 수 있다. 혹자가 말하기를 '중심中心이 충이 되고 여심如心이 서가 된다'고 한 것도 뜻이 통한다.[21]

주자는 마음을 먼저 '보편적 이치[天理]'로 남김없이 채우고[忠] 이를 남에게 베풀어 나가는[恕] 것이라고 풀이한다. 그런데 다산 정약용은 이러한 해석에 이의를 제기하고 있다. 그 '보편적 이치'가 결국은 '보편적 기준'이 될 것임을, 그 결과 배려하는 사람의 기준 속으로 배려 받는 사람을 구속시키게 될 것임을 우려했기 때문이다. 그리하여 다산은 '충'을 명사가 아니라 형용사로 풀이하여 '진정 어린[忠] 베풂[恕]'으로 '충서'의 의미를 단순화하여 해석하는 것이다.[22]

---

20) 『論語』「里仁」편 15장, 子曰 參乎 吾道一以貫之. 曾子曰唯. 子出門人問曰 何謂也. 曾子曰 夫子之道 忠恕而已矣.

21) 『論語』「里仁」편 15장에 대한 주자의 집주. 盡己之謂忠 推己之謂恕 而已矣者 竭盡而無餘之辭也. 夫子之一理 渾然而泛應曲當 譬則天地之至誠無息 而萬物各得其所也. 自此之外 固無餘法 而亦無待於推矣. 曾子有見於此而難言之 故借學者盡己推己之目以著明之 欲人之易曉也. 蓋至誠無息者 道之體也 萬殊之所以一本也. 萬物各得其所者 道之用也 一本之所以萬殊也. 以此觀之 一以貫之之實 可見矣. 或曰 中心爲忠 如心爲恕 於義亦通.

22) 『論語古今注』의 『論語』「里仁」편 15장에 대한 다산의 주석을 참조할 것.

한편, 정자程子는 "충서忠恕는 일이관지一以貫之이니, 충이란 천도天道요 서란 인도人道이며, 충이란 무망無妄(사망詐妄함이 없는 것)이요 서란 충을 이행하는 것"[23]이라고 주장한다. 문자 그대로 충서란 '한결같이 진실한 마음으로 타자의 상황 내지 조건을 헤아려 그 처지를 배려하고 보살피는 것' 이다.

상대방을 배려하기 이전에 먼저 자기 마음을 진실하게 할 것을 전제한 것은 진실하지 못한 배려가 거짓되거나 속임수에 지나지 않기 때문이다. 그래서 공자는 "사람이 사는 이치는 곧음 내지 정직이니 그렇지 않으면서 사는 것은 죽음을 요행히 면한 것과 같다."[24]고 강조한다. 그 마음의 중심 자리에 측은지심, 즉 이해득실의 타산을 내던지며 타자와 합일적으로 공감하여 그 처지를 이해하고 배려하는 태도가 기초하고 있음은 두말할 나위가 없다. 유가사상이 위기안인爲己安人을 그토록 강조하는 까닭도 이와 같은 것이다.

자기 자신이 하려고 하지 않는 바를 타자에게 강요하지 않고[기소불욕己所不欲 물시어인勿施於人],[25] 자신의 지향과 타자의 지향을 일치시키려는[추기급인推己及人] 배려의 정신이 바로 서恕이며 사랑이다. 그런 만큼 우리는 자아와 타자를 분리 · 고립시키는 폐쇄적 개인주의를 탈각하여 만물의 생성 발육을 성실히 추구하려는 물아일체物我一體를 지향하는 사랑을 새삼 고집하지 않을 수 없다.

물아일체라고 하여 모든 사람과 만물을 일률적으로 똑같이 대하고 사

---

23) 『論語』「里仁」편 15장에 대한 주자의 집주. 忠恕一以貫之 忠者天道 恕者人道. 忠者無妄 恕者所以行乎忠也.

24) 『論語』「雍也」편 17장, 子曰 人之生也直 罔之生也幸而免. 이에 대해 정명도(程明道)는 "사람의 본래 이치는 곧음 내지 정직한 것인데, 망은 정직하지 않은 것이다. 그러면서도 사는 것은 요행히 면한 것일 뿐이라.(生理本直 罔不直也. 而亦生者 幸而免耳.)"고 주석한다.

25) 이의 적극적 측면이 바로 "인자는 자신이 나서고 싶을 때에는 남이 나서도록 도와주고 자신의 뜻을 펴고 싶을 때에는 남이 뜻을 펼치도록 도와준다."(『論語』「雍也」편, 夫仁者 己欲立而立人 己欲達而達人)는 공자의 주장이라고 할 수 있다.

랑함을 뜻하지는 않는다. 이것은 "물物과 아我의 근원적인 일체성을 말하려 한 것일 뿐이며, 한편으로 일상의 실천 현장에서 사랑을 대상에 따라 달리 행하려 한다. 이른바 차등애差等愛가 그것이다."(김기현, 2009: 157) 이를테면 맹자가 어버이에 대한 사랑[친친親親]과 만민에 대한 사랑[인민仁民], 그리고 만물에 대한 사랑[애물愛物]이 같을 수 없다고 주장한 바도 거의 비슷한 맥락이다. 사랑의 정신은 동일하지만, 부모 · 만민 · 만물에 대한 애정의 정도가 같을 수 없다. 또한 그 친밀성의 방법에서도 어버이에 대해서는 혈육의 정에 입각하여 공경과 봉양으로, 타인들에 대해서는 따뜻한 배려와 인격의 존중으로, 그리고 만물에 대해서는 그를 아끼고 보호하는 마음으로 실현되어야 하는 것이다.

한편, 퇴계 이황은 충서적忠恕的 가치지향과 태도가 일상생활의 구체적 윤리 덕목으로 실천돼야 함을 강조하고 있다. 그는 성학십도에서 오륜의 실천 원리로서 여섯 가지를 제시하고 있다.[26] 그중에 "내가 원하지 않는 일을 남에게 행하지 말라", "일이 뜻대로 되지 않을 경우 그 문제의 원인을 자기 자신에게서 찾아내라"는 대목은 이 글의 주제와 관련하여 주목할 만하다. 이러한 관계 윤리는 역지사지易地思之하는 성찰적 반성의 자세로 타자에 대해 겸손과 관용, 배려와 보살핌을 일상적으로 실천하는 것을 강조하기 때문이다.

이 같은 충서의 정신은 자기 중심적인 폐쇄성으로부터 타자의 상황 및 관점에서 타자를 이해understanding하려는 공감의 개방성으로 전환한다. 여기엔 일종의 사회심리적 '중심 전이' 메커니즘이 작동한다고 볼 수 있다. 사람 사이의 상호작용과 관계에서 충서적 태도를 견지한다는 것은 서로가 자타합일의 고양되고 승화된 상태를 경험하게 한다.

이것은 유가사상의 '천지만물을 자기 자신과 한 몸으로' 이해하려는

---

26) 『聖學十圖』 第五 「白鹿洞規圖」. 言忠信行篤敬 懲忿窒慾遷善改過 正其義不謀其利 明其道不計其功 己所不欲勿施於人 行有不得反求諸己.

세계관과 맞닿아 있다. 그래서 정호程顥도 "인자仁者는 천지만물을 자신과 한 몸으로 여긴다. 만물을 자신의 일부로서 생각하니 그의 사랑이 어느 한 사물엔들 미치지 않겠는가."[27]라고 역설했던 것이다.

퇴계는 이와 관련하여 우리가 일상생활에서 구체적으로 "자신이 나서고 싶을 때에는 남이 먼저 나서도록 도와주고, 자신이 뜻을 펼치고 싶을 때에는 남이 먼저 뜻을 펼치도록 도와주라."[28]는 가르침을 권면한다. 논어 위령공편에 나오는 "내가 원하지 않는 일을 타자에게 행하지 말라(己所不欲勿施於人)"는 것이 관계 윤리의 소극적 측면이라면, '기욕립입인己欲立立人 기욕달달인己欲達達人'의 지향과 태도는 타자에 대한 적극적 측면을 드러내고 있다. 이처럼 구체적으로 실행해야 '천지만물을 자신과 한 몸으로 여기는' 인자仁者의 경지에 이르게 된다는 것이다.

한편, 충서의 도리와 관련하여 혈구지도絜矩之道를 논급하지 않을 수 없다. 여기서 혈구란 사실 충서의 정치적 윤리 측면이라고 볼 수 있다. 보편적인 기준 내지 잣대(구矩)를 가지고 물건이나 사물의 크기를 재거나 헤아리는(혈絜) 것처럼,[29] 지도자는 백성의 관점에서 그들의 마음과 지향을 헤아려 민본·민생 정치를 해야 한다는 것이 『대학』의 가르침이다. 다음과 같은 구절은 혈구지도의 대표적인 시각이라 할 수 있다.

---

27) 『近思錄』 37쪽.

28) 『論語』 「雍也」편 28장, 夫仁者 己欲立而立人 己欲達而達人에 근거한다. 공자 스스로도 이러한 태도야말로 사랑을 실현할 수 있는 최선의 방법(能近取譬 可謂仁之方也已)이라고 설파한다. 이에 대해 주자도 "자기 자신으로써 타자에게 미침은 인자의 마음이니 이러한 경지는 천리가 두루 관통하는 것이다. 사랑의 본질적 측면을 이보다 더 절실하게 표현하기는 어렵다(以己及人 仁者之心也. 於此觀之 可以見天理之周流而無間矣. 狀仁之體 莫切於此.)"라고 해석한다.

29) 혈은 헤아림이고 구는 일종의 곡척으로 물건의 장단(長短), 광협(廣狹), 곡직(曲直)을 재는 기구이다. 도(道)는 방법으로서 자신의 마음을 가지고 타인을 헤아리는 척도로 삼는 것을 비유한다. 그리하여 자신이 좋아하는 것은 타인도 좋아하고 자신이 싫어하는 것은 타인도 싫어한다는 사실을 깨달음으로써, 자신이 싫어하는 바를 타자에게 베풀지 아니하는 것이다. 이것이 바로 추기급인(推己及人)의 서(恕)와 상통한다(성백효, 2010: 56).

윗사람이 나를 대하는 태도가 싫으면 나의 아랫사람을 그러한 태도로 대하지 말고, 아랫사람이 나를 받드는 태도가 싫으면 나의 윗사람을 그러한 태도로 받들지 말라. 앞사람이 나보다 앞서는 태도가 싫으면 나의 뒷사람에게 그러한 태도로 앞서지 말고, 뒷사람이 나를 따르는 태도가 싫으면 나의 앞사람을 그러한 태도로 따르지 말라. 오른쪽 사람이 나와 사귀는 태도가 싫으면 왼쪽 사람과 그러한 태도로 사귀지 말고, 왼쪽 사람이 나와 사귀는 태도가 싫으면 오른쪽 사람과 그러한 태도로 사귀지 말라.[30]

퇴계의 "수신과 제가는 효도, 공경, 사랑, 예양禮讓, 충서에 그 핵심이 있고, 치국과 평천하는 혈구에 그 요점이 있다."[31]는 주장도 이러한 충서와 혈구의 유관성에 관련된 것이다.

이제 측은지심의 함양에 대해 살펴보자. 맹자는 "사람이란 누구나 다른 사람을 차마 해치지 못하는 마음을 지니고 있다. 이것은 어떤 사람이 어린 아이가 막 우물에 빠지려는 것을 보고 깜짝 놀라며 측은해 하는 마음을 갖는 것에서 알 수 있다."[32]고 하여 성선性善은 불인지심不忍之心에서 드러난다고 주장한다. 불인이란 참을 수 없다는 뜻이다. 타자의 불행을 아무렇지도 않은 듯 그냥 보고 있을 수 없다는 의미이기도 하다. 주자는 이에 대해 "천지가 만물을 생성함으로써 마음으로 삼았기 때문에 태어난 사물들이 제각각 이 세상의 생물지심生物之心을 갖고 있다. 그래서 사람들이 모두 사람을 차마 해치지 못하는 마음을 가지고 있는 것"[33]이라고 해석한다.

어떤 사람이 고통스러워하고 추위와 배고픔에 허덕이며 굴욕을 받거나

---

30) 『大學』「傳文」 10장, 所惡於上, 毋以使下. 所惡於下, 毋以事上. 所惡於前, 毋以先後. 所惡於後, 毋以從前. 所惡於右, 毋以交於左. 所惡於左, 毋以交於右. 此之謂絜矩之道.

31) 『退溪全書』「答李平叔問目」.

32) 『孟子』「公孫丑 上」 6장, 孟子曰 人皆有不忍人之心. … 今人乍見孺子將入於井 皆有怵惕惻隱之心.

33) 『孟子』「公孫丑 上」 6장, 朱子集註 天地以生物之心. 以所生之物 因各得夫天地生物之心以爲心. 所以人皆有不忍人之心.

생사의 위험에 직면한 것을 보았을 때, 사람이라면 누구나 참을 수 없는 불안한 마음을 나타내는데, 이 참을 수 없는 불안한 마음이 인심仁心이며 모든 사람이 선천적으로 본래 가지고 있는 선한 본성이라고 한다(채인후, 2010: 56). 불인不忍으로부터 출척측은怵惕惻隱한 인심仁心이 바로 이와 같은 것이다.

맹자의 '타고난 착한 마음'이란 우리가 타자와 상호작용하며 교환하는 친밀성의 바탕이다. 이러한 감정과 정서가 특정 상황에서 적절히 작동할 경우 친밀한 관계를 형성할 수 있다. 친밀성의 동인이 마음이요 감정의 작용이라는 것은 이것이 사람들 사이의 관계 형성의 원천이라는 함의를 지니고 있다. 타자를 향한 마음의 감정과 그 확장은 관계를 창조하는 원동력인 셈이다. 그래서 맹자도 "내게 있는 사단四端을 넓히고 가득 채워 나가면 마치 불이 처음 붙고 샘이 처음 솟아나듯이 일어난다. 정말로 넓히고 가득 채워 나가면 사해四海를 보존할 수 있지만 그렇게 하지 못할 경우 부모조차 섬길 수 없다."[34]고 했던 것이다.

『시경詩經』의 저자가 읊은 '타인이 갖고 있는 마음을 나 자신이 헤아린다'[35]는 태도 또한 바로 불인지심不忍之心이 되살아나는 정서적 척척戚戚함 내지 감동함에 가닿는다. 타자에 대한 이러한 헤아림의 지향이 오늘날의 공감empathy과 배려care가 아니고 무엇이랴. 맹자의 "내 노인을 노인으로 섬겨서 남의 노인에게까지 미치며, 내 어린이를 어린이로 사랑해서 남의 어린이에게까지 미친다면 천하를 손바닥에 놓고 움직일 수 있다."[36]는 언술도 이와 유사한 맥락을 지니고 있는 것이다.

---

34) 『孟子』「公孫丑 上」편 6장, 凡有四端於我者, 知皆擴而充之矣, 若火之始然, 泉之始達. 苟能充之, 足以保四海, 苟不充之, 不足以事父母.

35) 『詩經』「小雅巧言」편, 他人有心 予忖度之. 『孟子』「梁惠王 上」편 7장에도 보인다.

36) 『孟子』「梁惠王 上」편 7장, 老吾老 以及人之老 幼吾幼 以及人之幼, 天下可運於掌.

Ⅲ 공경하는 관계와 친밀성의 세계[37]

극기복례와 관련하여 공자의 제자 유자有子는 "조화의 소중함을 알아서 조화를 추구하기만 하고, 예禮로써 절제하지 않는다면 이 또한 행할 수 없다."[38]고 말하는데, 이것은 예의 근본이 공경에 기초해 있기 때문이다. 이에 대해 범조우范祖禹는 "모든 예의 체體는 경敬을 주장하고 그 용用은 조화를 귀하게 여기니, 경은 예가 확립되는 것이요 조화는 악樂이 말미암아 생겨난 것"[39]이라 해석한다. 주자는 "엄하면서도 태연하고 조화로우면서도 절제하는 것은 이치에 맞는 것이며 예의 전체"[40]라고 주석하고 있다.

'덕성에 기초한 사랑과 공경의 정신'은 타자와 인격을 교류하고 생명존중의 정신을 공유하면서 서로의 삶을 제고提高·성취시켜 주려는 호혜互惠·공경恭敬의 태도이다. 주자는 "비록 사랑을 하고자 한다 해도 공경의 마음을 갖지 않으면 사랑을 이룰 수 없다."[41]고 갈파하며, "사랑의 실천에 관한 제자들의 질문에 공자께서 답변하신 것이 다 달랐지만, 그 큰 요점은 공경으로 입문처를 삼으셨다는 점"[42]을 강조한다. 맹자는 심지어 "먹이기만 하고 사랑하지 않으면 돼지로 사귀는 것이요, 사랑하기만 하고 공경하지 않으면 이는 상대방을 짐승처럼 기르는 것이나 다름없다."[43]고 하면서 '공경의 정신에 바탕을 둔 실질적인 사랑'[44]의 중요성을 일깨우고 있다.

---

37) 정학섭(2015)의 3장에서 재구성.

38) 『論語』「學而」편 12장, 有所不行知和而和, 不以禮節之亦不可行也.

39) 『論語』「學而」편 12장, 朱子集註. 范氏曰 凡禮之體主於敬, 而其用則以和爲貴. 敬者禮之所以立也 和者樂之所由生也.

40) 『論語』「學而」편 12장, 朱子集註. 嚴而泰和而節, 此理之自然禮之全體也. 毫釐有差則失其中正 而各倚於一偏 其不可行均矣.

41) 『朱子書節要』「答張欽夫」, 76쪽.

42) 『朱子書節要』「答石子重」, 192쪽.

43) 『孟子』「盡心 上」37장, 孟子曰, 食而弗愛 豕交之也. 愛而不敬 獸畜之也.

44) 『孟子』「盡心 上」37장에서 恭敬而無實, 君子不以虛拘라 하여 "공경을 하되 실질적인 것

공자가 제자 중궁仲弓으로부터 인仁에 대해 질문을 받고 마치 동문서답하듯, "문을 나서서 사람들을 만날 때에는 마치 큰 손님을 대하듯 정중히 하고, 사람들에게 일을 시킬 때에는 큰 제사를 받들 듯 경건해야 한다."[45] 고 대답한 것도 타자를 사랑으로 대할 때 공경에 기초해야 함을 강조한 것이다.

이와 같은 공경의 태도를 정이천程伊川은 "그 기상氣象을 보면 모름지기 마음이 넓고 몸이 펴져서[심광체반心廣體胖] 동용動容하고 주선周旋함이 예禮에 맞아야 하니, 오직 근독謹篤이 바로 이것을 지켜내는 법"[46]이라고 해석한다. 공자는 이어서 "자기 자신이 하려고 하지 않는 바를 타자에게 강요하지 말아야 하니, 이렇게 하면 나라에 있어서도 원망함이 없으며 집안에 있어서도 원망함이 없을 것"[47]이라고 주장한다. 주자는 이 구절을 다음과 같이 해석하고 집주集註한다.

이 없으면 또한 허망한 것이기에 군자가 그런 데 얽매일 필요가 없다."고 주장한다.

45) 『論語』「顏淵」편 2장, 仲弓問仁 子曰 出門如見大賓 使民如承大祭.

46) 『論語』「顏淵」편 2장, 朱子集註, 程子曰 孔子言仁 只說出門如見大賓 使民如承大祭. 看其氣象 便須心廣體胖 動容周旋中禮. 唯謹獨 便是守之之法. 이에 대해 혹자가 묻기를 "문을 나가고 백성을 부릴 때에는 이와 같이 하는 것이 가하거니와 문을 나가지 않고 백성을 부리지 않을 때에는 어찌해야 합니까?" 하니, 정자(程子)가 대답하기를, "이것은 엄연(儼然)히 생각하는 것처럼 할 때인 것이다. 심중(心中)에 있은 뒤에야 외모에 나타나니, 문을 나가고 백성을 부릴 때에 공경함이 이와 같음을 본다면 이보다 앞서의 경(敬)을 알 수 있는 것이다. 문을 나가고 백성을 부림을 인한 뒤에 이 경이 있는 것이 아니다"고 하였다(或問出門使民之時如此可也 未出門使民之時如之何. 曰 此儼若思時也. 有諸中 而後見於外. 觀其出門使民之時 其敬如此 則前乎此者 敬可知矣. 非因出門使民 然後有此敬也.). 여기서 '儼若思' 란 『禮記』「曲禮」편에 나오는 구절로서, 일이 없을 때에 경건한 마음을 간직하여 마치 무엇을 생각하는 것처럼 함을 이른다. 그리고 '이보다 앞서' 란 정(靜)할 때를 가리킨 것으로, 신안진씨(新安陳氏)는 "동(動)할 때에 공경함을 보면 그 이전 정(靜)할 때의 공경함을 알 수 있다."하였다(성백효, 2009: 333 역주 참조).

47) 『論語』「顏淵」편 2장, 己所不欲 勿施於人 在邦無怨 在家無怨. 仲弓曰 雍雖不敏 請事斯語矣.

> 공경함으로써 자기 몸을 지키고 서恕로써 남에게 미친다면, 사의私意가 용납할 곳이 없어서 마음의 덕德이 온전해질 것이다. 안에서나 밖에서나 원망함이 없다는 것은 또한 효험으로써 말씀한 것이니, 스스로 상고尙古하게 한 것이다. … 내가 살펴보건대, 극기복례克己復禮는 건도乾道요, 경敬을 주장하고 서恕를 행함은 곤도坤道이다. 배우는 자가 진실로 경敬과 서恕 사이에서 종사하여 얻음이 있으면 또한 장차 이길 만한 사욕私慾이 없게 될 것이다.[48]

'공경에 바탕을 둔 실질적인 사랑'의 중요성은 퇴계의 편지에서도 확인할 수 있다. 갓 혼인한 손자에게 건넨 글을 보자.

> 부부는 인륜의 시작이요 만복의 근원이므로 아무리 친밀하다 하더라도 역시 서로 방정하게 행동하고 조심해야만 하는 사이이다. 세상 사람들은 모두 예의와 공경심을 잃고서 그저 가깝게만 지내다가 마침내는 서로 얕보고 업신여겨 못하는 짓이 없는데, 이 모두 서로 손님처럼 공경하지 않는 데에서 생겨나는 일이다. 그러므로 집안을 올바르게 지켜 나가려면 마땅히 부부 사이부터 조심하지 않으면 안 된다. 천만번 경계하여라.[49]

퇴계 또한 '공경에 바탕을 둔 사랑'을 환기하며, 온갖 사회적 관계 중에 일심동체라 일컬어지는 부부의 경우조차 "서로 공경하기를 손님 대하듯이[상경여빈相敬如賓]" 상호작용해야만 진정한 사랑에 이를 수 있음을 강조하고 있다. 상경여빈相敬如賓의 고사故事[50]에 나타나 있는 것처럼 사랑의 법도法度는 "문을 나서 사람들을 만날 때는 손님을 대하듯 하고, 일에 임해

---

48) 『論語』「顔淵」편 2장, 朱子集註, 敬以持己 恕以及物 則私意無所容 而心德全矣. 內外無怨 亦以其效言之 使以自考也. … 愚按克己復禮 乾道也. 主敬行恕 坤道也 … 然學者誠能從事於敬恕之間 而有得焉 亦將無己之可克矣. 주경행서(主敬行恕)는 경(敬)을 주장하고 서(恕)를 행하는 것으로 '出門如見大賓 使民如承大祭'는 주경(主敬)이고, '己所不欲 勿施於人'은 행서(行恕)이다. 건도(乾道)는 천도(天道)이고 곤도(坤道)는 지도(地道)로서, 지도는 천도의 큼에 미치지 못한다. 중궁(仲弓)의 공부가 안연(顔淵)에게 미치지 못하므로, 안연의 극기복례는 건도이고 중궁의 주경행서는 곤도라 한 것이다(성백효, 2009: 333 역주 참조).

49) 『退溪全書』 二 「與安道孫」, pp. 311-312. 번역은 김기현(2009: 161)에서 가져옴.

50) 『春秋左氏傳』「僖公 下」 33년에 나오는 故事.

서는 제사를 받들 듯이 하는 것[출문여빈出門如賓 승사여제承事如祭]"이다. 부부관계의 친밀성과 윤리적 태도는 이처럼 정중하게 예의를 갖추고 서로가 서로를 공경하며 실질적으로 애착愛着을 지향하는 것이다. 『예기禮記』의 저자가 "친밀하게 지내면서도 공경하고, 경외하면서도 사랑해야 한다."[51]고 권유한 말도 이를 뒷받침한다.

오늘날 변화하는 사회에서 인간의 사회적 관계를 새롭게 하고 '공경에 바탕을 둔 실질적 사랑의 법도'을 성취하기 위해 우리는 결국 신독愼獨의 세계로 되돌아가지 않을 수 없다. 신독이란 무엇인가? 바로 홀로 있음을 삼가는 것이다. 『중용中庸』에서 사람 마음의 경우 일이 없을 때(정시靜時)는 계신공구戒愼恐懼해야 하고 일에 임했을 때(동시動時)는 신독愼獨해야 한다고 주장한다.

> 도란 것은 잠시라도 떠날 수 없는 것이니, 떠날 수 있으면 도가 아니다. 이러므로 군자는 그 보지 않는 바에도 계신戒愼하며 그 듣지 않는 바에도 공구恐懼하는 것이다. 어두움보다 드러남이 없으며 미세한 일보다 나타남이 없으니, 그러므로 군자는 그 홀로있음을 삼가는 것이다.[52]

이와 관련하여 『대학』의 저자도, "뜻을 성실하게 하는 것으로서의 성의誠意는 스스로 속이지 않는 것이다. 악취를 싫어하듯 악을 미워하고, 호색을 좋아하듯 선을 좋아하는 것이 자겸自謙이다. 그러므로 군자는 반드시 그 홀로 있음을 삼가는 것"[53]이라고 주장한다. 이에 대해 주자는 "성실하고 성실하지 못함은 타자가 알지 못하고 자기 자신만이 홀로 안다. 그러므로

---

51) 『禮記』「曲禮 上」, 狎而敬之 畏而愛之.

52) 『中庸』「中庸章句」1장, 道也者 不可須臾離也 可離非道也. 是故君子戒愼乎其所不睹 恐懼乎其所不聞. 莫見乎隱 莫顯乎微 故君子愼其獨也.

53) 『大學』「傳文」6장, 所謂誠其意者毋自欺也. 如惡惡臭, 如好好色此之謂自謙. 故君子必愼其獨也.

홀로 삼가 그 기미機微를 살펴야 한다."[54]고 해석한다.

홀로 있음[55]의 삼가함이란 바로 외경畏敬의 정신이며 이에 도달하기 위해 수신修身하는 것이다. 수신이란 무엇인가? 아래 구절을 환기해 보자.

> 이른바 몸을 닦음이 그 마음을 바룸에 있다는 것은 마음에 분치忿懥하는 바가 있으면 그 바름을 얻지 못하며, 공구恐懼하는 바가 있으면 그 바름을 얻지 못하며, 좋아하고 즐기는 바가 있으면 그 바름을 얻지 못하며, 우환하는 바가 있으면 그 바름을 얻지 못한다. 마음이 있지 않으면 보아도 보이지 않으며, 들어도 들리지 않으며, 먹어도 그 맛을 알지 못한다. 이것을 일러 '몸을 닦음이 그 마음을 바룸에 있다.'고 하는 것이다.[56]

여기서 분치란 분노함을 뜻한다. 분치, 공구, 호락好樂, 우환 이 네 가지는 모두 마음의 용用이므로 이를 잘 살피지 못할 경우, 욕심이 동動하고 정情이 치우쳐서 그 용用의 행하는 바가 올바름(正)을 잃을 수 있다. 그리하여 "마음을 잘 살펴서 경敬하여 마음을 곧게 하니, 그런 뒤에야 이 마음이 항상 보존되어 몸을 닦을 수 있게 되는 것"[57]이다.

54) 『大學』「傳文」6장, 朱子集註. 然其實與不實, 蓋有他人所不及知而己獨知之者, 故必謹之於此以審其幾焉.

55) 홀로 있음(獨)은 '마음 속의 홀로 있음'과 '행동 속에서의 남모르는 공간'을 동시에 함의(含意)한다. 獨寢不愧衾, 獨行不愧影이 그와 같은 것이다.

56) 『大學』「大學章句」7장, 所謂脩身在正其心者 身有所忿懥, 則不得其正. 有所恐懼, 則不得其正. 有所好樂, 則不得其正. 有所憂患, 則不得其正. 心不在焉, 視而不見. 聽而不聞, 食而不知其味. 此謂脩身在正其心.

57) 『大學』「大學章句」7장, 朱子集註. 是以君子必察乎此 而敬以直之, 然後此心常存而身無不修也.

Ⅳ 맺음말

후기 근대사회에서 오늘날 사람들 사이의 친밀성이 크게 변화하고 있다. 그 변화는 결혼과 가족 등의 영역에서 여러 가지 위험 양상으로 나타나고 있기도 하다. 이 같은 위험사회적 상황에서 우리 사회의 친밀성 영역에 발라스트 킬ballast keel[58]이 존재하고 있는지, 그렇다면 그것이 무엇일지를 탐색하고 추구하는 작업은 중요하다. 바다를 항해하는 요트에서 이 발라스트 킬이 없거나 제대로 작동하지 못할 경우 여러 다양한 악조건에서 배는 결국 난파하거나 침몰하고 말기 때문이다.

우리는 우리 사회 구성원들이 친밀성의 위기를 맞아 건강하고 안전한 친밀성의 구조 및 제도를 창출해 내기를 기획한다. 그러한 대안 중의 하나로 유가사상의 사유체계를 환기해 본다. 그 사유체계 중에서 극기복례, 충서사상, 측은지심의 함양을 중점적으로 살피고 상경여빈의 공경하는 태도를 사람들 사이의 친밀성의 중심 윤리로서 새롭게 제안해 보는 것이다. 물론 오늘날 복잡다단하고 급격하게 변동하는 후기 자본주의 사회에서 유가사상의 사유체계가 새로운 대안으로 현실 유관적합성relevance을 갖는지는 또 다른 논의를 필요로 한다.

'타자를 향해 폐쇄적이고 지나치게 이기적인 자아를 초극하여 관계 윤리와 규범을 회복함으로써' (극기복례), '견고하고 한결같은 마음을 늘 마음의 중심에 두고 서로의 지향하는 바의 마음과 그 지향을 하나 되게 하고' (충서지도), '타자를 향해 차마 그렇게 하지 못하는 공감과 헤아림의 마음과 태도' (측은지심)를 지닌다면 오늘날 후기 근대사회를 살아가는 사람들 사이의 친밀성은 새롭게 변화할 수 있다. 이러한 관계 윤리가 제대로 작동할 경

58) 요트에 매달려 균형을 잡아주고 배가 넘어지지 않도록 하는 장치.

우 개인과 개인, 개인과 집단, 조직과 조직 모두의 차원에서 갈등은 완화되고 변화의 전기가 마련될 수 있다.

거듭되는 우리 사회의 참사에서 확인했듯이, 이 지상에서 한 사람이 우리 곁에 존재한다는 것은 이 시방의 무량한 세계가 가득 차 있다는 것을 의미한다. 친밀한 관계의 부재는 곧 존재 의미의 사라짐이다. 그러기에 우리 모두는 서로가 서로에게 존재의 소중한 망루와도 같다. 또한 존재론적으로 흔들리고 여러 불안에 사로잡힌 우리들에게 그 친밀성은 견고한 성채이기도 하고 수미산 같은 것이기도 하다.

사람과 사람 사이 친밀성의 지향과 성격은 결국 우리의 미래를 가늠하고 있다. 주역의 관점에서 친밀성의 길흉吉凶은 결국 '전흉반길轉凶反吉(흉함을 돌이켜 길함으로 되돌린다)'의 실천적 전략을 선택할 필요가 있다. 이럴진대 우리는 친밀성의 현실적 허물들 또한 극기복례할 필요가 있다. 이와 함께 서로에게 소중한 존재로서 공감하고 소통하며 '상경여빈'적 친밀성의 지평으로 나아가야 할 것이다.

참고문헌

기든스, 앤소니(Giddens, Anthony). 2010. 『현대성과 자아정체성: 후기 현대의 자아와 사회』. 권기돈 옮김. 서울: 새물결.

김기현. 2009. 『선비』. 서울: 민음사.

베르그송, 헨리-루이스(Bergson, Henri-Louis). 2005. 『창조적 진화』. 황수영 옮김. 서울: 아카넷.

성백효. 2009. 『懸吐完譯 論語集註』(개정증보판). 서울: 전통문화연구회.

———. 2010. 『懸吐完譯 大學』 中庸集註』(개정증보판). 서울: 전통문화연구회.

송종현. 2015. 『모바일 미디어와 일상』. 커뮤니케이션북스.

이창일. 2011. 『주역, 인간의 법칙』. 고양: 위즈덤하우스.

정학섭. 2014. "'별에서 온 그대' 신드롬, 부재와 현존의 사랑." 새전북신문 칼럼(2014.5.17.).
———. 2015. "관계와 친밀성의 유가사상적 관점."『공감과 배려: 더불어 사는 사회를 위한 조건』(발표자료집). 안동: 21세기 인문가치포럼 2015.
정학섭 외. 2014.『사회학적 관심의 동양사상적 지평』. 서울: 다산출판사.
채인후. 2010.『맹자의 철학』. 천병돈 옮김. 서울: 예문서원.
최정준. 2014.『주역개설』. 서울: 비움과 소통.
황상민. 2011. "스마트폰 시대의 고독." 동아일보 문화칼럼(2011.3.20.).

『大學』.
『中庸』.
『論語』.
『孟子』.
『周易』.
『禮記』.
『詩經』.
『近思錄』.
『春秋左氏傳』.
『朱子書節要』.
『易學啓蒙』.
『千字文』.
『退溪全書』(成大 大東文化硏究院 영인본).
『聖學十圖』.
『聖學輯要』.
『論語古今注』.

Chapter 2

중독에 대한 유교사상적 이해

김보경(계명대학교 한국학연구원)

I 문제제기

지금 한국 사회뿐만 아니라 인류는 유례없는 심각한 위기를 맞고 있다. 자살, 중독, 범죄 등의 사회적 문제들은 다양한 형태와 심각한 수준으로 깊어져 가고 있으며 환경문제와 같은 범지구적 문제들은 현대성으로 비롯된 우리들의 삶을 깊이 반성하고 통찰하기를 요청하고 있다.

이러한 문제들의 근원은 근대적 가치관이 인간의 욕망 추구를 위해 사회적 이성과는 괴리된 도구적 합리성만을 기형적으로 발달시켜 온 데서 비롯된 것이라 할 수 있다. 특히 '과학적, 실증적 지성'의 개발과 이용이 자본주의 체제에 의해 주도된 것이 문제를 심화시킨 가장 큰 원인이라 할 수 있다. 자본주의 체제하에서 인간의 욕망은 끊임없는 욕망을 창출한다. 인간들의 끊임없이 발생하고 표출되는 욕망은 현재 일어나고 있는 많은 사회적 문제들과 병리현상들을 심각한 수위로 올려놓았다.

본 연구에서 다루고자 하는 '중독' 현상도 이러한 근원에 바탕을 두어 심화된 사회적 병리현상으로서 타 문제들과 마찬가지로 시급한 해결이 요청되는 사회적 문제이다. 한국 사회에서도 중독현상은 여러 사회적 병리현상들 중 자살 다음으로 꼽히는 사회적 문제이다. 중독의 문제는 개인의 자살문제뿐 아니라 사회적 범죄와 직·간접적으로 연결되어 있어 그 심각성은 더욱 깊다. 과거 마약, 알코올 등과 같은 물질 중심의 중독현상은 정보통신기술의 발달로 인터넷, 쇼핑 등 행동 중심의 중독으로까지 그 범위가 확대되어 가고 있다. 미국 정부가 당면 과제로 선정한 10대 건강문제 중, 5개가 중독과 밀접한 관련이 있다. 비만, 물질, 남용, 성적 난교, 니코틴 그리고 폭력이 그것이다(김교헌, 2008).

우리나라의 중독문제도 지속적으로 증가하고 있으며, 그로 인한 사회적 문제도 증가하고 있는 추세이다. 현재 상당히 보편적인 용어가 된 '4대 중독(알코올, 마약류, 사행행위, 인터넷 게임)'에 대한 예방과 문제해결을 위한 정책들이 시행되고 있다. 국민의 약 6.8%인 338만 명이 중독 증상을 앓고 있을 정도이며, 현재 국내 중독 관련 산업이 약 38조 원(2014년 기준)에 달한다(보건복지부, 2015). 이렇듯 중독과 관련된 문제가 건강 문제는 물론, 범죄를 수반하고 있어 사회 안전을 위협하고 있다. 또한 근로자의 생산성 저하 및 경제적 비용을 유발하기도 하며 아동 · 청소년의 학습 기회 손실을 초래하는 등 다양한 사회 문제의 원인이 되고 있다. 따라서 중독에 대한 예방과 문제해결의 방법들이 시급히 다양하게 요청되고 있다.

이에 대해 학계에서는 중독의 문제를 진단하고 해결하기 위한 노력들을 기울이고 있으며, 정부에서도 중독의 문제를 해결하기 위한 정책들을 제시하기 위해 노력을 보이고 있다. 의학계와 심리학계의 연계적 연구를 통해 중독을 생물학적 질병으로서 간주하고 이를 치료하기 위해 약물요법의 방안과 개인의 심리적 측면의 문제와 연계한 상담요법을 병행하여 중독을 치료하고 있다. 정부 부처에서도 중독의 심각성이 깊어지자 이를 해결하기 위해 제도적으로 중독을 예방하고자 하는 방안들을 모색하고 추진하고 있다.[1)]

사회적 병리현상으로서의 중독은 치료를 위한 이론을 요구한다. 문제로서의 '중독'에 대한 진단은 그것을 치료하기 위한 해결방안을 요구하는 것이다. 기존의 연구는 생물학과 신경 생화학적 원인, 심리, 사회, 문화, 가족체계 등의 요소에서 그 원인을 찾고 해결방안을 모색하고 있다. 특히 심리적 측면과 생물학적 측면의 연계가 중심이 되어 중독의 진단과 치료를 이끌고 있는 것으로 보인다. 특히 최근에 들어 약물치료와 상담치료적 접근에 '마음챙김' 프로그램이라는 명상치료적 접근을 접목시키는 사례가 늘고 있다. 정신의학 분야에서 대체의학으로 분류하여 '마음챙김' 명상프로그램을 접목시켜[2)] 중독 및 스트레스 치료과정에 사용하고 있으며 그 효과는 높은 것으로 나타났다. 이는 비단 한국에서뿐만 아니라 미국에서 채택되어 사용되는 치료 요법으로 자리하고 있다.

---

1) 한국 정부 부처에서는 인터넷 중독의 수위가 점점 높아져 다른 사회적 병리현상들과 깊은 관련이 있음을 감지하고 이를 조절하기 위한 방안을 모색하기 시작했다. 행정안전부, 문화체육관광부, 보건복지부, 교육과학기술부, 법무부에서 각기 다른 내용의 인터넷 중독 예방을 위한 정책들을 실시하고 있다(파이낸셜 뉴스, 2010.3.15.). 2013년 서울시는 인터넷, 스마트폰 중독 예방 우수프로그램을 전국 시·도에 전파하였다(연합뉴스, 2013.7.9.). 또한 2013년 4월 새누리당 신의진 의원 등 14인이 국회에 제안했던 「중독 예방 · 관리 및 치료를 위한 법률안」도 추진 중에 있으나, 2014년 『2014 게임중독법 정책연구보고서』에 의하면 입법제정에 따른 문제점들이 제기되고 있어 검토 중에 있다(게임 및 문화콘텐츠 규제 개혁을 위한 공동대책위원회, 2014).

2) '마음챙김요법(MBSR)은 Mindfulness-Based Stress Reduction의 준말로서 '마음챙김을 기반으로 하는 스트레스 감소' 프로그램으로 명상과 요가를 활용하는 심신수련법이다. 동양전통에 토대를 둔 MBSR은 미국의 매사추세츠대학 의과대학의 존 카밧진(John Kabat-Zinn) 교수가 1975년 미국 매사추세츠 주립대학교 의과대학에 개설하여 미국과 유럽의 의료장면에 적용해 왔으며, 지금은 전 세계의 300개가 넘는 병원에서 만성질환자의 치료법으로 활용하고 있는 의료명상 기법이다. 또한 MBSR은 심리치료 분야에서도 널리 활용되고 있으며, 중독과 관련해서는 MBRP(마음챙김 기반 중독 재발방지 프로그램)로 활용되고 있다. 한국에서도 중독치료에 이 프로그램을 접목시켜 가고 있으며, 임상실험을 통해 그 효과를 도출하고자 하는 연구결과도 있다(권선중 · 김교헌, 2012; 이정임 · 권정혜, 2013).

이렇듯 비과학적이라 여겨왔던 명상, 마음치료라는 부분이 부각되어 가장 과학적인 요소를 요구하는 의학계에서 자리매김할 수 있는 이유는 '인간' 이라는 존재는 실증과 과학이라는 측면으로 모두 해결할 수 없다는 점을 말해 주는 것이라 할 수 있다. 근대 서구적 가치가 만든 가장 합리적이고 가장 과학적인 발전은 비인간화적인 사회적 병리현상과 문제들을 발생시켰으며, 이를 해결하기 위해서 과학적인 접근과 비과학적 측면이 존재하는 정신적 측면의 연구가 함께 병행되어야 함을 의미한다.

중독에 대한 접근도 마찬가지다. 근대 서구적 가치관에 입각한 도구적 합리성 내지 실증적 과학주의의 관점에 근거한 중독에 대한 접근은 중독현상이 생물적 측면, 심리적 측면 또는 사회적 측면에 편중되어 해석되어짐으로써 상호 복합적인 관계들을 해석해 내지 못하고 있다. 이러한 관점은 중독의 치료적 방법도 일시적이며, 중독 현상이 치료되었더라도 다시 재발한다는 점에서 한계점을 가진다. 생리학적 조절을 위한 호르몬의 투여를 통한 중독 치료, 개인의 심리적 치료를 통한 중독 상태의 벗어남은 지금까지 주류를 이루었던 치료방법들이다.

본 글에서는 지금까지 주류를 이루었던 중독의 관점과 치료적 방법이 간과한 부분을 보완할 수 있는 관점으로서 유교사상으로 중독을 진단하고자 한다. 기존의 과학적 치료방법이 갖는 한계를 비과학적으로 여겨왔던 동양의 문화로 극복할 수 있다는 믿음에서 출발한 불교적 수행방법과 유교적 수행방법(박상규, 2007)과 같은 맥락으로 이해할 수 있을 것이다. 사변적이고 담론적인 수준으로 여겨졌던 유교의 사상이 현실의 문제인 중독을 어떻게 해석할 수 있을 것인가라는 의문을 제기할지도 모른다. 그러나 유교의 사상은 현대사회가 안고 있는 사회적 병리현상을 진단하고 치료하는 실천성이 내포되어 있다. 유교가 추구하는 궁극적인 목적은 사변적 이론체계를 확립하거나 개인의 도덕적 자아를 완성하고자 한 것에 국한된 것이 아니라, 문화의 병리현상을 진단하고 치유의 기능을 담당하고 있다고 보기 때문이다.

중국 명말청초의 이옹은 유가의 경전들을 의서로 간주하고 유교를 현실의 문제로 진단하고 처방하고 치료하는 치료학의 관점으로 보려 했다. 그래서 그는 "공자, 안회, 자사 맹자와 송나라 때의 주렴계, 정이천, 장횡거, 주자 등은 모두 의사로 치면 모두 뛰어난 명의이고 오경과 사서 그리고 여러 유가들의 어록은 모두 의사들의 양방良方이 아닌 것이 없다."고 언급했다. 이옹의 이러한 언급은 유교사상을 현실의 문제에 대한 치료학적 관점에서 이해하고 있음을 보여준다. 이와 같이 유교는 한국 사회의 사회병리현상이 중독의 문제를 접근하는 데 기존이론에서는 제시되지 않은 해석을 가능하게 한다. 이는 중독을 치료하기 위해 시도되고 있는 마음챙김 프로그램과 유교적 치료방법들을 정교히 진행하게 하는 이론적 근거로 자리할 수 있을 것으로 본다.

유교사상으로 보면 행위중독이든 물질중독이든 이는 인간 소외의 한 현상이다. 따라서 유교사상으로 볼 수 있는 인간 소외의 모습, 즉 도덕적 본성과 감정들, 그리고 대대적 관계관에 입각하여 중독을 진단하고 설명할 수 있다.

Ⅱ 중독의 정의와 중독의 원인

중독이라는 용어는 마약, 알코올, 니코틴 등 물질적 중독과 인터넷게임, 스마트폰, 쇼핑, 성형, 성 등의 행위중독 외에도 일상적 용어에서 광범위하게 사용되고 있다. 이렇게 '중독'이라는 말을 광범위하게 사용하게 된 원인은 중독이 한국의 현대인이라면 언제 어디서든 직면할 수 있는 상태라는 이유에서일 것이다.

보고서에 따르면 현재 크게 문제시되고 있는 중독은 크게 4가지로 분류하고 있다. 알코올중독, 마약(류)중독, 도박(사행성도박)중독, 미디어(인터넷, 스마트폰)중독이 그것이다(보건복지부, 2013). 이 4대 중독 분야가 다른 종류의 중독보다 그 폐해가 심각하여 법률안(「중독 예방, 관리 및 치료를 위한 법률안」) 제정까지 이르게 한 것이다.

현재 중독 실태조사에 따르면 우리나라 인구의 약 6.7%(인구 약 5천만 명 중 333만 명)가 외래치료가 필요한 중독상태이다. 알코올(218만 명), 인터넷게임(47만 명), 도박(59만 명), 마약(9만 명) 순으로 파악되고 있으며, 이들 중 만성중독군으로 분류되어 입원 및 재활치료가 필요한 수도 모두 34만 명으로 파악되고 있다(보건복지부, 2013: 5). 보고서와 같이 중독의 증가세는 꾸준히 늘고 있으며, 더하여 중독으로 인한 개인, 사회적 폐해는 점점 더 깊어가고 있다. 개인적인 측면에서는 개인의 심신의 고통과 피폐를, 사회적인 측면에서는 사회, 경제적 비용의 지불 및 공동체성의 약화를 가져온다.

이렇듯 갈수록 증가하고 그 폐해가 심해지는 중독은 소외된 현대인의 자화상을 대변한다고 할 수 있다. 비단 중독이 현대인에게서만 발견되는 것은 아니다. 시대와 지역을 넘어 중독의 문제는 존재했다. 그럼에도 불구하고 현대에서 유독 중독의 현상이 다양하고 광범위하게 나타난다는 것은 인간의 소외현상이 더욱 심해졌음을 반증한다고도 할 수 있다. 따라서 중독에 대한 진단은 개인심리적 측면과 사회구조적 측면이 함께 논의되어져야 하며, 다양한 스펙트럼을 통해 진단되고 해결할 수 있는 방안들이 제시되어야 한다.

중독Addiction의 어원은 라틴어 'addicene' 으로 '동의하는 것, 양도하는 것' 이다. 따라서 물질이든 행위이든 그 대상에게 나를 양도하는 것이라고 추측할 수 있다. 사전에 정의된 '중독' 은 물질이나 행위를 지나치게 추구하여, 이것들 없이는 생활이나 활동을 하지 못하는 병적인 상태 또는 정상적인 판단이나 생각을 할 수 없는 상태이다. 따라서 중독은 행위이든 물질이든 인간이 관계를 맺는 어떠한 대상으로부터 통제가 불가능한 상태, 즉 개인이 관계를 맺는 대상과의 소통이 비정상적 단계에 진입한 상태라 할 수 있다.

한편, 일반적으로 개인들이 일상적인 행동에서 특정 행동에 장기적이고 광적인 몰두와 집중의 모습을 보일 때 중독되었다라고 말한다. 오폴드(Oford, 2001)는 즐거움과 만족을 주기도 하지만 과도해졌을 때 자신과 주위사람들의 삶의 질을 손상시키는 다양한 종류의 활동들이 있는데, 그 활동에 대해 조절하려고 노력함에도 불구하고 반복적으로 실패하는 경우를 '과도한 탐닉' 혹은 중독이라고 봤다. 오폴드의 정의에 따르면 중독은 개인적 문제일 뿐 아니라 자신과 관계되어 있는 주변의 모든 것들에게 영향을 미치는 문제이다. 중독 상태의 인간은 정상인들이 갖는 일상적 행위로부터 벗어난 상태이며, 중독으로부터 파생된 이차질병의 초래되기도 한다. 중독 상태의 개인은 일상인들의 생활범주로부터 소외된 상태라 규정할 수 있다.

한국에서는 알코올, 니코틴, 마약 등의 물질중독 외에 도박, 인터넷, 쇼핑, 단타성 주식거래, 섭식 등의 행동중독이 중요한 사회적 문제로 등장하고 있다(김연우, 2005). 한국에서는 1980년대까지는 알코올과 도박 중독이 만연했고, 1990년대는 도박과 마약이 유행되었으며, 2000년대부터는 채팅, 게임, 온라인 도박, 경매, 쇼핑, 주식, 사이버 섹스 등 인터넷을 통한 행위중독이 가정, 학교, 직장, 사회에 만연되어 있다.

다양한 중독의 현상은 특정 직업, 특정 연령과 성 등과는 상관없이 다양하게 확산되어 가고 있으며 그 중독의 정도 또한 심각하다. 마치 강력한 바이러스와 균이 자꾸 생겨나듯이, 중독은 시대의 변화에 맞추어 그 유형이 다양화되어 가고 있으며 그 수 또한 특정의 층과는 상관없이 기하급수적으로 늘어나고 있는 실태이다. 더욱이 인터넷 중독이 성범죄를 유발하기도 하거나, 일중독이 극심한 우울증과 함께 자살로 이어지게 한다. 최근에는 특정 연예인이 도박으로 중독되어 재산과 직업과 명예를 잃고 국외에서 방황하는 예도 있었다. 이렇듯 중독으로 파생된 우울증, 정신적 · 정서적 문제도 함께 문제시되고 있어, '이중 질병Dual Disorders' 또는 '이중 진단Dual Diagnosis' 이라는 용어들도 중독과 관련되어 사용되어지고 있다(김교헌, 2008: 175).

그렇다면 왜 중독 증상이 일어나는 것일까? 이 물음에 대해 생물학, 신경 생화학, 심리, 사회, 문화, 가족체계 등의 요소들에서 그 원인을 찾는다. 다양한 방면에서의 중독에 대한 해석에서 공통적으로 제기하는 관점은 '중독은 어떤 물질이나 대상에 집착적으로 의존하는 모습' 이라는 것이다. 즉 다양한 증상들의 중독들이 표면적으로는 개별적이며 차이를 보이지만, 이들 중독의 증상들은 결핍과 갈망이라는 공통적인 기제와 과정에 기초를 두고 있다는 것이 학자들의 공통된 견해다.

무언가에 중독된 사람들은 중독 대상에 대한 강렬한 욕구인 '갈망craving' 을 가진다. 갈망은 "부정적 정서 상태에서 현저해지는 대상의 보상효과에 대한 기억(Koob and Le Moal, 2008)"이라고 정의하기도 하는데, 자신이 가지고 있는 부정적 정서와 중요한 결함을 물질이나 행위가 고쳐줄 수 있을 것 같다는 믿음에 기초하여 그것을 갈망하게 된다는 것[3]이다. 이러한 관점으로 중독이 발생한다고 본다면 현대의 인간들은 과거보다는 더욱 깊은 결핍감과 갈망을 내재하고 있다는 결론이 나온다. 이렇듯 중독이라는 것은 현대의 인간이 자신이 가지는 소외된 감정들, 즉 삶에 대한 불만족, 자신은 항상 결핍되어 있다는 생각, 아무도 자신을 필요로 하지 않는다는 생각, 자신이 정말로 실재하지 않는다는 생각 등 불완전한 자아 정체성을 지닌 개인들의 소외된 모습을 대변하는 현상인 것이다.

---

3) 이러한 중독을 코헛은 중독적 행동을 '자기애성 행동장애' 로 정의한다. 즉 자기애적 상처로 인해 생기는 자기의 구조적 결핍이 중독으로 이어진다고 지적한다(Kohut and Wolf, 1990).

이와 같은 특정 물질과 특정 행위에 중독된 현대인의 자화상은 현대문명이 안겨다 준 불행의 선물일지도 모른다. 대량생산과 대량소비를 부추기는 현재의 신자유적인 세계경제 시스템 속에서 현대인은 결핍과 갈망을 강요받고 있으며, 또한 현대인 스스로도 결핍과 갈망에 의한 욕망을 충족하는 삶을 긍정적으로나, 자연스럽게 받아들이고 있다. 생존을 위한 기본조건 외에도 현대인들은 항상 무엇인가를 끊임없이 채워야만 한다는 심리를 지닌 채 살아가고 있다. 이렇듯 대부분의 현대인들은 소비중독 상태에서 살아가고 있으며, 그들 가운데 한걸음 더 나아간 이들은 소외된 자아를 찾고자 외부에 존재하는 특정 물질이나 특정 행위를 선택하고 있으며, 이는 또 다른 결핍과 갈망을 낳는 결과를 초래하고 사회적으로는 많은 폐해를 가져온다.

물질과 행위에 대한 끊임없는 갈망으로서의 중독문제에 대한 접근은 기존의 생물적, 심리적, 사회적 측면에서의 관점에서뿐만 아니라 근본적인 해결과 근접할 수 있는 다차원적인 해석이 요구된다. 이러한 측면에서 유교사상은 인간이 맺는 모든 관계들 간의 성격을 해석해 내는 관점을 내포하고 있다. 이는 중독에 대해 개인적 측면과 사회관계적 측면으로 접근하게 하는 사상을 지니고 있다. 유교사상은 중독을 도덕적 본성의 실현으로서의 자아로부터의 소외된 상태, 대대적 관계로부터의 소외된 상태, 공동체성의 해체로부터 온 소외의 상태로 해석 가능하게 한다. 이 세 가지의 관점은 중독현상을 파악하는 데 동시적으로 파악되는 관점이지만, 영역을 나누어 구분한 것이다. 유교사상은 개인의 도덕적 본성의 실현이 개인이 맺는 관계들과의 소통에서 전제되는 실천사항이며, 나아가 개인이 머무는 공동체의 삶에서 전제되는 인간의 의무이자 권리로 파악되기 때문이다.

중독을 바라보는 기존 시각은 생물학적 요인과 사회 환경적 요인으로 정의함으로써 현상적 차원에 한정한다. 그러나 "인간은 생물적 존재, 사회적 존재이기만 한 것이 아니라 철학적 존재이기도 하다"(이영찬, 2001). 사회심리학에서 방법론적으로 접근하는 과학주의는 지금까지 철학적인 논의를 추상적인 사유로 연구 대상에서 제외시켰다. 자연과학적 분석이 경험적·수량적 분석에서 기여한 바는 크지만, 주체적 자아의 역할을 간과하고 있다는 큰 결함을 가지고 있다. 유교에서 정의하는 도덕적 본성을 실현하는 자아에 대한 정의는 주체적 자아와 대대적 관계 맺음의 자아가 전제되어 있다. 뿐만 아니라 인간이 맺는 대대적 관계 맺음의 규정은 공동체성이라 불리는 상호 호혜성, 상보상생의 관계성의 전제가 된다. 유교사상에서 강조하는 대대적 관계맺음의 성격은 근대 서구의 세계관에 전제된 대립적이고 갈등적인 관계와는 근본적인 차이를 가진다.

유교의 관점에서 중독은 도덕적 본성의 실현이라는 인간의 모습에서 이탈되어 이기적 욕망을 충족하기 위한 인간에게서, 대대적 관계로부터 소외된 인간에게서, 나아가 상호 호혜성과 상보상생의 관계성이 파괴된 공동체 속의 인간들에게서 나타날 수 있는 현상이라 파악할 수 있다.

Ⅲ 유교적 인간의 소외와 중독

유교에서의 인간은 자연적 존재, 도덕성을 전제로 한 주체적 존재, 사회적 존재라는 세 가지 존재 방식을 안고 살아가는 존재다. 이것은 인간이 자연, 자기 자신, 타인과의 관계라는 세 가지 관계 방식을 하나의 기본 축으로 하여 살아가는 존재임을 뜻한다(신오현, 1987: 34). 이러한 관계 방식의 성격은 인간의 중독현상을 해석하는 데도 유용성을 가진다.

『중용』 1장의 "天命之謂性, 率性之謂道, 修道之謂敎"를 통해 자연과 인간의 관계, 인간과 맺는 모든 관계 맺음의 성격, 그것을 유지시켜 주는 방법들이 무엇인지를 알 수 있다. 인간의 본성은 하늘로부터 부여받았으며, 그 본성을 따르는 것이 이치(道)이며, 그 이치(道)를 따르는 것이 가르침이라 했다. 다시 말해서 인간은 하늘로부터 상징되는 자연인 대우주로부터 그 본래의 성性을 부여받은 소우주로 해석되며, 인간은 우주의 운행에 참여할 의무와 책임을 부여받은 존재로 규정되어 있다. 이러한 의무와 권리는 인간의 삶에서 맺는 모든 관계들의 성격에 기초가 된다. 그 관계성은 주체적 자아들 간의 대대적 관계라 말할 수 있으며, 상호 호혜적, 상보상생의 대대적 관계관은 서구 근대성이 만들어 낸 대립적 관계관과는 본질적 차이를 보이는 관점이다.

위와 같이 유교사상의 관계방식에서 전제되는 인간의 도덕적 본성과 관계의 성격은 기존에 중독을 해석하는 관점과는 다른 관점이다. 근대성을 대표할 때 언급되는 감각적 · 쾌락적 욕망의 충족자로서의 인간, 이성과 합리성에 기초한 인간, 지배와 억압이 전제된 대립적 관계관은 중독의 다양성과 수위를 높인 성격이라 할 수 있다. 그럼에도 불구하고 근대성의 눈으로 중독의 문제를 진단한다는 것은 중독이 가진 본질적 문제를 간과하게 된다. 일원론적 세계관에 기인한 유교사상으로 중독을 접근하는 다음과 같은 관점은 중독에 대한 사유를 넓히는 역할을 할 뿐만 아니라, 기존 관점으로는 해결하지 못한 중독의 치료적 관점에 유용성을 제공할 것이라 판단된다.

유교사상에서의 자연관과 인간관에 기초하여 중독을 진단한다면 다음과 같이 나눠볼 수 있다. 첫째는 도덕적 본성의 실현이라는 인간으로부터 소외된 상태로 중독을 해석하는 관점이며, 다음으로는 상호 호혜적, 상보상생의 대대적 관계로부터 소외된 상태로 중독을 해석하는 관점이다. 마지막으로 공동체성의 해체로부터 발생하는 인간의 소외 유형으로 중독의 현상을 파악하는 관점이다.

1. 도덕적 본성의 실현으로서의 인간과 중독

유교에서 개인적 차원으로 언급될 수 있는 소외된 상태는 도덕적 본성의 실현으로부터 이탈된 모습이라 할 수 있다. 즉 인간이 도덕적 본성의 실현이라는 삶으로부터 벗어났을 때 인간은 소외된 상태로 규정할 수 있는 것이다. 중독은 이러한 인간의 소외된 상태로서 도덕적 본성의 실현이라는 측면에서 이탈되어 주체적 인간으로서의 삶의 창조성과 사회성을 이뤄가지 못하는 상태이다. 나아가 인간의 가장 중요한 의무이자 권리인 도덕적 본성의 실현이라는 인간의 삶의 목표로부터 이탈된 상태라 규정할 수 있다.

도덕적 본성에 대한 이해는 유교사상에서 인간 본성이 어떻게 규정되는가에서부터 살펴봐야 할 것이다. 유교의 인간 본성에 대한 정의는 성性의 개념 이해로부터 출발한다. 유교의 성이라는 개념은 하나로 일반화되기 쉽지 않지만 크게 봐서 '타고난 그대로의 것(生而自然)', 사람이 사람답게 되는 원인으로서의 성〈사람이 지닌 보편적인 원인〉, 인생의 궁극적인 근거로서의 성으로 나눌 수 있다(이영찬, 2001: 238). 그러므로 유교에서는 인간의 본성을 천리가 마음에 구현된 것으로 본다. 인간은 대우주의 원리를 내포하고 있는 소우주로서 내면적 성찰과 사회적 관계를 통해 본성을 실현하는 존재이며, 이는 곧 천리를 실현하는 존재이다.

이처럼 유교사상에서 인간은 도덕적 본성과 도덕적 이성을 가진 존재로서 여타 존재와는 큰 차이를 갖는다. 인간은 자신의 삶에서 맺는 모든 존재들과의 관계를 자신의 도덕적 본성의 실현 또는 회복을 위한 관계로 삼는다. 유교사상은 이를 가장 인간다운 모습으로 규정하고 더하여 도덕적 본성을 실현하는 삶을 가장 중요한 목표로 여긴다. 그래서 인간은 내재된 도덕적 본성에 대한 강한 긍정을 통해 스스로 도덕 주체적 존재가 된다.

이처럼 강조하는 도덕적 본성은 인간을 주체적 존재자로 확립시켜 주는 동시에 모든 것들과 소통을 가능하게 하는 근거이다. 그러므로 인간은 자신과 맺는 관계에서 도덕적 본성을 실현해 가야 하는 의무와 권리를 가진다. 이러한 관점에서 중독을 본다면 중독은 도덕적 본성의 상실에서 초래된 결과라고 할 수 있다. 다시 말해 중독의 원인으로 지적되는 갈망과 결핍은 유교에서 강조한 도덕적 본성으로부터 소외된 이기적이고 욕망적인 존재로서의 삶에서 나온 결과인 것이다. 갈망과 결핍은 인간의 욕망 속에 내재된 감정이다. 육체를 가진 인간이라면 항상 어느 정도의 갈망과 결핍감으로부터 완전히 자유로울 수 없지만 문제는 그것이 과도한 상태에 이르렀을 때이다. 중독은 갈망과 결핍이 지나친 상태에서 초래된 결과로서 인욕의 상태에서 초래된 결과라 할 수 있다.

유교에서는 인간이 가진 욕망을 완전히 부정적인 감정으로는 보지 않으며 인간이 가지는 어느 정도 자연스러운 감정으로 파악하고 있다. 『예기』와 『중용』에 나오는 기쁨(喜) · 성냄(怒) · 슬픔(愛) · 두려움(懼) · 사랑(愛) · 미움(惡) · 욕구(慾)[4]의 감정들은 단지 시기와 상황에 맞게 표출될 때 도덕적 본성을 인육의 상태에서 벗어나 소외를 극복할 수 있게 된다.

인간은 중용 또는 시중時中적 태도를 견지함으로써 어떠한 상황하에서도 가장 적절한 상태[和]를 유지할 수 있게 된다. 중독은 시중적 태도를 유지하지 못한 상태에서 빚어진 일종의 반중용적 일탈[5]행위라 할 수 있다. 시중은 인간의 도덕적 본성의 실현과 회복을 돕는 중요한 태도로 여겨진다. 인간에게 항상 발생 가능한 소외의 위험에서 정상상태를 유지하고 회복하게 하는 역할을 하는 것이 시중적 태도, 즉 중용인 것이다. 이러한 중

4) 『禮記』 「禮運」편에는 기쁨(喜) · 성냄(怒) · 슬픔(愛) · 두려움(懼) · 사랑(愛) · 미움(惡) · 욕구(慾)로 나뉘는 7가지 정감이 태어나서 배우지 않아도 누구나 특정 상황이 되면 저절로 드러난다고 하고 있다.

5) 이영찬(2001)은 일탈에 대한 유형은 의(義)에 대한 이(利)적 일탈[개인적 일탈], 공(公)에 대한 사(私)적 일탈[사회적 일탈], 중용에 대한 반중용적 일탈[가치적 일탈], 정직에 대한 허위적 일탈[태도적 일탈]로 나누었다. 여기서 중독은 반중용적 일탈로 볼 수 있다.

용적 태도가 유지되지 못할 때 중독의 상태가 발생하며 인욕의 상태로 빠지는 것이다. 중독은 도덕적 본성이 실현된 도심道心과는 멀어진 인욕의 상태로서 '반항상성과 비일상성'으로 전락한 상태이기도 하다.

유교에서는 중독에 빠지기 전에 시중적 판단을 통해 이기적 욕망을 제어하고 도덕적 본성을 실현할 수 있는 실천적 방법론을 제시하고 있다. 그것은 유교의 수양론에서 언급되는 수신과 배움의 강조이다. 유교에서 도덕적 본성을 실현하는 수신의 방법을 끊임없이 강조했던 이유는 바로 인심이 인욕의 상태로 전락할 수 있는 위험이 있기 때문이었다. 공자가 안연에게 말한 '극기복례克己復禮'와 같이 자기를 이기는 방법은 생활 속에서 끊임없는 성찰과 실천을 통해 이뤄진다. 중독은 인심人心을 극복하지 못한 상태, 그래서 도심道心에 따른 예禮로 돌아가지 못한 상태인 것이다. 유교에서 경공부와 관련한 존양성찰存養省察, 거경궁리居敬窮理의 방법은 인간의 위태로운 마음을 시중적 상태로 유지시키는 수양방법이다. 이러한 방법은 현재 중독뿐 아니라 소외의 결과로 나타나고 있는 다른 사회문제들을 극복하고 치료할 수 있는 방법으로도 주목받을 가치가 있다.

요컨대, 유교의 사상으로 볼 수 있는 중독의 상태는 도덕적 본성으로부터 소외된 인간의 모습이며, 이는 이기적 욕망 충족으로서의 인간들의 모습을 긍정하고 생산해 내는 인간관에서 비롯됨을 발견할 수 있다. 그러므로 중독된 인간들의 치료 방법은 도덕적 본성을 발견하도록 하는 끊임없는 수양과 배움을 통해 극복될 수 있음을 유교사상에서는 말해 주고 있다.

2. 대대적 관계로부터 소외된 인간과 중독

개인과 개인을 둘러싼 세계와의 관계를 대대待對적인 관계로 보는 것은 유교사상의 핵심적 사유 방식 가운데 하나이다. '대대待對'라는 용어는 후대 주역 연구자들이 주역의 원리를 설명하기 위해 사용한 개념이다(최영진,

1989). 『주역周易』에서는 음양관계로 천지만물의 생성원리를 설명하고 있다. 그 관계의 특징은 주체성과 평등성을 전제한 각 개체들의 관계의 소통으로서, 생명적 · 호혜적 · 감응적 · 정서적 특성의 상보상생의 관계적 특성이 내재되어 있다.

대대적 관계에 있는 양자兩者는 상호 대립적이고 이질적인 성질의 개체들이 관계를 맺는 것처럼 보이지만, 그것은 형식적 차원에서 논해지는 것이지 가치적 차원에서는 그 내용이 달라진다. 주희는 대대의 관계를 다음과 같이 말하였다.

> 동쪽과 서쪽, 위와 아래에서 추운 것과 더운 것, 낮과 밤, 삶과 죽음에 이르기까지 모두 상반되며 서로 대대하는 짝이다. 천지간의 사물에서 서로 대대하는 짝이 없는 것은 없다.[6]

주희는 천지 만물의 이치는 홀로일 수 없으며 반드시 그것과 관계를 맺는 상대가 있음을 강조하고 있다. 그것은 저절로 그러한, 필연적인 것임을 말한다.[7] 음양 · 선악 · 미추 · 고저는 어느 한쪽만이 스스로 그 자체로 홀로 존재할 수 없다. 이유는 그것이 존재하기 위한 근거나 기준이 없기 때문이다. 그것의 존재성이 확보되기 위해서는 동시에 어떤 대對하는 것이 함께 있을 수밖에 없다. 이런 의미에서 모든 현존재는 바로 동시에 그 상대적 의미를 상호 전제할 수밖에 없다고 보는 것이 대대적 관점이다. 이러한 대대적 인식원리는 동양사상 전반에 자리하고 있는 인식원리이다(김재범, 2001).

모든 사물과 현상 속에서 대대하는 것은 합일 속에서의 대대이지, 단순한 대립 그 자체만일 수는 없다. 절대적으로 대대하는 둘이 없는 하나는 없

6) 『朱子語類』(권 62): "東之與西 上之與下 以至於寒暑晝夜生也, 皆是相反而相對也 天地間物未嘗無相對者."
7) 『近思錄』(권 1): "天地萬物之理 無獨必有對 皆自然而然~."

다. 또한 절대적으로 합일이 없는 둘도 없다. 하나이면서 대대하는 둘이고, 둘이면서 합일하는 하나이다. 이것이 온갖 사물의 실제 모습이다(이영찬, 2001: 445). 대대의 관계를 정리하자면 다음과 같다. 첫째, 상반적인 타자를 적대적으로 보는 것이 아니라 자신의 존재성을 확보하기 위한 필수적인 전제로 요구하는 관계를 말한다. 둘째, 상반적인 관계를 상호 배척적인 관계로 보는 것이 아니라 상호 성취의 관계 더 나아가 추동력의 근거로 보는 것이다. 셋째, 대대관계에 있는 양자는 대대관계에 있다는 그 자체로써 균형과 조화를 이루고 있는 것으로 규정하려는 경향이 강하다는 것이다(최영진, 1992: 395-396).

이러한 특징으로 인간과 자연, 인간과 인간, 인간과 사회, 정신과 육체의 관계를 대대적인 존재관계로 본다. 그러므로 여기에서는 주체와 객체의 이원적 구분도, 지배와 착취의 대립적 관계도 있을 수 없다. 그래서 인간의 소외는 이러한 대대적인 존재관계를 벗어난 존재방식에서 발생한다고 할 수 있는데, 상대방의 부정은 곧 자신의 부정으로 나타나기 때문이다. 이렇게 볼 때 소외의 원인도 자기 자신의 부정과 외부세계의 존재물에 대한 부정으로부터 시작되는 것임을 알 수 있다.

모든 존재의 대대적 관계는 서로간의 원활한 소통을 가져오며, 원활한 소통은 조화롭고 질서 있는 모습으로 나타난다. 이러한 구체적인 예는 오륜五倫으로 제시되는 군신君臣 · 부자父子 · 부부夫婦 · 장유長幼 · 붕우朋友의 관계이다. 임금과 신하의 관계가 지배와 착취의 대립적 관계로 설정이 된다면 그것은 곧 군·신이 모두 대대적 관계에서 벗어난 모습이다. 부자간의 관계, 부부간의 관계, 장유의 관계, 친구 간의 관계 속에서 대상으로 제시되는 존재도 자신의 존재성을 확보하기 위한 필수적인 대상이며, 상호 성취를 위한 추동력으로서 원활한 소통이 전제될 때 조화와 균형의 모습이 나타난다.

대대관계를 벗어난 관계는 소외된 관계라 규정할 수 있다. 유교가 권위주의적 위계를 옹호하는 이념이라고 비판받아 온 것은 바로 서열관계가 대대의 관계를 이루지 못했고 이항 대립을 통한 지배와 착취의 관계로 이용되었기 때문이다. 유교의 대대적 관계에서 지배와 착취의 관계를 보면 그것은 불균형과 부조화의 관계로서 생명적 · 호혜적 · 감응적 · 정서적 관계로부터 이탈된 관계라 볼 수 있다. 중독도 마찬가지다. 외부세계와 자신과의 관계가 대대적인 관계에서 이탈한 상태로 개인이 맺는 행위와 물질은 그것과 관련을 맺는 개인은 감각적, 지배 억압적 특성을 갖고 있다.

이러한 지배와 복종의 관계관이 인간의 중독현상에서도 발견된다. 중독은 자신과 관계를 맺는 상대가 대대적인 관계를 이탈한 지배와 복종의 대립적이고 배척적인 관계의 특성을 가진다고 할 수 있다. 서구 근대의 세계관에서 제시되는 상호 대립적 · 갈등적 · 투쟁적 관계는 발전으로 나가는 운동성에서 필수적인 관계로 전제된다. 헤겔의 소외이해에서의 즉자An-sich-sein－대자Für-sich-sein의 관계(헤겔, 2005)와 마르크스가 제시한 노동소외의 설명에서 인간과 노동, 인간과 사회의 관계는 모두 상호 대립적, 투쟁적 관계로 설정되어 있다. 그러나 이러한 관계관은 끊임없는 갈등을 조장하며, 이 갈등의 해소를 위해선 불가피한 싸움이 동반되며, 어느 한쪽의 몰락을 가져오게 한다.

중독은 위와 같은 대립적 · 갈등적 구조 속에서 파악될 수 있는 개념이다. 중독된 인간은 조절되지 않는 자신의 갈망과 결핍을 채우기 위해 특정한 행위와 물질을 선택하게 된다. 특정 행위와 물질은 자신이 가진 갈망과 결핍을 해소시키기 위한 도구로서 그 자체가 대립적 · 갈등적 관계인 것이다. 바꾸어 말하면 자신이 선택한 행위와 물질로부터 지배를 받고 있는, 인간의 주체성이 상실된 비인간화된 상태이기도 하다. 즉 감각적 · 쾌락적 욕구의 충족이라는 이기적 인간의 욕망이 인간을 비인간화시킨 결과인 것이다. 결국 행위와 물질로부터 지배받는 인간은 인간의 주체성을 확보해주는 도덕적 본성을 상실한 채 감각과 쾌락이 요구하는 더 강도 높은 탐닉을 추구하게 된다. 이러한 결과는 자신이 주체가 되어 관계를 맺는 다른 관계들과의 소통을 단절시키는 결과를 초래한다.

대대적 관점에서의 중독은 생명이 없는, 희망이 없는 관계맺음이다. 중독은 자신을 둘러싼 모든 것들과의 상호관계에서 대대적 관계로 서 있지 못한 채 이기적 욕구부터 발생한 결핍과 갈망으로 주체와 대상의 일방적 관계맺음이라 할 수 있다. 일방적 관계맺음은 지배와 억압의 구조를 가지며, 그것은 균형을 이루지 못한 채 한쪽의 파괴를 초래한다. 중독을 유발한 행위와 물질의 세계가 전부인 줄 착각하는 인간의 모습, 이것은 현대 문명이 가져온 인간의 이기심에 기인한 것이라 지적할 수 있다.

인간의 이기심은 끝없는 갈망을 전제로 한다. 결국 인간의 이기심은 인간을 자신의 본성으로부터 더욱 멀어지게 하여 참자아(인간의 본성)와의 만남을 방해한다. 인간본성과의 만남의 기회를 갖지 못하는 인간은 자신을 둘러싼 환경에서 가장 가치가 있다고 여기는 것에서 존재성을 확보하려고 한다. 나아가 그것이 자신이 추구하여야 할 목표인 줄 착각한다. 인간은 목표 아닌 목표를 달성하기 위해서 살아가고, 인간은 그 목표를 얻음으로써 모든 것이 끝이 났다는 생각을 한다. 그러나 그때 느끼는 감정은 함정을 가지는데, 공허함, 허탈함과 같은 소외된 감정이 그것이다. 이는 인욕의 영역에서 성취된 목표로서 그것은 본질적 행복을 가져다주는 것이 아닌 공허함과 삶에 대한 회의주의적 생각, 우울증을 가져다준다. 이로써 인간은 염세비관주의, 즉 '실존적 공허함'에서 벗어나지 못한 채 참다운 삶을 부정하고 영위하지 못하게 되는 것이다. 이러한 결과로 나타나게 되는 사회적 문제들 중 중독은 소외된 인간이 선택할 수 있는 도피의 길인 것이다.

요컨대, 유교의 관점에서 중독은 그 관계성이 대대적 관점으로 이탈된 상태로서 서구문명이 가져다준 이기적 욕망의 충족으로서의 대상과의 관계관이 그대로 적용됨을 발견할 수 있다. 그 특징으로 첫째, 중독의 물질과 행위는 감각적 자아가 자신의 이기적 욕망과 쾌락을 탐닉하기 위한 대상으로 설정된다. 이는 인간의 주체성을 확립해 주는 도덕적 본성으로부터의 자아로부터 이탈된 상태로서 소외된 관계맺음이라 할 수 있다. 둘째, 물질과 중독을 통해 상호 성취의 관계관에서 이탈된 상호 지배와 억압의 구조를 가진다. 이는 갈등적 · 대립적 관계로서 대대적 관점의 평등적 · 감응적 관계로부터 이탈된 상태라 할 수 있다. 셋째는 중독은 그 자체가 죽음의 관계관으로부터 초래된 결과로 대대적 관점의 조화와 균형으로부터 이탈된 상태라 할 수 있다.

3. 공동체성의 해체로부터 소외된 인간과 중독

많은 학자들이 현대사회에서 발생하는 문제점들을 지적하는 관점 가운데 하나가 바로 공동체의 해체와 관련된 것이다. 전통사회에 존재했던 공동체의 공통된 집합의식은 사회의 통합을 이끄는 주요한 요소였지만, 현대사회는 이러한 요소들의 해체로 사회 질서의 혼란과 무규범 상태, 공동체의 몰락과 그에 따른 인간관계의 약화와 악화를 초래했다. 이것은 현대사회에서 발생하는 인간 소외를 비롯한 많은 문제점들의 원인이 되고 있다. 퇴니스 · 뒤르켐 · 쿨리 · 짐멜 등과 같은 집단주의 관점론자들이 강조했던 내용도 이와 같으며, 이들은 산업화와 그에 따른 도시화를 사회문제를 일으키는 근본적 원인으로 인식한다.

이와 마찬가지로 중독도 공동체의 해체와 직·간접적 영향으로 초래된 결과라 지적할 수 있다. 공동체는 인간들의 유기적 관계가 존재하는 집합체로서 사람들의 활동을 한데 묶어놓는 통합된 체계(양춘 · 박상태 · 석현조, 1995: 126)로서 정서적 행위의 근간이 되는 집합체이다. 정서적 행위의 근간이 되는 공동체의 해체가 많은 사회문제들의 원인이 된다면, 중독 역시 일부분 그로부터 파생된 문제라 유추할 수 있는 것이다.

유교에서는 공동체의 중요성을 강조한다. 주역의 '천지비天地比' 괘는 공동체의 중요성을 잘 표현하고 있다.

> 하늘과 땅 사이에 사는 모든 것이 서로 친하여 돕지 않고 스스로 보존할 수 있는 것이 없으니, 비록 강하고 굳셈이 지극하더라도 독립해서 살 수 있는 것이 없다. 비比의 도는 두 뜻이 서로 구해야 하니, 두 뜻이 서로 구하지 않으면 어긋날 것이다.[8]

위의 비괘의 괘사에 나타난 인간의 모습은 비록 강하고 굳셈이 지극하더라고 혼자 살 수 없는 존재로 보고 있다. 유교의 일원론적 관점에서 보는 세상의 모든 존재들은 스스로의 본성을 실현하기 위해 상보성취의 관계를 전제로 한다. 이를 실현시켜 주는 장이 관계들의 합으로 이뤄진 공동체인 것이다. 유교에서 강조하는 공동체는 이해관계를 기초로 하는 이익공동체가 아니라 도덕 관계를 기초로 하는 도덕 공동체라는 점에서 서구의 공동체 개념과는 차이를 보인다. 구성원들의 동일한 특성의 요구를 강조한 서구의 공동체 개념에 비해 유교에서 강조하는 공동체는 개체성이 전제가 되며, 개체성의 조화를 바탕으로 형성된 공동체이다. 즉 공동체 내에서의 인간이 맺는 정서적, 유기적 관계는 개인들의 도덕적 본성 실현이라는 특성을 전제로 하고 있다.

유교에서 공동체의 전형은 '대동' 사회에 대한 묘사에 잘 드러난다. '대동' 사회란 모든 사람들이 자신의 덕성을 발휘하는 장으로서, 신분적 평등과 재화의 공평한 분배가 이루어진 평등하고 평화로운 사회를 말한다. 대동에 대한 개념은 『예기禮記』「예운禮運」[9]에서 잘 알 수 있다.

예기에 묘사된 대동사회는 유교에서 제시하는 이상적 공동체이다. 유

---

8) 『周易』 "凡生天地之間者 未有不相親比而能自存者也 雖剛强之至 未有能獨立者也 比之道 由兩志相求 兩志不相求 則睽矣."「水地比」(卦辭의 傳).

9) 『禮記』(禮運篇): "大道之行也, 與三代之英丘未之逮也, 而有志焉. 大道之行也, 天下爲公, 選賢與能, 講信, 修睦. 故人不獨親其親, 不獨子其子, 使老有所終, 壯有所用, 幼有所長, 矜寡孤獨廢疾者皆有所養. 男有分, 女有歸. 貨惡其弃於地也不必藏於己, 力惡其不出於身也, 不必爲己. 是故謀閉而不興, 盜竊亂賊而不作, 故外戶而不閉, 是謂大同."

교에서는 이러한 공동체를 구현하기 위해 구성원들 간의 상호 신뢰에 기반을 둔 화해를 강조하고 있다. 또한 유교가 지향하는 공동체 속에서 개인은 독립된 개인이 아니라 관계 속에서 규정되는 개인으로서, 유교의 공동체는 주체적 자아가 바탕이 된 사랑의 결속 장으로 본다.

또한 유교가 지향하는 대동사회의 근본 원리는 모든 인간들의 본성을 바탕으로 하는 질서 있고 조화로운 사회이다. 대동이란 말은 인을 바탕으로 모두가 하나라는 의식을 가지고 지知를 바탕으로 각각 자기의 개성을 발휘해 조화를 이룬 상태를 말한다. 이러한 대동사회는 인간의 본성을 충분히 발휘할 수 있는 장이다.

이상과 같은 유교의 공동체적 입장에서 보면, 현대사회는 비이상적인 사회로서 유교에서 강조하는 공동체적 속성이 상당 부분 파괴된 사회라 할 수 있다. 개개인의 도덕적 본성을 실현하는 장으로부터 벗어나 계약적이고 경쟁적인 패러다임을 강조하며 이윤의 추구에만 초점이 맞추어져 있는 현대사회는 인간의 소외감을 조장하는 사회라 할 수 있는 것이다.

특히 사회 공동체의 해체 중 모든 사회 문제의 출발점이라고 할 수 있는 가족 공동체의 해체가 가장 큰 문제점으로 지적될 수 있다. 가족 공동체의 해체는 많은 사회 문제들의 원인으로 규정되기도 한다. 인간이 사회적 관계를 형성하는 최초의 집단이자 개인의 사회적 성격을 형성하게 하는 기초가 가족에서 생성된다는 모든 학자들의 기본적인 입장에 비추어보면 가족의 해체는 사회에서 발생하는 모든 문제점들의 출발점이라 해도 과언이 아니다.

이처럼 유교에서의 가족은 모든 사회적 관계의 출발점이라 할 수 있다. 사회적 관계들의 성격은 가족 내에서 이뤄지는 가족구성원들과의 관계적 성격이 확장된 것으로서, 가족은 모든 관계들의 기초가 되는 곳이다. 뿐만 아니라 가족 공동체는 인간으로서 지닌 본성이 가장 잘 드러날 수 있는 최초의 집단이기 때문에 그 중요성은 더욱 부각된다. 유교에서 인간의 도덕적 본성을 논할 때, 천지가 만물들을 생하는 마음이 모든 인간 개개인에게 품부된다고 했다. 그중에서 인간의 도덕적 본성이 가장 잘 드러나는 관계가 부모와 자식 간의 관계라고 봤고, 가족 안에서 맺는 관계는 사회로 확장될 관계맺음의 초석이 되는 것이다. 가족의 성격이라 할 수 있는 정서적·감응적·상보상생의 관계에 문제가 발생하게 되면 사회의 문제로 확산될 수밖에 없는 필연성을 가진다.

다시 말해서 유교에서 가족이란 인간의 본성인 인의예지신仁義禮智信을 실현하게 하는 최초의 장이며, 진정한 자아로서의 인간본성을 만나게 해주는 최초의 장이다. 가족의 유대관계를 통해 형성되는 정서적 관계 속에는 인간본성의 실현과 대대적 관계관의 기초를 형성하며 경험하게 하는 토대가 된다. 이를 기반으로 인간의 관계에 상보상생의 대대적 관계의 기초가 자리하게 한다. 뿐만 아니라 인간이 가진 욕망에 대해 부정하지 않는 유교는 가족의 예禮를 통해 인간이 지닌 욕망을 적절한 수준에서 조절하는 능력을 습득하게 한다. 오륜에서 제시되는 다섯 가지 덕목 중에서 강조되는 부자유친·부부유별·장유유서 이 세 가지는 가족 안에서 지켜져야 할 덕목으로 제시된 것과 같이 사회의 모든 관계의 기초적 정서가 가족을 통해서 습득되고 사회화됨을 강조하였다.

가족은 인간의 기본적인 욕구를 충족하는 장이기도 하지만, 사회 교육의 장이기도 하며 사회의 윤리·정서와 애정을 제공하는 집단이다. 이런 가족 공동체의 해체는 사회 공동체의 해체로 이어질 수밖에 없으며 사회에서 발생되는 모든 문제들과 연쇄관계에 놓여 있다. 그러므로 중독의 문제 역시 가족의 근본적 속성의 변화와 깊은 관련을 맺고 있다고 할 수 있다. 중독의 치유과정에서 가족들의 협조가 무엇보다 크다는 사실에서와 같이 중독의 원인도 가족의 관계맺음의 성격과 밀접한 상관성을 가진다고 할 수 있다.

현대 자본주의 사회는 인간을 이기적 존재와 개인적 존재로 전락시켰다. 물질적 문화와 감각적 문화와 깊은 관련을 맺는 자본주의 구조는 욕망에 대한 삶의 추구를 삶의 궁극적인 목적으로 만들어버림으로써 개인뿐 아니라 개인이 맺고 있는 모든 관계들도 파괴해 버리고 있는 것이다. 이러한 결과는 사회의 공동체적 속성을 파괴시켰을 뿐만 아니라 모든 관계의 초석이 되는 가족 공동체의 해체로도 연결되고 있다. 일차집단과 공속집단으로서의 가족의 해체는 유교가 제시하고 있는 관계들 사이의 모든 윤리도 함께 해체시켜 버리는 결과를 초래했다.

도시화와 분업화는 일차집단이자 귀속적 집단으로서의 가족을 형태적 측면과 내용적 측면에서 변화를 가져오게 했다. 공동체의 핵심적 특성인 소속감, 상호 영향, 요구의 충족 그리고 정서적 유대라는 공동체 의식(McMillan, 1976: 11)을 최초로 느끼게 하는 곳이 가족이다. 가족은 사회적 결속과 사회적 규범들을 유지시켜 주는 중요한 집단이 아닐 수 없다. 그러나 가족은 그 형태의 변화와 함께 공동체를 유지 존속시키는 특성들이 상실되어져 왔다. 가족 형태는 점점 핵가족화되었으며, 더불어 가족 간에 이뤄졌던 상호 의존적 기능들이 사회의 기능들로 전가되었다. 그로 인해 정서적 관계맺음의 빈도수는 점점 줄어들며, 사회에 팽배한 개인적 문화가 가족 내에서도 이뤄지고 있는 것이다. 이러한 특성의 변화는 사회적 병리현상들과 이어진다는 데 그 문제점이 있다.

많은 사회적 문제들의 원인에 대한 통계조사에서 가족에 대한 언급은 빠지지 않는다. 이를 통해 가족이 사회구성원들에게 주는 영향력은 말할 필요가 없는 것이다. 인간이 가지는 최초의 정서적 집단의 해체로 현대인들은 사회구조와 사회적 관계로부터 겪는 결핍을 해결할 수 있는 장이 없어진 것이다. 이러한 사회의 공동체뿐 아니라 가족 공동체의 해체를 경험하는 현대인들은 심리적으로 겪는 소외적 감정인 결핍감이 인간의 관계를 통해서는 해결될 수 없음을 자각하며, 이로써 관계가 아닌 관계인 물질과 행위에 가치를 싣고, 중독과 죽음에 자신을 내맡기게 된다.

이러한 소외된 감정인 결핍감은 항상 무엇인가 부족하고 허무하며 공허한 느낌을 자아내는 감정이다. 더불어 이러한 결핍감은 물질과 행위에 집착하게 한다. 집착은 자기조절기능에 이상신호를 보내며 중독이라는 상태에 머물게 한다. 이처럼 인간이 느끼는 결핍감이 해결되지 못한 채 물질과 행위에 대한 중독의 상태로 몰아넣는 집착이라는 심리적 행태로 내모는 이유들 중 한 가지가 바로 공동체의 해체이며 특히 그중에서도 가족 공동체의 해체가 가장 심각한 원인이라 지적할 수 있을 것이다.

Ⅳ 결 론

지금까지 현대사회의 병리현상 중 중독에 대한 관점을 유교의 사상을 통해서 해석해 보았다. 유교사상을 통해 현대사회의 인간들이 갖는 소외적 상태를 진단하고, 그 소외적 현상 중 현재 심각한 수준 상태에 이른 중독의 문제를 분석해 보았다.

유교사상으로 인간의 소외는 도덕적 본성으로부터 이탈된 상태, 상보상생의 대대적 관계로부터 이탈된 상태, 공동체 해체로부터 발생한다고 진단할 수 있는데, 중독 역시 인간 소외의 현상으로 나타나는 사회 문제로서 위 세 가지의 유교적 인간 소외의 현상으로 해석할 수 있다.

중독의 원인으로 지적되는 갈망과 결핍은 유교에서 강조한 도덕적 본성으로부터 소외된 이기적이고 욕망적인 존재로서의 삶에서 나온 결과라 할 수 있다. 갈망과 결핍은 인간의 욕망 속에 내재된 감정이며, 육체를 가진 인간이라면 항상 어느 정도의 갈망과 결핍감으로부터 완전히 자유로울 수 없지만 문제는 그것이 과도한 상태에 이르렀을 때이다. 중독은 갈망과 결핍이 지나친 상태에서 초래된 결과로서 인욕의 상태에서 초래된 결과인 것이다. 유교에서 인간은 중용 또는 시중적 태도를 견지함으로써 어떠한 상황하에서도 가장 적절한 상태[和]를 유지해 가는 존재이지만 중독은 시중적 태도를 유지하지 못한 상태에서 빚어진 일종의 반중용적 일탈행위이다.

대대적 관계로부터 이탈된 소외의 관점에서 본 중독은 인간과 중독의 대상이 서로 대립적 · 갈등적 구조 속에서 파악될 수 있는 관계이다. 중독된 인간은 조절되지 않는 자신의 갈망과 결핍을 채우기 위해 특정한 행위와 물질을 선택한다. 특정 행위와 물질은 자신이 가진 갈망과 결핍을 해소시키기 위한 도구로서 그 자체가 대립적이고 갈등적인 관계이다. 바꾸어 말하면 자신이 선택한 행위와 물질로부터 지배를 받고 있는, 인간의 주체성이 상실된 비인간화된 상태이기도 하다. 또한 자신을 둘러싼 모든 것들과의 관계가 대대적 성격을 띠지 못한 채 이기적 욕구부터 발생한 결핍과 갈망으로, 주체와 대상의 일방적 관계맺음이라 할 수 있다. 일방적 관계맺음은 지배와 억압의 구조를 가지며, 그것은 균형을 이루지 못한 채 한쪽의 파괴를 초래한다. 중독을 유발한 행위와 물질의 세계가 전부인 줄 착각하는 인간의 모습, 이것은 현대 문명이 가져온 인간의 이기심에 기인한 것이라 지적할 수 있다.

세 번째로 중독은 사회질서의 유지를 위해 반드시 필요한 공동체의 질서 특히 가족 공동체성과 질서의 해체가 그 깊이를 더욱 심화시키는 원인으로 지적하였다. 유교에서 강조하는 가족 공동체는 도덕적 자아를 실현하는 최초의 공동체이자, 자신이 맺는 관계들 속에서 나타나는 이기적이고 갈등적인 요소들을 도덕적 질서 속에서도 충분히 자유로울 수 있다는 삶의 이치를 깨닫게 하는 공동체이다. 그 속에서 인간은 정서적 안정감과 자신과 맺는 관계들의 유기적 관계를 깨달아 인간 본연의 삶의 목표가 관계들 속에서의 도덕적 본성을 실현하는 것임을 알아간다. 이러한 최초의 정서적 집단의 해체는 인간에게 결핍과 갈망을 끝없이 치닫게 하는 원인으로 자리하게 한다. 현대인들은 사회구조와 사회적 관계로부터 겪는 결핍을 해결할 수 있는 장이 없어진 것이다. 현대인들은 심리적으로 겪는 소외적 감정인 결핍감을 인간의 관계를 통해서는 해결할 수 없음을 자각하며, 이로써 관계가 아닌 관계인 물질과 행위에 가치를 싣고, 중독과 죽음에 자신을 내맡기게 되는 상황으로 가게 된다.

이상과 같은 중독의 문제에 대해 유교사상은 시중적 인간의 회복을 통해 극복될 수 있음을 그 해결방법으로 제시한다. 유교에서는 중독에 빠지기 전에 시중적 판단을 통해 이기적 욕망을 제어하고 도덕적 본성을 실현할 수 있는 실천적 방법론을 제시하고 있는데, 그것은 유교의 수양론에서 언급되는 수신과 배움의 강조이다. 유교에서 도덕적 본성을 실현하는 수신의 방법을 끊임없이 강조했던 이유는 바로 인심이 인욕의 상태로 전락할 수 있는 위험이 있기 때문이었다. 중독은 인심人心을 극복하지 못한 상태, 그래서 도심道心에 따른 예禮로 돌아[克己復禮]가지 못한 상태인 것이다. 유교에서 경敬공부와 관련한 존양성찰存養省察, 거경궁리居敬窮理의 방법은 인간의 위태로운 마음을 시중적 상태로 유지시키는 수양방법이다. 이러한 방법은 현재 중독뿐 아니라 소외의 결과로 나타나고 있는 다른 사회 문제들을 극복하고 치료할 수 있는 방법으로도 주목받을 가치가 있다.

지금까지 살펴본 중독에 대한 유교사상으로서의 접근은 기존에 해석했던 중독에 대한 개인의 심리적, 사회적 측면으로서의 관점에 그 지평을 넓힐 뿐 아니라, 기존 이론에서 해결하지 못하는 중독의 치료적 관점에 유용성을 제공할 것이다. 유교사상은 인간들의 현실적 삶의 문제를 해석하기 위해 성립된 것으로서, 현실에서 발생되는 문제들을 해석하고 해결하는 데 유용성을 지니고 있었다. 또한 현대사회가 안고 있는 깊은 병폐를 해결할 수 있는 유용한 사상이 전면에 흐르고 있다. 이들이 현실적으로 유용성을 갖기 위해서는 실천론으로 제시하고 있는 방법들을 현실에 적용하여 그 효용성을 입증해 내야 하는 과정이 필요할 것이다.

참고문헌

게임 및 문화콘텐츠 규제 개혁을 위한 공동대책위원회. 2014. 『게임 중독법 정책 보고서』 게임 및 문화콘텐츠 규제 개혁을 위한 공동대책위원회.

권선중 · 김교헌. 2012. "마음챙김은 중독의 위험으로부터 도박 이용자를 보호하는가?" 『한국심리학회 연차 한술발표 논문집』 1: 343.

김교헌. 2002. "심리학적 관점에 본 중독." 『한국심리학회지』 7(2): 159-179.

———. 2007. "중독, 그 미궁을 헤쳐 나가기." 『한국심리학회지』 12(4): 677-693.

———. 2008. "중독을 어떻게 이해해야 하나." 『한국알코올과학회 추계학술대회 자료집』. 서울대학교 보건대학원.

김보경. 2012. "유교 소외론의 이념형적 구성과 적용." 계명대학교 일반대학원 박사학위논문.

김석진 역주. 1997. 『周易傳義大全譯解』. 대유학당.

김연우. 2005. "중독이 급변하고 있다." 『월간말』 4: 170-175.

김우준. 2013. "4대 중독 정책 진단 및 개선방안." 『중독범죄학회』 3(2): 74-88.

김재범. 2001. 『주역사회학』. 예문서원.

루소, 장 자크(Rousseau, J. J.). 2011. 『인간불평등기원론』. 이영찬 역. 계명대학교출판부.

박상규. 2007. "마약류 중독치료에 있어서의 동양적 수행법의 활용." 『한국심리학회지』 12(4): 715-732.

보건복지부. 2013. "중독 예방 · 관리 및 치료를 위한 법률안 검토보고서." 보건복지부.

————. 2015. "중독 예방을 위한 국제석학포럼 '균형과 조절' 개최 보도 참고자료." 보건복지부 정신건강정책과.

성백효 역주. 1997. 『大學 · 中庸集註』. 전통문화연구회.

————. 1998. 『論語集註』. 전통문화연구회.

————. 1999. 『孟子集註』. 전통문화연구회.

신오현. 1987. 『자아의 철학』. 문학과 지성사.

신지현. 2007. "가족해체의 실상과 문제점에 따른 가족복지 대책." 『사회복지지원학회지』 3(1): 199-226.

양춘 · 박상태 · 석현조. 1995. 『사회학개론』. 진성사.

연합뉴스. 2013. "서울시, 인터넷 · 스마트폰 중독 대응 정책 제안." 인터넷자료(2013.7.9.).

이상옥 역주. 1995. 『禮記』. 명문당.

이승환 · 이동철. 2007. "주자의 공동체적 생태 윤리." 『중국철학』. 책세상.

이영찬. 2001. 『유교사회학』. 예문서원.

———. 2008. 『유교사회학의 패러다임과 사회이론』. 예문서원.

이정임 · 권정혜. 2013. "마음챙김기반인지치료가 도박중독에 미치는 영향: 예비연구." 『한국심리학회 연차 학술발표 논문집』 1: 439.

최영진. 1989. "역학사상의 철학적 탐구." 성균관대학교 박사학위논문.

———. 1992. "정신과 물질에 관한 주역적 이해." 『주역의 현대적 조명』. 범양사.

카밧진, 존(Kabat-Zinn, J.). 2005. 『마음챙김 명상과 자기치유 상 · 하』. 장현갑 · 김교헌 · 장주영 옮김. 학지사.

파이낸셜 뉴스. 2014. "인터넷 중독 200만 명 … 절반이 아동 · 청소년?" 인터넷자료(2014.3.15.).

헤겔, 게오르크 빌헬름 프리드리히(Hegel, G. W. F.). 2005. 『정신현상학 1-2』. 임석진 옮김. 한길사.

홍승표. 2002. 『깨달음의 사회학』. 예문서원.

Kohut, Heinz and Ernest S. Wolf. 1978, "The Disorders of the Self and Their Treatment: An Outline." in P. Ornstein(ed.). *The Search for the Self* 3: 365. Madison: International Universities Press.

Koob, G. F. and M. L. Le Moal. 2008. "Addiction and the Brain Antireward System." *Annual Review of Psychology* 59: 29-53.

McMillan, D. W. 1976, "Sense of Community: An Attempt at Definition. Unpublished Manuscript." George peabody College for Teachers. Nashville, TN.

Oford, J. 2001. "Conceptualizing Addiction: Addiction as Excessive Appetite." *Addiction* 96: 15-31.

Chapter 3

위기탈출의 기예, 점복의 사회학

정승안(동명대학교 자율전공학부)

I 들어가면서

사람이라면 누구나 미래를 궁금해 한다. Homo augurans는 인간의 보편적인 심리적 상태의 기술에 다름 아니다. 라틴어 auguro(점치다)의 현재분사형으로, 사람을 의미하는 라틴어 homo와 결합하여 등장한 말이 'homo augurans(호모 아우구란스: 점치는 인간)' (김만태, 2008)이다. 미래에 대한 궁금함을 가지는 것은 인류의 보편적인 문화현상이자 본능적인 측면에서도 찾아볼 수 있다. 점치고 예측하고자 하는 노력은 인간으로서의 존재적 속성과 인류문화가 존재하는 한 지속될 수밖에 없는 인간의 본능적인 욕구체계에서 기인하는 속성이기 때문이다. 미래 예측을 위한 기예는 현대산업사회에서도 여전히 유효한 영향력을 미치고 있다. 누구나 마주하는 재난과 사회적 위험 그리고 예측이 불가능하게 다가오는 일상의 사건과 위기들에 대해 사람들은 누구나 미래의 결과와 방향을 궁금해하기 마련이다. 그러므로 미래를 알고자 하는 인간의 욕망은 오히려 본능에 가깝다는 것이 타당한 말일지도 모르겠다.

이러한 생활문화로서의 '점占'과 '복卜'의 문화는 일상생활의 다양한 측면에서 드러나고 표출되고 있다. 최첨단 정보기기로 무장하고 유리로 번쩍이는 빌딩숲속을 와이파이WiFi를 찾아 헤매는 현대인들에게도 점복과 오늘의 운세는 빠지지 않는다. 오늘날의 점복은 기업화된 형태로 나타나고 있다. 운세의 산업화 경향도 뚜렷한 양상을 보이고 있으며 이미 게임산업에 비견될 정도의 문화콘텐츠 산업으로서의 위상도 확고히 차지하고 있다. 여기서 광범위한 사회적 현상이자 문화산업으로서의 점복과 운세 산업에 대한 종합적 이해를 위해서도 점복연구의 필요성과 의의를 찾아볼 수 있을 것이다.

점복과 같은 일상생활문화는 그 속성에 있어서도 "모든 변화 중에서 제일 느리며 마지막으로 변화하는 것이며 그것을 변화시키려는 모든 노력들이 끝내 그 속에 주저앉는 수렁이며 함정"(박재환, 1994: 26-27)이라고 할 수 있다. 특히 점복이 인간사회의 보편적 현상이라는 말을 실증이나 하듯이 주기적으로 점복이 성행하고 있는 사실은 현대인들의 삶이 합리적이고 과학적인 입장을 넘어서 또 다른 관점으로 이해될 필요가 있다는 것을 반증한다.

특히 다양한 점복의 과정에서 끊임없이 반복되는 일상생활에 대한 반추나 반복적 재현의 과정은 일상의 주요한 속성을 보여준다. 반복적인 사건과 되풀이되는 일상의 이면은 우연적인 사건과 사고를 통해 되새김하는 계기가 되기도 한다. 점복을 둘러싼 논리에는 현대사회의 합리성과는 대립되는, 그러면서도 합리성에 대한 대안적인 성격을 지니는 현대성의 전형적인 속성인 '이중성'과 '양면성'을 공유하고 있음을 주목해 보아야 하는 이유이다.

이를 통해 일상의 이면과 생활세계에서 작동하고 있는 뿌리 깊은 내면의 의식을 엿볼 수도 있을 것이다. 마페졸리Mafesoli가 이러한 일상생활의 영역을 공식적인 사회관계의 바탕을 이루는 사회존립의 '부식토'와 같다고 언급한 것도 이러한 측면에 주목했기 때문일 것이다. 그러므로 한 사회가 실제로 존속할 수 있게 해 주는 지하세계의 '감춰진 중심성'이며 토대이면서도 기존의 사회학이 사소하고 진부한 것이라고 외면해 버렸던 점복에 대한 사회학적 고찰은 위기의 일상을 넘어서려는 기예로서 그 자체만으로도 충분한 사회학적 의의를 지닌다 하겠다.

Ⅱ 넘쳐나는 점복의 시대에 대한 이론적 고찰

1. 위기사회에 대한 일상생활사회학적 관점의 필요성

'합리'와 '실증'이라는 무기로 무장한 채 견고한 성벽을 지켜 왔던 근대성의 원리는 다양한 영역에서 해체되어 가고 있다. 삶의 다양한 영역에서 일상을 둘러싸고 있는 거대담론들만으로는 급변하는 사회적 사실들에 대한 설명력에 한계를 보이고 있는 것이다. 급격한 일상과 삶의 변화는 일상생활의 재생산에 있어서도 수많은 사건들과 위기를 불러오고 있다. 오늘날 전 세계가 동시에 경험하고 있는 재난과 재해 그리고 테러의 동시대성은 세계경제가 초래하고 있는 삶의 재생산의 위기의 문제와 더불어 만연화된 일상의 위기의 시대를 마주하게 하였다.

현대인들은 급격한 기술적 발전과 생활세계 변화의 속도만큼이나 '만연화된 위기'의 속도를 실감하며 오늘을 살아가고 있다. 바야흐로 우리는 전 지구적인 위기의 시대에 살고 있는 것이다. 울리히 벡(1998)은 "현대사회는 집단에 따라 공유하는 고유한 의미의 원천(예컨대 계급의식 또는 진보에 대한 신념)이 고갈, 붕괴, 상실되어 가는 위기사회이다"라고 진단한다. 그러나 문제는 위기를 해소하기 위한 공동체의 노력이나 시도들조차 위기라는 사실이다. 결과적으로 그러한 의미추구와 모든 결정에 대한 수고가 개인에게 부과된다. 다시 말해 과거에는 가족, 마을공동체 또는 사회계급이나 집단에 의지함으로써 극복할 수 있었던 생애의 기회, 위기, 동요를 현대에는 점차 개인 자신이 인지하고 해석하고 처리해야 하는 개인화된 사회로서의 특성을 가진다(벡, 1998: 29-30)는 울리히 벡의 논의는 현대사회의 다양한 일상적 위기의 특징을 드러낸다.

그러므로 오늘날과 같은 위기의 사회에서는 기존 주류의 사회이론과 인식의 틀이 지닌 한계를 보여주고 있다는 지적에도 주의를 기울일 필요가 있는 것이다. 인간존재의 드러난 실재, 통계와 실증의 틀에서만 파악되는 인간존재에 대한 이해는 피상적이고 표피적일 수밖에 없다. 이러한 드러난 존재로서의 개인의 이해는 인간존재의 전인성에 대해 방관하게 되는 내면적 역동성을 놓칠 수 있다는 대표적인 일상생활사회학 이론가 박재환의 비판적 지적에 귀 기울일 필요가 있는 이유이다.

> 결국 개인에게 있어서 생활이란 인간이 사회적 존재로서 그의 삶의 살아가기 위한 모든 활동의 총체이며 순간순간의 단편적인 과정들의 중첩이기 때문이다. 결과적으로 드러난 실재만을 중시하는 실증주의적 접근은 인간의 생활세계로부터 개인을 분리해서 바라보게 되기 때문이다. 이는 결과적으로 민초의 삶을 영위하는 그들만의 논리와 내부적 역동성이 존재하는 사회적 사실을 실체적인 삶으로서 그려내지 못하게 된다(박재환, 1994: 35-39).

이렇듯 현대인의 위기와 일상생활의 위기에 대해 주목하는 논의들은 공히 기존의 과학적, 실증주의적 방법론에 대한 비판과 회의에 집중하거나 미시적인 생활세계를 천착한다. 이들은 "특정 사회 구성원들의 구체적인 삶, 일상생활에 대한 사회학적 탐색이며 우리가 날마다 살아가는 실제 모습에 대한 과학적 탐구"라는 박재환 · 일상성 일상생활연구회(2008)의 논의나 "일상생활의 사회학은 이른바 사회관계라고 불리는 것을 넘어서는 모든 것과 연관된다"는 Maffesoli(1989)의 언급에서처럼 일상생활에 대한 고찰이라는 새로운 시각들이 "유형지어진 사회관계들과 말해지고 있는 것에 대한 지나친 의존에서 벗어나 유형지어지지 않고, 말해지지 않은 것들"로 관심의 초점을 옮겨야 한다고 주장한다. 기존의 객관적이고 실증적인 접근법만으로는 민초들이 직면한 일상과 삶의 총체적 위기에 대한 대응과 실체적 진실을 드러내는 데 있어 많은 한계를 보이고 있다고 판단하기 때문이다. 주류의 사회학적 관점, 실증주의적 접근에 대한 비판을 통해 일상생활사회학적 관점의 타당성을 강조하고 있는 것이다.

이들은 "일상생활에 대한 연구는 결코 이론적이지도, 합리적이지도 않은 적나라한 '삶'을 살펴보는 것이고, '사람들이 어떻게 살아가고 있을까' 하는 큰 주제를 던지는 것과 같은 것이다"라고 주장한다. 또 "실증적이고 계량적인 방법을 넘어서 '직관적'이고 '상징적'인 접근방법으로도 일상의 구체성을 표출시킬 수 있어야 한다"(박재환, 1984: 252)는 지적들은 일상화된 위험과 위기에 대한 현대인의 행태를 이해하는 데 있어서 나름의 이론적 적합성을 지닐 수 있다고 본다.[1]

물론 일상생활의 사회학적 전통은 부분적으로는 상징적 상호작용론자들에 이론적 자원을 빚지고 있다. 실증주의적 경향성에 대한 비판은 미국 시카고학파의 상징적 상호작용론자인 Howard Becker와 하위문화 이론가들이 대표적이다. 이들에 의해 되살아난 상징적 상호작용론에서 스스로를 위해 자신들이 살아가는 "조건을 정의하는" 사회행위자의 능력을 강조

1) 과학사가인 쿤(T. Kuhn)은 '패러다임(paradigm)'이라는 용어를 통해 절대적인 진리도 상대적일 수 있음을 설명한 바 있다. 인간의 무수한 생활세계를 구성하고 있는 반복되는 일상과 생활세계의 구조는 이러한 실증적인 이론적 지식들만으로써는 넘쳐나는 생활과 삶의 기록들을 설명하는 데 있어서 많은 한계가 있음을 여실히 보여준다. 이론과 실천의 괴리와 분열양상은 우리의 일상과 삶에 대한 인식의 배반에 다름 아니라고 할 수 있을 것이다.

하고, 일련의 민속지적 방법을 통해 지배문화로부터 분화되어 스스로의 가치와 의미를 창조하는 '살아 있는' 하위문화를 생생하게 보여주었다(홀, 1992: 23-24)고 평가받고 있다. 이러한 상징적 상호작용론적 관점 역시 점복과 생활문화를 밝히는 이론적 자원으로 기능할 수 있을 것이다.

특히 이러한 전인적 존재로서의 일상과 삶의 문제, 거기서 마주하는 점복과 같은 애매모호한 사건을 다루는 연구에서는 "다양한 수준의 사회적 행위자(개인, 가족, 국가 등)의 현실생활을 세밀하게 재구성할 수 있으며, 조사의 확대를 통해 다른 세계의 일상과도 비교할 수 있게 하며, 또한 사람들이 일상을 살아가는 방법, 즉 일상생활의 소외에 대하여 무엇인가 기여할 수 있는 여지(Lefebvre, 1958: 167-175)"도 찾아낼 수 있는 일상생활사회학의 방법론을 활용한 접근이나 논의의 유용성은 충분하다고 본다.

2. 점복의 일상생활사회학적 분석

점복은 인간이 만들어 낸 문화행위 중 가장 오래 지속되어 온 생활문화 중 하나라고 할 수 있을 것이다. 합리성과 과학의 논리가 대두되기 이전의 인간은 생존을 위해 자연과 마주하면서 자연현상에 의해 야기되는 다양한 문제들로부터 자연을 경외의 대상으로 여기게 되었다. 고대에는 동물의 뼈를 불에 태우고 난 뒤에 갈라지는 문양이나 모습을 통해 신의神意를 점쳤다. 점복은 인간이 자연을 이해하고 경영하기 위한 노력의 산물이었다. 자연에 대한 경외심은 신의 뜻에의 순응과 부합되기 위한 다양한 노력으로 나타났다. 그 증거는 수많은 수골獸骨과 도구들에서의 다양한 흔적들, 박물관에서 잘 정돈된 형태로 만나볼 수 있는 고고학적 자료들이 그것이다.

이러한 점복의 일상생활사회학적 특징을 몇 가지로 정리해 살펴보도록 하자.

1) 예지(예측) 가능성

새소리나 구름의 모양과 같은 자연현상의 관찰을 통한 '예지'와 '예측' 또한 농경생활과 연계된 오래된 생활문화 중 하나이다. 인간의 삶에 있어서도, '잉태孕胎'에서부터 시작되는 '태몽胎夢'이나 '돌잡이'를 거쳐, 죽음에 이르러 '칠성판'에 몸을 누이며 좋은 '명당明堂'을 찾는 행위에 이르기까지 보편적인 형태로서의 다양한 점복의 기예와 만난다. 이러한 통과의례로서의 생로병사의 전 과정에서는 일상과 생활세계 전체를 관통하는 수많은 상징이나 표상들이 등장하기 마련이다. 그러나 다양한 상징과 표상들에 대한 해석은 마주한 사건과 일상의 위기의 국면마다 달리 해석된다. 결국 모든 형태의 기미幾微와 조짐兆朕을 통한 상징과 표상들에 대한 이해의 노력들은 점복에 있어서 가장 중요한 측정도구이자 임박한 일상의 위기와 사건에 대한 삶의 해석학이라고 할 수 있을 것이다. 넘쳐나는 점복에 대한 사회학적 연구도 이러한 맥락에서 접근할 필요가 있다고 본다.

2) 숨겨진 중심성(심층성)

예견된 위험이나 결과에 대해 능동적으로 대처하려는 인간의 태도는 본능적인 속성에 가깝다. 인간 본연의 모습에서 생성된 점복의 최우선적인 목적은 생활에 따르는 모든 기미와 조짐을 알아내려는 노력으로 집중된다. 그러므로 점복은 삶의 원초적 욕망과 의도하에 주어진 상황을 파악하고 미래를 예지하려는 노력의 산물이라고 할 수 있을 것이다. 마페졸리가 언급한 '숨겨진 중심성underground centrality'이란 개념을 통해서 살펴보면 일상성은 어떤 사회적 실천의 이면이나 바탕을 구성하는 가장 심층적인 요소이고 편재하는 주변적 상태의 구성요소이다.

점복현상은 한국인의 기층문화라는 무의식적인 측면에서부터 일상생활 곳곳의 관습화된 영역에 이르기까지 한국인의 의식에 지대한 영향을 미치고 있는 중요한 사회적 사실의 하나라는 점을 고려해 본다면 점복은 이러한 심층성을 읽어내기 위한 대표적인 기예에 해당한다 할 수 있을 것이다.

3) 의례성

심층생활의 기저에 있으면서 표출되는 점복은 금기禁忌나 금지의 의례, 주기적으로 반복되는 의례와 같은 속성을 지니게 된다. 주문이나 부적과 같은 주술적인 측면과도 밀접한 상관관계를 맺게 되거나 종교적인 신앙체계와 결합하면서 생활의례로 정착되기도 한다. 이렇듯 주기적으로 반복되면서도 그 되풀이되는 속성으로 인한 일정한 틀을 지니며 생활의례로 정착하게 된다는 사실은 주목할 필요가 있다고 본다.

이렇듯 생로병사와 같은 통과의례의 과정에서도 의례성은 더욱 두드러진다. 그러나 점복의 의례적 특성은 개인적인 차원뿐만 아니라 공동체와 국가적인 차원에까지 확장되어 나타나고 있다는 사실도 주목할 필요가 있다.

4) 반복성

점복과 같은 생활문화의 심층을 형성하는 요소에는 이미 그 사회의 사회문화적 측면이 함께 개입되고 있음을 알 수 있다. 이러한 일상성이 유지되기 위한 가장 중요한 요소로서의 되풀이되고 반복되는 측면에 대한 분석은 점복현상의 사회학적 연구에서 주요한 측면이 될 수 있다.

점복의 과정에서 삶에 대한 끊임없는 반추와 뒤돌아보는 과정이 반복적으로 재현되는 것을 통해서 우연적이고 일상적인 사건과 되풀이되는 일상의 이면을 되새김할 수 있게 된다. 이를 통해 일상적 지식의 이면과 생활세계에서 작동하고 있는 뿌리 깊은 내면의 의식을 엿볼 수도 있다. 결국 "민중의 일상생활은 매일 되풀이되는 삶, 진부하며 사소한 것들이면서 동시에 함부로 떠날 수 없는 삶 그 자체이기" 때문이라는 지적에 공감할 수밖에 없는 이유이다.

일상적 삶의 위기의 국면은 자연적 주기의 리듬과 같이 항상 되풀이된다. 이러한 반복성은 계절의 변화와 자연의 리듬과도 정확하게 부합하고 있다. 육십갑자와 24절기 그리고 반복되는 시간성의 문제는 사건과 장면에 대한 동적인 균형을 예측하고 판단하는 점복의 기예의 중요한 측면을 구성하고 있는 것이다.

5) 상징성과 이면성

점복의 기예가 기층 민중들의 일상생활사에서 중요하게 작용하고 있는 민간신앙이자 기층문화의 토대를 이루는 것 중의 하나였다는 것은 주지의 사실이다. 역과 점을 통한 생활세계의 변화와 예측의 시도는 일상적인 과정이었다라고 한다면 여기서 점복의 과정에 대한 해석학적 기예가 등장한다. 예측과 예지를 통해 등장한 내용들에 대한 상징과 표상들에 대한 해석학적 방법은 주어진 사회적 사실에 대한 길흉의 판단에서부터 행위로 이어지는 과정에까지 개입하게 된다.

객관적인 정보에 대한 분석을 통해 사실을 판단하려는 시도들이 과학적 실증자료를 토대로 한 합리적 실증성에 대한 분석이라면 상징과 추체험의 방식이 강조되는 점복의 분석은 현대 주류 사회과학의 관점에서 볼 때는 시대착오적이며, 비합리적이고, 비과학적인 것으로 간주될 수 있다. 그러나 상징적 해석학의 관점에서는 그 이면적 특성까지 읽어낼 수 있다는 사실은 점복의 주요한 기예의 하나라 하겠다.

Ⅲ 넘쳐나는 점술공화국의 시대

최근 들어 10여 곳의 대학에서 관상과 사주팔자, 풍수지리, 명리학 관련학과들이 신설되고 더불어 대학원과정까지 개설되었다. 이들은 어느새 많은 관련 석·박사 논문을 생산해 내고 있다. 재미로 보는 '타로카드' 에서 주역과 관련한 '육효점' 그리고 무속인 단체인 '경신련(대한승공경신연합회)' 을 포함한 다양한 점복 관련 종사자들의 통계를 모아보면 그 시장규모는 최소 수백만 명에 이르는 것으로 나오지만 이를 위한 공식통계는 존재하지 않는다.

늘어가는 점복 관련 종사자들과 운세 관련 기업들의 성장세와 주식상장도 관심거리이다. 급증하고 있는 모바일 어플리케이션 시장에서는 게임산업과 더불어 운세 관련 소프트웨어의 수익창출 효과가 기대이상이라는 것은 익히 알려진 사실이다. 최근에는 세금 없는 직업인, '점복업자(무당, 역학가)' 가 되기 위한 젊은이들의 관심과 입문행렬도 늘어나고 있다고 한다. 물론 이러한 운세의 산업화와 사회적 비용에 대한 우려와 부정적인 측면에 대한 목소리도 높아지고 있으며, 사회적으로도 쟁점이 되고 있다.

오늘날 다시 점복의 르네상스 시대를 맞이한 거리에는 수많은 사주카페와 타로카드 간판을 내세운 영업점들이 활개를 치고 있다. 위기의 현대사회와 일상의 탈출구로서 기능하고 있는 산업화된 점복의 모습은 이미 사회적으로도 뚜렷한 사실로서 일상생활세계에 지대한 영향을 미치고 있는 것이다.

여기서는 이러한 넘쳐나는 점복의 실상에 대한 간단한 스케치만 시도해 보자. 산업화된 점복의 양상과 실태에 대한 산업사회학적 논의는 이어지는 후속연구를 통해 제시하도록 하겠다.

1. 재미와 일상의 산업화

최근에는 '사주카페' 와 '타로카드' 가 사상 최대의 호황을 누리고 있다. 대학가나 백화점, 영화상영관 근처에는 절대 빠지지 않고 '타로카드' 나 '점집촌' 이 형성된다. 주부는 물론 신세대들도 북적거리고 있다. 이러한 젊은 층의 점占에 대한 과도한 관심은 이미 새로운 풍속도를 그려내고 있다. 그런데 최근의 젊은이들의 점술(사주나 팔자, 궁합)을 대하는 태도를 살펴보면 심각하게 대하지 않는 것으로 나타난다. 모든 판단의 기준은 '재미' 일 뿐이다. 즉 무겁게 대하지 않고 심각하게 생각하지 않는다는 사실이다. 이처럼 최근의 젊은이들이 점을 보는 이유는 재미를 위한 것이 대부분이라고 한다. 그것을 맹신하거나 심각하게 생각하지 않고 그 순간의 재미나 위안을 위해서 자기 인생에 대해서 조언해 주는 것을 즐기며 무겁게 생각하지 않는 경향이 대세인 것이다.

그러나 이에 대한 또 다른 분석도 가능하다. 최근 들어 젊은이들이 점집을 활용하는 비중에 대해 살펴보면, 20대가 자신의 내면적인 문제나 고민을 토로할 사람이 없어졌기 때문에 찾고 있다는 것이다. 부모와의 대화도 어렵고, 친한 친구와도 소통하기 힘들어졌기 때문에 상담자로서의 카운슬러를 찾고 있다는 것이다. 신문에 '미국의 맨해튼의 여성들 4명 중 한 명이 정기적으로 정신상담을 받는다' 는 기사가 나온 적이 있었다. 재미있는 상담을 통해 심리적 카타르시스와 카운슬러의 역할을 할 수 있을까? 어찌되었건 일상의 다양한 모습들이 산업화의 흐름에 빨려들어가고 있다는 것은 분명한 사실인 것이다.

2. 다양화된 점복의 양태

일반적으로 인간의 가장 기본적인 욕구에는 '성욕' 이 제일 우선적이라고 한다. 이에 비례하는 정도로 미래의 '불확실성'을 넘어서서 미래를 알고자 하는 데도 강렬한 욕구가 존재하고 있다. 이는 본능적인 것을 넘어선 보다 상위의 욕구에 해당한다. Maslow(1954)는『인간의 성격에 대한 심층 접근』에서 인간의 욕구는 가장 기본적인 욕구에서부터 상위의 욕구 수준에 이르는 욕구의 위계가 있다[2]고 언급하고 있다. 그렇다면 이러한 점복의 기예와 물질적인 욕구는 오늘날 복합적인 욕구가 투영되고 있는 욕망의 산업화 시대의 단적인 지표가 될 수 있지 않을까?

점복을 접하게 되는 이유도 마찬가지이다. 기본적으로는 앞날에 대한 위기와 '불안감' 그리고 불확실한 미래를 '예측'하기 위해서이다. 이는 남녀노소는 물론 동서양을 불문한 인류 공통의 심성이기도 하다. 매일매일 접하는 오늘의 운세뿐만 아니라 스마트폰 어플리케이션을 통해 자신의 하루운세나 별자리운세를 확인하고자 하는 것은 인간이 자기의 운명을 둘러싼 정보를 오감을 통해서 확인하고자 하는 정보욕구의 표현이라고 해도 지나치지 않을 것이다.

경제적 위기와 불확실성의 증대는 오늘날을 살아가는 이들에게 판단의 어려움을 초래한다. 이렇게 삶의 불확실성이 증가하면 점에 의존하는 경향 역시 늘어나는 것이다. 이러한 심리적 불확실성은 점복을 활용하는 장소 또한 전통적인 철학관이나 점집에 비해 많은 변화를 가져오고 있는 것으로 보인다. 전통적인 미아리점집이라면 이름만 들어도 알 수 있었지만 최근에는 오피스텔이나 일상적인 사무실, 타로카페를 활용하거나 예약을 해야만 찾아갈 수 있는 공간을 활용하는 빈도가 높아졌다.[3]

---

2) 그는 '신체적'인 욕구와 '안전'에 대한 욕구를 가장 기본적인 욕구로 보았으며 다음으로 '소속감'과 '애정'의 욕구, '자존감'의 욕구를 들었고, '자아실현'의 욕구는 최상위의 욕구라고 하였다.

3) 점복을 활용하는 매체 역시 전통적인 역학을 활용하는 매니아층의 단골 상담가들은 여전히 건재하고 있지만, 카페나 인터넷 또는 모바일을 활용한 몇 천원의 금액에서 무료에 이르는 경로를 활용하고 있는 것으로 나타난다.

점을 묻는 내용에서도 예전에는 결혼, 취직 등이 주를 이루었다면, 최근에는 취직, 이직 그리고 재테크나 건강이 중심이라는 것은 다양한 여론조사를 통해서도 일관되게 나타나고 있는 현상이다. 최근 발견할 수 있는 점복의 종류와 행태들도 헤아릴 수 없을 정도로 다양해졌다. 주식투자를 위한 자문, 애완견의 이름짓기, 작명, 성형수술의 여부, 데이트 날짜, 로또 길일까지 물어온다고 한다. 삶의 다양성만큼이나 욕구의 다양성과 다차원성은 점복에도 투영되고 있는 것이다.

3. 새로운 투자전략의 기예

전통적인 점복의 활용빈도가 높은 이용자들은 기업경영자들이나 정치인들이었다. 최근에는 대기업 입사 시의 면접장에는 관상가가 꼭 함께 참여한다고 한다. 불확실성을 제거하기 위한 노력은 다양한 차원에서 전개되고 있다. 이는 결국 변화와 예측의 기예를 새로운 투자전략으로 활용하고 있음을 반증한다. 풍수와 사주팔자 그리고 부동산투기를 위한 다양한 영역에서 이러한 점복의 기예가 활용되고 있음은 주지의 사실인 것이다.

최근에는 기업경영과 주식투자에도 이러한 사주명리를 적용한 프로그램들이 주요하게 적용되고 있는데, 이를 중심으로 하는 기업컨설팅업체들이 유럽이나 미국, 홍콩 등지에서 활황세를 보이고 있으며 신문지상에도 어김없이 소개되고 있다. 재벌총수들이 풍수적인 입지선정으로 소송까지 불사하는 것은 풍수와 같은 술수와 기예가 경제적 가치와 연동한다는 믿음이 있기 때문은 아닐까? 결국 점술의 산업화는 투기의 공화국으로 연계된 욕망의 산업화의 반증에 다름 아닌 것이다.

4. 황색저널리즘의 선두주자로서의 운세

대중매체의 발달사와 함께 발달해 온 점복의 소비시장은 매체환경의 변화에도 앞장서 선도하고 있다. 1970년대 고속도로변에서 잡지를 뒤적이며 '주일의 운세' 를 참고하던 민초들은 1980년대에는 대중화된 주간지와 스포츠 신문에서 '오늘의 운세' 를 찾기 시작한다. 컴퓨터와 인터넷의 등장으로 지금은 사라졌지만 1980년대 중반까지만 하더라도 커피숍이나 다방에선 100원짜리 동전으로 자신의 '띠' 에 관련된 운세정보를 쉽게 접할 수 있었다. 고속버스터미널에서도 '손금' 을 볼 수 있는 기계장치를 쉽게 접할 수 있었다. 1990년대에 이르러서는 거의 모든 일간지와 전화, 컴퓨터, 인터넷을 통해서 점복을 직접적이고 간단하게 접할 수 있는 시대를 맞이하게 되었다. 이렇듯 정보화사회의 도래와 함께 인터넷이 등장하고 시각, 청각적인 정보와 메시지를 실시간에 보낼 수 있는 쌍방향적인 의사소통마저 가능하게 된 디지털화된 매체환경의 시대가 도래하면서 이제 무당이나 철학관의 역술가들도 네트워크화된 관계망에 의해 가상공간으로 실시간으로 호출되는 시대를 맞이하고 있다.[4] 결국 오늘날의 점복은 대중매체와 다양한 형태의 광고를 통해 새로운 점복의 소비자와 시장을 확보하기 위한 무한경쟁을 하고 있는 것이다.

5. 정보화사회와 운세의 산업화

'신당神堂' 에 차려진 무신도와 신장의 그림 그리고 부적들이 이제는 인터넷홈페이지로 옮겨지고 있다. 컴퓨터의 통계적인 리듬에 의한 알고리즘

4) 신문에서는 '오늘의 운세' 와 역술인, 무당들의 얼굴사진을 전면에 걸고서 전화통화를 유도하는 광고가 하루도 빠짐없이 실리고, 방송에서는 '신' 이 내린 무당이나 또는 '빙의' 를 주제로 하는 드라마들도 자연스럽게 등장하고 있다. 심지어 한 프로그램에서는 '역술인 100인' 을 초청해 청문회를 열어 실시간 중계를 하기도 하였다.

은 일일이 만세력을 뒤적이며 뽑아내야 했던 사주팔자를 프로그램으로 간단하게 추출할 수 있게 하였으며 통계적인 일반화를 통한 신뢰도를 향상시키려는 다양한 시도들도 진행되고 있다. 특히 인터넷에 등장하는 무당과 철학관들은 자신들의 홈페이지를 통한 상담만이 아니라 결제기능까지 갖추어 그 자체를 하나의 사업장으로 활용하고 있다. 또 부적을 판매하고 책으로 개인사주책을 만들어 제공하기도 한다. 그래서 '애인생기는 부적' 이나 '대박' 을 꿈꾸는 부적을 컴퓨터의 바탕화면에 깔고서 많은 사람들의 본능적인 욕구를 부채질하고 있는 것이 정보화시대의 인터넷을 활용한 운세를 이용하는 백태라고 할 수 있을 것이다.

인터넷에서 '사주' 나 '팔자' 라는 단어를 검색해 보면, 헤아릴 수 없이 많은 홈페이지와 카페가 등장한다. 최근에는 대부분 유료사이트로 전환하고 있으며 고수익을 올리는 업체들이 주식상장을 하는 사례도 증가하고 있다. 무당과 관련한 인터넷 사이트나 카페에서도 자신의 신당과 점집을 소개하는 동영상과 인터뷰를 제시하는 것은 필수적이다. 사이버 공간에서도 '사주팔자' 와 운명을 다루는 점복이 범람하고 돈벌이의 수단이자 의미있는 산업으로서 이미 기능하고 있는 것이다.

정보통신기술의 혁명적인 발달과 급격한 사회변화는 컴퓨터를 매개한 커뮤니케이션computer meditated communication을 사회적으로 가장 중요한 의사소통의 수단으로 등장시켰다. 2차적 인간관계를 넘어선 3차적 인간관계로 등장한 컴퓨터와 이를 통한 공동체와 의사소통의 방식은 점복을 대하는 일상생활세계에도 다양한 변화를 가져왔다. 그럼에도 불구하고 최근 들어 영화산업보다 더 부가가치가 높을 정도의 성장산업으로 각광받고 있는 운세산업에 대해, 그 시장가치에 대한 평가와 전망들이 잇따르고 있다. 일상생활에서의 급속한 정보화와 생활환경의 네트워크화로 인해 정보의 바다에서의 서핑과 홈페이지, 블로그와 메신저 그리고 다양한 형태의 앱스토어와 모바일 콘텐츠화된 상품을 접하고 있다. 스마트폰에서의 다양한 앱들을 포함하여 운세산업의 시장가치에 대한 다양한 평가와 관심이 급증하고 있는 것이다.

이곳에서는 다양한 종류의 1:1의 실시간 운명상담 서비스가 주어진다. 맞춤형 부적과 선택 가능한 다양한 상품들이 유료상품으로 전시되고 있다. 전통적인 무속의 단골판이 네트워크화된 사회적 관계로 이어진다. 세금 없는 직업의 전성시대를 맞이하고 있다. 바야흐로 우리는 점복의 전성시대, 운세의 산업화시대를 살아가고 있는 것이다.

Ⅳ 점복의 기능적 의미

한국의 전통문화에 대한 사회과학적 연구의 초기단계는 주로 일본인 사회학자들에 의해 이루어졌다. 1920년대 초반부터 시작된 한국 무속과 민간신앙에 대한 연구들은 20년대 말부터 한국 무속 및 기층문화 관련 보고서, 이른바 '아키바 자료', '무라야마 자료'라 불리는 보고서들로 발표되었다. 무라야마 지준(村山知順)에 의한 『조선의 풍수』, 『조선의 점복과 예언』, 『조선의 귀신』이 대표적이다. 그러나 총독부에서 당시의 한국전통문화를 대하는 기본적인 관점들이 조선의 식민지 지배를 원활히 하기 위한 목적으로 진행되었다는 사실을 고려해 본다면, 일본제국주의는 우리의 전통사상과 생활문화에 대한 '미신화'를 중요한 관념으로 비판하면서 전통문화의 말살을 목적으로 한 기초 조사사업이었다는 점을 간과해서는 안 될 것이다.

민간신앙은 미신, 조잡한 것, 비하해야 할 것, 더럽고 차원이 낮은 것으로 간주하였으며, 조선총독부가 직접 나서서 총독부 학무국의 신사 · 신도정치, 경찰국의 단속행정, 사회과의 사회교화운동을 펼쳤다. '무녀 단속법'도 제정되어 무당의 행위를 일탈적인 것으로 취급했다. 뿐만 아니라 3·1운동 이후에는 종교단체의 분열 · 어용화를 꾀하면서 유사종교를 적극 비호 · 장려하기도 했다. 그리하여 첩보활동을 통해 친일 여론조성에 이용함으로써 민족적 자각을 마비시키려 하였다(주강현, 1997: 177 참조).

문제는 이러한 미신화의 시도가 여전히 살아남아서 현대 한국인의 사회의식과 규범적인 생활문화에도 지속적인 영향을 미치고 있다는 사실이다. 더구나 이러한 논리는 한국 근대화의 전체 과정에서도 일관된 현상으로 관철되었다.[5] 이렇듯 우리 문화의 홀대 속에서 등장한 것이 한국의 대중문화이다. 해방 이후, 미국의 정치문화권이 한국 사회에 확대되어 오고 거기에 편승해서 미국의 대중문화가 한국에 강력한 영향을 미친 것이 일차적 동인(이상희, 1987: 38-39)이었다. 여기에 서구국가, 특히 세계적 다국적 기업의 문화상품(영화, TV 프로그램, 음악, 광고, …)들이 문화적 동시화의 메커니즘을 통해 중심국의 문화 기호와 가치를 주변국에서 재생산(우실하, 1997: 28)하는 과정에서 서구의 문화패턴이 우리 사회에 밀려들어오는 과정은 신식민지적 종속성이 강화되어 가는 과정에 다름 아니었다. 이는 전통문화가 서구의 대중문화에 자리를 내어주는 과정이었으며, 미신으로 폄하되며 정체성을 상실해 가는 시기였다고 할 수 있다.

프랑크푸르트학파의 대표주자였던 아도르노가 「로스앤젤레스 타임즈」의 점성술 칼럼에 관한 연구, 즉 그가 제도화된 미신이라고 불렀던 것에 대한 내용분석에서 그는 별점은 "광범위하고 소외된 의존성"을 조장하여 개인들의 무력감을 강화하고 "자아를 약화"시켜 삶에 대한 운명주의적이고 수동적인 태도를 산출한다고 지적(스윈지우드, 2004: 94-95)했다는 사실에서도 이러한 편견의 사례를 찾아볼 수 있을 것이다.

---

5) 제3공화국이 '조국 근대화'의 일환으로 일으켰던 '미신박멸운동'으로 인해 수많은 굿당이 사라지고 무교계통의 종교단체 건물이 철거되는 등 수난을 겪었다. 이러한 개화주의 혹은 근대화론의 극단적 폐해로서 1970년대 새마을운동을 통한 민간신앙의 파괴를 들 수 있다. '미신 없는 마을', 근대화된 농촌건설을 위해서 당(당집)은 사라져야 했다(주강현, 1997: 177).

점복은 수많은 점복업자들에 의해 상업적이고 비윤리적 목적으로 남용되어 혹세무민의 결과를 가져와 사회문제화되는 경우도 많이 있었다. 그러나 점복이 가지고 있는 정당성에 대한 연구나 점복이 기층 민중들의 심성에 미치는 순기능적인 영향들은 사회역사적으로 무시되어 왔다는 것은 분명한 사실이다. 또 단지 미신이나 민간신앙의 측면에서 고려되거나 그것이 갖는 역기능적인 측면만이 부각되어 조명되어 왔던 것도 사실이다. 이것이 점복이 일상생활문화로서의 측면보다는 음지의 문화로서 유지 잔존되어 올 수밖에 없었던 이유라고 할 수 있을 것이다. 그러나 점복은 숨겨진 문화의 부식토처럼 그 생명력을 유지해 왔으며 우리의 전통문화가 전반적으로 쇠퇴하는 가운데서도 점복문화만큼은 실제의 삶에서 그 생명력을 유지 확장해 왔음에 주목해야 한다. 오히려 최근 들어서는 사회적으로 더욱 번성하고 있는 현상을 어떻게 설명할 수 있는가에 대한 관심과 설명이 필요한 시점이라고 할 수 있다. 현대사회에서 점복의 기능적 의미에 대해서는 정승안(1998)의 연구에서 정리해 놓고 있다. 이를 중심으로 정리해 보자.

1. 긍정적 기능

첫째, 재미 · 오락으로서의 기능이다. 인간이 집단 공동체나 일상적인 생활 속에서 예측하고 예지하고 또한 이를 검증하는 과정을 통해 정서적인 만족을 얻고 그러한 과정 속에서 재미나 오락으로서의 기능을 수행해 왔다는 것이다. '내기' 나 '놀이' 와 같은 것이 대표적이다.

둘째, 카타르시스와 심리적 해방의 기능이다. 점과 굿이 카타르시스, 암시, 최면, 대인관계에서의 통찰력 양성, 감정전이 형성 등의 기제를 통해 인간의 불안과 갈등을 일시나마 해소(김광일, 1991: 171)해 주는 것은 물론 집단성원들의 심리적 불안까지도 해소시키는 기능을 수행한다는 것이다.

셋째, 판단의 준거나 계기가 된다는 것이다. 인간이 매일 또는 매시간 자신의 행동이나 사고 속에서 판단을 하고 있는데, 미래에 대한 확신이 없을 때 판단의 계기로 점복을 이용한다는 것이다.

넷째, 삶의 우환에 대한 예방과 설계를 위한 수단이 될 수 있다는 것이다. 이는 과거 외적이 침범했을 때, 그 전쟁의 결과가 두려우면 두려울수록 그 전쟁의 승패를 미리 알고자 하는 것도 인간의 기본 심리라고 할 수 있듯이 일반인의 생활 속에서 나타나는 부적[6]이나 금기, 삼재 막는 법, 팥죽 뿌리기, 입춘부 등의 활용은 다가오는 우환을 예방하고자 하는 기능을 수행한다는 것이다.

다섯째, 공동체 결합의 매개가 된다는 것이다. 한 해의 풍흉을 기원하는 마을굿과 같은 과정은 구성원들이 다함께 어우러지는 대동의 장이었으며, 점복의 과정을 통해 가족과 공동체의 내적 통합을 더욱 강화시키는 역할을 하였다는 것이다.

마지막으로 사회 문제 해결의 방편으로도 기능한다는 것이다. 실마리를 찾을 수 없는 답답한 현실에 대한 탈출구로서, 막힌 미로에서의 해결대안으로 모색하기 위한 방편으로도 많은 사람들이 점복을 활용하고 있다는 것이다.

2. 부정적 기능

점복은 위에서 언급한 순기능적인 이면에 많은 문제점들과 역기능도 지니고 있다는 사실을 지적하지 않을 수 없다. 이러한 역기능을 개인적인 차원과 사회적인 차원에서 제기되는 역기능을 중심으로 살펴보도록 하자.

---

6) 부적이란 불교나 도교, 민간신앙 등에서 잡귀나 악신을 쫓고 액을 물리치기 위하여 만든 것으로서 신비한 힘을 지닌 신들의 이름을 새겨 만든 신과의 의사소통을 하기 위한 명령서로 받아들여진다.

첫째, 운명론과 허무주의에의 몰입이라는 문제점이다. 현대 과학기술 문명이 아무리 발전하고 이를 활용하는 능력이 높아진다고 하더라도 인간의 정서적인 측면에서의 완전한 답을 찾기는 곤란하다. 이를 '운명론'에 집착하거나 '팔자탓'으로 돌리면서 모든 문제를 '조상탓'이나 '신의 섭리'로 돌리며 자신의 책임을 회피하고자 할 소지가 분명히 존재하고 있다는 것이다.

둘째, 점복의 과정에서 공공연하게 나타나고 있는 성차별적 이데올로기의 문제이다. 팔자가 세어서 '과부가 될 팔자'라느니, '도화살', '역마살'이 끼었다느니, '여자는 뒤웅박 팔자'라는 속담에서처럼 운명론에는 성차별적인 성향이 두드러지게 나타난다. 이는 점복 과정 자체의 속성이라기보다는 사회구조적인 성차별적 양상이 반영되고 있는 것으로 해석해야 하겠지만 주목하지 않을 수 없는 지점이라고 본다.

셋째, 사회적 불안과 위기감을 조성할 수 있다는 사실이다. 대형사건이나 사고를 예언하는 점술가나 역학가의 수많은 사회적 예언들이 여과 없이 대중매체에 전파됨으로써 사회적 불안감을 증폭시킨다는 점은 사회적인 문제점으로도 부각되고 있다.[7] 이를 통해 사회적인 불안감이나 위기감이 조성된다는 것은 점복의 가장 큰 역기능이라 할 수 있을 것이다.

넷째, 사회적으로 지출되는 비용의 낭비 문제이다. 점복의 과정에서 지출되는 비용의 문제와 더불어 점복업자들의 사회적 학습과정을 포함한 수많은 비용지출 과정은 많은 사회적 문제도 불러일으키고 있다. 이는 또 다른 차원에서 짚어보고 검토해 봐야 할 문제이다.

다섯째, 점복의 과정에서 나타나는 역사의식의 부재도 문제점으로 지적하지 않을 수 없다. 점복의 과정에서의 정치적 이데올로기를 활용하거나 목적의식적인 측면이 과도하게 되고 있는 것이다. 역사적인 정당성의

---

7) 수많은 예언들이 발표되고 조명되지만 그 결과에 대해 책임을 지는 사람은 없다. 사회적인 예언이 일부 무당의 치부나 돈벌이 또는 유명세를 위한 수단이 되고 있기 때문이다.

문제는 배제하고 오직 현재의 정해진 운명이나 재앙을 면하고, 복을 받으려는 구복적인 현세 중심적인 사상의 문제 역시 우려하지 않을 수 없다는 것이다.

마지막으로 지배 이데올로기의 기제로도 작용할 수 있다는 사실이다. 전통적으로 국가적인 차원에서 진행되었던 점복의 이데올로기적 기제는 통치의 과정에서 건축물의 축조과정과 다양한 상징적인 장치에 이르기까지 다양한 양상으로 나타난다. 이데올로기가 "비교적 권력이 약한 집단을 희생하여 보다 권력이 강한 집단의 지위를 확보하는 데 도움을 주는 가치와 신념(Giddens, 1993; 김미숙, 1996: 657)"이라 했을 때, 점복은 지배 이데올로기로서의 역할을 충분히 수행해 왔음을 알 수 있다. 무속인 단체 경신연합회라는 조직의 공식명칭이 '大韓勝共敬信聯合會'이다. 여기서도 확인할 수 있듯이 무속인 단체에 '승공勝共'이라는 시대적인 상황이 충실히 반영되어 나타나고 있음을 알 수 있다.

〈표 1〉 한국 사회에서 점복의 기능적 의미

긍정적 기능	부정적 기능
재미 · 오락으로서의 점복	운명론과 허무주의에의 몰입
카타르시스와 심리적 해방	성차별의 이데올로기
판단의 준거(계기)	사회적인 불안, 위기의 조성
삶의 예방적(설계적) 수단	사회적인 비용의 낭비
공동체 결합의 매개	역사의식의 부재
사회 문제 해결의 방편	지배 이데올로기의 기제

자료 : 정승안, 1998: 63-85 참조.

점복의 역기능적인 폐단을 거듭하여 반복되게 하는 근본원인은 현대산업사회의 발달한 물질문명과 정신문화의 괴리에서 오는 현대인의 심리적 불안감과 이러한 문제를 기성종교의 높은 문턱과 배타성에서 해소하지 못하는 민중의 불안한 심리, 그리고 끊임없는 긴장을 요구하고 있는 정치 · 사회적 분위기, 여기에 생존경쟁의 원칙만이 지배하는 경제질서에서 만들어진 패배의식 등이 복합적으로 작용하고 있기 때문이라고 본다. 그러나 점복의 역기능만을 강조하는 것은 민중의 애환을 풀어주는 점복의 기예로서의 긍정적 기능에 대해 애써 외면하기 때문은 아닐까 하는 생각이 든다.

정보사회를 넘어 유비쿼터스로 불리는 현대사회에서 더욱 만연하고 있는 점복은 이미 사회적인 사실로 한국인의 일상생활에 지대한 영향을 미치고 있다. 하지만 드러난 사실의 측면만을 중심으로 접근하게 되면 '문제'로서의 역기능적인 측면에 주목하기 십상이다. 그러므로 광범위한 점복현상의 실체적 이해를 위한 사적인 고찰과 더불어 한국 사회에서 차지하고 있는 점복의 사회적 의미를 종합적으로 살펴보는 것이 점복의 산업화 경향에 대한 보다 통찰적인 이해에 근접하리라 본다.

V 위기탈출의 기예, 점복의 사회학적 함의

현대사회는 인류가 경험하지 못했던 질적으로 전혀 다른 '새로운 공간'을 맞이하고 있다. '유비쿼터스 컴퓨팅', '클라우드 컴퓨터', 'ICT'의 시대라는 담론들은 융합과 네트워크의 시대 그리고 급격하게 변화하는 일상과 삶의 위기의 측면에 대한 새로운 적응을 요청하고 있다. 그러나 항상 새로운 정보기술의 등장과 더불어 일어나는 급격한 사회변화는 기존의 '혁명'이나 변혁의 의미를 넘어서 일상생활의 근본적이고 질적인 변화를 현실화하여 마주하게 하는 것을 보면, 오늘날 우리가 직면하고 있는 위기의 양상과 징후가 복합적이고 총체적인 이유를 알 수 있게 된다.

현대인들에게 사회적 불확실성과 불안 그리고 이로 인한 정체성의 위기가 다양한 측면에서 대두되고 있음을 고려할 때, 특히 일상생활문화의 정체성은 전통적인 요소와 서구의 합리적인 요소가 상호 공존하고 있는 실상에 대한 통찰적이고 종합적인 이해를 통해서 확립될 수 있을 것이다.

그럼에도 불구하고 우리가 점복을 일상생활에서 마주하는 위기탈출의 기예로 상정해 보는 것은, "경제위기와 같은 사건이 있더라도 나날이 반복되는 일상성은 크게 변화지 않는다", "비록 소비생활과 여가생활이 위축되더라도, 최소한의 생활의 토대를 구성하는 일상성은 기본적으로 유지된다. 이러한 일상의 보수성이 한편으로는 혁명적인 변화를 주저앉히는 질곡이 되기도 하고, 다른 한편으로는 모든 변화의 시발점이 되기도 한다(김문겸, 2004: 29)"는 지적에 공감할 수 있다고 생각하기 때문이다.

점복의 산업화와 사회적 의미에서는 정승안(2011)의 논의에서 나름대로 살펴본 바 있다. 그 내용을 요약해 보면, 점복의 산업화의 사회적 의미에 대해, "급격한 정보화의 비가역적 특성은 대중매체-커뮤니케이션 환경-운세산업의 변화에 밀접한 영향을 미치고 있다. 점복은 보편적 문화현상이며, 한국인의 심층에 자리 잡고 있는 현세주의적 삶의 태도와 밀접한 관련성을 지니고 있다. 일상의 반복성, 불확실성이 결합되어 점복을 불안해소를 위한 도구적 수단으로 활용하고 있다(정승안, 2011: 227-228)"는 것이다.

위에서 다루었던 일상의 속성과 점복의 기능적 의미를 결합해 본다면 일상생활에서 직면하는 위기탈출의 기예로서의 점복의 사회학적 함의는 자연스럽게 만날 수 있을 것이라고 본다.

여기서 조금만 더 나가보자. 그렇다면 과연 동양사회사상을 대표하는 역易—사회학적 관점에서는 당면한 일상의 위기의 국면에서의 탈출을 어떻게 도모할 수 있을 것인가?

주역 설괘전에서는 옛 성인들이 역易을 지은 까닭이 "천명에 도달하기 위해 이치를 궁구하고 성품을 다함에 있다"[8]고 언급한다. 계사전에서는

8) 窮理盡性以至於命.

"수를 극진하게 셈하여 닥칠 일을 알아내는 것을 점이라 이른다"[9]고 정의하고 있다. 그리고 역易 속에 들어 있는 네 가지 도리로서 사변상점辭變象占이 있는데 이를 해석하여 말하기를 "역에는 성인의 도가 네 가지 있으니, 말하려는 이는 그 말씀(괘사 · 효사)을 받들고, 움직이려는 이는 그 변화를 받들고, 물건을 만들려는 자는 그 형상을 받들고, 복서하려는 이는 그 점을 숭상한다"[10]고 하였다. 이것은 점의 과정이 단순하게 길흉화복을 예측하는 것만을 목적으로 하는 것이 아니라 수리학의 극치인 동시에, 성인의 심오한 도道임을 말해 주고 있다. 우리의 일상과 생활세계도 이러한 원리는 그대로 관철된다.

주역 계사전繫辭傳에서는 다음과 같이 말하고 있다. "역은 생각함도 없고 하는 것도 없으며, 고요하여 움직이지 않다가 (홀연히) 천하의 이치에 느끼어서 통하게 된다. 천하의 지극한 신이 아니면 누가 능히 여기에 참여하리오"라며 역易과 점占의 본질에 대해서 언급하고 있다.

이는 동양적 인식의 원천이 생활세계의 '깨달음'에 근거하고 있음을 강조하고 있는 것이다. '평상심平常心'이 곧 깨달은 마음이라는 말이나, "깨닫고 나니 처음 발심 때(초발심)의 마음과 같더라"는 언급 등 대부분의 동양적 인식론은 일상적 삶의 소중함에 대한 천착과 생활세계에서의 근본적인 인식의 전환을 추구하고 있을 뿐이다.

생활세계를 통체론-전체론적 관점에서 살펴보게 되면 일상의 위기와 사회적 재난과 위협들이 하나라는 인식을 갖게 된다. 이러한 임박한 위험사회에서의 미래예측은 우리의 일상에서 나오는 말 한마디에서부터 판가름 난다고 보았던 것이다. 그러므로 점복의 일상적 성찰성의 기예는 바로

---

9) 極數知來之謂占.

10) 易有聖人之道四焉 以言者尙其辭 以動者尙其變 以制器者尙其象 以卜筮者尙其占.

여기에서부터 시작한다. 공자가 역易에 직접 날개를 달기 위해서 썼다고 하는 주역 계사전의 마지막 문장에서는 다음과 같이 답을 제시하고 있다.

> 장차 배반하고자 하는 자는 그 말이 부끄러워하는 기색이 있고, 마음에 의심이 있는 자는 그 말이 가지가 생기고, 길한 사람의 말은 적고, 조급한 사람의 말은 많고, 위선자는 그 말이 유창하고, 자신을 지키는 데 실패한 사람은 그 말이 비굴하다.[11]

참고문헌

기든스, 앤서니(Giddens, A.). 1993. 『현대사회학』. 김미숙 외 옮김. 을유문화사.

김광일. 1991. 『한국전통문화의 정신분석: 신화, 무속 그리고 종교체험』. 교문사.

김만태. 2008. “한국 점복의 정의와 유형 고찰.” 『한국민속학』 47집. 한국민속학회.

김문겸. 1993. 『여가의 사회학』. 서울: 한울.

———. 2004. “IMF가 일상생활에 미친 영향–소비와 여가생활을 중심으로.” 『사회조사연구』 제19권. 부산대학교사회조사연구소.

로젝, 크리스(Rojek, C.). 2002. 『포스트모더니즘과 여가』. 최석호 · 이진형 역. 일신사.

박재환. 1994. “일상생활에 대한 사회학적 조명.” 『사회과학논총』 3(1). 부산대학교 사회과학대학.

박재환 · 일상성 일상생활연구회. 1994. 『일상생활의 사회학』. 한울.

———. 2008. 『일상생활의 사회학적 이해』. 한울.

벡, 울리히(Beck, U.). 1998. 『성찰적 근대화』. 임현진 역. 한울.

———. 2006. 『위험사회–새로운 근대성을 향하여』. 홍성태 역. 새물결.

11) 將叛者其辭慙 中心疑者 其辭枝 吉人之辭 寡 躁人之辭 多 誣善之人 其辭遊 失其守者 其辭屈.

스윈지우드, 앨런(Swingewood, Alan). 2004. "문화산업의 문제." 『문화사회학이론을 향하여』. 박형신 역. 한울.

우실하. 1997. 『오리엔탈리즘의 해체와 우리문화 읽기』. 소나무.

이기현. 1998. "텔레비전과 일상문화." 『일상속의 한국문화』. 나남.

이상희. 1987. "전통문화와 대중문화." 『한국의 대중문화』. 나남.

주강현. 1997. 『주강현의 우리문화기행』. 해냄출판사.

정승안. 1998. "한국사회에서 점복의 사회적 의미." 부산대학교 석사학위논문.

———. 2008. "역과 점의 사회학적 고찰." 부산대학교 박사학위논문.

———. 2011. "일상생활의 위기와 운세산업의 사회적 의미." 『문화경제연구』 14(1). 한국문화경제학회.

정승안 · 남종석. 2013. 『정보사회와 미디어 그리고 문화』. 정인.

조현규. 2011. 『왕필이 본 도덕경』. 새문사.

포스터, 마크(Poster, M.). 1994. 『뉴미디어의 철학』. 김성기 역. 민음사.

하비, 데이비드(Harvey, D.). 1994. 『포스트모더니티의 조건』. 구동회 · 박영민 역. 한울.

홀, 스튜어트(Hall, S.). 1992. "현대성과 현대문화." 『현실문화연구』. 문화과학사.

Lash, S. and J. Urry. 1994. *Economies of Signs and Space*. London: Sage.

Lefebvre, H. 1958. *Critique de la Vie Quotidienne*. Paris: L'Arche.

Maslow, A. 1954. *Motivation and Personality*. New York: Harper & Rowe.

Maffesoli, Michel. 1989. "The Sociology of Everyday Life (Epistemological Elements)." *The Sociology of Everyday Life, Current Sociology* 37(1). spring.

Chapter 4

현대사회 노인 위기의 진상과 극복 방안

이현지(계명대학교 교양교육대학)

I 노인 위기의 현주소

오늘날 현대사회를 지배하고 있는 노년에 대한 담론은 노인의 삶이 직면한 위기를 잘 보여주고 있다. 고령화 사회는 현대인에게 희망보다는 긴 노년기를 살아야 한다는 우울한 전망으로 혹은 삶의 고단함으로 인식되고 있다. 고령화 사회는 노동인구가 감소하고 생산성이 떨어지는 노령인구가 차지하는 비중이 높아지는 사회인 반면, 사회복지를 위한 젊은이들의 부담은 커지는 경제적으로 위축이 예상되는 사회로 그려지고 있다. 이러한 우울한 예측을 가중시키는 것은 누구도 노인이 되고 싶어하지 않지만, 누구도 노인이 되는 것을 피할 수 없다는 현실이다.

현대사회가 노년에 대해서 우울한 자화상을 그리고 있는 것은 다양한 사회적 지표를 통해서 반증되고 있다. 그 가운데 가장 대표적인 지표는 자살률이다. 에밀 뒤르켐Emile Durkheim이 『자살론(1897)』을 출판한 이후, 자살률은 사회학에서 가장 객관적인 불행지수로 사용되어 왔다. 자살률에 바탕해서 보면, 오늘날 한국인은 무척 불행하다고 말할 수 있다. 특히 한국 사회의 노인 불행은 극에 달해 있다. 한국인의 자살률은 OECD 국가 중 1위이며, 그중에서도 노인 자살률은 지극히 높다.

통계청(2015)의 발표에 의하면, 한국인의 자살통계는 2013년 인구 10만 명당 65세 이상 노인 자살자 수는 64.2명이었다. 이는 15~24세의 자살자 수가 11.1명, 25~44세가 28명, 45~64세가 37명인 것에 비해 월등히 높은 수치이다. 또한 노인 인구 중에서도 연령이 높을수록 자살률이 더 높게 나타난다. 2009년도 한국인의 자살통계를 보면, 인구 10만 명당 자살자 수가, 60대의 경우 51.8명인데 비해, 70대는 79.0명, 80세 이상은 127.7명에 이르고 있다(통계청, 2010).

이러한 자살통계는 현대 한국 사회에서 노인이 가장 소외된 집단이 되었음을 분명하게 보여준다. 오늘날 노인은 왜 가장 불행한 집단이 되었을까? 노인이 가장 불행한 집단이 된 것에는 다양한 원인이 있겠지만, 이 글에서는 현대문명의 한계와 관련해서 노인문제의 근본적인 원인을 살펴보고자 한다.

이 글의 논점은 현대문명과 그 출발을 함께하는 현대 인간관에는 현대문명의 한계가 이미 예견되어 있으며, 현대문명의 한계는 필연적으로 노인문제를 심화시키게 된다는 것이다. 현대 인간관의 출발점은 14~15세기 이탈리아를 중심으로 일어난 르네상스 휴머니즘이다. 르네상스 휴머니즘은 과학적 합리주의를 바탕으로 자연, 인간, 사회를 관찰하고 이해함으로써, 인간의 가장 높은 부분인 '영적인 존재로서의 인간'에 대한 이해가 탈락되어 있다. 이것이 현대문명이 도달할 수 있는 문명의 한계를 예고하고 시발점이 된다.

현대 인간관의 영향으로, 현대문명은 젊은이가 우월함을 갖는 이성, 욕망, 육체 등과 같은 인간의 세속적인 측면들을 전제하게 되었다(홍승표, 2014: 53). 이성, 욕망, 육체 등에 가치를 부여하는 문명은 자연스럽게 노인을 열등한 존재로 인식하는 관점을 내포한다. 따라서 현대문명이 지배적인 문명으로 더욱 강력한 영향력을 미치는 사회일수록, 노인 위기 역시 심화될 수밖에 없다.

현대문명의 위기는 노인 위기를 촉발시키고 심화시키는 요인이 되지만, 또한 동시에 오늘날 노인 위기를 통해 현대문명의 한계를 인식할 수 있도록 돕는 기제가 되기도 한다. 그리고 현대 노인이 겪고 있는 극심한 불행은 불행의 주체인 에고를 불태워버리는 연료가 될 수 있다. 현대사회를 사는 노인이 자신의 존재 의미를 현대적인 가치에 의존하여 자신의 에고를 지키고 키우는 삶을 살아왔다면, 노인이란 현실적으로 현대적인 가치를 고수하기에는 근본적으로 불가능하기 때문이다. 즉 현대적인 가치란 젊음과 생산 능력에 초점을 맞추고 있기 때문에 본질적으로 노인에게 있어서는 실현되기 어려운 것이다.

그러므로 현대적 가치에 의존하여 자기 의미를 찾고자 했던 노인은 그런 에고를 극복하지 않을 수 없는 삶의 현실에 직면하게 된다. 즉 현대사회의 노인은 현대적 삶의 가치관을 받아들인 채로 불행한 삶을 살 것인지, 현대적 삶의 가치관을 넘어서 삶의 진정한 의미를 발견함으로써 불행에서 벗어날지를 선택해야 하는 기로에 서 있다.

이 글에서는 노인 위기에 대한 선행 연구의 성과를 살펴보고, 선행 연구가 가지고 있는 한계를 비판적으로 검토할 것이다. 다음으로 노인 위기의 원인으로서 현대문명의 한계를 현대 인간관의 관점을 중심으로 분석하고, 현대 인간관에 의해서 초래되는 노인 위기의 진상을 살펴볼 것이다. 그 후에 노인 위기를 극복할 수 있는 방안을 동양사회사상학회에서 연구한 성과를 통해서 탐색해 볼 것이다.

Ⅱ 노인 위기에 대한 연구의 현황

오늘날 노인 위기에 대한 연구는 풍부한 연구 성과를 거두고 있다. 현대사회의 노인이 직면하는 다양한 노인문제를 분석하고, 그에 대한 해결책을 모색하는 문제의식은 팽배해 있다. 이러한 문제의식은 한국뿐만 아니라, 노인으로서 살아가야 하는 시간이 길어지고 있는 현대사회 전반이 직면하고 있는 것이다. 여기서는 전 세계의 노인 위기에 대한 연구를 망라한 논의를 분석할 수 없기 때문에, 한국과 일본 그리고 미국에서의 논의에 집중하여 연구 현황을 분석할 것이다.

노인 위기에 대한 국내 연구를 살펴보면, 노인 자살에 대한 연구(이인정, 2011: 35), 노인성 질환으로 인한 삶의 붕괴에 대한 연구(민진희 · 배정이 · 김윤정, 2010), 노인이 직면한 경제적 위기에 대한 연구와 노인 부양의 문제(김헌수, 1999; 김연정, 2014), 노화의 공포에 대한 연구(최기숙, 2013: 197) 등이 있다.

노인문제와 노인 위기를 주제로 다루는 연구는 분야별로 다양하기 때문에 여기서 모든 연구 성과를 검토하기에는 한계가 있다. RISS에서 '노인문제'를 주제로 검색하면, 23,621건의 연구결과가 검색된다. 이 수치는 노인문제에 대한 연구가 풍부하다는 사실을 보여주는가 하면, 그만큼 노인이 직면한 위기가 다양하고 심각한 사회문제로 대두되고 있다는 것을 반영한다.

이상의 노인 위기에 대한 연구를 검토해 보면 철학, 법학, 사회학, 심리학, 보건학, 여가학, 노인복지학 등의 영역에서 활발하게 이루어지고 있다. 이 결과들은 노인 위기의 대안을 모색하는 데 기여한 바가 크다. 그러나 개별 분과학문에서 이루어진 성과만으로는 노인 위기에 대한 해결책을 마련하기에는 역부족이다. 그 이유는 노인 위기가 매우 복합적인 주제이기 때문이다. 기존 연구들은 노인 위기에 대한 이해를 제고하고 노인불행을 해결하는 데는 기여한 바가 크지만, 노인 위기를 해결하기 위한 본질적이고 근원적인 논의를 전개하지 못했다는 한계를 안고 있다.

일본에서의 노인 연구도 활발한데, 대부분 노인불행에 대한 연구이다. 일본은 세계 최고의 장수국가라는 영예를 누리기도 전에 노인자살의 급증이라는 심각한 사회현상에 봉착하였다. 1990년대 이후 급속하게 증가하고 있는 일본 노인 연구는 대부분이 자살의 원인을 규명하기 위한 것이며 또 자살의 원인이라 할 수 있는 우울증, 소외감, 고독감 등을 해소할 수 있는 방안을 찾고자 한 것이다. 먼저 노인 자살을 총체적으로 해부한 대표적인 것으로 1995년 단독저서로 발간된 松本壽昭의『老年期の自殺に關する實証的研究』가 있으며 그 밖에 梶谷哲男의 "老年期の自殺", 高橋祥友의 "老年期の自殺" 등을 들 수 있다. 또 그 대안을 모색한 것으로 荒賀文子의 "高齡期の精神保健とソーシャルサポート", 片山哲二의 "健やかに老いる方法", 增田雅暢, "對談 安心して老後を暮らせる社會へ-介護總点檢を基に現場からの政策 提言" 등을 들 수 있는데 그 제목에서도 짐작할 수 있듯이 거의 대부분이 정신의학적 차원에서 접근한 것이다.

인생에서 '노년'이 지니는 의미를 조명하거나 유가사상에서 흔히 발견되는 본성의 회복, 또는 본성 회복을 위한 수양기로서의 노년 등, 노년에 대한 적극적인 의미의 해석은 보이지 않는다. 단, 거기에 접근하는 것으로 三浦國雄의 "道教における老翁と嬰兒"을 들 수 있을 뿐이다. 부언하여 둔다면 노년을 풍부한 삶의 지혜를 축적하게 된 시기로 규정하는 池田洋子의 "'老い'の豊かさに触れて" 등도 봉사활동을 통한 노인과의 관계 구축을 염두에 둔 것에 불과하다.

노인에 대한 미국의 연구는 주로 노인들의 행복을 측정하기 위한 도구 개발에서 시작되었다. 대표적인 연구물이 2003년 이루어진 Bowling 등의 연구이다. 이 연구를 통해 65세 이상 노인들의 행복에 대한 준거와 행복을 증진시킬 수 있는 방안에 대한 전국적인 조사가 이루어졌다. 2000년대 이전에도 미국 사회에서는 다양한 형태의 노인행복에 대한 연구가 시작되었다. 그 출발점은 심리학적인 연구 관심이었다. 대표적인 연구로는 Bandura(1997)의 연구결과이다. 그는 심리학자로서의 통찰력을 활용하여 고령의 나이에도 불구하고 자기효능감을 자각하면서 행복한 노년을 영위하는 사례에 대한 연구를 하였고, Cobb(1976: 300)는 사회적 지원의 중요성을 연구했으며, Lin(1986: 18)은 사회적 지원이 의미를 가지는 것은 실질적으로 정서적인 지원이 바탕이 되기 때문이라는 연구결과를 발표했다.

노인에 대한 연구의 또 다른 한 축은 생활상의 만족에 초점을 맞추고 있다. 대표적인 사례로는 Harvighurst(1968: 161)가 노인의 생활만족지표 Life Satisfaction Index를 개발하여 선도적인 역할을 한 것을 들 수 있다. 이후 Medly(1976)와 George(1979: 210)가 생활만족지표를 더욱 발전시키고 지수를 새롭게 개발함으로써 연구를 활성화했다. 이런 노인의 개인적이고 심리적인 측면에 대한 관심을 넘어서서, 사회구조적인 대안을 모색하고 구체적인 정책을 마련하는 연구 또한 다양하게 전개되어 왔다.

1970년에 제기된 Well-Being에 대한 연구(Andres and Withey, 1976) 관심은 행복의 정신적 기제는 무엇인지에 대한 연구(Abby and Andrews, 1985)로 계승되고, 최근 행복심리학(Argyle, 2001)이라는 연구 분야의 정립으로 성과를 거두고 있다. 최근 노인행복 연구는 행복심리학의 영향으로 노인이 되어 어떻게 자아 존중감을 유지할 수 있는지가 주요 관심사가 되고 있다. 또한 이와 동시에 은퇴 후에 어떻게 살 것인가 하는 것도 노인행복과 관련하여 주요한 연구 주제가 되고 있다. 즉 돈(Diener and Diener, 2002), 건강(Rowe and Kahn, 1998), 취미생활(Leitner and Leitner, 2006), 섹스(De Lamater and Sil, 2005), 일(Stanca, 2010) 등을 어떻게 유지할 것인가에 대한 방법을 탐색하는 내용이 주가 되고 있다.

선행연구의 한계는 다음과 같이 정리할 수 있다. 첫째, 노인 위기 연구에 있어, 연구의 배후가정에 대한 검토가 이루어지지 않았다. 이에 따라서, 현대 노년관에 따라 노인 자체를 청년에 비해 열등한 존재로 전제하는 오류를 무비판적으로 수용하고 있다.

둘째, 배후가정의 검토가 배제된 노인불행과 노인 위기를 일종의 자연스런 상태로 은연중에 가정함으로써 현대사회에서 노인불행 문제의 근본적인 원인에 대한 논의를 진행할 수 없다.

셋째, 현대 노년관의 영향으로 노인을 시혜 대상으로만 간주하고, 노인이 타인의 행복과 좋은 세상 만들기에 적극적으로 기여할 수 있는 가능성을 원천적으로 차단하고 있다.

다음 절에서는 현대사회 노인 위기의 원인을 문명론적 관점에서 탐색해 보고, 지금까지 노인 위기에 대한 선행연구가 간과한 측면을 분석해 볼 것이다.

Ⅲ 현대사회 노인 위기에 대한 문명론적 접근

1. 현대 인간관과 현대문명의 한계

현대문명은 오늘날 괄목할 만한 문명 발전을 이루었고, 인류의 삶의 질을 높이는 데에 기여했다. 반면, 현대문명의 팽창으로 인하여 자연생태계의 파괴, 기상 이변, 생명 경시, 인간 소외 등 현대적인 문제가 빈번히 발생하고 있다. 이러한 현대문명으로 인한 사회문제 발생의 단초는 현대문명의 출발점에서부터 이미 내재되어 있었다. 현대문명의 한계는 바로 현대문명 형성과 발전의 초석이 된 현대 인간관에서 비롯된다. 현대 인간관은 르네상스 휴머니즘에서 출발된 것인데, 르네상스 휴머니즘은 서구 중세 신본주의에 대한 반발로 형성된 인간 중심주의인 것이다(홍승표, 2015:

183).

서구 중세사회는 신본주의 사회였다. 중세사회에서는 사랑, 용서, 지혜, 은총 등으로 특징지어지는 신적인 특성이 찬양되고 신앙되었음에 반해, 신적인 본질에 반하는 인간적인 특징에 대해서는 광범위한 비하와 억압이 자행되었다. 억압의 영역은 인간의 감정, 이성, 욕망, 그리고 인간의 육체에 이르기까지 전면적인 것이었다.

중세사회에서는 희로애락과 같은 인간 감정이 고양되지 않았다. 인간의 감정을 표현하고, 찬양하는 시나 문학 활동, 음악 등이 중세 시대엔 침묵했다. 중세의 신은 고대 그리스나 로마의 신처럼 풍부한 인간적인 감정을 가진 신이 아니었다. 남녀 간의 사랑의 감정도 찬양되지 않았다.

중세사회에서는 인간의 이성에도 신뢰를 주지 않았다. 신은 인간의 생각을 통해 인식될 수 있는 존재가 아니었으며, 생각을 통해 신께 가까이 다가갈 수도 없었다. 『성경』의 「실락원」을 보면, 지혜의 열매를 따먹은 사건은 에덴동산에서 추방의 결정적인 계기가 되었다. 이성에 대한 폄하의 결과로 철학은 퇴조하고, 수학이나 이에 기반한 과학과 기술의 발전도 이루어지지 않았다.

중세사회에서는 인간의 욕망은 더러운 것으로 치부되었고, 죄악이었다. 성욕은 억압되어도 사라질 수 없는 것이지만, 그것은 중세사회의 어두운 이면으로만 기생했다. 신분 상승에 대한 욕망을 갖는 것은 위험천만한 생각이었고, 하느님이 허락한 것보다 더 많은 것을 소유하겠다는 욕망 역시 허용되지 않았다.

중세사회에서는 인간의 육체에 대해서도 부정적인 태도가 만연했다. 고대 그리스와 로마사회에서 햇빛 아래 노출되었던 육체는 장막으로 가려진다. 중세의 회화와 조각에서는 인간의 나신이 사라졌다. 사람들의 복장에서도 마찬가지였는데, 의복이란 육체를 가리는 것이었고, 결코 드러내는 것이 아니었다.

14~15세기경 이탈리아를 중심으로 발흥한 르네상스 휴머니즘은 바로 중세에 만연했던 인간적인 특징에 대한 억압과 비하에 대한 반발로 출현한 것이다. 르네상스 휴머니스트들은 인간의 감정, 이성, 욕망, 육체를 복권시켰을 뿐만 아니라 이를 숭배하는 인간에 대한 관점을 낳았다. '인간의 육체는 아름다운 것이다', '인간의 감정은 고귀한 것이다', '인간의 이성은 숭고한 것이다', '인간의 욕망은 긍정되어야 한다'는 것 등이 새로운 인간관의 내용물이다.

미켈란젤로와 다 빈치는 인간의 아름다운 육체를 조각과 회화로 표현했다. 인간의 감정을 소중히 여기는 시와 문학, 음악 활동이 일어났다. 그리고 르네상스기 이후 현대가 시작되는 시기에 르네상스 휴머니즘은 다양한 형태의 현대 인간관으로 형상화되었다.

"생각한다. 고로 나는 존재한다."는 데카르트의 말은 '생각하는 존재', '이성적인 존재'로서의 현대 인간관 선언과 같은 것이다. '욕망하는 존재로서의 인간관' 역시 다양한 형태로 표출되었다. 홉스의 '무한한 권력을 추구하는 존재로서의 인간'은 그 시발점이 되었고, 아담 스미스의 '자유로운 시장상황에서 이윤의 극대화를 추구하는 존재로서의 인간', 프로이트의 '쾌락을 추구하는 존재로서의 인간' 등은 그 변형이다.

그러나 신본주의에 대한 반발로 형성된 현대 인간관에는 인간의 가장 높은 부분이 탈락되게 되었는데, 그것은 바로 인간이 갖고 있는 영적인 특징이다. '사랑할 수 있는 존재로서의 인간', '용서할 수 있는 존재로서의 인간', '진정으로 겸손할 수 있는 존재로서의 인간', '아름답게 미소 지을 수 있는 존재로서의 인간', '감사할 수 있는 존재로서의 인간' 등은 현대 인간관에서는 그 출발점에서부터 배제되어 있었다(홍승표, 2014: 184).

결국 현대가 추구해 온 이상사회는 어떤 사회일까? 그것은 현대 인간관의 바탕 위에서 인간다운 삶이 가능한 사회였고, '이성적인 사회', '욕망 충족적인 사회', '남녀 간의 사랑과 같은 인간의 감정이 중시되고 육체의 아름다움이 강조되는 사회' 등이 바로 그 구체적인 내용이다. 즉, 현대 인간관에서 볼 수 있는 인간에 대한 한계 지움은 결국 현대문명의 한계로 노정될 수밖에 없는 문제점을 현대문명은 그 출발점에서부터 안고 있었던 것이다.

2. 현대 인간관과 노인의 위기

현대문명 위기의 근원은 현대 인간관이다. 그리고 현대 인간관에서 비롯되는 문명 위기가 극단화되어 나타나는 집단이 노인이다. 현대 인간관의 관점에서 바라본 노인이란 본질적으로 소외된 존재이다.

현대 인간관의 요체는 '자신을 둘러싸고 있는 무한한 공간과 영원한 시간으로부터 분리된 개체'라는 것이다. 그리고 분리된 개체로서의 나는 생각하는 존재, 욕망을 추구하는 존재, 육체적인 존재인데, 내 존재의 가치 역시 동일한 측면에서 인지될 수밖에 없다. 그러나 인간의 가치를 평가하는 이 모든 기준은 결과적으로 젊은이를 숭앙하고, 늙은이를 천시하는 결과를 초래하게 된다.

생각하는 존재로서 인간을 바라볼 때, 노인은 열등한 존재로 인식된다. 〈스틸 엘리스〉라는 영화를 보면, 주인공인 엘리스는 50살의 뛰어난 언어학교수였는데, 급성 치매로 인해 기억을 상실하고 자살을 하려 한다. 기억의 상실은 자신의 존재 의미의 상실을 뜻했고, 그녀는 치매 이전보다 비교할 수 없이 형편없는 존재로 전락한 것이다. 치매에 걸린 엘리스가 대부분의 노인이 처한 상황이다. 노인이 되면, 기억력, 판단력, 두뇌회전속도, 사고력 등 모든 두뇌활동의 영역에서 현저한 감퇴가 일어나며, 이는 열등한 존재로서의 자기인식을 불러일으킨다.

욕망의 측면에서 볼 때도 노인의 욕망은 빛이 바랬고, 성적인 욕망이건 경제적인 욕망이건 정치적인 욕망이건, 자신의 욕망을 채울 수 있는 능력도 상실해 버린 존재이다. 생식기가 지난 노인이 강한 성적인 욕망을 갖는다는 것은 부자연스런 일이다. 〈죽어도 좋아〉라는 영화에서와 같이, 성적인 욕망의 주체로서 인간을 인식하고 노인 역시 아직 그런 의미에서 인간적인 존재임을 주장하는 것은 어처구니없는 현대의 삽화이다. 그리고 현대 인간관이 얼마나 집요하게 현대인의 뇌리를 지배하고 있는가를 입증하는 좋은 사례이다.

육체적인 관점에서 볼 때, 노인은 젊은이보다 확실하게 열등한 존재이다. 모든 장기들의 기능은 현저히 쇠퇴했고, 팔다리의 근육도 사라졌다. 달릴 수는 물론 없고, 걷기도 힘들다. 여러 가지 만성병으로 시달리느라 하루도 몸이 개운한 날이 없다. 대머리가 되고, 백발이 되며, 피부는 쭈글쭈글해지고 검버섯이 얼굴을 덮는다. 눈도 흐릿해지고, 이빨도 성치 않다. 육체적인 측면에서 볼 때, 노인은 총체적인 난국에 빠져 있으며, 죽음에 다가갈수록 상황은 악화된다.

한마디로 말해서, 현대 인간관에서 바라본 노인은 존재 자체가 쇠락해 버린 한계 인간일 따름이며, 가장 비인간적인 인간에 불과하다. 그러므로 현대 인간관이 지배하고 있는 현대사회에서 노인 소외, 노인의 위기는 자명한 귀결이며, 거기에는 어떤 출구도 존재하지 않는다. 이러한 관점을 바탕으로 하면, 인간의 생애주기는 다음과 같다. 생애주기에 대한 그래프는 홍승표가 문명과 인간의 삶에 대한 설명을 위해서 그린 것을 여기에 인용하였다.

다음의 [그림 1]에 나타나듯이, 생애주기에 대한 현대적인 관점은 '나를 둘러싸고 있는 세계와 근원적으로 분리된 개체로서의 나' 라고 하는 현대 인간관에 바탕을 두고 있다. 이런 관점에 기초하면, 건강, 외모, 이성 등의 측면에서는 청년기에 삶의 정점에 도달하며, 사회적인 측면에서는 장년기에 정점에 도달한다. 노년기는 모든 의미에서 삶이 쇠락하는 단계이다. 대부분의 현대인은 이런 생애주기에 대한 관점에 기초해서 노년기

그림 1 생애주기에 대한 현대적인 관점(생애의 정점=청년기)

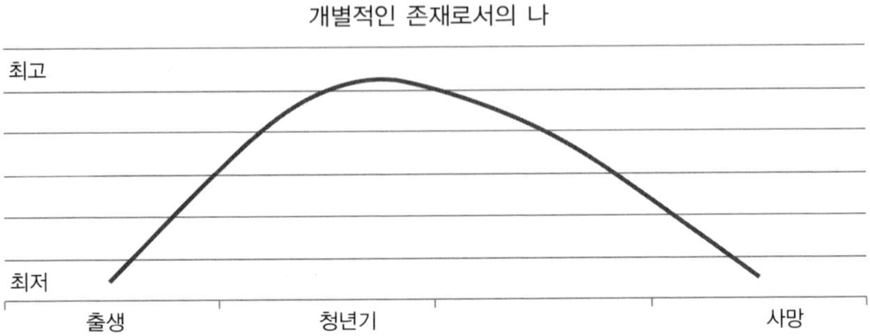

를 평가한다.

이러한 노년기에 대한 인식은 노인 위기의 근본적인 출발점이 되고 있다. 노년기는 인류가 존재한 이래 지속적으로 있어 왔던 생애주기의 하나이다. 그러나 현대사회를 사는 노인이 지금까지 존재했던 어떤 시기의 노인보다 불행을 호소하고 있다면 그 원인은 바로 [그림 1]과 같은 생애주기를 바탕으로 노년을 인식하기 때문이다.

Ⅳ 노인 위기의 극복 방안 모색

1. 노인 위기에 대한 새로운 관점의 연구

여기서는 동양사회사상학회에서 노인 위기를 극복하기 위한 방안에 대해서 연구한 성과를 중심으로 논점을 정리해 볼 것이다. 동양사회사상학회에서 다룬 노인 관련 연구성과를 살펴봄으로써, 노인 위기에 대한 진상을 파악하고 극복 방안을 모색하는 데 어떤 논점을 제기한 바 있는지 그 연구의 의미를 분석해 보고자 한다.

동양사회사상학회를 통해서 발표된 노인 위기와 그에 대한 해답을 모색하는 가장 선행된 연구는 2004년 홍승표의 논문이다. 홍승표(2004)는 현대사회에서 드러나는 노인문제의 실상을 근대적 세계관과 인간관의 문제점에 초점을 맞추어 분석하고, 극복 방안으로 통일체적 세계관을 바탕으로 하는 늙어감에 대한 새로운 인식을 확립할 것을 제안하고 있다. 이 논문을 출발로 하여, 홍승표는 2007년 『노인혁명』을 출판했고, 깨달음이 깊은 노인이 "아름답고 행복하게 나이듦으로써 새로운 세상을 만들어 가는 주역"이 될 수 있음을 주장했다(2007: 229).

다음으로 주목할 연구는 노인을 위한 죽음준비교육 프로그램을 개발한 정재걸(2007)의 논문이다. 이 연구는 홍승표의 『노인혁명』에 대한 기본적인 문제의식에는 동의하지만, 현대의 노인이 과연 노인혁명의 주역이 될 수 있을까에 대해서는 다른 입장을 피력하고 있다. 홍승표는 현대의 노인은 수행과 참된 자기를 만나기 위한 수행을 추구하지 않음으로써 노인혁명의 주역으로서 가능성이 낮고, 젊은이가 잘 늙어가기 위한 노력을 통해서 새로운 세상의 주역이 될 수 있다는 주장했다. 반면, 정재걸은 현대사회를 살고 있는 노인도 죽음준비교육을 통해서 진정한 삶을 자각함으로써 새로운 세상을 만들어 가는 주역이 될 수 있다는 입장을 주장한다. 노인의 죽음에 대한 자각이 적극적인 삶의 완성을 위한 계기로 작용할 수 있음을 말한다(2007: 227).

이현지(2010)의 연구는 한국 노인복지의 실태를 비판적으로 검토하고 진정한 노인복지의 대안을 동양사상의 관점에서 모색했다. 이 연구는 양적인 측면에서 노인복지가 확대되고 있으며, 다양한 노인복지 프로그램이 개발 운영되고 있는 실태를 분석했다. 반면, 이러한 노인복지의 성과 이면에 노인은 여전히 복지의 대상으로 전락하고 있으며, 일자리 마련과 같은 현대적 관점에서 노인이 상실한 생산 기능을 유지하도록 돕는 복지의 현실을 비판하였다. 이 연구에서는 새로운 노인복지의 목표를 설립하고 노인이 복지 주체로 재탄생하도록 돕고, 변화한 노인 개인을 통해서 사회복지를 실현하는 방안을 주장했다(2010: 170-171).

유교의 관점에서 노인을 위한 좋은 돌봄이란 무엇인가에 대한 오세근의 연구도 주목할 만하다. 이 논문은 현대 복지국가 체제에서 돌봄의 대상인 노인에 대한 정책을 검토하고 유교사상에서 노인을 위한 좋은 돌봄의 실천적인 방안을 모색했다. 현대 복지국가 체제에서 노인 돌봄은 시장화와 상품화의 한계를 지니고 있으며, 이윤추구, 관료주의, 전문주의의 문제로 가시화되고 있다는 점을 비판적으로 분석하였다. 이를 극복하기 위한 방안으로 오세근은 '가족과 같은 돌봄'의 성격을 추구하고, 유교사상에서 그 가능성을 탐색했다(2011: 213).

2. 새로운 노년관 정립

고령화 사회를 살고 있는 현대인들은 장수한다는 것을 긍정적으로 받아들이기보다는 두려워하는 경향이 강하다. 우리는 누구나 노년기를 마주쳐야만 하고, 노년기는 점점 더 길어지고 있다. 노년에 대한 부정적인 생각을 가진 채로 젊은 날에는 나이 들어가는 것을 두려워하고, 노년기에는 노인이라는 이유로 소외를 느낀다면, 그래서 긴 노년기를 불행하게 보내야만 한다면, 행복한 인생이란 불가능하다. 대부분의 현대인에게 있어서 노년기는 지극히 불행하다. 그렇다면 행복한 노년기란 불가능한 것인가? 우리가 현대문명의 관점에서 인간을 바라보고 인식한다면, '그렇다'라고 답을 할 수밖에 없다.

현대 인간관은 인간의 가장 높고 아름다운 부분을 간과하고 불구적이고 단편적인 인간에 대한 관점을 가지고 있다. 현대 인간관이 간과한 인간의 모습은 인간의 가장 가치있는 모습이다. 그것을 동아시아사회에서는 '참된 자기'라고 말한다. '참된 자기'는 만일 그 실현을 위해 노력을 기울인다면, 노년기에 이르러 실현될 가능성이 높다. 공자가 말한 인생단계론에서 "마음이 가는 대로 행해도 법도에 어긋남이 없다(從心所慾不踰矩)"고 하는 인생의 가장 높은 경지가 구체적인 사례가 될 것이다.

"우리가 잘 나이 들어간다면, 우린 나이 들수록 더 깊이 사랑하고, 타인의 허물에 너그러워지며, 진정으로 겸손하고, 매사에 감사하며, 아름답게 미소 지을 수 있는 사람이 되어 갈 수 있다. 노인은 스스로 평화롭고 행복하며, 자신의 주변에 평화로움과 행복을 선물할 수 있는 멋진 존재가 될 수 있다(홍승표, 2015: 184)."

그러나 이러한 노인이 되는 것은 나이가 든다고 해서 누구에게나 주어지는 선물이 아니다. 인생의 가장 높은 경지에 이르기 위해서는 삶의 매순간 '참된 자기'를 만나기 위한 수행을 일삼아야 한다. '참된 자기'를 실현한 노인은 과거엔 드문드문 나타났을 뿐이었다. 그러나 미래의 사회에서는 수행이 일상적인 삶의 방식이 되고, 수행을 통해 아름다운 노인들이 집합적으로 출현할 수 있을 것이다. 그리고 '참된 자기'를 실현한 노인이 미래사회의 주역이 되어, 평화롭고 사랑에 넘친 새로운 세상을 만들어갈 것이다. 이와 같은 탈현대사회에서의 생애주기를 그림으로 표현하면 다음과 같다.

그림 2 **생애주기에 대한 탈현대적인 관점(생애의 정점=노년기)**

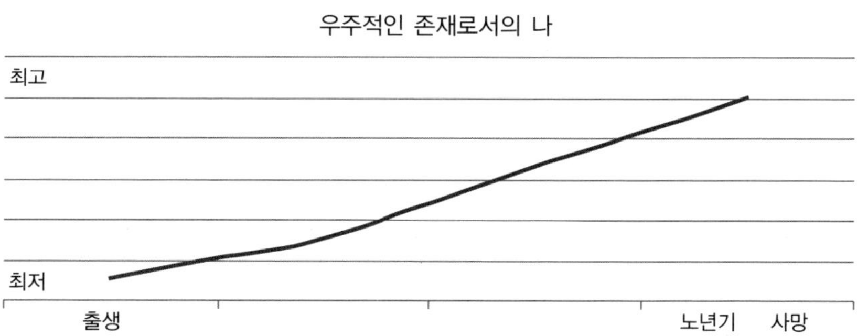

앞의 [그림 2]는 생애주기에 대한 탈현대적인 관점으로 '온 우주를 내 안에 품고 있는 우주적인 존재로서의 나' 라고 하는 탈현대 인간관에 바탕을 두고 있다는 홍승표의 관점이다. 이런 관점에 기초하면, 수행을 통한 나이 들기를 실천할 경우 사망 직전에 삶의 정점에 도달할 수 있다. 노년기는 삶의 성숙기이며 절정기이다. 유불도의 동양사상에는 생애주기에 대한 탈현대적인 관점이 풍부하게 내장되어 있다. 이를 추출해서 새로운 노년관을 구축할 수 있을 것이다.

그렇다면, 어떻게 나이 들어야 할 것인가? 동양사회사상에서는 어떻게 나이들 것인가에 대해서 매우 구체적인 논의를 전개하고 있다. 이러한 논의를 토대로 동양사회사상학회에서는 현실적인 나이 들기의 해답을 연구한 성과가 있다.

잘 늙기 위한 수행으로서의 나이 들기를 말한다. 노인이 스스로 자기 삶의 주체가 되어 잘 나이 들기 위한 수행으로서의 삶을 사는 것을 대안으로 말한다. 물질적인 풍요와 안정된 삶을 추구하는 것 못지않게 중요한 요소가 바로 자기 삶에 대한 진정한 의미를 발견하고 스스로 참된 본성을 발현하기 위한 삶을 사는 것이다. 이러한 삶을 추구할 때, 노인의 삶의 질은 윤택해지고 노인뿐만 아니라 젊은이도 나이 들어감으로써 삶의 가치를 발견하게 될 것이다.

V 결 론

이상의 논의를 통해서 살펴보았듯이, 현대사회의 노인이 직면한 위기는 현대문명의 한계로 인해서 발생하는 문제이다. 이에 대한 문제 해소의 방안을 제시하는 동양사회사상의 노년관과 나이 들어감에 대한 비전을 새롭게 조명하는 것은 사회학적으로 흥미로운 일이다.

현대사회는 젊음을 이상화하고 노년을 불구적인 상태로 간주하는 경향이 있다. 이와 같은 노년에 대한 관점은 현대 세계관과 인간관을 바탕으로 하고 있다. 그러므로 현대사회의 노인 위기는 노년기를 젊은 시절에 갖고 있었으나 지금은 잃어버린 것으로 인식하고 노인복지는 상실한 것들을 부분적으로 채워주는 것으로 인식하는 것이다.

현대사회의 노인은 철저히 객체화되고 있다. 또한, 젊음이란 회복할 수 없는 것이기 때문에 현대 노인 위기는 해결할 수 없으며 근본적으로 한계가 있다. 즉, 현대사회에서 노인은 행복해질 수 없으며 위기에 직면하는 이유가 바로 여기에 있다. 본 연구는 현대문명과 현대 인간관에 의한 노인에 대한 관점이 노인 위기에 미치는 영향을 분석해 보았다.

현대 인간관은 인간을 유한한 존재로 해석하기 때문에 노화와 죽음에 대한 창조적인 해석이 불가능하다. 그러므로 젊음을 추구하고 늙음을 회피하려는 강한 경향성을 갖게 된다. 현대 인간관의 관점에서 볼 때, 노화란 젊음의 상실 과정에 불과하며, 노년기란 젊은 시절 갖고 있었던 것들을 잃어버린 시기로만 해석되어진다. 건강, 직장, 배우자나 가족, 친구 등이 그 대표적인 경우이다. 그러므로 현대사회에서 노인소외는 심각하며, 출구가 없다.

현대 노인복지 패러다임은 이런 노년기의 상실을 완화시키는 데 기여해 왔다. 하지만 현대 노인복지의 세계관적인 기초 자체가 현대 노인복지의 가능성을 한계 짓는다. 현대 노인복지는 현대 세계관의 바탕 위에서 구축되어 왔다. 이에 따라서, 노년을 젊은 시절에 비해서 열등한 시기로 전제하고 난 다음에 노인문제를 해결하려고 했다. 그 결과, 노인이 젊은이들보다 더 성숙하고 아름다운 존재가 된다는 것은 근원적으로 불가능했다. 또한 노인은 언제나 사회복지의 대상에 머물며, 사회복지의 주체가 되어 이 세상을 더욱 멋진 곳으로 바꾸는 데 능동적으로 기여할 수 없었다.

필자가 노인이 직면한 경제적 위기, 건강의 위기 등 현실적인 위기를 해결하기 위한 노력을 가볍게 치부하는 하는 아니다. 다만 현대 인간관이 탈락시킨 인간의 가장 높고 아름다운 부분을 복권시킨다면, 인간은 나이 들수록 더 인간다운 존재가 될 수 있다는 점에 주목하고 있다.

현대 인간관에 의한 인간에 대한 부당한 비하를 멈춘다면, 노년에 대해서 새로운 인식을 할 수 있을 것이다. 결론적으로 말하자면, 현대 인간관에 의해서 자행되었던 노인 폄하, 늙어감에 대한 두려움, 젊음을 숭상하는 문명의 한계를 인식하고 새로운 관점으로 노년을 바라보아야 한다.

그것은 탈현대문명의 건설을 통해서 시도할 수 있으며, 앞에서 논의한 대로 탈현대사회는 현대사회와 다른 생애주기에 대한 비전을 전망할 수 있다. 이에 대해서, 홍승표(2009)는 '복지주체로서의 노인' 이라는 새로운 노년의 모습을 제시한 바 있다. 이러한 시기를 필자는 루소가 청소년기의 정신적인 성장을 '제2의 탄생' 으로 명명한 것처럼, 새로운 삶의 질적 비약을 추구하는 노년기를 '제3의 탄생' 으로 정의한 바 있다. 노인은 노동력을 기반으로 생산에 주력하던 삶에서, 삶을 향유하고 내적으로 발전시키는 차원으로 나아갈 수 있다.

참고문헌

김연정. 2014. "노년기 소비자의 경제생활 위기와 위기 극복을 위한 재취업 활성화에 관한 탐색적 연구." 『한국위기관리논집』 10(12): 199-221.

김헌수. 1999. "노인부양과 소득." 『건전사회교육연구』 4(1): 39-76.

뒤르켐, 에밀(Durkheim, Emile). 2008. 『자살론』. 황보종우 옮김. 청아출판사.

루소, 장 자크(Rousseau, Jean Jacques). 1992. 『에밀』. 정봉구 역. 범우사.

민진희 · 배정이 · 김윤정. 2010. "고령화 사회의 위기와 치매노인의 부양부담."

『국가위기관리학회보』 2(2): 104-122.

오세근. 2011. “현대 복지국가의 ‘돌봄’ 위기에 대응하는 유교사상의 정책 담론 도출에 관한 연구-노인에 대한 ‘좋은 돌봄(good care)’의 이념 구상을 중심으로.” 『동양사회사상』 24: 209-247.

이인정. 2012. “노인의 우울과 자살생각의 관계에 대한 위기사건, 사회적 지지의 조절효과.” 『한국보건사회연구원』 31(4): 34-62.

이현지. 2010. “동양사상의 관점에서 본 한국 노인복지의 현주소.” 『동양사회사상』 22: 145-174.

———. 2012. “동양사상과 한국 노인복지의 새로운 패러다임 모색.” 『한국학논집』 46집.

———. 2014. “유교문화와 새로운 노인복지의 패러다임 모색.” 『국학연구』 25.

정재걸. 2007. “노인을 위한 죽음준비교육 프로그램 개발 연구.” 『동양사회사상』 16: 197-236.

최기숙. 2013. “노화의 공포와 공생 지향의 상상력.” 『여성문학연구』 29: 195-230.

통계청. 2010. 『2009년 사망원인 통계 결과』 보도자료. 통계청.

———. 2015. 『한국의 사회지표 2014』. 통계청.

홍승표. 2004. “통일체적 세계관과 늙어감에 대한 새로운 인식.” 『동양사회사상』 9: 5-30.

홍승표. 2007. 『노인혁명』. 예문서원.

———. 2009. “동양사상과 복지 주체로서의 노인.” 『사회과학논총』 28(1).

———. 2014. 『주역과 탈현대 문명』. 도서출판 문사철.

———. 2015. “현대문명의 한계와 노인의 위기.” 『한국사회학회 사회학대회 논문집』 2015: 183-184.

홍승표 · 정재걸 · 이승연 · 이현지 · 백진호. 2013. 『동양사상과 노인복지』. 집문당.

梶谷 哲男. 1985. “老年期の自殺.” 『医學のあゆみ』 135(6): 479-482.

三浦國雄. 1989. “道教における老翁と嬰兒.” 『安定期社會における人生の諸相』. 京都ゼミナールハウス.

高橋 祥友. 1994. “老年期の自殺.” 『心身医學』 34: 49-54.

松本壽昭. 1995. 『老年期の自殺に關する實証的研究』. 多賀出版.

池田 洋子. 2001. “‘老い’の豊かさに触れて(家政學をになう家政系出身者から).”

『日本家政學會誌』 52(12): 1211-1213.

荒賀 文子. 2002. "高齢期の精神保健とソーシャルサポート(〈特集〉樂しく老いる)."『女性學評論』 16.

片山 哲二. 2004. "健やかに老いる方法."『茨城大學生涯學習教育研究センター報告』 6.

增田雅暢. 2010. "對談 安心して老後を暮らせる社會へ-介護總点檢を基に現場からの政策 提言." 公明.

Abby, A. and F. M. Andrews. 1985. "Modeling the Psychological Determinants of Life Quality." *Social Indicators Research* 71(16): 1-34.

Andres, F. M. and S. B. Withey. 1976. *Social Indicators of Well-Being, American's Perception of Life Quality*. New York: Plenum Press.

Argyle, M. 2001. *The Psychology of Happiness*. New York: Taylor & Francis.

Bandura. A. 1997. *Self-Efficasy: The Exercise of Control*. New York: W. H. Freeman & Company.

Bowling, A., A. Fleissig, Z. Gabriel, D. Banister, J. Dykes, L. M. Dowding, *et al*. 2003. "Let's Ask Them: A National Survey of Definition of Quility of Life and its Enchancement Among People Aged 65 and Over." *International Journal of Aging & Human Development*. pp.269-306.

Cobb, S. 1976. "Social Support as a Moderator of Life Stress." *Psychosomatic Medicine* 38: 300-314.

De Lamater, J. D. and M. Sil. 2005. "Sexual Desire in Later Life." *Journal of Sex Research* 42(2): 138-149.

Diener, E. 1999. "Subjective Well-Being: Three Decade of Progress." *Psychological Bulletin* 125(1999): 276-302.

Diener, E. and R. Diener. 2002. "Will Money Increase Subjective Well-Being? A Literature Review and Guide to Needed Research." *Social Indicators Research* 57: 119-169.

George, L. K. 1979. "The Happiness Syndrome: Methodological Well-Being in Adulthhood." *The Gerontologist* 19(2): 210-216.

Havighurst, R. J. 1968. "Social Psychological Perspectives on Aging." *The Gerontologist* 8.

Leitner, M. J. and S. F. Leitner. 2006. *Leisure in later life*. 3rd ed. New York: The Haworth Pres.

Lin, N. 1986. "Concepturalizing Social Support." in N. Lin, A. Dean, and W. M. Ensal(eds.). *Social Support Life Evens and Depression*. pp.17-30.

Medley, M. L. 1976. "Satisfaction with Life Among Persons Sixty-Five and Older." *Journal of Gernotology* 31.

Rowe, J. W. and R. L. Kahn. 1998. Sucessful Aging. in Ken Dychtwald(ed.). *Healthy Aging: Chalenges and Solutions*. pp.27-44. An Aspen Publication.

Stanca, L. 2010. "The Geography of Economics and Happiness: Spatial Patterns in the Effects of Economic Conditions on Well-Being." *Social Indicators Research* 9: 115-133.

『논어』.

『성경』.

Chapter 5

사이버공간의 갈등과 폭력, 그리고 대안적 불교윤리

박수호(중앙승가대학교 불교사회과학연구소)

I 문제제기

한국은 세계가 주목하고 있는 대표적인 인터넷 강국이다. '산업화는 뒤졌지만, 정보화는 앞서가자' 는 슬로건 아래 1990년대 이후 비약적으로 성장한 한국의 정보통신산업과 잘 갖춰진 초고속통신망으로 인해 한국은 첨단 정보통신기술의 상업화를 위해 반드시 거쳐야 하는 실험대가 되었고, 새로운 사이버문화의 출현을 선도하는 전위부대 역할을 하고 있다.

정보화, 세계화, 도시화 및 이에 따른 복합성의 증대는 일관성과 통합성을 특징으로 하던 전체문화를 다양한 하위문화로 분화시켰고, 동시에 사회의 각 구성 단위들을 상호 의존적이고 역동적인 관계로 재편하고 있다. 더불어 사회적 · 공간적 이동성의 증대는 이질적인 사회 환경을 조성함으로써 생활세계의 다원화를 고무시켰으며, 사회 내의 갈등현상이 빈발하고 중첩되며, 심화되는 결과를 초래했다(김종길, 2005: 19-20).

특히 쌍방향 의사소통을 특징으로 하는 인터넷은 새로운 갈등 이슈가 출현하는 가능성을 높이고, 누구나 자유롭게 갈등에 참여할 수 있는 길을 열었다. 결국 사이버공간에서는 온갖 주제에 대해 무수히 많은 크고 작은 갈등이 다양한 방식으로 동시에 생성 · 발전 · 소멸되고 있으며, 사이버공간 그 자체가 하나의 거대한 갈등공간이 되고 있다(김종길, 2005: 57).

이러한 갈등의 편재적 상황 속에서 다양한 유형의 사이버폭력들이 일상화되고 있다. 가장 대표적인 사이버폭력으로 여겨지는 악성 댓글의 경우는 피해자 개개인이 감내해야 할 엄청난 스트레스는 물론이고, 명예훼손이나 자살 등 심각한 사회문제로 비화된 지 오래이다. 그러나 아직까지도 이에 대한 효율적인 대응방안이 마련되지 못하고 있다. 이 글에서는 사이버공간의 갈등과 폭력에 대한 기존 연구들을 비판적으로 검토하고, 재해석함으로써 이들을 극복하기 위한 단초를 모색해 보고자 한다.

II 정보사회의 갈등 배경과 사이버공간의 갈등

1. 정보사회의 갈등 배경

정보통신기술의 발전으로 인한 혁명적 변화는 18세기 중엽 이후 인류의 삶의 토대를 제공했던 산업사회적 질서를 해체하였다. 그 결과 정치, 사회, 문화, 가치관 및 일상생활의 영역에까지 정보화의 영향력이 확산되면서 사회 전반에 걸쳐 광범위한 변화가 초래되었다.

정보통신기술이 처음 도입된 산업기술 영역에서 시작된 변화가 주변 사회영역과의 상호작용을 거쳐 사회 전반으로 확산되는 복잡한 일련의 과정으로 규정되는 정보화는 '전산화computarization－연계화networking－유연화flexibility'가 누적적, 융합적으로 진행되는 일련의 과정이다. 정보화가 심화될수록 네트워크 구조로의 전환과 함께 사회의 모든 영역에서 사회적 재구조화가 일어나게 되며, 종국적으로는 사회구조적 경직성이 완화됨으로써 다원적이고 개방적인 사회체제가 등장하게 된다(김문조 · 박수호 · 민웅기, 2009: 10-11). 이처럼 정보화가 사회 전반에 다층위적으로 확산되면서 사회 각 영역에서는 다양한 변화가 일어나게 된다. 정보화로 인한 사회문화적 변화에 주목하고 있는 여러 선행연구들은 개인화, 네트워크화, 유연화, 상대화 등의 경향성이 나타나고 있음을 언급하고 있다(박수호, 2005: 9-11).

웰만과 반스 등은 정보통신기술의 발전이 개인화된 커뮤니케이션과 이동성의 확장을 가져왔으며, 그로 인해 사람들은 장소의 구속으로부터 벗어나게 되었고, 인터넷의 확산은 네트워크 사회로의 전환 및 사람들의 사회적 자본 증가에 기여하고 있다고 주장한다(Wellman, 2001; 반스, 2002). 와인버거는 인터넷상에서 각자의 관심과 취향을 적극적으로 표현함으로써 군중 속에서 수많은 얼굴들이 저마다 개성을 드러낼 수 있다는 점을 지적하고 있다(와인버거, 2003). 산업사회의 생활방식으로부터 벗어나 개인들이 자신의 생애를 스스로 창작하고, 상연하며 고쳐가야 하는 새로운 생활방식으로 다시 자리매김하는 개인화를 현대사회의 주요한 특성으로 인식하는 벡의 논의(벡, 1997)도 정보화와 무관치 않다는 점을 고려하면 정보화는 개인의 자율성과 책임이 증대되는 개인화 경향을 드러내고 있음이 분명해진다.

네트워크 사회에서 경계는 보다 침투성이 높아지고, 상호작용은 중층적인 네트워크 사이를 연계하는 연결점으로서의 다양한 타자들과 이루어지며, 수직적 위계는 수평화되고 순환적이 된다는 지적도 존재한다(카스텔, 2003). 또한 인터넷이 현대사회를 특징짓는 커뮤니케이션 수단으로 활용되고 있다는 사실에 대해서는 이견이 없다. 우리나라의 세 가구 중 두 가구가 초고속 인터넷을 이용하고 있으며, 인터넷 이용자들의 주당 평균 인터넷 이용시간이 약 11시간에 달한다는 사실은 네트워크가 개인의 일상생활에서 중요한 비중을 차지하고 있음을 보여준다(한국인터넷진흥원, 2004). 이것은 개인의 일상생활이 네트워크를 중심으로 재편되고 있음을 의미한다.

사회구조적 경직성의 완화, 가변적 주체와 탈제약적 행위 환경의 등장 등으로 특징지을 수 있는 유연화 경향 역시 네트워크화 경향의 확산 속에서 하나의 흐름을 형성하고 있음을 감지할 수 있다. 김문조는 정보화로 인해 나타나는 인간의 사고방식과 행위양식의 변화를 행위주체의 가변성으로 특징짓고, 사이버공간을 통해 구성되는 행위환경을 탈제약성으로 규정한 후, 이로부터 초월성을 구성 원리로 하는 사이버문화가 형성된다고 주장하고 있다(김문조, 2000: 233-236). 이처럼 초월성의 원리를 따르는 사이버문화는 기존의 사회질서가 구축하고 있던 경계를 벗어난다는 점에서 유연화의 경향성을 드러내고 있다 할 것이다. 앞서 언급한 카스텔이나 웰만 등의 논의 역시 이를 뒷받침하고 있다.

인터넷에서는 '오직 하나' 만을 주장하는 사고 및 행동방식은 존재하지 않는다. 즉, 인터넷은 절대성을 용인하지 않는 상대성이 지배하는 영역이라는 것이다. 또한 유연화를 절대적 가치체계의 해체로 규정할 경우, 자연스럽게 상대화를 수반하게 된다. 다원적이고 개방적 사회체제를 가능하게 해 주는 기본원리는 상대성의 인정에서부터 연원하고 있으며, 이는 절대적 가치체계와는 병립하기 어렵다. 따라서 유연화의 결과가 다원적이고 개방적 체제를 지향하게 된다는 것은 상대화의 경향이 함께 나타나게 됨을 의미한다.

이와 같은 거대한 문명사적 전환으로 인해 사회 전반에 걸쳐 기존 질서와 새로운 질서가 충돌하고, 그로 인한 갈등과 혼란은 불가피할 수밖에 없다.

2. 사이버공간의 갈등[1)]

사이버공간은 정보화의 진행 과정에서 발생하는 사회 갈등이 표출되는 대표적 공간으로 자리매김하고 있다. 사이버공간은 개인적인 억울함이나 불만을 토로하고, 부정부패나 각종 비리 의혹을 폭로하며, 공공선을 위한 다양한 사회적 이슈에 대해 누구나 자유롭게 자신의 생각이나 대안을 제시하는 일종의 공론장을 형성하고 있다. 이를 통해 다양한 의견에 대한 숙의 과정을 거쳐 민주적인 의사결정이 이루어질 수 있다는 점은 매우 고무적인 일이다. 그러나 모든 사회구성원에게 열려진 자유로운 의견 표명의 기회는 새로운 갈등을 양산하고 기존 갈등을 확대 재생산하는 부정적 결과를 동시에 드러내고 있다.

가장 자유롭게 자신의 의견을 드러낼 수 있는 자유게시판은 사이버공간에서 갈등이 일어나기 가장 쉬운 영역일 뿐만 아니라 가장 빈번하게 갈등을 관찰할 수 있는 영역이기도 하다. 실제로 자유게시판은 각양각색의 인터넷 이용자들이 적극적으로 자신의 요구와 불만을 제기하는 통로이다. 대부분의 자유게시판은 아이디ID와 대화명 뒤에 자신의 진면목을 숨길 수 있다는 점에서 익명성의 허용 정도가 높은 편이다. 이러한 익명성에 숨은 인터넷 이용자들은 비난이나 욕설, 루머 등을 정제되지 않은 상태로 내뱉는 경우가 많은데, 그 결과는 사회적 갈등으로 이어지게 된다. 이러한 갈등에 감정적 동조 현상이 일어나게 되면, 상당한 파장을 불러일으키는 경우가 많으며, 때로는 사이버공간을 넘어 현실공간으로 갈등이 전이되기도 한다.

사이버공간에서 사회적 갈등을 빈번하게 초래하는 또 다른 영역은 바로 안티사이트이다. 안티사이트는 인터넷을 통한 이슈의 확산과 공감대

---

1) 이 항의 기본적인 뼈대는 김종길의 논의(2008: 411-433)에 의존하고 있다.

형성이 용이하고, 사회운동으로서의 효과가 적지 않다는 점에서 급속히 확산되어 왔다. 사실 '안티anti-'라는 말은 특정 대상에 대한 대항, 반대, 저항의 의미를 내포하고 있다는 점에서 안티사이트는 본질적으로 갈등 현상을 내재하고 있다. 따라서 안티사이트는 불가피하게 안티사이트 구성원과 안티의 대상자 사이의 갈등을 수반할 수밖에 없다. 또한 이해당사자와 일반 인터넷 이용자 간 갈등도 빈번하다.

사이버공동체도 사회 갈등이 일어나는 대표적인 영역이다. 사이버공동체는 혈연이나 지연, 학연 등 한국 사회에서 쉽게 찾아볼 수 있는 조직화의 원리가 작동하지 않는 것으로 알려져 있다. 물론 현실공간의 조직화 원리가 관철되는 사이버공동체도 부분적으로는 분명히 존재하지만, 대부분의 사이버공동체는 취미나 관심사를 공유하는 사람들로 구성되는 경우가 많다. 이로 인해 발생하는 동질감과 연대의식, 친밀성 등은 사이버공동체를 갈등이 없는 영역인 것처럼 인식하게 한다. 그러나 사이버공동체의 규모가 커지고, 시간이 흐르면서 사이버공동체 구성원 사이의 차이와 이질성이 드러나게 되면 갈등의 여지가 커지게 된다. 사이버공동체 내의 갈등은 사이버공동체의 주도권 경쟁을 둘러싼 하위집단들 사이의 갈등, 하위집단의 독자성 혹은 폐쇄성 인정을 둘러싼 상·하위집단 간 갈등, 인간관계의 문제가 얽혀서 일어나는 개인 간 갈등, 운영진의 역할 또는 권한의 범위와 관련된 운영자와 참여자 사이의 갈등 등이 두드러지게 나타난다. 특히 사이버공동체의 게시판을 통해 공동체 활동 과정에서 쌓인 감정의 찌꺼기들을 가감 없이 배출할 경우, 사이버공동체 내의 갈등은 더욱 격화되는 경향성이 나타나고 있다.

사이버공간의 갈등은 다양한 하위집단의 분파나 갈등 유발자의 탈퇴 혹은 축출 등의 방식으로 종결되는 경우가 많다. 대체로 권력게임과 유사한 형태로 귀결되는데, 갈등 유발자가 사이버공동체 구성원 다수의 지지를 얻지 못하거나 갈등 상대방의 정당성을 파괴하지 못하면 자의에 의해 사이버공동체를 탈퇴하거나 사이버공동체로부터 강제적으로 축출되는 것이다. 사이버공동체 내의 하위집단들이 갈등에 참여한 경우는 대립과 갈등 과정에서 불거진 감정적인 골과 집단 정체성으로 인해 갈등 이전에 하나로 통합되어 있던 사이버공동체를 갈등에 참여한 각각의 하위집단에 기반을 둔 다수의 사이버공동체로 해체하는 경우가 많다. 이러한 결과에 수반하는 현상으로 자주 관찰할 수 있는 것은 사이버공동체를 갈등 이전의 상황으로 환원시키기 위해 갈등 과정에서 나타난 여러 게시물들을 삭제하는 것이다.[2]

Ⅲ 표출적 현상으로서의 사이버폭력

국립국어원에서 제공하는 표준국어대사전에 따르면 폭력은 "남을 거칠고 사납게 제압할 때에 쓰는, 주먹이나 발 또는 몽둥이 따위의 수단이나 힘. 넓은 뜻으로는 무기로 억누르는 힘을 이르기도 한다"고 정의되어 있다.[3] 갈등이 전개되고 수습되는 과정에서 갈등하는 상대방을 억누르기 위해 폭력을 동원하는 것은 일반적인 현상이다. 사이버공간에서의 갈등도 예외는 아니어서 사이버폭력으로 갈등이 표출되는 것이 일반적이다.

사이버폭력에 대한 기존 연구들은 사이버범죄 혹은 사이버일탈의 차원에서 주로 검토되어 왔다. 이러한 연구 경향은 현실공간에서 폭력이 범죄 혹은 일탈과 매우 밀접하게 관련되어 있다는 점을 고려하면 충분히 수긍할

2) 갈등이 원만하게 수습되는 경우에도 이러한 결과가 나타나기도 하지만, 여기서 주목해야 할 것은 갈등을 수습하는 과정에서 사이버공동체 내부의 규범체계가 발달하게 된다는 것이다. 즉, 갈등의 원인과 과정, 결과들에 대한 성찰을 통해 자율적으로 규범을 만들어 낸다. 이러한 규범의 제도화가 수반되지 않은 갈등적 게시물의 삭제는 이후에 유사한 갈등 상황이 재발할 수 있다는 점에서 경계해야 할 일이다.

3) 표준국어대사전 검색은 http://stdweb2.korean.go.kr을 참조.

수 있는 부분이다. 이 절에서는 사이버공간의 갈등 상황에서 발생하는 사이버폭력 현상에 대한 기존의 연구 결과들을 간략하게 정리하고자 한다.

1. 사이버폭력의 주요 유형

사이버일탈의 관점에서 연구된 사이버폭력 연구는 대체로 언어폭력과 성폭력에 관심을 집중해 왔다(이민식, 2000; 백광훈, 2000). 컴퓨터 네트워크에 기반을 두고 있는 사이버공간의 속성상 사이버폭력은 언어폭력의 양태를 보이는 것이 일반적이다. 성폭력조차도 언어적 성폭력이라고 할 수 있다.

사이버공간에서 발생하는 언어폭력의 대부분은 플레이밍flaming이나 악성 댓글에 의한 모욕이나 명예훼손 등이다. 플레이밍은 욕설이나 거친 표현 등을 통해 상대방에게 불쾌감을 유발하는 행위이다. 채팅이나 게시글, 댓글 등에서 절제되지 않은 플레이밍은 다른 인터넷 이용자들을 감정적으로 도발하게 되고, 이러한 도발은 사이버공간상의 말다툼으로 쉽게 전이된다. 사이버공간에서 발견되는 갈등 상황은 이러한 플레이밍으로부터 시작되는 경우가 많다.

사이버 명예훼손의 대표적인 사례는 '백지연 씨 사건'을 들 수 있다. 인터넷에 백지연 씨의 아들이 친자식이 아니라는 기사가 등록되었고, 기사 등록자를 명예훼손으로 고소하여 백지연 씨가 승소한 사건인데, 인터넷을 통해 개인의 명예를 훼손하는 내용의 게시물을 유포하는 것이 사이버 명예훼손이다. 사이버 명예훼손은 현실공간에서의 명예훼손과 달리 인터넷이 가지는 신속하고 광범위한 파급효과 때문에 그 피해는 상상하기 어렵다. 간단히 말해 현실공간에서의 명예훼손은 당사자와 당사자 주변의 사람들 정도만 인지를 하지만, 인터넷을 통해 명예훼손이 이루어지면 전 세계 모든 네티즌들이 그 내용을 인지할 수 있는 가능성을 가지게 된다. 또한 인터넷의 특성상 최초 게시물이 삭제되었다고 하더라도, 그 이전에 다른 컴퓨터나 네트워크에 옮겨 저장되고 편집된 게시물은 삭제할 수 없다. 최근 나날이 발달하고 있는 검색 기술은 과거와는 비교가 되지 않을 만큼 방대하고 정확한 정보들을 검색해 내고 있다. 따라서 인터넷을 이용한 명예훼손은 언제든 되풀이될 수 있는 가능성이 상존하고 있는 원죄와도 같다.

사이버성폭력은 사이버공간에서 타인에게 성적인 수치심이나 혐오감 또는 불쾌감을 유발하는 행위이다. 대부분의 사이버성폭력은 대화방이나 쪽지보내기 등을 통해 이루어지고 있으며, 상대방 의사를 무시하고 음담패설을 계속하거나, 채팅 중 성적인 질문을 하는 것, 상대방의 동의 없이 '컴섹'을 요구하고, 성적 모멸감을 유발하는 게시물이나 자료를 올리는 행위, 메일이나 메모를 통해 일방적인 만남을 강요하는 등의 형태로 나타나고 있다. 심한 경우는 채팅 중 번개모임을 통해 만난 뒤 실제로 성폭력을 가하는 경우도 있고, 사이버스토킹이 이루어지는 경우도 종종 언론에 보도되고 있다. 사이버스토킹은 사이버공간에서 타인에게 원하지 않는 접근을 계속적, 반복적으로 시도하거나 이로 인하여 상대방에게 공포감이나 두려움을 유발하는 행위이다. 흔히 메신저나 채팅창에 등록된 아이디가 네트워크에 접속을 하면 다른 이용자에게 알려주는 프로그램을 이용하는 것이 기본적이다. 주로 여성 이용자들을 대상으로 남성 이용자들이 스토킹을 하는 것으로 보고되고 있어 사이버성폭력의 한 유형으로 인식하는 경우가 많다(박수호, 2001: 246).

최근의 사이버폭력은 사이버공간에만 국한된 것이 아니라 사이버공간과 현실공간을 가로질러 나타나는 경향이 관찰되고 있다. 온라인 게임 이용자들에게서 가끔 나타나고 있는 '현피' 현상이나 현실공간에서 갈등 관계에 있는 특정 대상에게 위해를 가하려는 의도로 사이버공간에 악성 루머를 유포하는 경우가 대표적이다. '현실'과 게임 용어인 'Player Kill(PK)'의 합성어인 '현피'는 온라인상에서 일어난 다툼이나 분쟁이 비화되어 분쟁의 당사자들이 현실에서 직접 만나 물리적 충돌을 벌이는 일을 가리키는 인터넷 용어이다.

2. 사이버폭력의 원인

사이버일탈에 대한 기존 연구들은 그 원인을 어디에서 찾고 있을까? 사이버범죄나 사이버일탈을 설명하는 기존 연구들은 사이버공간의 기술적 속성에서 원인을 찾는 입장과 사이버공간을 통해 유통되는 컨텐츠의 내용에 초점을 맞춘 시각, 이용자가 사이버공간을 어떻게 규정하고 있는가를 중심으로 설명을 하는 상황 중심적 접근법, 사이버문화의 구성적 속성 등에서 사이버일탈의 원인을 찾고 있다(박수호, 2003: 572-574). 이러한 사이버일탈의 원인은 근본적으로 사이버폭력이 발생하는 배경을 제공하고 있다는 점에서 사이버폭력의 원인으로 간주해도 무방할 것으로 판단된다.

사이버공간의 기술적 속성에서 사이버일탈의 원인을 찾는 사람들은 사이버공간에서 상호작용하고 있는 상대방에 대한 정보가 대부분 차단된 익명적 상황에서 행위의 기준이 되는 사회적 맥락단서들마저 충분히 제공받지 못하는 사이버공간은 규범준수에 대한 의지도 약화되고, 개인의 행위선택에 있어서도 혼란스러움을 경험하게 된다고 본다. 여기에 현실공간에서는 개인을 둘러싼 공동체로부터 비공식적 제재가 이루어짐으로써 사회통제가 어느 정도 효과를 거두게 되지만, 사이버공간은 최소한의 비공식적 제재를 취할 수 있는 공동체의 존재마저 불확실하기 때문에 일탈행동에 대한 사회적 통제가 약화될 수밖에 없다.

사이버공간에서 유통되는 컨텐츠의 내용을 강조하는 입장을 지지하는 사람들은 주로 인터넷을 통해 유통되는 음란·폭력물에 주목을 하고 있다. 현실공간과 달리 너무도 손쉽게 음란·폭력물에 접촉하게 되고, 점점 더 자극적인 것을 추구하다 보면 사람들의 규범의식이 약화됨으로써 일탈행동이 일어나기에 좋은 환경을 조성하고, 여러 반사회적인 사이트나 채팅방, 뉴스그룹, 게시판 등을 통해서 일탈행동에 대한 직접적인 정보들을 교환하면서 일탈행동을 촉발하고 있다고 보는 시각이다.

인터넷 이용자의 상황정의에 강조를 두는 입장은 기본적으로 상징적 상호작용론이라는 사회학 이론에 근거를 두고 있다. 사람들은 자기가 현재 처한 상황에 대한 나름대로의 정의를 내리고, 거기에 맞는 행위를 선택한다는 것이 상징적 상호작용론의 기본적 입장이다. 이 입장을 취하는 사람들은 네티즌들이 사이버공간을 어떠한 공간으로 인식하느냐에 따라 행동의 양태가 변화할 것이라는 이론적 전제에서 논의를 시작하고 있다. 그리고 그동안 사이버공간은 도구합리적인 공식적 공간으로 인식되는 측면이 강했다고 지적을 한다. '인터넷은 정보의 바다' 라는 표현은 사이버공간을 '도서관' 과 같은 공간으로 인식하는 대표적인 사례이고, 전자민주주의를 주장하는 일군의 연구자들은 사이버공간을 '공론장' 으로 인식했다는 것이다. 커뮤니티 사이트에서의 활동에 주목하는 사람들은 사이버공간을 마치 촌락과 같은 공동체로 보고 있고, 쇼핑몰을 비롯한 전자상거래나 전자정부 같은 기능적 공간으로 사이버공간을 인식하는 경우도 있다. 그리고 이런 공간 인식은 사람들로 하여금 현실사회에서의 규범을 사이버공간에 그대로 적용할 것을 암묵적으로 강제하고 있다.

그러나 이 입장은 다른 한편으로 사람들은 사이버공간을 기존의 사회적 제약에서 벗어나 자유로움을 만끽할 수 있는 욕구충족의 공간으로 인식해 왔다는 점을 강하게 부각시키고 있다. 즉, 사람들은 익명적이고 탈맥락적인 사이버공간에서 자신의 억제된 욕구를 분출시키고 감정이 절제되지 않은 행동이 용인된다고 생각해 왔다는 것이다. 그러다 보니 사람들은 현실공간과는 다르게 사이버공간에서 보다 느슨한 행위규범을 가지고 행동을 하게 되고, 현실공간에서는 하기 힘든 행동들도 스스럼없이 하게 된다는 것이 이 입장의 기본적 시각이다. 이렇게 공간인식과 개인행동 사이의 상관관계를 설정하고, 네티즌들이 사이버공간을 욕구충족을 위한 공간으로 인식하느냐의 여부가 사이버일탈행동을 설명하는 열쇠가 된다고 주장하고 있다.

탈제약적인 행위환경과 가변적인 행위주체에 의해 발현되는 사이버문화는 그 자체로 기존 질서와 현실을 뛰어넘는 초월적인 속성을 갖고 있다는 것이 김문조의 진단임은 앞서도 잠시 언급한 바 있다. 이러한 사이버문화의 특성은 상대적으로 규범이 약화되거나 존재하지 않는 무규범 상태를 초래할 수 있는 가능성을 내포하고 있으며, 이러한 가능성은 사이버폭력을 조장할 수도 있다.

이상의 논의들을 통해 사이버폭력에 대한 기본적인 특성들은 개괄적으로 살펴볼 수 있었다. 그러나 사이버폭력에 대한 현상적인 기술만으로는 사이버폭력에 대한 온전한 이해를 바탕으로 근본적인 대안을 모색할 수는 없다고 여겨진다. 더군다나 기존의 사이버폭력 연구는 사이버폭력을 사이버범죄나 사이버일탈의 하위유형으로 분류하고 있다는 점에서 보다 심층적인 이해에 도달하기에는 한계를 가질 수밖에 없다. 따라서 사이버폭력을 폭력론의 관점에서 재해석하는 것은 의미 있는 시도라고 판단된다.

Ⅳ 사이버폭력에 대한 재해석 : 갈퉁의 논의를 중심으로

1. 갈퉁의 폭력유형론[4]

갈퉁은 폭력을 "폭력으로 인해 인간존재가 어떤 영향을 받기 때문에, 현실적으로 신체적, 정신적 실현이 잠재적 실현 이하에 있는 것과 같은

4) 이 항의 내용은 갈퉁(2000), 신진욱(2004), 유승무 · 박수호(2011) 등을 토대로 정리하였다.

때"로 이해하고 있다(갈퉁, 2000). 이러한 인식 위에서 그는 폭력을 직접적 폭력, 구조적 폭력, 문화적 폭력으로 유형화하고 있다.

직접적 폭력은 인간의 자기실현을 저해하고 있는 원인이 특정 인간 또는 집단의 책임으로 인한 경우를 가리킨다. 신체에 직접 위해를 가해오는 개인적이고 직접적이며 현재적顯在的인 폭력은 직접적 폭력이며, 전쟁, 테러, 린치, 폭행 등을 예로 들 수 있다. 직접적 폭력을 행사하는 주체는 대체로 명백하다. 따라서 직접적 폭력에 대한 규제는 비교적 잘 되어 있고, 억제할 수 있다.

구조적 폭력은 간접적이고 구조적이고 잠재적인 폭력을 의미하며 빈곤, 억압, 인종차별, 사회적 불공정, 나쁜 사회제도, 잘못된 관습, 불평등한 경제, 나쁜 정치나 법률 등을 예로 들 수 있다. 또한 나쁜 개발 maldevelopment에 따른 정신적 · 육체적 피해와 자연환경의 파괴 · 오염 등에 의한 피해도 구조적 폭력으로 볼 수 있다. 구조적 폭력을 행하는 주체는 직접적 폭력과 달리 대체로 불분명하다. 폭력의 주체를 특정할 수는 없으나 죽음이나 육체적, 심리적 고통 등이 사회체계에 구조화되어 있는 불평등의 책임으로 여겨지는 경우를 구조적, 간접적 폭력이라고 한다. 여기에서 불평등이라는 것은 자원의 배분에 관한 결정권이 불평등한 것을 가리키며, 제3세계의 빈곤, 기아, 억압, 소외가 국제적, 국내적인 구조적 폭력의 산물이며, 그 메커니즘을 제국주의적 지배라는 형태 속에서 찾았다. 구조적 폭력을 없애는 것은 평화에 있어서 매우 중요한 현실적인 목표가 된다. 구조적 폭력의 두 가지 형태는 억압(정치적)과 착취(경제적)이다.

문화적 폭력은 직접적 폭력과 구조적 폭력을 정당화하는 폭력적 문화를 의미한다. 즉, 사회구성원들을 대상으로 하는 강제적이고 억압적인 문화와 집단의식으로 인해 직접적 혹은 구조적 폭력이 용인되고, 경우에 따라서는 이들을 사회적으로 가치 있는 것으로 선호하는 사회적 분위기를 문화적 폭력이라고 한다.

2. 사이버폭력의 재해석

갈퉁이 제시한 폭력의 세 가지 유형론을 부분적으로 수용하여 사이버폭력에 적용하는 것은 사이버폭력의 성격을 보다 명확히 인식할 수 있는 계기가 될 것이다.

1) 사이버폭력의 직접적 측면

갈퉁의 논의에 따르면 직접적 폭력은 폭력 행위의 주체가 명확하고, 폭력이 개인적이고 현재적이다. 사이버언어폭력이나 사이버성폭력은 가해자와 피해자를 구체적으로 특정하는 것이 가능하다는 점에서 직접적 사이버폭력이라고 할 수 있다. '현피' 나 악성 루머의 유포 등도 마찬가지이다.

직접적 사이버폭력은 대개 소통의 왜곡과 그로 인한 오해에서 비롯되는 경우가 많다. 현실공간의 의사소통은 단순히 구어(말)의 전달을 통해 이루어지는 것은 아니다. 억양이나 제스처, 표정, 의사소통이 일어나는 맥락 등 의사소통 과정에서 주고 받는 메시지의 의미를 정확히 이해할 수 있는 다양한 단서들이 동시에 주어진다. 이러한 단서들이 많을수록 소통 과정의 왜곡 현상은 줄어들 수밖에 없다. 그러나 사이버공간은 본질적으로 비대면적 의사소통 상황을 만들어 내기 때문에 현실공간에서 얻을 수 있는 다양한 단서들이 차단된다는 한계를 가지고 있다. 또한 사이버공간의 익명성은 의사소통 당사자들 사이의 신뢰 형성을 제약하기 때문에 의사소통이 왜곡될 수 있는 가능성을 더욱 키우게 된다.

사이버공간의 의사소통이 문자언어의 형태로 제약되는 경우가 많다는 점도 의사소통의 왜곡 현상과 높은 상관성을 갖고 있다. 구어에 비해 문자언어의 활용은 이른바 리터러시라고 얘기하는 문자해득력을 전제로 한다. 이러한 문자해득력은 개인 간의 편차가 존재하고, 사이버공간의 의사소통

환경은 자신이 의도한 메시지를 정확하게 문자언어로 표현하기에는 다소 한계가 있다.

이러한 상황 속에서 전개되는 의사소통은 사이버공간의 이용자들 사이에 오해를 불러일으킬 여지가 크고, 이러한 오해는 플레이밍이나 악성 댓글 등의 형태로 표출되면서 사이버폭력으로 전화된다.

대체로 청소년 세대와 남성이 직접적 사이버폭력의 주체로 거론되고 있지만, 특정 집단을 사이버폭력의 주체로 규정짓기에는 사이버폭력 현상이 지나치게 일반화되어 있음을 지적하지 않을 수 없다. 즉, 사이버폭력이 특정한 집단에 의해 발생하는 것은 아니라는 것이다. 특히 사이버언어폭력은 사이버공간에서 가장 빈번하게 관찰할 수 있는 현상이라는 점에서 만인의 만인에 대한 갈등 상황을 전개하고 있다고 여겨진다.

2) 사이버폭력의 구조적 측면

사이버폭력의 구조적 측면은 갈퉁이 언급한 바 있는 구조적 폭력의 형태와 사이버폭력을 발생시키는 구조적 프레임으로 구분해 살펴볼 수 있을 것이다.

사이버폭력을 발생시키는 구조적 프레임은 사이버공간의 기술적 속성을 거론할 수 있다. 방대한 규모의 디지털 정보가 흘러 다니는 네트워크와 컴퓨터 모니터를 통해 현재화되는 사이버공간의 기술적 속성은 사이버공간에서 나타나는 의사소통의 양태를 근본적으로 규정한다. 사이버공간의 비대면성과 익명성, 탈맥락성 등은 맥락단서들이 배제된 언어폭력이라는 사이버폭력의 기본 속성을 드러내는 중요한 요인으로 작동한다.

네트워크 구조의 기본 속성에서 연원하는 수평성과 분산성, 탈집중성 등의 기술적 속성은 네트워크를 구성하는 각 요소들의 상대성을 부각시키게 된다. 이러한 상대성은 단일한 규범 체계 내에서 위계적으로 결합되어 유지되는 사회통합보다는 다원성과 다양성으로부터 발원하는 사회해체적 상황으로 전개될 가능성을 높인다. 즉, 다양한 이해관계와 가치체계가 서로 상충하고 갈등하면서 사이버폭력이 발생하는 구조적 틀을 강화하는 것이다.

구조적 폭력은 간접적이고 잠재되어 있으며, 특정 구성원이 아니라 그 체계에 속한 대부분의 구성원을 대상으로 하는 폭력이다. 이런 점을 고려하면 최근 제기되고 있는 포털사이트의 무소불위적 권력을 구조적 사이버 폭력의 일례로 간주할 수 있을 것이다. 한국의 사이버공간은 자생적인 풀뿌리 네트워크가 아니라 통신서비스를 제공하는 기업의 영향력 아래에서 성장해 왔다는 점에서 태생적인 한계를 갖고 있다. 더구나 대부분의 인터넷 이용자들이 특정 포털사이트를 기반으로 이메일과 개인 블로그, 커뮤니티 서비스, 쇼핑 등의 일상생활을 영위하고 있고, 이들 포털사이트의 검색 및 뉴스 서비스를 통해 각종 정보를 얻고 있다. 이러한 환경 속에서 포털사이트가 제시하는 기준이나 정책은 개별 이용자나 콘텐츠 제공자들에게는 상당한 정도의 제약으로 작용할 수밖에 없다.

3) 사이버폭력의 문화적 측면

사이버폭력의 문화적 측면에 대한 논의는 사이버폭력을 정당화하고 있는 문화적 특성들이 무엇인지를 밝히는 것이 가장 핵심적인 과제이다. 이와 관련하여 주목할 수 있는 것은 빈약한 토론 문화, 감정적이고 선동적인 군중심리에 대한 사회적 취약성, 집단주의를 통해 강화되는 배제와 소외의 문화 등이다.

사이버공간은 진정한 의미의 합리적 토론이나 참여를 가능하게 하는 쌍방향적 의사소통의 공간이 될 수 있을 것으로 기대되었지만, 실제로는 소수 의견의 배제와 자기 의견의 일방적 선언, 감정적이고 즉흥적인 의사

결정 등에 따른 갈등이 증폭되어 왔다. 또한 그러한 갈등을 조정하고 완화시킬 수 있는 메커니즘도 미비하다(민경배 · 박수호, 2008: 339).

한국 사회의 집단주의 문화는 현실공간에서 사이버공간으로 전이되어 여전히 강력한 영향력을 발휘하고 있다. 혈연, 지연, 학연 등을 통해 강력한 연고주의적 집단을 조직하던 현상은 사이버공간에서도 그대로 나타나고 있다. 물론 현실공간에 비해 그 정도가 줄어든 것은 사실이나 자신이 속한 집단의 이익을 위해서는 집단 구성원 사이의 내부 결속력을 강화하고 비구성원을 배제하는 현상은 여전하다.

'냄비 근성' 으로 표현되는 즉흥적이고 일시적인 감정이입과 몰입의 문화도 사이버폭력을 정당화하는 데 중요한 역할을 하고 있다. 문자언어는 발화자의 감정을 드러내는 데 한계를 가지기 때문에 사이버공간에서 타인의 주목을 받기 위해서는 감정에 소구할 수 있는 자극적이고 과장된 표현을 자주 이용하게 된다. 이를 뒷받침하기 위해서 적절한 이미지나 동영상, 음악 등을 적극 활용하기도 한다. 이렇게 만들어진 사이버공간의 메시지들은 효과적으로 감정이입과 몰입을 끌어낼 수 있으며, 이를 근거로 특정한 선동행위는 광풍 같은 집합행동을 발생시킨다. 널리 알려진 '개똥녀' 사건이 바로 그러한 사례의 하나이다.

V 사이버폭력의 통제를 위한 대안 모색 : 불교윤리와 'CoHOST'[5]

사이버폭력을 통제하기 위한 방안은 사이버폭력의 세 측면들을 종합적으로 고려해야 한다. 직접적 사이버폭력이나 구조적 사이버폭력은 현실적으로 다양한 법적, 제도적 장치들을 통해 통제하고 있다. 그럼에도 불구하

5) 이 절은 박수호(2006: 122-131)를 수정하여 전재하였다.

고 직접적 사이버폭력이나 구조적 사이버폭력이 여전히 존재하는 것은 법이나 제도에 의한 통제로는 부족하다는 것을 보여준다. 실제로 사이버공간은 현실적으로 법적 처벌을 통해 통제하기가 쉽지 않은 공간이다. 아울러 이미 전 세계적으로 구축되고 확산되어 가고 있는 인터넷의 기술구조를 변화시킨다는 것은 거의 불가능에 가깝다. 기술은 누적적으로 발전하는 것이지 하늘에서 뚝 떨어지는 것이 아니기 때문이다. 결국 사이버폭력을 통제하기 위해서 우리가 할 수 있는 일들은 사이버공간에서 어떻게 행동할 것인가에 대한 바람직한 행위규범을 만들어 가는 것 외에는 별 다른 대안이 없다. 물론 법이나 제도의 제정과 규제 노력을 소홀히 해도 된다는 이야기는 아니다. 그러나 가장 효과적인 사회통제의 방법은 규범의 내면화를 통한 자기규제이므로 사이버윤리의 확립을 위한 보다 적극적인 노력을 기울여야 한다는 것이다.

사이버공간에서의 바람직한 행위규범을 만들기 위해 가장 중요한 것은 사이버공간이 공식적 공간이든, 욕구충족을 위한 놀이 공간이든 간에 사람들이 함께 살아가고 있는 공간이라는 점을 자각하는 일이다. 혼자서 컴퓨터 속의 세상을 들여다보고 있는 것이 아니라 나와 같은 무수한 사람들이 함께 만들어 가는 세상이라는 점을 깨달아야 한다는 것이다. 그래야만 서로를 존중해 주어야 한다는 당위가 성립되고, 그 위에서 행위규범이 만들어지기 때문이다.

1. 사이버폭력의 통제를 위한 불교윤리의 적용 가능성

사이버공간은 불교적 세계관과 친화성이 높다. 정보는 항상 새로워지고 다듬어지기 때문에 끊임없이 변화하며, 실체를 가지지 않는다는 사실은 삼법인의 내용과 개념상 일치하고 있다. 네트워크에 기반한 사이버공간은 각 결점 사이의 관계 유지가 중요한 과제로 부각된다는 점에서 행위자 및 관계의 중요성을 일깨우는 업의 논리는 상관성이 높다. 또한 업의 논리와 연기론은 사이버사회의 가치관과 일맥상통하는 부분이 많다.

이런 점을 감안했을 때, 불교윤리의 적용 가능성은 매우 크다고 할 수 있다. 특히 업과 연기의 가르침에 기초한 동체대비同體大悲의 정신과 보은報恩의 개념을 주목할 필요가 있다. 인간에 대한 존중, 약자에 대한 보호, 서로에 대한 호혜, 사회에 대한 책무 등 사이버윤리의 실천 덕목들은 동체대비와 보은이라는 불교윤리를 통해 더욱 큰 의미를 포괄할 수 있다. 인간에 대한 존중과 약자에 대한 보호는 동체대비의 정신을 기초로 모든 생명에 대한 존중과 보호로 확장되며, 호혜와 사회적 책무는 보은의 윤리를 통해서 보다 긍정적인 방향성을 가질 수 있다.[6]

이러한 전제 위에서 몇 가지 핵심적인 불교윤리의 적용 가능성을 검토해 보았다.

1) 사섭법四攝法

사섭법은 보살이 중생을 친애하는 마음을 일으켜 그들로 하여금 보살을 믿게 하고 결국은 불교에 귀의시키는 네 가지 행위를 일컫는다. 보시布施란 진리를 가르쳐 줌으로써 고통에서 벗어나게 하고, 재물을 기꺼이 베풀어 주는 것을 말한다. 애어愛語는 사람들에게 항상 따뜻한 얼굴로 부드러운 말을 하는 것이다. 이행利行은 중생을 이롭게 하는 여러 가지 행위를 일컫는 것이고, 동사同事는 중생에 가까이 하여 중생 속으로 들어가 중생과 고락을 같이하고 삶을 같이하는 것을 의미한다. 사섭법은 중생을 결합시켜 공동체를 유지하는 데 핵심적인 역할을 담당하는 사회윤리이다. 따라

6) 물론 불교 이외의 종교윤리는 사이버윤리에 적합하지 않다는 배타적 주장을 하고 있는 것은 아니다. 또한 불교윤리와 사이버윤리를 꿰어 맞추려는 견강부회라는 비판이 있을 수 있음을 충분히 인지하고 있다. 그러나 본 논문에는 불교의 현실 적합성을 높이고, 현대적 재해석을 위한 시론적 검토의 성격이 내재되어 있다는 한계를 사전에 밝혀두고자 한다.

서 사섭법은 네트워크에서 배제된 개인들을 공동체로 다시 끌어안기 위한 불교윤리라고 할 수 있다.

이렇듯 사섭법에 기초한 정보격차의 해소 노력은 불평등 구조의 극복을 넘어서 다양한 네트워크 구성원들의 조화로운 공존을 추구할 수 있다는 점에서도 불교적이라고 평가할 수 있을 것이다.

2) 삼법인三法印

삼법인, 즉 제행무상諸行無常, 제법무아諸法無我, 열반적정涅槃寂靜은 불교 근본 교리의 핵심이다. 일체의 사물이나 마음의 현상은 생주괴멸生住壞滅하기 때문에 고정되고 변화하지 않는 것이 없음을 밝히는 것이 제행무상의 가르침이다. 제법무아는 모든 것은 조건, 즉 인연에 의해 생긴 것이므로 인연에 따라 변천하고 사라지는 것이므로 영원히 변하지 않으며 독립적으로 존재하는 주체로서의 아我는 존재하지 않음을 가르치고 있다. 또한 열반적정은 괴로움은 자기 자신에 대해 갖는 하나의 상相을 고정불변하는 영원한 실체로 보고, 그것에 집착하는 것에서 연원하기 때문에 그와 같은 집착에서 벗어나 열반의 세계에 도달할 것을 가르치고 있다.

이러한 삼법인의 가르침은 고정불변하는 단일한 정체성을 상정하고 있는 산업사회적 사회질서와는 맞지 않는다. 그러나 다중정체성 혹은 유연적 자아와 같이 보다 유연한 퍼스낼리티 개념을 상정하고 있는 정보사회와의 친화성은 매우 높은 것으로 판단된다.

3) 십선계十善戒

십선계는 보살이 마땅히 행하여야 할 윤리규범으로 대승불교의 대표적 계율이다. 십선은 삼업三業 중에서 현저히 뛰어난 열 가지의 선한 행위를 의미하고, 열 가지 악한 행동을 각각 여의는 것이 곧 십선이다. 불교에서 이야기하는 열 가지 악한 행동은 살생(殺生: 생명을 빼앗는 일), 투도(偸盜: 도둑질), 사음(邪淫: 음란한 행위), 망어(妄語: 거짓말), 양설(兩舌: 이간질), 악구(惡口: 욕설, 비방), 기어(綺語: 남을 속이는 말), 탐욕貪慾, 진에(瞋恚: 노여움), 사견(邪見: 잘못된 생각)을 지칭한다. 이상의 열 가지 악행을 하는 사람은 인과의 논리에 따라 삼악도三惡道에 태어나거나 불행한 삶을 살게 되는 반면, 열 가지 악행을 끊고 십선을 행하면 좋은 과보를 받게 된다는 것이 십선계의 기본 골격을 형성하고 있다.

소통의 왜곡과 관련하여 십선계를 주목하는 이유는 열 가지 선행 중에서 네 가지가 언어와 관련되는 것이기 때문이다. 즉, 거짓말, 이간질, 욕설과 비방, 남을 속이는 말을 하지 말라고 하는 십선계의 가르침은 현재 사이버공간에서 나타나고 있는 왜곡된 소통 상황에 즉시적인 적용이 가능하다. 최근 심각성을 더해가는 악플이나 사이버명예훼손 등은 바로 이 네 가지 말로 짓는 악행들에서 비롯되고 있기 때문이다. 따라서 십선계의 실천윤리는 사이버공간의 윤리적 쟁점을 해결하는 데 매우 유용하다고 판단된다.

십선계는 결국 인과응보의 가르침을 주고 있는 업설業說에 근거하고 있다. 선한 행위는 좋은 결과를 가져오고, 악한 행위는 나쁜 결과를 가져온다는 것을 갈파하고 있는 업의 논리는 결국 행위자의 책임을 강조하는 불교윤리이다. 때문에 십선계의 언어 관련 계율들은 문자언어에 의해 상호작용하고 있는 사이버공간의 행위주체들로 하여금 소통의 왜곡에 대한 적극적인 대처를 주문하고 있는 동시에 공존을 위한 책임도 일깨우고 있는 것이다.

한편, 인터넷은 현실공간보다도 훨씬 역동적이고 '과정'이 중요해지는 공간이다. 우리들이 별다른 의미 없이 누르는 마우스나 키보드 하나하나가 인터넷을 매순간 변화시켜 가고 있다. 따라서 행위자 개개인의 책임이 무엇보다 중요해지는 것이 정보사회 혹은 인터넷이다. 깨달음을 통한 자아의 완성과 그것의 사회적 회향을 강조하는 불교는 행위자 개인의 문제와 사회적 과제를 동시에 해결할 수 있는 윤리적 기준들을 제시할 수 있다고 여겨진다. 자세히 논의하지는 않았지만 팔정도와 육바라밀 등도 이러한 기준들에 맞게 재해석될 수 있는 여지가 충분하다.

2. '함께 주인되기' CoHOST 윤리

이상의 논의들에 근거한 새로운 사이버윤리의 원칙들을 제시할 수 있을 것이다.

우선 사이버공간은 개인화 · 상대화된 주체들이 네트워크 구조 속에서 행위를 하는 공간이다. 이러한 상황 속에서 우선적으로 요구되는 윤리적 원칙은 조화harmony이다. 수평적이면서 자유롭게 자신의 개성을 발현하면서 공동체적 사회질서를 유지하기 위해 필수적인 덕목이 조화라고 생각된다. 또한 앞서 살펴보았듯이 조화의 원칙은 정보격차 해소의 지향점을 제시해 준다는 점에서도 의미가 매우 크다.

조화로운 사이버공간을 지속적으로 유지하기 위하여 요구되는 것은 책임obligation이다. 각자에게 주어져 있는 책임을 성실히 이행하는 것은 네트워크의 연결점으로서의 지위를 갖는 개인들에게는 일종의 의무와도 같다. 특히 네트워크의 구성원들에게 무엇보다 중요하게 요구되는 책임은 바로 네트워크의 안정적 유지를 위해 원활한 소통 통로를 확보하는 것이다. 이 책임을 이행하지 않는 것은 네트워크로부터 배제되는 계기를 만들게 되고, 이것이 널리 확산되면 네트워크 자체가 해체됨으로써 정보사회의 기반을 허무는 위험을 초래하기 때문이다.

사이버공간에서 최초의 사회적 구성물이 출현하던 시점부터 인터넷의 기본적 이상은 정보의 공유와 공개를 통한 발전에 있었다. 인터넷이 대중화되고 급속히 자본주의적 질서로 편입되면서 공유의 이상이 잊혀지기 시작했지만, 정보공유운동이 주장하는 바는 여전히 타당성을 가지고 있음은 이미 앞서 논의한 바 있다. 공유share는 불교적 가치와도 매우 친화성이 높다. 연기적 세계관에 토대를 둔 불교는 보시와 자비, 무소유, 보은 등의 다양한 가르침을 통해 공유를 통한 공동의 번영을 이야기하고 있다. 그 최종 귀착점이 바로 회향이다. 인연을 따라 내게 잠시 머물던 모든 것들을 새로운 인연에 따라 되돌리는 것이다. 즉, 불교는 회향의 논리에 따라 모든 것을 공유하고 있는 것이다.

공유를 실현하기 위해 요청되는 것이 바로 신뢰trust이다. 사이버공간의 익명성과 탈맥락성은 상호작용하고 있는 상대방에 대한 불신을 초래하고, 이로 인해 사이버공간에서의 상호작용에 근본적인 왜곡이 발생할 수 있는 소지를 제공하고 있다. 불교는 연기론에 입각한 보은과 공업중생의 논리를 통해 신뢰성을 회복할 수 있는 토대를 만들어 낸다. '나' 라는 주체는 나와 관계를 맺고 있는 무수한 인연의 결과로서 발현되는 것이므로 나와 관계를 맺고 있는 상대방은 나의 존재를 가능하게 해 주는 은인과 같은 존재가 된다. 또한 나와 연기론적 관계를 맺고 있는 모든 존재들은 시대적인 공동의 업을 함께 나눠 지고 있는 분신과도 같은 존재들이다. 은인이자 분신과도 같은 존재들을 불신하는 것은 곧 스스로를 불신하는 것이 된다. 따라서 불교적 입장에서 볼 때 신뢰는 존재를 위한 필수적인 요청이 된다. 이처럼 연기론적 관계 속에서 개인은 비교적 안정적인 정체성을 확립하고 신뢰할 수 상호작용의 근거를 마련하게 되는 것이다.

마지막으로 불교의 연기론적 세계관은 조화와 책임, 공유와 신뢰라는 윤리적 원칙을 통해 모두 함께 공존·공영하는 것을 요구한다. 예불문의 마지막 구절이 자타일시성불도自他一時成佛道라는 점은 이러한 요구를 단적으로 상징하는 것이다. 따라서 사이버윤리의 원칙을 총괄하는 것으로서 공동성collaboration을 상정할 수 있다.

결론적으로 '조화, 책임, 공유, 신뢰를 통해 함께 번영하자' 는 불교적 사이버윤리의 원칙을 천명할 수 있을 것이다. 이러한 불교적 사이버윤리는 'CoHOST(함께 주인되기)' 원칙으로 명명할 수 있는데,[7] 이렇게 할 경우 그 의미는 더욱 확장된다. 외부적인 강제에 의해 적용되는 것이 아니라 스스로의 자발적인 준수를 통해 불교적 사이버윤리가 실천되어야 함을 강조할 수 있기 때문이다. 또한 결국에는 깨달음을 얻어 자신의 삶에 있어서 진정한 주인이 되는 '참 나'를 찾는 불교의 최종적인 지향점이 부각된다는 점에서 불교윤리의 현대적 적용 가능성도 더욱 높아질 수 있다고 본다.

Ⅵ 맺음말

오늘날 사이버공간은 그 자체가 하나의 거대한 갈등공간이 되고 있다. 이러한 갈등의 편재적 상황 속에서 다양한 유형의 사이버폭력들이 일상화되고 있지만, 이에 대한 효율적인 대응방안을 강구하지 못하고 있는 실정이다.

앞에서 살펴보았듯이 정보화라는 문명사적 전환기에 나타나는 새로운 사회질서가 기존의 사회질서와 충돌하면서 복잡다단한 갈등과 혼란을 초래하고 있다. 이러한 갈등의 양상들이 드러나는 대표적 현상이 바로 사이버폭력이다. 이 글에서는 사이버공간에서의 갈등과 사이버폭력의 양상과 원인 등에 대한 기존 연구 결과들을 검토한 후, 갈퉁이 제시한 세 유형의 폭력 개념을 부분적으로 수용하여 사이버폭력의 직접적 측면과 구조적 측면, 문화적 측면 등을 분석함으로써 사이버폭력의 성격을 명확히 하였다.

이러한 논의를 통해서 사이버폭력을 통제하기 위해서는 법적, 제도적 대응과 함께 사이버윤리의 정립이 필요하다는 점을 인식할 수 있었다. 그리고 사이버윤리를 정립하는 데 필요한 윤리적 자원으로 사섭법, 삼법인,

7) CoHOST 원칙은 (사)사이버문화연구소 동료 연구원들과의 토론 속에서 단초가 형성되었다. 함께 토론해 준 동료 연구원들에게 감사드린다.

십선계 등 주요한 불교윤리들의 적용 가능성을 고찰한 후, '조화, 책임, 공유, 신뢰를 통해 함께 번영하자'는 '함께 주인되기' CoHOST 윤리를 제시하였다.

사이버공간에서의 갈등과 사이버폭력 등에 대한 문제제기는 정보화가 시작되면서 동시에 제기되었지만, 아직까지도 결정적인 해법을 찾지 못한 미완의 과제이다. 이 글이 문제해결에 작은 도움이 되기를 기대하는 것과 함께 윤리적 과제의 실천이 더욱 중요하다는 점을 강조하고 싶다. 사회의 변화를 이끌어내기 위해서는 백 번 말하는 것보다 한 번 실천하는 것이 더 낫기 때문이다.

참고문헌

갈퉁, 요한(Galtung, Johan). 2000. 『평화적 수단에 의한 평화』. 강종일 외 역. 들녘.

김문조. 2000. "사이버 문화의 특성과 동학." 아산사회복지사업재단 편. 『사이버 시대의 삶의 질』. 아산사회복지사업재단. pp.231-248.

김문조 · 박수호 · 민웅기. 2009. 『정보문화 이론모형에 관한 연구』. 한국정보문화진흥원.

김종길. 2005. 『접속시대의 사회갈등과 통합』. 정보통신정책연구원.

———. 2008. 『사이버 트렌드 2.0』. 집문당.

민경배 · 박수호. 2008. "인터넷 시민 참여와 대의민주주의의 공존 가능성." 『사회와 이론』 13: 315-354.

박수호. 2001. "사이버 폭력의 실태와 원인." 사이버문화연구소 편. 『Cyber is…: 네트에서 문화 읽기』. 역사넷. pp.245-248.

———. 2003. "정보사회 및 인터넷의 윤리적 문제와 불교교리." 『교불련논집』 9: 555-584.

———. 2004. "인터넷 이용과 종교의식." 고려대학교 대학원 박사학위논문.

———. 2006. "사이버공간의 윤리적 쟁점과 불교윤리의 적용가능성." 『동양사회사상』 14: 107-134.

반스, 수잔(Barnes, Susan). 2002. 『온라인 커넥션: 새로운 커뮤니케이션의 공간』. 이동후 · 김은미 역. 한나래.

백광훈. 2000. 『인터넷 범죄의 규제법규에 관한 연구』. 한국형사정책연구원.

벡, 울리히(Beck, Ulrich). 1997. 『위험사회: 새로운 근대(성)를 향하여』. 홍성욱 역. 새물결.

신진욱. 2004. "근대와 폭력: 다원적 복합성과 역사적 불확정성의 사회이론." 『한국사회학』 38(4): 1-31.

와인버거, 데이비드(Weinberger, David). 2003. 『인터넷은 휴머니즘이다』. 신현승 역. 명진출판.

유승무 · 박수호. 2011. "아힘사(Ahimsā)를 통한 평화의 길." 『동양사회사상』 24: 33-57.

이민식. 2000. 『사이버공간에서의 범죄 피해』. 한국형사정책연구원.

카스텔, 마뉴엘(Castells, Manuel). 2003. 『밀레니엄의 종언』, 박행웅 · 이종삼 역. 한울.

한국인터넷진흥원. 2004. 『2004년 상반기 정보화실태조사』. 한국인터넷진흥원.

Wellman, Barry. 2001. "Computer Networks as Social Networks." *Science* 293: 2031-2034.

Chapter 6

공동체 위기와 마을공동체 재인식

이명호(한양대학교 사회학과)

I 문제제기

전통적으로 공동체의 중요한 역할 중 하나는 구성원들의 관혼상제를 함께 만들어가는 것이었다. 이웃과 함께 의례를 경험하면서 같은 공동체의 구성원임을 자각하며, 공동의 가치와 의례 등은 후대에 전승된다.

하지만 현대 한국 사회에서 관혼상제는 가족 '만' 의 행사이다. 관혼상제 행사에 초정되는 범위는 직장동료 등으로 제한되어 있다. 이러한 경향은 가장 중요했던, 그래서 마을의 모든 구성원이 참여했던 상례에서 가장 두드러지게 나타난다. 죽음을 맞이하는 순간에서부터 그렇다. 홀로 죽음을 맞이하는 '고독사' 가 증가하고 있다. 고독사는 사회와의 연결고리를 잃고 아무도 모르게 혼자 죽음을 맞이하는 경우이다. 고독사한 사람을 기억하는 마을주민은 거의 없다. 기억한다고 해도 단편적인 내용에 국한될 뿐이다. 고독사는 가족과 이웃 등과의 관계가 절연된, 일상의 교류도 단절된 현실을 보여주는 사례로서 오늘날 우리가 살고 있는 '공동체'의 현실을 보여주고 있다. 공식적인 통계는 아니지만 2013년 KBS의 파노라마 팀이 조사한 바에 따르면 2013년의 명백한 고독사는 1,717건이며, 고독사로 의심되는 사례를 모두 합하면 11,002건에 이른다.[1)]

극단적인 고독사가 아니더라도, 한국인의 죽음은 매우 쓸쓸해졌다. 자신이 살았던 마을에서, 지역주민들의 애도 속에서 치러지던 장례식은 이제 농촌에서도 찾아보기 힘들다. 이웃주민들에게 부고를 알릴 필요성을 느끼지 못한다. 장례식 등 의례에 참여하는 관계는 오직 직장동료(혹은 동호회)들로 변화되었다.[2)] 일상이 영위되는 마을에는 그러한 관계가 존재하지 않는다. 그러한 관계가 없는 마을은 공동체인가?

최근 활발히 진행되고 있는 '마을공동체 만들기 사업'은 이 질문에 대한 사회, 정부, 지방자치단체가 내놓은 답이다. 마을공동체성의 회복을 목적으로 하는 마을 관련 사업들을 통해, 지역주민들의 삶의 질을 향상시키고 이를 계기로 사회의 여러 문제도 해결할 수 있을 것이라 기대한다. 이 기대는 한국 사회가 겪고 있는 여러 사회 문제가 공동체의 위기(혹은 부재)에 기인한 것으로, 마을이 공동체로 복원된다면 사회 문제를 해소할 수 있을 것이란 사회 일반의 이해와 희망을 반영하고 있다.

---

1) 고독사와 일치하지 않지만, 가장 유사한 무연고 사망자의 수가 지속적으로 증가한다는 통계로 유추한다면 고독사의 수가 증가하고 있다. 2014년 자료에 따르면, 전국 무연고 사망자는 2011년 682명, 2012년 719명, 2013년 878명으로 지속적으로 증가하고 있다(김춘진 · EBS 다큐프라임 〈가족쇼크〉 대학생취재진팀 편, 2014). 이 무연고 사망자는 가족 등 연고가 없어 정부 예산으로 장례를 치른 시신의 수만 집계한 것이다. 혼자 살다가 숨진 뒤 유족에게 인계된 사례를 합하면 고독사의 수는 훨씬 많을 것으로 추정된다.

2) 이를 극명하게 보여주는 것은 거의 모든 장례식장에서 사용되는 일회용품에 인쇄된 회사명이다. 회사명은 현재 '상례'는 직장동료들이 챙기는 의례임을 보여주는 상징이다. 물론 이 현상은 관혼상례의 상업화(산업화)와 세속화와 밀접히 연관되어 있다. 연구자는 공동체의 위기와 복원이란 관점에서 이 현상을 분석하고 있다.

Ⅱ 공동체와 지역공동체

1. 공동체에 대한 관심과 기대

오늘날 공동체에 대한 기대는 세계적인 현상이다. 현대사회의 삶의 방식, 성장 · 개발 · 소비 중심의 삶의 방식에 대한 반성과 대안으로서 공동체에 대한 관심이 높아지고 있다. 과학기술의 발달로 인해 역설적으로 위험이 증가하고 있으며, 그에 대한 반응으로 대안적 삶으로서 공동체적 삶이 논의되고 있다. 생태적이고 자연친화적인 삶을 통해 환경파괴와 기후변화 등에 대처하고, 공동체적 삶을 통해 삶의 안전을 보장받고자 하는 욕구를 반영하고 있다. 이처럼 20세기 문명에 대한 대안으로서, 그리고 새로운 문명에 대한 기대감에서 공동체에 대한 관심과 기대는 높아지고 있다. 공동체에 대한 우리 사회의 관심도 이 세계적 흐름에서 크게 벗어나지 않는다. 다만, 이 논문에서 관심을 가지고 있는 마을공동체는 보다 현실적인 필요성에 기반하고 있다.

산업화, 도시화 등의 사회변화가 압축적으로 진행된 한국 사회에서 농촌에서 도시로의 인구이동도 빠른 속도로 대규모로 진행되었다. 한국의 도시화율은 1970년 40.7%에서 2015년 현재 82.5%로 급격하여 증가하였다. 세계 평균 도시화율이 54.0%라는 점에서 한국의 도시화율이 매우 높다는 점을 확인할 수 있다www.kosis.kr. 도시에 집중된 인구로 인해 도시의 주거환경과 정주환경은 크게 악화되었고, 공동체적 의식/감정도 약화되었다. 이로 인한 주거환경을 개선해야 하는 현실적 필요성이 제기되었다. 이러한 필요성은 재건축과 재개발이란 형식으로 집행되었다.

하지만 주택난은 개선되지 않고, 많은 사람들이 2년을 주기로 거주하는 지역을 옮기는 현상이 반복되고 있다. 일터와 집은 점점 멀어져 집은 잠시 머무는 곳이 되었다. 도시에서 마을은 숙식을 위한 집결지 이상의 의미를 획득하지 못하고 있다. 이러면서 집은 자신의 삶과 무관한 곳이 되었고, 마을도 자신과 가족의 삶과 무관한 곳이 되었다. 마을은 '이웃들이 상호 간의 신뢰와 유대감을 가지고 상호작용하는 공동체'가 아니라 집이 위치한 행정구역의 명칭으로만 존재한다. 이러한 현실에서 기존의 전면철거 방식 대신에 주거환경과 정주환경을 함께 개선하고 공동체성의 복원을 지향하는 '마을공동체' 만들기 사업이 도입되어 실시되고 있다.

마을공동체 만들기 사업은 전국에서 실시되고 있다. 조례를 통해 마을과 마을공동체의 정의, 사업에 관한 의지 등을 엿볼 수 있다. 사업의 성공을 뒷받침하기 위한 연구들이 여러 기관에서 진행되고 있다.[3] 하지만 현재 한국 사회에서 진행되고 있는 마을공동체 만들기 사업이 구체적으로 어떤 공동체를 꿈꾸고 있으며, 이 공동체는 한국 사회가 지난 세월 경험하고 사유했던 공동체와는 어떻게 연결되는지에 대한 논의는 찾아보기 어렵다. 현재의 상태를 어떻게 혁신하고, 공동체를 어떻게 만들 것인가 하는 과제를 풀고자 할 때, 이 '공동체'를 명확하게 정리할 필요가 있다.

2. 공동체의 정의와 이해[4]

여느 사회학의 개념들처럼 '공동체'에 관한 명확한 정의는 존재하지 않는다. 공동체에 대한 정의가 90여 개에 이를 만큼 다양하고, 유형도 종교공동체에서 컬트공동체, 생태공동체, 학문공동체, 지역공동체에 이르기까지 다양하다. 공동체는 추구하는 목적에 따라 다양한 모습을 하고 있다. 가장 극좌적인 수도자공동체에서 가장 극우적인 기업공동체에 이르기까지

3) 이들 논의들에서 '주민참여'는 주요한 성공요인으로 거론되고 있다.

4) 이 항은 맥러플린 · 데이비드슨(2004)과 문재현 · 김찬동 · 최인수 · 김정섭 · 정광렬(2013)을 주로 참조하였음.

공동체의 스펙트럼은 그 폭이 넓고도 크다. 합의된 개념정의는 존재하지 않고 목적과 관점을 반영하는 다양한 정의가 존재한다. 일반적인 의미를 담은 사전에서는 "운명이나 생활, 목적 등을 같이하는 두 사람 이상의 조직체"로 정의한다(Daum 한국어사전; dic.daum.net).

공동체는 가장 오래된 사회조직이며 생태계를 구성하는 가장 기본적인 단위였다. 이때의 공동체는 자신과 자신의 가족이 생활하는 공간이었다. 전통사회에서는 생활공간과 경제활동공간, 여가공간이 분리되지 않고 마을에서 통합되었다. 하지만 현대사회에서 세 공간은 분리되어 있다. 생활공간에서 이웃과의 교류가 거의 없으며, 사람들과 맺는 관계의 대부분은 경제활동공간과 여가활동공간에서 이루어진다. 생활공간은 공동체와 무관한 곳이 되었다. 대신에 공동체는 주로 특정한 목적과 가치를 위해 인위적으로 혹은 계획적으로 구성한 사회조직으로만 이해된다. 공동체의 핵심 키워드도 생활에서 가치와 목적으로 변화하였고, 최근에 다시 생활로 이동하고 있다. 이러한 변화는 공동체가 근대 자본주의 체계에서 소멸되었고, 최근에 다시 부활되고 있는 것과 깊이 연관되어 있다.

현대사회에서 공동체는 '서로 협력하고 일치감을 조성하겠다는 합의 아래 함께 살아가면서 공동의 목표를 추구하는 사람들의 집단' 으로 일반사회와는 분리되어 존재하는 특수한 그 무엇이 주를 이룬다. 공동체의 구성원들도 '특정 가치관과 자원을 공유하고 서로 협동하면서 공통의 목적을 위해 함께 살아가는 사람들' 로서 일반인과는 구분된다.

3. 지역공동체의 이해

공동체적 삶의 양식을 복원하려는 노력은 여러 계획공동체[5]에서 오랜

5) 계획공동체는 마을이나 도시와는 달리, 서로 협력하고 일치감을 조성하겠다는 합의 아래 함께 살아가면서 공동의 목표를 추구하는 사람들의 집단이다(맥러플린 · 데이비드슨, 2004).

역사를 가지고 지속되고 있다. 계획공동체에 관한 대표적인 저서인 『새벽의 건설자들』(2004, 한겨레출판사)의 부록에는 한국의 주요 공동체 18개가 소개되어 있다. 귀빈래마을(1983년), 다일공동체(1989년), 두레마을(1971년), 물만골 공동체(1998년), 변산 공동체(1995년), 신안마을(1984년) 등등이 있으며, 다수의 공동체가 현재까지도 활동하고 있다. 공동체의 필요성과 중요성을 사회에 알리고, 여러 공동체 사업에 이론적 기초를 제공하였다. 공동체적 삶을 이론이 아닌 실제 삶의 모습으로 실천하고 있으며, 이 경험은 현재 마을공동체 사업에서 활용되기도 한다. 하지만 대부분의 공동체는 특정한 지역에서 특정한 멤버십에 기초하여 운영되어 노력의 성과들이 온전히 사회화되지 못하고 있다. '일정한 의도를 가지고 계획' 되었고 특정한 사람들만이 구성원이 된다는 한계에 기인한다. 가장 일반적이고 전통적인 공동체 중 하나인 종교공동체도 이러한 맥락에서 관련 노력이 사회화되는 데 한계가 있다. 종교공동체는 가장 오래된 공동체이며 어느 공동체에서나 비교적 흔하게 발견되는 공동체이다. 특정한 가치를 추구한다는 점에서 가장 공동체다운 공동체이기도 하다. 그러나 오늘날의 여러 사회 문제 해결을 위해 추구되는 공동체의 모델과는 거리가 있다. 현대사회에 일고 있는 공동체의 관심은 이념이나 가치가 아닌 생활에 집중되어 있다.

이러한 맥락에서 우리는 '지역공동체' 에 주목한다. 공동체의 위기는 지역공동체의 위기이며, 공동체의 복원은 마을공동체의 복원이 되어야 한다. 문제는 현대사회에서 전통적인 지역공동체는 소멸되었고, 사회구조가 다른 현대사회에 과거의 지역공동체 모델을 적용하기도 어렵다는 점이다. 가장 먼저 생각할 수 있는 것은 공동체적 삶을 구현 가능한 지역의 범위가 다르다는 것이다. 근대로의 전환 이후 사회영역의 분화와 과학기술의 발달은 삶의 양태를 변화시켰다. 공동체에서 추구되는 가치와 목적도 다르다. 농업 중심의 전통사회에는 노동력의 확보와 관리를 위한 협동체계를 구축하고 마련하는 것이 지역공동체의 핵심목적이었다. 이를 위한 덕목을 규범으로 제정하였다.

이를 고려하면, 지역공동체의 구성요소는 첫째 공간/지역, 둘째 공유(가치, 경제, 생활), 셋째 마을규범이다. 공간의 범위에 따라 지역을 다양하게 구획할 수 있지만, 일상적인 생활이 이루어지는 공간으로서 공간범위가 설정되어야 한다. 사회화가 가능한 근린 생활지역이 지역의 기초단위로서 중요한 공동체이다. 가족 이외의 사람들을 만나는 첫 지역으로서 자기 삶의 토대가 된다. 문화적 차원에서 문화의 중요한 전승 단위이다. 이론적으로 마을은 한 나라의 정치, 경제, 교육, 문화의 뿌리를 형성한다. 이러한 측면에서 전통사회와 현대사회는 큰 차이가 있다. 과거에는 지리적 근접성이 중요했지만, 최근에는 통신기술의 발달로 지리적 근접성의 중요도는 낮아졌다. 지리적 범위가 확장되고 대면접촉의 비중이 줄어들면서 지역민들 사이의 상호작용은 이전보다 줄어들었고 관계의 밀도도 줄어들었다.

두 번째로 지역민들이 공유하는 가치가 있고 생활과 경제활동은 일정부분 공유되어야 한다. 전통사회에서는 종교와 경제활동, 생활을 공유하였다. 근접한 거리에서 대부분이 거주했던 전통사회에서는 서로의 생활을 공유하였다. '이웃집 숟가락 개수를 안다' 는 속담은 생활의 공유를 가장 극명하게 보여준다. 대부분의 마을사람들은 같은 종교를 따르고 있었고, 마을의 수호신인 동신에게 지내는 제사는 마을의 중요한 행사였다. 노동집약적인 농업이 주된 경제였던 전통사회에서 경제활동의 공유는 한 해의 성과를 좌우하였다. 오늘날 잘 알려진 품앗이와 두레가 대표적이다. 이 중 품앗이는 전통적인 호혜 전통이며 오늘날에도 그 흔적이 남아 있다. 품앗이는 전통사회의 마을공동체에서 힘든 일을 서로 거들어 주면서 서로 간에 품을 지고 갚고 하는 일을 뜻한다. 품은 '일을 하는 데 드는 힘이나 수고를 의미하며 주로 남의 일을 해 줄 때의 노동력' 을 주로 지칭한다. 농사일을 함께 나눈다는 측면에도 의미가 있지만, 보다 중요한 역할은 지역민 사이의 교류였다. 노동을 하는 중간에 또는 일을 마친 후 이루어지는 뒤풀이를 통해 지역민들이 다양한 교류를 이어가며 가치를 공유할 수 있었다. 품앗이는 호혜관계 전반을 의미한다.

최근의 마을공동체 만들기에서도 젊은 엄마들을 중심으로 육아품앗이가 주요한 공동체사업으로 전개되고 있다. 마을청소, 안심귀가서비스, 빈집순찰, 독거노인 관련 마을서비스 등 품앗이로 이해되는 다양한 사업들이 진행 중이며 논의되고 있다. 하지만 생활영역에 제한되어 있으며, 사업별로 폐쇄적으로 이루어져 사업 간 교류가 부족하다는 한계도 있다. 경제활동도 마찬가지이다. 마을경제 살리기 사업의 일환으로 마을기업이 추진되고 있으며 이를 중심으로 다양한 경제활동이 논의되고 실천되고 있다. 하지만 일반적 의미의 경제활동이 아닌 대안경제(혹은 사회적 경제)의 관점에서 진행되고 있다.

생활의 공유에서는 지역민들이 통과의례를 함께 나누는 것도 중요하다. 전통사회에서는 새로운 구성원을 받아들이기 위한 백일, 돌 등과 같은 탄생의례, 외부로부터 새로운 구성원을 받아들이는 혼례, 공동체의 구성원을 떠나보내는 장례 의식 등 삶과 관련된 모든 것이 공동체적 경험과 교류의 계기로 작용하였다. 하지만 현대사회에서 의례는 지역민들이 아닌 직장동료, 친족과 나누는 행사가 되었다. 아파트의 같은 동에 거주하더라도 이웃의 장례에 조문을 가거나, 결혼식에 참석하는 경우는 매우 드물다.

마지막으로 지역민들이 공유하는 가치를 구체화하는 마을규범이 필요하다. 마을규범을 통해 공동체에 대한 지역민들의 인식과 의지, 태도를 함양할 수 있다. 전통사회에서 의례, 노동, 놀이 등에 걸쳐서 다양한 상호작용이 가능케 하는 마을규범이 있었다. 마을규범을 통해 지역민들의 참여와 조화, 교류가 보장되며, 마을의 정체성도 확보되었다. 조선시대에는 대표적이 마을규범인 향약이 존재하였다.[6] 향약은 당시 공동체의 핵심가치였던 유교덕목을 구체화하고 이를 통해 공동체의 유지를 도모했다는 점에서 여전히 그 가치가 있다.

Ⅲ 전통사회에서의 동양적 사유와 향촌공동체

1. 공동체적 세계관과 관계 중심적 인간론

인류는 대부분의 기간 동안 공동체를 이루며 살아왔다. 이 명제는 동양과 서양, 모두에 적용된다. 다만, 서양은 르네상스와 근대를 거치면서 사유체계에서 개인주의가 강화된 반면에 동양에서는 그러한 변화가 없었다. 동양적 사유의 토대를 이루는 유교와 불교에서 인간은 공동체를 이루며 살아가야 하는 존재이다. 우리 삶은 서로 간에 또 자연과 깊이 연관되어 있다. 맹자는 만물일체의식萬物一切意識을 통해 나를 포함한 모든 만물에 이르기까지 한마음이라는 의식으로 공동체를 이루고 사는 것이 자연스럽다고 주장하였다. 불교적 세계관에서 인간을 포함한 모든 만물은 연기적 관계로 연결되어 있어 홀로 존재하는 것은 없으며 관계를 통해 공동체 속에서 존재한다. 개인은 독립되어 존재하기보다는 관계 속에서 존재하는 것으로 이해된다. 때문에 동양사회에서는 개인보다는 개인이 맺고 있는 관계와 관계의 결합체로서 집단/사회가 중시된다. 이러한 측면에서 동양의 문화는 서양과 비교하여 관계지향적 문화라고 구분된다. 관계 속에서 부여되는 역할과 의무, 규범이 개인의 행위와 사회 운영의 원천이라는 관계 중심적 인간관을 가지게 되었다. 또한 스스로를 제반 관계의 연쇄망network 속

6) 이에 대해 일부에서는 양반 지배층이 농민들을 지배하려는 수단으로 제정한 수직적인 규범이라고 비판하고, 농민들의 조직이었던 두레에 주목하기도 한다. 두레를 매개로 결합된 농민들은 임원을 선출하는 과정에서 민주주의를 체득하였다고 한다.

에서 타인들과 연계되어 있는 존재로 인식하는 상호 의존적인 가치관도 이러한 맥락에 위치한다.

2. 유교의 공동체 분류와 향촌공동체

유교에서는 인간을 사회적 관계 속에서 이해한다. 사회적 관계에 따라 공동체는 3가지 차원으로 구분된다. 첫 번째는 자연적 공동체로서 가족공동체이다. 가족공동체는 혈연적 결속으로 연결되어 있으며, 가족관계와 규범은 모든 관계와 관계에 적용되는 도덕규범의 원형으로 이해된다. 가족공동체는 기본적인 예절과 도덕의식을 배우는 교육의 장이다. 두 번째는 유교적 가치와 의식을 계승하고 발전시키려는 목적을 지닌 학문공동체이다. 개인적 수양과 수양으로서 학문을 강조한 유교에서는 스승과 제자, 동문은 중요한 사회적 관계였다. 이들은 유교를 매개로 공고한 유대관계를 형성하였고, '서원'을 중심으로 학문공동체가 구체화되었다. 세 번째 공동체는 지역주민 사이의 결속과 협력을 위한 지역공동체이다. 조선시대에는 향촌鄕村 단위에서 지역공동체를 형성하였다. 향촌은 가장 기초적인 가족공동체와 각 상위 단위인 국가를 잇는 공간으로 인식되었고, 실제 경제적 활동 등이 이루어지는 생활공간으로서 의미를 지니고 있다.[7]

당시에는 향약鄕約이 향촌의 자치규약으로 채택되어 주민들의 결속을 다지고 유지하는 데 활용되었다. 향약에는 마을공동체를 이루며 살아가는 데 필요한 여러 가지 운영원리들이 포함되어 있으며, 이는 크게 네 가지로 정리된다.[8] ① 덕업상권德業相勸, ② 예속상교禮俗相交, ③ 환난상휼患難相恤,

7) 이 논문에서는 유교적 사유에 기초하여 공동체를 세 가지 유형으로 구분하고 있다. 이에 반해 이영찬 외(2006)는 이 세 유형을 아우르는 공동체를 '유교공동체'로 규정하고, 성주지역을 대상으로 현실의 유교공동체를 연구하였다. 유교공동체는 전통적 공동체로서 촌락공동체, 혈연공동체 등 자연적 공동체를 포섭하면서 유교적 이념과 규범을 보급하고 실천하는 학연공동체를 포함하는 유교 사회적 공동체이다.

8) 향약에 대한 내용은 김홍주(2013), 장재천(2007), 최문형(2002) 등의 논문을 중심으로 정

④ 과실상규過失相規.

첫째, 덕업상권은 향촌의 주민들이 서로 힘써서 선善을 권하는 것이다. 이때 선함은 오륜을 비롯하여 공사公私에 적용되는 모든 유교덕목—효孝·제悌·충忠·신信·인仁·의義 등등—이 포함된다. 유교적 도덕을 사회화하여 향촌구성원들의 자질을 향상시키고, 구성원들의 자질향상은 사회의 선에 기여할 수 있다는 유교의 가르침에 근거하고 있다.

둘째, 예속상교는 향촌구성원 사이의 일상생활에서 생길 수 있는 여러 가지 일들에 관한 규범을 의미한다. 향촌공동체에 적용되는 가치규범을 제시하고 실천윤리의 형식인 예의와 습속을 통해 이를 생활화하려 하였다. 구체적으로 가족관계에 적용되는 도덕규범을 향촌으로까지 확대하였다. 자기 부모에 대한 친애親愛와 자기 자식에 대한 자애慈愛를 이웃의 부모와 자식에게도 적용하도록 권장되었다. 또한 일정한 주기로 되풀이되는 세시풍속과 향촌에서는 발생하는 경사스런 일(吉事)이나 궂은 일(凶事)이 발생하였을 때 상호 간의 협동을 통한 운영윤리가 제시되었다. 공적인 운영원리가 규범으로 제시되어 있어서 노인을 비롯하여 과부, 고아, 병자 등 사회적 약자들까지도 자신의 삶을 영위할 수 있도록 노력하였다. 향촌사회를 유교적 이상사회로 만들려는 목적을 반영하고 있으며, 이때 이상사회는 대동大同사회이다.

셋째, 환난상휼은 경제윤리의 성격을 지니고 있다. 자연재해나 개인적·가정적인 불행을 당한 사람들을 정신적·물질적으로 돕는 방법이 구체적으로 제시되어 있다. 수재나 화재, 도적, 질병, 상을 당한 자, 한 부모 가정, 독거노인, 실업자, 억울한 누명을 쓴 자, 가난한 자, 토지가 없는 자 등에게 구체적인 구휼방안을 제시하였다. 갑작스럽게 질병이 생긴 자와 가난해진 자는 어려움이 사라질 때까지 지속적으로 지원할 것으로 규정하고 있다. 경제적 지원은 공동재산을 통해 가능하였다. 이를 통해 구성원

리하였다.

간의 정신적 화합과 경제적 협동, 경제적 안정을 도모할 수 있었다.

마지막으로, 과실상규는 위의 세 덕목이 잘 지켜지고 있는가에 관한 것과 개인적 잘못을 규제하는 최소한의 강제규정으로 향약의 자치성을 보여준다. 벌은 하벌, 중벌, 극벌로 규정하고 있는데 하벌은 견책, 10대 미만의 태형, 중벌은 마을 추방, 계원자격 박탈, 30대 미만의 태형, 극벌은 관에 고소해 행정적 처벌을 의미한다. 하벌은 공동체 내 화합과 평화에 저해되는 행동, 중벌은 이웃과 불화한 자, 환난상휼을 소홀한 자 등으로 윤리적 책임을 묻고 있다. 극벌은 유교사회의 행정처벌 대상이 되는 사항들로 관에 고발되어 행정처벌을 받거나 마을에서 추방된다. 대표적인 예는 불효한 자이다.

3. 향촌공동체의 가치

앞에서 정리한 향촌의 가치규범(향약)을 기초하여, 여기에서는 향촌공동체가 추구하는 가치를 3가지로 정리하였다. 첫 번째는 자치(자율)성이다. 조선시대의 정치체가 왕을 중심으로 하는 중앙집권적이었음을 고려하면, 향촌공동체에 자치권을 부여한 것은 매우 의미가 깊다. 향촌구성원들의 자율성을 바탕으로 향민을 보호하기도 하였고, 때때로 중앙정부와 대립하기도 하였다. 향촌공동체의 자치성은 향민들의 사회의식을 고양하는데 기여하였다. 자치성은 유교적 가치의 공유, 과실상규로 대표되는 제재조치의 시행, 경제적 부조와 자립을 위한 공동체의 공동재산을 통해 유지되었다.

두 번째는 윤리성이다. 자치규범인 향약은 실제 적용 가능한 공식적 규범으로 존재하며 향민들의 실천에 도움이 되었다. 규약으로 과실을 서로 규제하는 것이 규정되어 있다. 하지만 이보다는 서로에게 유교적 덕목의 실천을 권하는 것이 권장되어 자발적 실천을 유도하였다. 윤리성은 개인적 수양修養을 통해 도덕적 완성에 이를 수 있다는 수양론과 모든 인간은 본래 선하다는 인성론에 근거하고 있다. 당시 향촌의 재지사족在地士族들에게 유교의 수양론과 인성론은 향촌 내에서의 권위의 근거가 되기도 하였지만, 스스로를 점검하게 하고 행위를 제한하는 기제로서 양면적 가치를 지니고 있었다. 다양한 측면에서 윤리적 가치는 공동체를 지속할 수 있는 동력이 되었다.

세 번째는 경제적 상호부조는 향촌공동체 활동의 기본원칙이었다. 구성원의 개인적 불행과 공동체의 불행을 공동체에서 함께 극복하는 것을 추구하였다. 향촌의 구성원들이 개인적 이해관계보다는 공동체의 이익을 우선시하는 윤리에 기초하여, 사회적 약자와 취약계층을 우선적으로 배려하였다. 공동재산의 대여, 경제적 지원, 상호구제 등은 삶의 과정에서 겪게 되는 개인들의 문제들에 대해 공동체가 함께 고민하는 상호 호혜적 협동원리가 작동하였다.

Ⅳ 오늘날 한국 사회에서의 마을공동체

1. 마을공동체 사업의 현황

1990년대부터 한국 사회에서 마을공동체 만들기 사업이 시작되었고, 이때에는 시민단체들을 중심으로 하는 주민운동의 성격을 지니고 있었다. 한국YMCA의 '21세기 지역 만들기 시민운동', 도시연대의 '걷고 싶은 도시 만들기', 녹색도시연구 모임의 '차 없는 거리 조성, 꽃길 골목 가꾸기' 등이 대표적이다. 시민단체와 지역주민이 함께 지역의 물리적 환경을 개선하고 공동체성을 회복하는 것을 목적으로 진행되었다(이은혜, 2014).

지방자치제도가 1990년대 중반 부활하면서 국내의 제반여건이 변화하고 여러 지자체에서 마을만들기 사업에 관심을 가지면서 이 사업은 자치단체들이 주도하는 정책으로 변화되었다. 이에 따라 사업의 법적근거를 마련하기 위해 조례가 제정되고 있다. 관련 조례는 2000년부터 제정되기 시작하여 2014년 8월 기준으로 관련 조례를 제정 · 시행하고 있는 지자체는 모두 95곳(광역자치단체는 17곳 중 11곳, 기초자치단체는 84곳)이다(민현정 · 김기곤 · 김재철, 2015).[9] 마을만들기 사업은 주민, 시민단체와 더불어 정부 부처, 지자체들도 광범위한 관심을 가지고 협력하고 지원하는 형태로 발전하였고, 정부의 정책적 지원도 증가하고 있다.[10] 안전행정부는 마을공동체 활성화 및 지원을 위하여 「지역공동체 활성화 지원법」, 국토교통부는 「도시재생활성화 및 지원에 관한 특별법」, 농림축산식품부는 「농촌 마을 공동체 활성화 지원에 관한 법」 등을 제정 · 시행하거나 계획하고 있다. 마을공동체의 사회적 경제 참여와 기반을 마련하기 위한 「사회적 경제 기본법」도 추진되었다(최인수 외, 2014).

마을만들기 지원을 위한 중간조직도 증가하고 있다. 2008년 경기도 안산시 좋은마을만들기지원센터를 시작으로 2014년 8월 현재 17곳이 운영되고 있다. 광역자치단체는 서울시, 부산시, 인천광역시, 전라북도 등 4곳이며, 기초자치단체는 경기도 안산시 등 13곳이다. '지원센터' 혹은 '지원단'으로 불리는 중간조직에서는 관련 정책을 개발하고 주민교육과 연수 프로그램을 개발 · 운영한다. 마을리더(혹은 지역일꾼) 발굴과 양성도 주요 역할이다.

2000년 이후 중앙부처에서도 마을만들기 관련 사업을 다양하게 시행하고 있다. 부처별 마을만들기 사업은 도시정비(개발)와 거점형 주거환경 개선, 지역자원 활용사업, 사회적 경제에 기반을 둔 사업 등과 마을만들기

---

9) 지원조례의 구성은 대부분 유사하게 구성되어 있다.

10) 2006년 중앙정부 차원에서 마을만들기 시범사업을 실행한 것을 계기로 2007년부터 마을만들기 조례를 제정하는 사례가 급격하게 증가하였다(태윤재 · 박소현, 2010).

를 병행하며 추진되고 있다. 중앙부처의 사업도 주민주도의 마을공동체를 형성하고, 주민의 다양한 사업을 통한 마을 활성화, 지역자립, 지역공동체 역량 강화, 생활기반 조성, 삶터 가꾸기, 마을활력재생 등을 위한 지원을 지향하고 있다(최인수 외, 2014).

〈표 1〉 마을공동체 만들기 부처별 주요 사업현황

부처	사업	부처	사업
안전행정부	정보화마을 조성사업 주민자치회 시범사업 마을기업 육성사업 소도읍 육성사업 살기좋은 지역만들기 사업 희망마을 만들기 등	환경부	생태환경 활성화 사업 국립공원 명품마을 조성사업 산촌종합개발사업 저탄소녹색마을 등
농림축산식품부	색깔있는 마을만들기 농어촌마을 리모델링사업 전원마을조성사업 그 외 일반농산어촌개발사업을 포함한 종합정비사업 및 종합개발사업 등	문화체육관광부	문화도시조성사업 고도육성계획 소외지역 생활환경 개선을 위한 공공미술프로젝트 문화의 거리조성 이야기가 있는 문화생태탐방로 생활문화 공동체 만들기 시범사업 등
국토교통부	경관협정사업 살고싶은 도시만들기 사업 도시활력 증진지역 개발사업 도시재생사업 도시재생 선도지역 공모사업 등	산업부	재래시장 활성화 사업 등
		지역위	창조지역사업 지역생활권 협력사업 등
		녹색위	생생生生도시사업
		건축위	해피하우스사업 등

자료 : 최인수 외(2014).

2. 마을과 마을공동체의 이해

마을공동체 만들기 사업은 '마을'을 거점으로 진행된다. 마을의 사전적 정의는 "주로 시골에서, 여러 집이 모여 사는 곳"으로 장소/공간의 의미가 강하다. 마을과 동네를 비교하면 마을은 가치지향적이고 규범적인 지역사회(공동체)라는 의미가, 동네는 비교적 중립적인 장소의 의미가 도드라진다. 주민들 사이의 공동체적 삶이 강화되었을 때 동네는 마을이 된다(곽현근, 2013). 마을을 이처럼 이해한다면, 마을은 ① 여러 집이 이웃해서 살아가는 물리적 공간의 의미와 ② 다양한 사회적 관계망 또는 공동체적 삶이 더해진 개념으로 이해된다. 이러한 마을 이해를 여러 조례에서 확인할 수 있다.

서울시가 조례에서 정의한 마을, "주민이 일상생활을 영위하면서 경제 · 문화 · 환경 등을 공유하는 공간적 · 사회적 범위"라는 정의도 위의 개념구성을 따르고 있다.[11] 첫째, 주민이 일상생활을 영위하는 공간적 범위와 둘째, 주민들이 경제 · 문화 · 환경 등에서 관계를 형성한 공동체란 의미가 포함되어 있다. 서울시 성북구 마을만들기 지원조례에서도 마을을 ① 일상적인 생활환경을 같이하는 공간적 개념과 ② 환경 · 문화 등을 공유하는 사회적 개념을 총칭하는 것으로 정의하고 있다. 광주광역시의 마을만들기 조례에서도 마을은 ① 생활환경을 같이하며 ② 정서적 유대의식을 갖고 문화 등을 공유하는 공동체로 정의하고 있다. 이를 지역성locality과 공동체의식으로 이해할 수 있다.

마을에 포함되어 있는 두 요소 중에서 지역성에 대해서는 비교적 일정한 합의를 이루고 있다. 일상생활을 영위하는 구체적 공간은 일정한 범위 내에서 제한되며, 대체적으로 지방 행정구역의 하나인 동洞과 일치한다. 일부 조례에서는 명시적으로 동을 지역적 한계로 제시하고 있다.[12] 지금

11) 서울시는 2012년 3월 15일 「서울특별시 마을공동체 만들기 지원 등에 관한 조례」를 공포하였다. 이 조례에 근거하여 마을공동체 지원사업의 민관 중간 지원역할을 담당하는 '서울시 마을공동체 종합지원센터'가 설립되었고, 기본계획도 수립되었다.

12) 「부산광역시 사하구 감천문화마을 조성 및 마을공동체 지원 등에 관한 조례」에서는 마을을 정의하면서 "광의적으로는 동까지로 한다"로 규정하고 있다. 이와 달리 「광주광역시 북구 아름다운 마을 만들기 조례」에서는 마을을 협의의 개념으로는 동네에 있는 거주지, 거리로 이해하고, 광의의 개념으로는 동과 구까지 포함하는 공간적 개념과 공동체 · 문화

은 주민자치센터로 변화되었지만, 동사무소를 거점으로 동은 행정 업무를 매개로 지역주민들의 삶과 연결되어 있었다. 이러한 경향은 현재에도 이어지고 있다.

이에 반해 공동체성에 대해서는 조례에 특별히 언급되어 있지 않다. 서울시의 조례에서는 '마을공동체'를 주민 개인의 자유와 권리가 존중되며 상호 대등한 관계 속에서 마을에 관한 일을 주민이 결정하고 추진하는 주민자치 공동체로 정의하고 있다.[13] 광주광역시의 마을만들기 조례에서는 '마을공동체'를 주민들이 마을이라는 생활공간에서 일상적 소통을 바탕으로 살아가는 데 필요한 일과 활동을 공유하고, 공통의 문제를 함께 해결해 가기 위해 주민 스스로 마을에 관한 일을 결정하고 추진하는 주민자치공동체로 정의하고 있다(민현정 외, 2015). 마을공동체에 대한 학자들의 정의도 크게 다르지 않다. 서울연구원(2012b)에서는 마을공동체를 의지와 활동을 공유하는 주민들이 스스로 지역의 문제를 해결하면서 서로 돕고 함께 살아가는 관계망으로 정하고 있다. 김이준수 등(2013)도 마을공동체를, 마을을 기반으로 생활이나 행동 또는 목적을 같이하는 집단이며 공동체적 성격을 지니며 상호연대, 상호부조를 기초로 하는 공동체로 정의하고 있다. 최승호(2009)도 이를 사람들이 생활 활동을 해나가며, 지역성, 사회적 상호작용, 공동의 유대 등을 구성요소로 가지는 장소로 정의하고 있다.

이러한 정의를 살펴보면, 오늘날 한국 사회에서 마을공동체는 마을을 생활단위로 하며, 이 생활공간에서 자유, 평등, 권리존중, 주민자치, 소통의 가치를 추구하는 공동체로 인식하고 있음을 확인할 수 있다.[14] 지역성

등 사회적 개념을 총칭하는 것으로 정의하고 있다.

13) 각급 지자체에서 제정한 마을공동체 만들기 지원 등에 관한 조례의 내용은 대부분 유사하다.

14) 마을공동체 만들기 사업과 유사한 마을만들기 정의의 핵심어휘는 주민 자발성, 공동체 형성, 지역자원 활용, 생활환경 개선, 삶의 질 향상으로 현재의 물리적 환경의 개선에 보다 중요하게 고려하고 있다.

의 관점에서 강조되어야 할 점은 마을이 '근린생활공간'으로 이해된다는 점이다. 지역성은 폐쇄적인 범주로 이해되지 않음을 의미한다. 일상생활의 대부분은 마을에서 영위되어 마을공동체는 기초적인 지역공동체로 위치한다. 하지만, 생활이 이루어지는 공간은 필요에 따라서는 근린을 넘어선다. 이는 마을이 지역공동체의 기초 단위이며, 생활의 내용과 범위에 따라 지역공동체가 마을을 넘어 도시, 국가, 지구로까지 확대될 수 있음을 의미한다.

3. 마을공동체의 가치

1) 민주성과 자치성(민주적 주민자치)

서울의 각 구에서 제정한 마을공동체 지원에 관한 조례에서는 조례의 목적을 크게 3가지 ① 주민자치의 실현, ② 지역공동체 형성, ③ 민주주의의 발전으로 제시하고 있다. 마을의 공동체성으로 주민자치를 강조하고 있다. 2009년 당시까지 발표된 조례를 분석한 연구(태윤재 · 박소현, 2010)에서도 마을만들기 정의의 핵심 어휘는 '주민 스스로'였다.[15]

마을공동체 관련 연구에서도 주민의 참여를 사업의 진행과 성공에서 핵심적이며 필수적인 요소로 이해하고 있다. 마을만들기 사업의 목적을 고려하면 지역의 현황과 문제를 잘 이해하고 있는 지역주민의 참여는 중요하며 당연한 요소이다. 여러 연구들에서 지역주민들의 참여 정도와 질(주체성)에 따라 마을공동체 만들기를 구분하고 있다.

최근의 마을공동체 사업에서 민주적 주민자치를 강조하는 이유에는 관 주도로 사업이 진행되고 있다는 비판에 대한 대응이란 측면도 있다. 새마

15) 이 논문의 분석에 의하면 조례에서 정의되는 마을만들기의 핵심은 ① 주민 자발성, ② 공동체 형성, ③ 지역자원 활용, ④ 생활환경 개선, ⑤ 삶의 질 향상이다. 이 핵심 5가지는 최근의 조례에서도 반복해서 등장한다.

을운동과의 비교를 통해 주민 통제의 목적에서 마을공동체 사업이 진행되고 있다는 비판도 존재한다. 실제 사업 진행에서 주민의 참여와 자치를 강조한다고 하더라도, 사업의 선정과 예산의 집행은 관 주도로 진행된다는 측면에서 지방자치단체의 영향력은 사업에서 절대적이다.

이러한 비판의 타당성에도 불구하고, 사업의 곳곳에서 주민의 참여와 결정을 중요한 가치로 설정하고 있다는 점을 부정하기는 어렵다. 서울시에서는 참여 주민들이 쉽고 편리하게 이용하고 일반시민들도 사업을 쉽게 이해할 수 있도록, 『누구나 할 수 있는 서울시 마을공동체사업 설명서』(서울특별시, 2015)를 발간하는 등 다양한 노력을 기울이고 있다.

2) 생태적 공공개발

대부분의 마을공동체 사업은 '공동체의 해체와 폭력성을 제거하고 점진적으로 마을을 재생' 하는 것을 목적으로 하고 있다. 이러한 이유에서 주로 '주거환경재생' 을 목표로 제시하고 사회운동 관점과 공공사업의 관점에서 사업을 진행하고 있다. 기존의 전면철거 위주의 개발사업으로는 기존의 사회문제를 해결하는 이득보다는 해가 더 많이 발생한다는 경험에 따른 것이다.

급격한 산업화와 도시화로 인해 발생한 여러 문제를 그동안에는 새로운 도시개발을 통해 해결하고자 하였다. 정부 주도로 대규모 주택을 건설하여 대도시에 밀집된 인구를 분산시키려는 방안이다. 일례로 1980년대에 달동네로 불리던 불량주택 밀집지역을 재개발하는 사업에서부터 근래의 뉴타운사업에 이르기까지 전면철거방식에 따른 아파트 건설은 빠른 정비효과를 달성할 수 있는 방법으로 활용되었다(배웅규, 2012). 하지만 전면철거 후 개발/건축하는 방식은 건설사와 일부 계층의 경제적 이익에 초점을 맞추어 주거환경 개선에 큰 도움이 되지 못했다. 원原주민들의 재정착률이 낮아 기존 마을이 파괴되어 공동체성도 함께 사라지게 한다는 문제점도 있었다. 특히 뉴타운사업은 아파트 중심의 재개발을 선호하여 다양한 주택들로 이루어진 주거생태문화와 지역의 전통성의 해체, 서민의 주거불안 등의 부작용을 발생시켰다(이주원, 2013).

이러한 시행착오를 통해 마을공동체 만들기 사업은 전면철거방식 대신에, 주거지 관리를 통해 서민주택 안정을 도모하는 방식으로 전환하였다. 이러한 사업은 2008년부터 휴먼타운 조성사업으로 시행되었다. 단독주택이나 다세대주택과 같이 저층주거지가 밀집되어 있는 곳에 아파트 단지에서 누릴 수 있는 보안 · 편의시설 등을 조성하면서 물리적 재생을 추진하고 있다. 주거환경과 함께 정주환경도 고려하기 시작하였음을 의미한다. '사람들이 관계를 맺는 공간' 이라는 사회적 가치에 주목하여 정주환경을 이해하고 이를 사업화하고 있다.[16]

현재의 주거지와 거주지를 개선하고, 마을환경을 친숙하게 '재생' 하고, 마을 사람들이 모이는 '커뮤니티 스페이스' 를 만드는 사업이 대표적이다. 기존 마을을 보존 · 유지 · 관리하기 위해 주거환경을 개선하고 주민들의 정주권을 확보하는 것도 주요 목표이며, 이를 통해 지역공동체를 형성하는 것을 지향한다. 문화 · 보건 · 복지 등을 주민들과 함께 나눌 수 있는 마을을 만들려는 노력이다. 이 관점에서 마을공동체 만들기는 지역과 마을을 중심으로 경제와 일자리, 사회적 · 경제적 커뮤니티, 공동체가 활성화되는 마을 생태계를 복원해 가는 과정이라 이해된다.

16) 사람들이 맺는 관계는 공간과 밀접하게 연관되어 있다. 주거의 형태가 사람들 간의 대화와 만남이 편하게 자주 일어나는 공간구조일 때와 개인의 사생활을 최우선적으로 지키기에 유리한 상호 격리된 공간구조일 때 인간관계를 맺을 수 있는 정도는 다르다. 이웃의 통행을 제한하는 아파트 단지에서는 공동체적 삶의 형식을 구현하기 힘들다(김영욱, 2012).

3) 상호부조

정주환경이 불안한 마을에서는 사람들은 머물기보다는 다른 곳으로 이주하려 한다. 주거환경도 정주하는 주민의 비율이 낮을수록 공동체의식(혹은 공동체성)을 기대하기 어렵다. 이러한 이유에서 마을공동체 사업에서는 주민 간의 관계를 형성하고 이를 통한 상호부조相互扶助를 주요한 공동체의 역할로 설정하고 있다.

마을공동체 사업의 3대 과제인 '마을살이 함께하기' 에 제시된 전략에는 이웃돌봄 활성화와 마을경제 활성화가 포함되어 있다. 서울시 마을공동체 지원사업의 주요 항목으로 제시된 '함께 돌보는 복지공동체' 와 '함께 만들고 소비하는 경제공동체' 는 상호부조의 활성화를 지향하고 있다. 마을 부모 커뮤니티를 활성화하고 돌봄지원, 취약계층 자활마을공동체 육성을 추구한다. 마을기업, 도시농업, 마을 나눔장터도 이러한 맥락에서 함께 논의되고 있다. 지역주민이 참여하는 관계망을 형성함으로써 이웃에 사는 사람들이 서로를 알고 소통하는 마을을 지향한다.

마을공동체 사업에 중앙정부와 지자체가 참여하면서 상호부조의 원칙이 더욱 강조되고 있다. 정부와 지자체에서 다양한 복지수요를 적극 수용하면서도 실질적 처리는 마을공동체에 일임하는 것이다. 즉, 마을공동체에서 복지수요를 적극 받아들이고 해소하는 것을 공동체성, 즉 연대라는 이름으로 설정하고 있다.

V 결론을 대신하여

위에서 우리는 향촌공동체와 마을공동체 만들기 사업에 대해 간략하게 살펴보았다. 이에 기초하여 여기에서는 전통의 향촌공동체가 역사적 변화

과정에서 우리에게 무엇을 남겼고 무엇이 사라졌는지를 검토하려 한다. 한국 사회에서 진행되고 있는 마을공동체 관련 사업을 한국인들이 경험했고 사유했던 전통적 공동체와 연결시키려는 시도이며, 단순한 공동체의 복원이 아니라 한국인의 사유와 행동양식에 자리한 문화에 부합한 공동체에 대한 고민을 담으려는 시도이다.[17)]

한국인들에게 공동체는 동양의 사유체계에서 인간이 살아야 하는 당위적인 삶의 공간이었다. 관계론적 세계관에서 사람들은 공동체에서 함께 살아야 하는 존재로 규정되었다. 이러한 삶의 양식이 실천되는 공간이 현실의 '향촌공동체' 였으며, 조선시대에는 유교에 기반을 둔 덕목이 공동체를 지탱하는 동력이었다. 실제적으로는 '향약' 으로 대표되는 자치규약을 통해 공동체구성원들의 행위를 통제하였다. 향촌공동체는 자치와 윤리, 상호부조를 가치로 지니고 있었다.

반면에 근래의 마을공동체 만들기 사업에서 마을공동체는 '환경개선' 과 '삶의 개선' 이라는 현실적인 필요성에 의해서 만들어진 공간이다. 사업을 매개로 운영되는 현재의 마을공동체는 삶의 공간이기보다는 아직은 정책적 공간에 머물고 있다. 마을의 범주도 생활공간의 개념에서 정의되기보다는 사업의 관점에서 논의되고 있다. 공동체에서 지향하는 가치도 명확하지 않다. 이론적으로는 자유, 평등, 자치, 생태, 연대 등으로 다양한 가치가 추구된다. 마을만들기 사업에서는 생태성과 공공성, 상호부조를 주요 가치로 지향하는 것으로 이해된다. 향약과 같은 강력한 그리고 문화를 드러내고 가치를 내포하는 자치규범은 명확하게 존재하지 않는다는 아쉬움도 있다.

---

17) 때문에 이 짧은 논문에서는 '단일한 그 무엇으로 고정된 공동체' 를 도출하기보다는, 공동체에 대한 기초적인 물음을 던지고 공동체를 다시 한 번 더 생각하는 기회를 얻는 데 목적이 있다.

〈표 2〉 마을공동체 사업의 마을공동체와 유교적 사유의 향촌공동체 비교

		향촌공동체	마을공동체
존재 근거		공동체적 세계관에 입각한 당위	현실적 필요성
지역/공간		향촌	사업단위와 광의적 차원에서 동
공유	생활	친밀성을 바탕으로 광범위하게	육아, 돌봄 사업을 중심으로
	가치	유교덕목, 사대부들의 교화	자유/평등/자치/연대
	경제활동	두레, 품앗이를 이용하여 높은 결합	마을기업 등 일부 사업 중심으로
마을규범		향약	〈없음〉[주)]

주) 현재 진행되고 있는 마을(마을공동체) 관련 사업에서 마을규범은 거의 고려되지 않고 있다. 때문에 여러 연구에서 마을 자치성 확보와 문화 형성을 위해 마을규범의 필요성을 강조하고 있다. 마을르네상스사업을 진행한 일부 마을과 성미산 마을공동체 등에서 자체의 규범이 있다는 보고는 있으나 이는 극히 일부 사례이며, 이를 일반화하기는 힘들어 이 표에서는 없음이라 표시하였다.

현재 추진되고 있는 마을공동체 만들기 사업의 가장 큰 한계는 사업을 매개로 마을에 접근한다는 점이다. 사업은 지속성을 담보하기 어렵고 마을을 사업단위로 구획하고 있다. 이러한 한계를 극복하기 위해서는 여러 사업을 관통하는 가치를 설정하고 이를 구체화하는 규범이 필요하다. 사업주체인 민간과 중앙정부, 지자체가 함께 이 문제를 논의해야 한다. 마을공동체의 지역주민들도 가치의 설정과 규범의 제정을 넘어 이를 공유하려 노력해야 한다. 이를 위한 마을문화에 대한 고민도 필요하다. 규범이 가치를 구체적으로 드러내는 것이라면, 마을문화는 마을가치를 공유하고 현실화하는 수단이다. 마을문화를 통해 마을공동체가 지향하는 '자치' 도 실질적으로 확보할 수도 있다.

마지막으로 마을공동체 공간을 보다 구체적으로 설정할 필요가 있다. 공동체적 삶을 나눌 수 있는 공간의 범위가 설정되어야 한다. 사업이 적용되는 공간을 중첩시키고, 자치가 가능한 공간 혹은 규범이 적용 가능한 공간의 크기를 고려하여 설정해야 한다. 현실적으로 '동' 을 활용한 공간설정

도 고려되어야 한다. 일상적으로 익숙한 공간이 공동체적 삶이 시작될 수 있는 현실적인 공간이기 때문이다.

참고문헌

강상구. 2014. "서울시 마을공동체 사업 평가."『진보평론』 제60호.

강재천. 2007. "조선시대 향약의 정치적 이념과 도덕 공동체 의식 강화."『인문사회논총』 제14호.

곽현근. 2013. "사회적 자본 관점에서 주민역량 키우기."『주민자치』 제18호.

김보경. 2005. "문중공동체의 이념과 유교적 자본."『동양사회사상』 제11집.

김명자. 2013. "문중, 사람과 마을을 이어주는 유교공동체."『안동학연구』 제12집.

김영욱. 2012. "마을만들기."『건축』 제56권 제6호.

김이준수 · 이경희 · 전동수 · 황상윤. 2013.『서울 마을공동체 사업 활용설명서: 서울에서 함께 마을하기』. 서울특별시.

김찬동. 2012.『마을공동체 복원을 통한 주민자치 실현방안』. 서울시정개발연구원.

김춘진 · EBS 다큐프라임 〈가족쇼크〉 대학생취재진팀 편. 2014.『대한민국 고독사의 현주소와 미래(국정감사 정책자료집)』.

김홍주. 2013. "조선 향촌규약에 나타난 마을공동체 운영 특성: 고현향약을 중심으로."『국토연구』 제79권.

맥러플린, 코린 · 고든 데이비드슨(McLaughlin, Corinne and Gordon Davidson). 2004.『새벽의 건설자들: 더 나은 미래를 위한 생태 공동체 만들기』. 서울: 한겨레신문사.

문재현 · 김찬동 · 최인수 · 김정섭 · 정광렬. 2013. [기획특집]마을성(마을공동체성) 회복을 위한 우리들의 과제 1부 "마을성의 본질은 무엇인가?"『주민자치』 제19호.

민현정 · 김기곤 · 김재철. 2015.『광주시 마을공동체 형성과 강화 방안 연구』. 광주발전연구원.

박병기. 2009. “연기적 독존주의와 열린 공동체: 우리 시대의 공동체에 대한 불교적 모색.” 『불교평론』 제11권 3호.

박주형. 2013. “도구화되는 ‘공동체’: 서울시 「마을공동체 만들기 사업」에 대한 비판적 고찰.” 『공간과 사회』 제23권 1호.

배웅규. 2012. “우리 동네 정겨운 사람과 장소가 있는 도시마을.” 『건축』 제56권 제6호.

서울시의회 의원연구단체 사람중심서울포럼 · 서울시마을공동체종합지원센터. 2013. 『지속가능한 마을공동체를 위한 서울시의회-서울시마을지원센터 합동토론회』.

서울연구원. 2012a. 마을공동체 회복 추진계획(내부자료).

———. 2012b, 『마을공동체 시민토론회-서울시 마을공동체의 비전 및 방향 설정』. 서울연구원.

서울특별시. 2015. 『누구나 할 수 있는 서울시 마을공동체사업 설명서』. 서울특별시.

유정길. 2011. “새로운 사회의 대안 운동으로서 불교 공동체.” 『불교평론』 제13권 1호.

이동일. 2001. “공동체에 있어서 유교적 가치의 함의.” 『동양사회사상』 제4집.

이상현. 2012. “안동의 도시화와 토박이들의 ‘유교공동체’ 구축과 운영,” 『한국민속학』 제55호.

이영찬 · 정혜숙 · 김보경. 2006. “성주 지역의 유교공동체와 사회적 연결망.” 『동양사회사상』 제13집.

이은혜. 2014. “마을만들기 지역주민의 참여경험에 관한 연구: 주체성 형성과정을 중심으로.” 강남대 석사학위논문.

이주원. 2013. “마을단위 정비대안으로서 주택개량 전략 과제: 서울시 주민참여형 재생사업의 주택개량 정책과제 중심으로.” 『주거복지 컨퍼런스(자료집)』.

장재천. 2007. “조선시대 향약의 정치적 이념과 도덕 공동체 의식 강화.” 『인문사회논총』 제14호.

조긍호. 2004. “동아시아 집단주의의 유학사상적 배경.” 『사회과학연구』 제12집 1권.

———. 2007. “동아시아 집단주의와 유학사상: 그 관련성의 심리학적 탐색.” 『한국심리학회지』 제21권 4호.

최문형. 2002. “율곡향약의 현대적 조명-공동체주의와 관련하여.” 『동양철학연구』 제30집.

최승호. 2009. "지역 마을 공동체 만들기 운동의 발전 방향 모색: 충남 홍성군 홍동 풀무마을을 중심으로." 『한국사회과학논문』 제19권 1호.

최인수 · 전대욱 · 양은경 · 박소연. 2014. 『강원도 마을공동체 만들기 행정청 지원방안 연구』. 지방행정연구원.

태윤재 · 박소현. 2010. "마을만들기 조례에 나타난 마을만들기의 특성-2000년대에 제정된 마을만들기 관련 조례의 내용분석을 중심으로." 『대한건축학회 논문집 계획계』 제26권 제7호.

홍성기. 2007. "연기의 관계론적 해석에 기반한 '공동체자유주의' 의 재구성." 『한국불교학』 통권 제48집.

Chapter 7

현대사회의 위기와 대안공동체

이동일(창원대학교 사회과학연구소)

I 들어가며

인류의 역사 시기에 위기는 언제나 있어 왔다. 인간이 자연에 대해 일정 정도의 통제권을 갖기 전까지 인류는 취약할 수밖에 없었다. 그러한 위기는 생태적이고 불가항력적인 측면이 강했다. 그러나 근대사회가 출현하면서 과학이라는 극히 인간적 도구는 인간의 삶에 있어서 보다 안정적이고 예측 가능한 대응을 가능케 했다.

전근대적 사회에서 인간은 자연적 위협과 더불어 신분제, 전체주의적 왕권, 봉건제에 의한 개인적 불안과 공포에서 벗어나게 되었다. 신세계는 인간에게 전혀 경험하지 못한 자유와 평등 그리고 미래에 대한 희망을 갖는 조건이 되었다. 인류의 역사에서 가장 진보적이고 진화된 멋진 사회를 제공해 주었다.

근대사회의 핵심인 신으로부터의 해방, 과학을 통한 세계의 통제, 풍부한 물건들의 향연을 제공하는 자본주의의 발흥이 그것이다. 이제 인류는 그 이전에 맛보지 못한 인간 존재에 대한 존엄성을 향유하게 되었다. 인간은 세계와 역사의 주인공으로 전면에 부각되었다. 이러한 개인에 대한 찬양은 이전 사회의 공동체적 속성을 붕괴시키면서 진행되어 왔다. 물론 개인에 대한 가치와 존중은 이전 사회에서도 발견된다. 하지만 일부 선택된 사람들의 전유물이었다. 르네상스, 프랑스 혁명, 종교개혁과 같은 역사적 사건을 통해 이제 모든 개인들은 자유로운 사회적 존재가 되었다. 또한 자본주의는 소유의 개념을 혁명적으로 변화시켰다. 사회적 소유에서 사적 소유로의 전면적 변화가 상품, 노동, 사회적 삶의 방식에 미친 영향은 지대한 것이었다. 또한 종교적 이념과 가치의 전면적 변화는 개인에게 다양한 방식의 이념과 가치를 추구하는 중요한 계기가 되었다.

하지만 근대사회가 출현하면서 인간은 또 다른 사회적 위기를 맞이하게 되었다. 바로 인간이 만든 사회에 의한 인간에 대한 위기이다. 전근대 사회의 공동체가 해체되면서 각 개인들에 의한 사회조직 원리는 효율성, 생산성, 목표 지향적 특징을 지니게 된다. 그러나 이러한 사회조직원리들은 조직 내부의 개인들의 소외, 파편화라는 문제점을 노출하게 된다.

현대사회의 문제는 개인과 사회의 영역에서 나타난다. 개인의 소외, 노동의 소외, 무한 경쟁, 목적합리성의 찬양, 자연에 대한 무한한 개발 욕구 등은 여전히 진행형이다. 집단따돌림은 학교에서 직장에서 지역사회에서 암묵적으로 또는 공개적으로 자행되고 있다. 사실 집단따돌림의 문제는 개인 모두가 가해자와 피해자가 될 수 있다는 점에서 무엇보다 심각하다. 또한 노동의 소외는 마르크스가 예견한 것을 넘어서서 정규직 · 비정규직의 갈등으로까지 확대되었다. 무한 경쟁은 개인들을 끊임없이 내몰고 있다. 수단과 가치에 대한 고려 없이 목적만이 가장 중요한 결과가 되어 버렸다. 또한 자연은 인간을 위한 수단으로 전락해서 인간의 오만함을 드러내고 있다.

본 글에서는 이러한 현대사회의 위기를 공동체의 시각에서 살펴보고자 한다. 먼저 현대사회의 위기에 대해서 살펴보기로 한다. 현대사회의 위기를 근대사회의 출현에서 비롯된 근대성에서 찾아보기로 한다. 다음으로 이러한 현대사회의 위기를 극복하기 위한 노력으로 대안공동체에 대해서 살펴보기로 한다. 특히 대표적인 두 개의 공동체를 통해 과연 지금의 사회에서 공동체가 가능한가에 대한 논의를 전개해 보도록 한다. 물론 공동체가 현대사회의 위기를 극복하는 유일한 방안이 되는 것은 결코 아니다. 공동체만이 유일한 대안은 결코 될 수 없다. 공동체는 현대사회뿐만 아니라 과거부터 있어 왔던 사회적 조직 방법이었다. 그럼에도 불구하고 현대사회에서 공동체에 대한 논의를 하는 주된 목적은 우리가 살고 있는 사회가 불완전하고 여전히 개인과 사회 간의 갈등을 해소하는 방식은 다양하다는 것을 제시하고 있다.

Ⅱ 현대사회의 위기

본 절에서는 현대사회의 위기를 근대성의 프로젝트에서 찾아보기로 한다. 사실 인류의 역사에서 근대라는 특정 시점은 중요한 의미를 갖는다. 신으로부터 해방, 신분제로부터의 자유, 사적 소유의 일반화는 이전에는 볼 수 없었던 혁명적 변화를 가져 왔다. 분명 이러한 변화는 인간에게 자유, 평등, 풍요를 제공해 주었다. 근대사회는 인간에 매우 매력적인 사회이다.

근대성은 이성에 대한 찬양, 자연 지배에 대한 정당화, 진보에 대한 믿음으로 정리해 볼 수 있다(윤평중, 1992: 21-26). 이성은 인간을 가장 인간답게 만드는 배경이 된다. 중세 암흑기에 인간은 너무나 당연히 신의 피조물로서 봉사해 왔다. 초기 그리스 철학에서 잠깐 출현했던 인간에 대한 희망과 기대는 중세에 와서 사라져 버렸다. 따라서 인간이 역사의 전면에 다시 부활하는 것은 전혀 새로운 것이었다. 개인에 대한 부각은 이전 공동체의 해체를 가져 왔다. 인간은 사회집단, 조직, 신분제라는 강제적 공동체로부터 해방되었다.

자연은 무한한 인간의 욕망을 충족하는 재료가 되었다. 더욱이 과학이라는 도구는 자연을 더욱더 유용한 자원으로 이용하게 만들었다. 사실 근대사회를 규정하는 데 있어서 과학은 가장 중요한 독립변수가 되었다. 이러한 배경은 인간이 무한히 진보한다는 믿음으로 종교화되었다. 인간은 분명히 진보라는 객관적 개념에서 볼 때 진보되었다. 과거보다 더 편안하고 풍요로워진 인간의 삶은 인간 일반의 행복을 보장해 주었다. 삶의 양과 질은 인류 과거 어느 시대보다 더욱 보장되었다.

그러나 이러한 인간 이성에 대한 믿음, 자연에 대한 지배력, 진보에 대한 믿음은 곧 또 다른 문제를 야기하게 되었다. 전쟁, 환경파괴, 소외의 사회적 확산, 아노미에 의한 혼란은 이러한 근대 프로젝트의 태생적 한계를 드러내는 원인이 되었다.

포스트모더니즘은 이러한 사회적 위기에 대한 이념적 대응이며 자기반성적 성찰의 조건을 제공해 주었다. 이성과 과학에 대한 절대성에 대한 비판, 현대사회의 정당성에 대한 위기, 후기 자본주의에 대한 비판, 상품에 대한 비판 등이다. 이성이 오히려 사회적 위기의 원인이 된다. 이성과 과학이라는 이름하에 인간은 풍요의 저편에 불안, 위험이 일반화되어 오히려 인간의 삶을 억압하고 있다. 또한 효율성이라는 미명 아래 개인들은 개인의 감정, 고유의 개성을 상실하게 되었다. 사회적 정당성은 다양한 사회적 요구 아래 그 기준 자체가 모호해졌다. 자본주의와 상품은 모든 인간의 삶의 기준으로 작동하게 되었다. 인간 자체에 대한 존엄성은 보장되기 어려워졌다. 자본주의 사회의 사회적 위치, 상품의 소유, 사적 소유는 인간에 대한 유일한 기준이 되어 버렸다. 자본주의에 의한 경쟁의 찬양, 소유의 미덕, 풍요에 대한 무한한 추구는 인류를 헤어나지 못할 악순환에 몰아넣게 되었다.

결국 이러한 근대 프로젝트에 의한 위기는 개인과 집단(공동체, 사회) 간의 갈등과 괴리, 이념의 파편화로 인한 사회적 합의에 의한 가치의 상실, 공간에 대한 사적 소유로 인한 인위적 공간 해체 등의 문제를 야기하게 되었다.[1] 본 글에서는 이러한 근대성의 위기를 극복하기 위한 하나의 대안으로 공동체를 논의해 보기로 한다. 공동체는 사실 이상적 세계이며 개인의 자아를 실현하는 장이라는 점에서 의미를 가진다(강대기, 2004: 29). 공동체는 사실 새로운 것도 아니다. 전근대사회의 일반적인 특징은 바로 공동체였다. 사실 근대사회가 시작된 시기에 공동체운동이 유행처럼 번지기도 했다. 그것은 사실 새로운 사회의 충격에 대한 반동적 성격을 갖기도 했다. 이미 완전히 변화된 사회에서 과거로의 회귀는 현실적으로 불가능하다.

그러나 현대사회에서 일어나는 공동체운동, 공동체의 실험은 과거와는 다르다는 점을 다음 절에서 살펴볼 것이다. 현대사회의 위기, 한계를 극복한다는 점에서 대안이라는 개념을 사용하고자 한다.

Ⅲ 공동체, 대안공동체의 의미

1. 공동체 정의와 다양성

공동체의 정의에 대한 논의는 너무나 다양해서 사실 논란이 되기도 한

1) modernism은 근대주의, 현대주의로 번역될 수 있다. 본 글에서는 현대주의의 근본이 근대주의에서 비롯된다는 점에서 다소 혼용되어 쓰기로 한다. 근대주의의 구체적인 결과물이 현대사회라는 점에서 그렇다.

다. 또한 모든 사회집단은 공동체적 속성을 지니고 있다. 공동체에 대한 정의가 다양한 것은 그 사회의 폭과 깊이에 대한 차이에서 비롯된다. 인간에게 있어서 공동체에 대한 의지는 매우 자연스러운 현상이다. 퇴니스는 인간은 서로에게 희생하고 협동하려는 의지를 가지고 있다고 보았다(Tönnies, 1957: 33). 공동체는 그래서 인간에게 있어서 역사적으로 자연스러운 사회형식이다.

공동체의 정의에 대한 논쟁은 주로 세 가지의 측면에서 정리해 볼 수 있다. 첫째, 공간적 경계spatial boundaries이다. 공간적 경계는 주로 지역적 특성을 갖는다. 즉 이론적 배경에 대한 논의는 남아 있지만, 대개의 공동체 연구자들은 이러한 공간적 경계에 대해 공감을 한다. 물론 학자공동체, 전문가공동체, 신도공동체와 같은 공동체를 규정하는 데 있어서는 맞지 않는다. 또한 개인 간의 관계들은 지역적 경계를 넘어서서 이루어질 수 있다는 점 또한 제기될 수 있다. 둘째는 관계의 형태type of relationship로서 사회적 관계의 측면이다. 공동체의 관계는 전인적인 관계, 일차집단의 성격인 대면적 만남으로 볼 수 있다. 물론 이러한 형태의 관계는 현대사회에서는 주변적 관계로 변해 버렸다는 점이 문제이다. 마지막으로 사회적 실재의 형태type of social entries이다. 공동체는 구성원과 높은 정도의 자율성을 가지고 있어야 된다는 점이다. 그러나 구성원의 규정과 자율성의 정도에 대한 규정이 어렵다는 점이 있다. 이러한 논쟁에도 불구하고 공동체는 "개인들이 일상적 활동으로 만나면서 일반적 문제를 해결하는 집단의 영역area"으로 규정할 수 있다(Hanssinger and Pinkerton, 1986: 20-25).

공동체는 또한 지역과 감정적 유대의 측면에서 구분된다. 공동체는 지역을 중심으로 정의되기도 하지만 유대와 상호작용을 중심으로 정의되기도 한다. 이와 같은 정의는 두 가지 다른 개념인 'the community'와 'community'이다. 'the community'는 지역이 기본적 구성요소로 정의되는 유형이다. 농업과 관련되어 나타나는 유형이다. 유랑민의 경우 농경을 목적으로 하는 공동체 구성원과 지역에 대한 의미가 다를 수밖에 없다. 결국 지역적 경계가 없다면 감정적 결합은 약할 수밖에 없다. 특정한 물리적 공간은 다른 집단과 구별되는 '우리' 집단이라는 의식이 강하게 나타난다. 한편 'community'는 공동의 유대와 사회적 상호작용이 정의의 중요한 부분이 된다. 이런 의미에서 지역성뿐만 아니라 높은 정도의 개인적 친밀성, 감정적 깊이, 도덕적 합의 그리고 사회적 결합과 시간적 지속성을 가지고 있다(Bernard, 1973: 3-5).

공간과 구성원의 범위는 그 사회집단이 공동체인지 아닌지를 구분한다. 또한 특정 집단에 대한 몰입과 헌신은 집단의 성격을 규정하게 된다. 그래서 공동체에 대한 정의는 아주 오래된 힐러리의 논의(Poplin, 1972: 9 재인용)에서 시작된다. 사회학적 의미에서 공동체는 공간, 관계, 유대라는 속성을 지니고 있다. 공간은 인간이라는 존재를 보다 구체적으로 규정하는 개념이다. 그래서 특정한 공간의 점유가 공동체의 조건이 된다. 관계는 상호작용의 관계뿐만 아니라 지속성까지 포함된다. 상호작용은 기본적인 사회적 관계의 전제가 된다. 또한 지속성은 사회적 유형을 규정하는 개념이다. 마지막으로 유대는 공동체가 이념, 헌신, 노동 등의 일상의 전반을 규정한다. 이러한 공동체 개념을 바탕으로 대안공동체의 개념에 대해 살펴보기로 한다.

2. 대안공동체의 개념과 특징

대안공동체의 개념은 생활공동체의 특징에서 찾아볼 수 있다.[2] 첫째, 기존 사회와는 다른 이념을 가진다. 종교적 이념을 지향하거나 새로운 이념을 바탕으로 하고 있다. 기독교, 불교, 새로운 사상을 바탕으로 형성된

2) 포피너, 올리버 · 크리스 포피너의 『세계의 공동체 마을들』에서 생활공동체는 대안공동체들에 대한 연구결과물이다.

다. 특히 비종교적 이념으로는 아나키즘, 생태주의 등을 들 수 있다. 둘째, 자급자족의 경제를 추구한다. 기존 사회에서 벗어난 대안적 삶의 기본은 경제적 자립에서 시작된다. 사실 외국의 대안공동체의 경우 모든 일상에 대한 자급자족을 이루기도 했다.[3] 하지만 한국의 경우는 일부 외부 사회와 경제를 교류하기도 한다. 셋째, 의사결정의 민주성이다. 구성원 모두의 의견은 적극적으로 반영된다. 민주적이고 평등적인 관계가 전제되어야 한다. 구성원들은 모두 동등한 권리와 의무를 가진다. 넷째, 입회를 위한 훈련과 조건이다. 공동체만의 이념과 생활방식 때문에 반드시 필요하다. 즉 기존 사회와 다른 일상이 가능하기 위해서는 시간과 적응훈련이 필요하다. 다섯째, 대안교육이 존재한다. 공동체의 구성원은 성인들만 존재하는 것은 아니다. 대안교육은 어린 구성원들을 위해 반드시 필요하다. 특히 한국의 경우 성공적인 대안공동체들은 이러한 대안교육을 실시하고 있다. 이와 같은 생활공동체의 특징을 바탕으로 대안공동체의 특징에 대해 살펴보도록 한다(이동일, 2011: 8-10).

첫째, 자본주의적 생산방식을 거부한다. 따라서 필연적으로 농업에 관련된 경제를 채택할 수밖에 없다. 몰론 농업도 자본주의적 생산방식을 따르기도 한다. 농업이 자본주의 경제에 포섭됨으로써 대량생산을 위한 방식을 채택하기도 한다. 그러나 대안공동체에서 농업은 자본주의화된 농사가 아니다. 이윤을 추구하기 위한 농업이 아니라 공동체의 자급자족을 목적으로 한다. 따라서 대량생산을 위해 화학비료나 제초제의 사용은 제한된다.

둘째, 도시적 삶에 대한 대안으로서 농촌에서의 삶이다. 농촌은 도시와 다른 공간적 환경을 가지고 있다. 공간이 인간의 일상에서 차지하는 의미는 매우 크다. 도시의 공간은 필연적으로 모든 자본이 집적된 형태를 취할

3) 니어링, 헬렌 · 스콧 니어링의 『조화로운 삶』 참조.

수밖에 없다. 또한 도시적 삶은 경쟁과 과도한 인구집중 등의 문제점을 갖고 있다. 또한 도시에서 개인들은 익명성과 개별성 때문에 타인과의 관계가 표면적이고 제한적일 수밖에 없다. 이와 달리 대안공동체는 도시적 삶의 대안으로서 농촌이라는 공간에서 이루어지고 있다.

셋째, 환경에 대한 부분이다. 일반적으로 환경은 자연적 환경으로서 토지, 산과 물 등을 포함한다. 그러나 대안공동체는 친환경 또는 유기농의 농업을 선택하고 있다는 점이다. 자연이라는 환경을 어떻게 인식하고 이용하는가는 공동체의 성격을 규정할 수 있다. 공동체는 자연을 단순한 이용의 대상이 아닌 조화를 이루며 생존의 근거가 되는 환경으로 인식한다. 대안공동체에 있어서 자연은 보기 좋은 경관으로 인식되는 것이 아니다. 오히려 함께 존재함으로써 인간의 생존과 삶에 깊이 관련되어 있는 공간이다.

넷째, 현대사회의 단절된 인간관계에 대한 새로운 모색이다. 공동체에서는 형식과 내용에서 개인주의라는 이데올로기를 변화시키고자 한다. 공동의 식사와 공동의 주거 그리고 공동의 여가는 공동체의 기본적 형식이다. 뿐만 아니라 이념적으로 공동체에서 노동과 공동생활로 인한 개인과 집단의 다양한 관계가 모색된다. 개인과 집단 간의 오래된 논쟁은 계속되어 왔다. 대안공동체에서도 이러한 과정과 갈등이 노출된다. 그러나 개인에게 초점이 맞추어진 것이 아니라 공동체라는 집단에 주목한다. 개인은 개별적 존재가 아니라 집단 속에서의 개인이다. 개인은 공동체라는 집단 내에서 훈련받고 도전받는 과정에서 개인의 이기심과 집단의 공동체성의 균형을 맞추어 나가는 노력을 하고 있다.

마지막으로 소유와 분배의 영역이다. 사적 소유는 자본주의 사회를 지탱하는 근본적인 소유방식이다. 자본주의 사회에서 분배는 세금이나 복지의 의미에서 이루어진다. 대안공동체에서는 이러한 사적 소유 대신 공동소유라는 방식을 채택하고 있다. 사적 소유가 개인의 동기와 높은 생산성을 가져온다는 점은 중요하다. 공동소유의 한계에 대한 비판은 이러한 사적 소유의 장점 때문이다. 그러나 공동체의 공동소유는 함께 나눔이며 그것의 실천운동이다. 뿐만 아니라 대안공동체는 다른 공동체와 달리 개별적인 분배를 하지 않는다.

이와 같이 대안공동체는 자본주의적 생산방식에 대한 대안, 도시적 삶의 대안, 자연환경에 대한 대안적 시각, 대안적 인간관계, 대안적 분배를 그 특징으로 하고 있다.

대안공동체는 적극적인 공동체이다. 단순히 기존 사회에 대한 도피가 아니라 새로운 것에 대한 추구라는 점에서 그렇다. 현대사회의 문제점을 해결하기 위한 다양한 실험적, 정신적, 교육적 생활공동체를 지향하고 있다는 점에서 그렇다(이동수, 2002: 117). 결국 현대사회에서 의도적으로 만든 공동체들은 새로운 시도를 하고 있다는 점에서 대안공동체적 성격을 띠고 있다.

다음 절에서는 한국에서 비교적 오랜 시간 지속되어 왔고 성공적인 공동체 생활을 하고 있는 두 공동체를 통해서 대안공동체의 특징과 그 한계점을 살펴보기로 한다. 특히 이념, 생산방식, 일상생활, 외부와의 관계, 대안공동체의 한계를 중심으로 보도록 한다.

Ⅳ 대안공동체

1. 이념

집단의 이념은 정체성과 지속성에 관련된다. 대안공동체의 경우 기존의 집단과는 다른 이념을 지향한다. 새로운 이념은 기존의 사회에 대한 대안으로 제시된다. 자본주의 사회의 이념과 가치는 이윤, 사적 소유, 상품화라는 자본주의 운영원리에서 시작된다. 하지만 대안공동체에 있어서 이념은 기존과는 다른 이념적 특징을 지니고 있다.

변산공동체의 경우 1960년대 한국의 농촌사회를 지향한다. 공식적으로 나타난 이념은 아니지만 과거 농촌사회에서 나타났던 자연과 조화, 구성원 간의 유대를 강조한다. 이러한 이념은 친환경농업, 공동노동, 공동주거와 같은 일상의 생활에서 실현되고 있다. 변산공동체의 설립자인 윤구병 선생은 공동체 속에서 불평등, 개인의 자유가 확대된다고 주장한다(윤구병, 2011: 215-216). 공동체의 목표는 그래서 이념과 절대적으로 결합되어 있다.

야마기시 실현지의 경우는 좀 더 대안적 이념을 지향하고 있다. 무소유, 공용共用, 공활共活이라는 야마기시즘[4] 생활원리를 기초로 하고 있다(윤성열, 1999: 25-26). 이 공동체의 모토는 '나, 모두와 함께 번영한다' 이다. 야마기시즘은 종교와 폭력을 거부하는 특징을 가진 이념을 바탕으로 나타난다.

2. 생산방식

대안공동체의 특징은 생산방식에서 더 두드러지게 나타난다. 기존 사회의 생산방식과는 다른 형태를 취하고 있다. 자본주의 생산방식인 생산수단의 사적 소유를 대안공동체에서는 거부한다. 사회는 하나의 사회적 사실이다. 공동체가 생존하기 위한 경제적 조건은 매우 중요하다. 특히 대안공동체가 채택한 생존방식은 기존의 사회와 달라야 한다. 우선 생산수단의 사적 소유는 거부한다. 공동체가 소유한 토지, 생산물은 구성원 모두의 것이다. 개인에게 소유되는 것이 아니다. 또한 분배 자체도 개인에게 부과되지 않는다. 공동의 토지에서 공동노동을 통해 공동체의 공동소유가 된다.

4) 야마기시즘은 1953년 일본의 야마기시 미요조라는 일본인에 의해 만들어진 공동체의 이념이다.

대안공동체는 대부분 농업생산을 선택한다. 이들이 농업을 선택하는 이유는 매우 중요하다. 첫째, 농업은 자연과 자연의 질서에 따른다는 점이다. 둘째, 존재의 근원과 더 밀접할 수 있다는 점이다. 인간도 자연의 한 존재의 일부분이라는 점을 깨닫게 한다. 셋째, 현실적으로 농업은 특별한 기술이 필요 없다는 점이다. 물론 농사는 일정한 경험과 기술을 필요로 하기도 한다. 그러나 기초적인 도구만 있으면 가능하고 일정의 경험을 공유할 수 있다는 점에서 유리하다. 넷째, 공동체 생존을 위한 기초적인 먹거리를 생산할 수 있다는 점이다. 즉 생존을 위한 가장 기본적인 전제가 된다. 다섯째, 수확에 대한 소외에서 벗어날 수 있다. 여섯째, 정신노동과 육체노동의 조화이다. 즉 구상과 실행이 조화를 이루는 노동이다. 일곱째, 외부에 의존하지 않는 생산방식이다. 마지막으로 토지에서의 공동노동을 통해 공동체 의식이 강화될 수 있다(캔터, 1983: 71). 이와 같은 이유 때문에 대부분의 대안공동체가 농업생산방식을 선택하는 경향이 높다.

변산공동체의 경우 특히 자연친화적인 농업생산방식을 채택하고 있다.[5] 이들에게 있어서 이러한 생산방식은 두 가지 목적 때문이다. 일단 안전한 먹거리의 확보이다. 공동체 구성원의 건강을 위한 필수적 선택이다. 또한 자연의 흐름에서 벗어나지 않는 생산을 위한 것이다. 어떠한 화학비료도 사용하지 않는다. 비료 역시 공동체에서 직접 생산한다. 이러한 방식은 공동체 초기부터 현재까지 철저하게 지키고 있다. 또한 계절에 맞는 농산물을 수확함으로써 자연적 흐름에 따른다. 겨울에는 작물을 키우지 않는다. 비닐하우스 재배 역시 자연적 흐름에서 벗어나는 생산방식이기 때문에 거부한다. 생산물은 매우 다양하다. 주곡인 쌀과 보리를 비롯한 농업생산물, 젓갈류를 비롯한 효소, 술 등을 생산한다. 현재는 로컬 푸드 개념을 적용해서 주변 시장에서의 판로를 개척하고 있다.

---

5) 친환경 농업 중에서 유기농 농산물을 생산한다. 유기농 생산물은 3년 동안 농약과 화학비료를 쓰지 않는 토양에서 나온 농산물을 의미한다.

야마기시 실현지는 단 한 가지 생산물만 생산한다. 계란만을 생산한다. 야마기시 실현지의 계란생산방식은 한국의 다른 양계 농가 또는 공동체에 상당한 영향을 주었다. 야마기시 실현지의 인원이 매우 적기 때문에 사료를 대기업에서 구입한다. 그러나 친환경적 사료만을 고집한다. 또한 야마기시의 계란은 모두 유정란으로 생산된다. 야마기시 실현지의 경우 초기 공동체의 기반을 형성하는 데 매우 어려움을 겪어서 일본의 야마기시 실현지 구성원의 도움을 받았다. 야마기시 실현지의 경우 인간의 과도한 노동은 인간의 행복을 해친다는 입장에서 농기구를 사용하기도 한다. 그러나 주변의 공간에 사료를 위한 풀을 재배하고 직접 만들어서 사용한다. 과거에는 계란 이외의 생산물도 판매했지만 지금은 그만둔 상태이다.

3. 일상 : 의식주

대안공동체에 있어서 의식주는 공용이라는 점이다. 이 점은 매우 중요하다. 옷, 식사, 주거는 공동체 구성원 모두 서로 같이 사용한다는 점이다.

1) 의생활

사실 본 글에서 소개하는 대안공동체의 경우 농업을 기반으로 하는 생산방식을 채택하고 있기 때문에 기존 사회와는 매우 다르다. 도시 의생활의 화려함, 기능성, 유행은 필요하지 않다. 또한 최소한의 기본적 의류만 있으면 된다. 물론 외출을 위한 의복은 필요하지만 대부분 공동체에서 생활하기 때문에 특별히 옷이 더 필요하지는 않다.

무엇보다 대안공동체에서 의생활은 일부 개인적 소유가 있지만 대부분 함께 나누어 사용한다. 변산공동체의 경우 개인들이 들고 온 의류 이외에 큰 필요가 없다. 또한 농사복장은 곧 일상의 복장이기도 하다. 변산공동체는 다른 물질적 기부를 거부하지만 옷 기부는 허용한다. 따라서 필요한 의복은 기부받은 옷으로 충당하고 있다.

야마기시 실현지의 경우 의생활은 보다 독특하다. 모든 사람들의 옷은 공유된다. 개인적 소유는 인정되지만 고집하지 않는다. 특히 옷은 의류보관실에 모든 구성원의 의류가 보관되어 있다. 또한 의류보관실에는 옷뿐만 아니라 가방, 신발 등이 모두 함께 보관되어 있다. 서로의 필요에 의해 자유롭게 사용하고 있다.

그림 1 야마기시 실현지 의류 보관실

그림 2 야마기시 실현지 의류 수선실

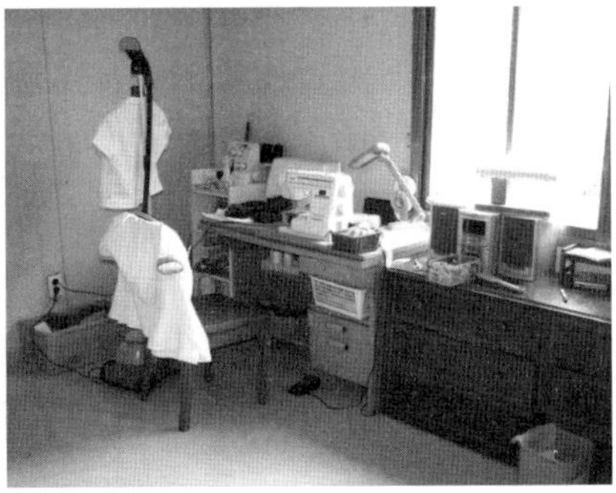

2) 식생활

대부분의 대안공동체는 식구와 손님이라는 용어를 사용한다. 식구는 공동체 구성원을 지칭하고 손님은 외부에서 방문한 사람을 말한다. 식구는 말 그대로 식사를 같이하는 사람을 의미한다. 먹는 행위는 단순히 부족한 허기를 채우는 데 그치지 않는다. 식사는 사회적 행위이며 특정한 의미를 포함하고 있다. 사람은 함부로 모르는 사람과 식사하지 않는다. 따라서 식사는 공동체적 행위이며 관계의 표현 형식이다. 대안공동체는 대부분 공동식사 방식을 취한다. 서로 같이 식사하면서 이야기를 나누는 시간이다. 그래서 식사는 공동취사, 공동취식으로 나타난다. 현재 우리의 식생활은 사실 공동체의 입장에서 보면 피폐한 상황이다. 가정에서 식사는 가족 간의 유대와 밥상머리교육이 이루어지는 사적이자 공적 공간이었다. 일과 학업 때문에 가족의 공동식사는 과거의 추억이 되어 버렸다. 비교적 오랜 시간 동안 혼밥현상이 일상화되어 버렸다. 이러한 점에서 공동체의 식생활은 의미하는 바가 크다고 할 수 있다.

변산공동체의 경우 공동체 건물 중에 공동식사를 위한 공간이 마련되어 있다. 이곳은 단순히 식사만 하는 곳이 아니라 매일 열리는 회의를 하는 공간이기도 하다. 변산공동체의 식사방식은 매우 독특하다. 식사준비는 구성원들이 서로 순서대로 준비한다. 또한 식사 좌석은 앉는 순서대로 착석한다. 유아가 있는 경우를 제외하고는 특별히 친한 사람끼리 앉는 것이 아니다. 모든 사람이 매일 매 식사시간마다 다른 사람과 같이 식사한다.

그림 3 **변산공동체 공동식당**

그림 4 **변산공동체 공동작업**

야마기시 실현지의 경우도 마찬가지로 공동식사를 원칙으로 한다. 식사준비는 한 사람이 6개월 동안 전담하고 나머지 구성원이 도움을 주는 방식으로 이루어진다. 가족단위의 식사가 이루어지고 식사시간에서 어느 정도 자율적인 부분이 있다. 하지만 실현지 역시 개인 주거공간에는 식사준비를 위한 시설이 없다. 따라서 모든 사람들이 공동식사 공간에서 모이게

된다. 현재는 1일 2식을 실시하고 있지만 구성원의 합의에 따라 변화될 수 있어서 고정된 것은 아니다. 변산공동체와 다른 점은 토요일의 경우 가족끼리만의 식사를 장려하기도 한다. 그 이유는 전체 공동체가 잘 유지되기 위해서는 가족 간의 관계가 중요하기 때문이다.

그림 5 야마기시 실현지 공동식사

3) 공동주거

대안공동체는 일반적으로 공동주거를 원칙으로 한다. 주거를 함께한다는 것은 결국 일상의 모든 영역을 함께한다는 것을 의미한다. 공동체는 공간에서도 공유 개념이 적용된다. 따라서 다른 일반적 사회집단과 달리 공동공간이 일반적이다. 작업공간, 회의공간, 식사공간, 여가공간을 함께 소유한다. 물론 모든 구성원들이 함께 사용하기 때문에 사적 공간은 사실 거의 찾기 힘들다.

변산공동체의 경우 공동체 건물을 기반으로 구성원의 숙소가 구성되어 있다. 대안학교가 있기 때문에 학생들의 공간과 성인들의 공간으로 나누어져 있다. 또한 결혼한 부부의 공간과 독신자, 성별에 따라 공간이 분배된다. 그러나 공간에 대한 소유가 공동체이기 때문에 고정적인 공간이 주어지는 것은 아니다. 상황에 따라 공간은 재분배된다.

그림 6 변산공동체 공동주거 건물

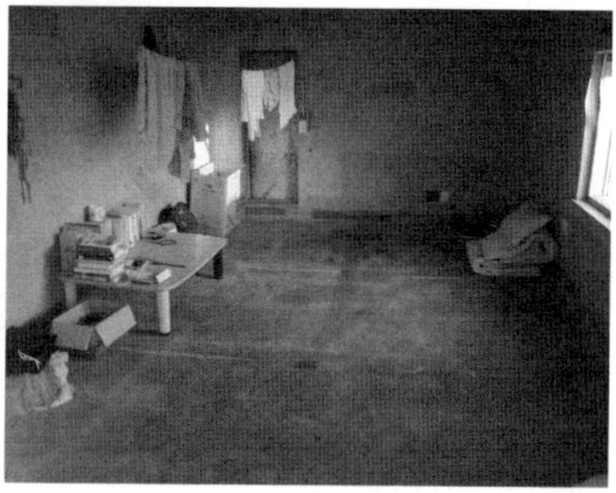

그림 7 변산공동체 주거공간내부

야마기시 실현지의 경우도 역시 공동주거의 형태이다. 그러나 개인 또는 부부 중심의 공간이 제공된다. 물론 공간에 대한 독점적 소유를 의미하지 않는다. 상황에 따라서 다르게 배치되기도 한다. 생활공간은 비교적 여유로운 편으로 주거, 여가, 작업 공간이 여유롭게 제공되어진다.

그림 8 야마기시 실현지 주거공간

그림 9 야마기시 실현지 주거공간 내부

공동체의 공간은 다른 기존 사회와는 다른 공간들이 있다. 공동식당, 회의장, 공동 여가공간, 자급자족을 위한 작업공간 등 다양하게 갖추고 있다. 시설과 규모의 차이가 있을 뿐 공동체 생활을 위한 공간이 중심이 된다. 또한 공간에 대한 개인적 소유는 없으며 서로가 협의해서 공간에 대한 분배를 한다.

주거공간은 아니지만 야마기시 실현지의 성격을 잘 나타내는 공간을 보도록 한다. 물품실인데 모든 실현지의 구성원들이 자유롭게 사용할 수 있도록 되어 있다. 물품실에는 생활용품에서부터 기구, 과자까지 갖추어져 있다. 공동체에 있어서 소유의 의미를 생각하게 하는 공간이다.

그림 10 물품실 1

그림 11 물품실 2

4) 외부와의 관계

대안공동체는 기존의 사회와는 다른 삶을 살아간다는 점에서 외부 사회와의 관계는 중요한 요인이다. 서로 다른 삶을 사는 집단이 특정한 물리적 경계 없이 함께 살아간다는 것은 대안공동체의 존립과도 관계되는 부분이다. 대안공동체가 도시가 아닌 농촌지역에 위치한다는 점에 있어서 특히 외부와의 관계를 엄밀하게 살펴보아야 한다. 농촌지역은 서로에 대해 잘 알고 있다. 대면적 접촉이 많고 그 관계의 깊이도 깊다. 따라서 외부의 사람이 들어온다는 사실은 부정적인 것이 사실이다. 또한 대안공동체의 일상적 삶은 그들과 다르다는 점에서 갈등의 부분은 예상보다 많았다. 그러나 대안공동체의 입장에서 보면 같이 공존하되 자신만의 대안적 삶을 살아야 된다는 점에서 모순적 상황에 놓이게 된다. 하지만 결국 기존의 농촌 마을 구성원과 함께 공존해야 된다는 점에서 관계를 개선하게 된다.

변산공동체의 경우 초기에는 갈등이 많았다. 젊은 대학생들이 농촌에 들어와서 농사일을 하고 저녁에 여흥을 즐기는 것이 특이하게 보일 수밖에 없었다. 심지어 공동체 초기 저녁의 여흥을 보고 일부 주민은 무당들의 모임으로 착각하기도 했다. 또한 변산공동체의 철저한 친환경 농업은 기존 주민들에게는 오히려 피해를 입히기도 했다. 공동체는 화학비료를 사용하지 않기 때문에 각종 병충해들이 생기게 되었다. 이러한 병충해는 관행농업을 하던 기존 농가에 피해를 입히기도 했다. 그러나 한국의 대부분 농촌이 그러하듯이 변산공동체 주변 주민들은 고령의 나이였다. 공동체 구성원들은 주변 주민들에게 품앗이도 제공하고 농사지식도 교환하면서 관계를 개선할 수 있었다. 오히려 주민들은 주변에 젊은 사람들과 함께 생활하고 있다는 점을 장점으로 생각하게 되었다.

야마기시 실현지의 경우 초기 황무지에 터를 잡은 경우라서 주변 주민과의 직접 접촉은 없었다. 그러나 실현지의 공간이 안정되어 가면서 주변 주민들의 관심과 시선은 시작되었다. 그러나 실현지는 경제적 성공과 공용이라는 야마기시즘에 기반해서 지역사회에 많은 기여를 하게 된다. 지역에 도로를 기부하기도 하고 지역 축제에 적극적으로 참여하는 노력을 기울였다. 또한 실현지로 주변 주민들을 초청해서 관계를 개선하기도 했다. 현재는 이웃 주민을 실현지 양계장에 고용해서 상생의 길을 걷고 있다.

대안공동체는 다른 집단과 물리적 경계보다 심리적 경계가 더욱 두드러지게 나타난다. 그래서 단순히 귀촌, 귀농한 사람들과는 다른 상황에 처하게 된다. 심리적 경계는 적극적인 관계 개선을 통해 극복할 수 있다. 제한적이지만 노동의 교류, 지역 주민과의 이벤트를 통해 서로의 이해를 높이는 노력을 해 오고 있다. 또한 자신들의 이념과 생활방식을 강요하지 않고 서로를 인정하는 자세가 무엇보다 갈등을 극복하는 전제가 되었다.

V 대안공동체 내부의 갈등과 한계

마지막으로 대안공동체의 한계를 살펴보도록 한다. 가장 기본적인 한계의 원인은 구성원들이 태어날 때부터 공동체 생활을 하지 않았다는 점이다. 기존 사회에 대한 대안으로 공동체 구성원이 되었다는 점이 근본적인 한계이다. 기존 사회의 사회화를 겪은 사람들이 공동체에서 함께 생활한다는 것은 결코 쉬운 일이 아니다. 이념적으로 동의하고 열정을 갖고 있더라도 현실의 상황은 개인적으로 힘든 것이 사실이다.

이론적으로 공동체는 이상과 현실, 개체와 공동체 간의 갈등의 영역이 존재한다. 먼저 이상과 현실의 갈등을 살펴보도록 한다. 공동체는 현실에서 실현되기에는 이상적인 목표와 삶의 방식을 요구한다. 수많은 공동체들이 실패한 원인은 이러한 이상과 현실 간의 갈등이다. 공동체에서 개인은 자신에게 익숙한 개인적 이해, 제한적 인간관계, 사생활의 보호에 대한 생각과 행동을 수정하지 않으면 안 된다. 따라서 개인은 끊임없이 공동체 생활 그리고 스스로와의 갈등 속에서 자신을 변화시켜야 한다(이동일, 2011: 36). 이상적 공동체는 다음과 같은 공통적인 요소들이 있다. 우선 하나의 기준이다. 공동의 신뢰와 보호를 위한 하나의 원칙을 가진다. 둘째, 하나의 마음이다. 타율적인 것이 아닌 자율적인 순종과 상호의존이다. 셋째, 하나의 목적이다. 이것은 공동체를 유지하기 위한 것으로, 공동의 사명과 다양성을 의미한다. 넷째, 경제적 평등권인데 가난한 자가 없는 공동체를 의미한다(드러커, 2001: 90-93). 이러한 공동체의 이상적 성격은 현실의 공동체 생활의 어려움을 의미한다. 개인에게 있어서 공동체의 이념에 전적으로 동의하고 참여한다는 것은 많은 것을 희생해야만 한다.

한편, 개체와 공동체 간의 갈등은 개인주의와 공동체주의 간의 이론적 논쟁에서 시작되었다. 1980년대 공동체주의는 현대적 자유주의자인

Rawls의 자유주의 이론에 대한 비판과 대안이다. 현대 공동체주의자들은 Aristole과 Hegel의 계승자로서 자유주의 기본전제와 원리에 대한 형이상학적 접근을 시도한다. 공동체주의 철학은 자유주의적 개인주의가 가져온 모순에 대한 근본적인 가정에서부터 의문을 제기한다(유종원, 1998: 354). 이러한 논쟁은 개인에 대한 원자론적 전제와 공동체주의의 철학적 배경을 기반으로 하고 있다. 그럼에도 불구하고 일상에서의 개체는 사회화를 통해 사회 또는 공동체적 인간으로 형성되어 간다는 것은 부정할 수 없는 현실이다. 이와 같은 이론적 논쟁을 바탕으로 실제 공동체에서의 갈등에 대해 살펴보기로 한다.

1. 사적 소유와 공적 소유 간의 갈등

기존 사회의 사적 소유에 익숙한 사람들은 모든 것을 공유한다는 것이 쉽지 않다. 특히 공동체의 결과물을 사적으로 소유하지 않고 개인적으로 분배하지 않기 때문에 많은 갈등을 느끼게 된다. 프루동에 따르면 공동체는 개인의 자주성과 평등을 침해하고 행동과 사고의 자유도 침해한다고 지적한다(프루동, 1993: 270-272). 개인의 소유와 여가를 위한 자본이 극히 제한되어 있기 때문에 힘들어 하기도 한다. 지금의 사회에서 사적 소유는 너무나 당연하고 익숙한 것이다. 그러나 공동체에서는 의식주, 노동, 생활이 공유되기 때문에 사실 사적 소유가 필요한 것은 아니다. 하지만 문제는 기존의 사회적 관습이 관성의 법칙이 되어 혼란스러운 것이 사실이다. 결국 이념은 높지만 현실은 너무나 구체적이어서 공동체에서 이탈하는 사람도 나타난다. 대안공동체에서는 기본적으로 공동생산과 공동소비를 택하고 있다. 이러한 갈등 현상은 자본주의의 사적 소유와 공동체적 소유 간의 근본적인 갈등이라고 볼 수 있다. 개인의 본래적 소유욕은 언제나 공동체를 위한 헌신과 분배와 충돌할 수밖에 없는 한계를 가진다.

2. 구성원 간의 인간관계

현대인의 삶의 인간관계는 사실 분절화되어 있다. 가족마저도 일과 학업 때문에 서로의 일상을 전적으로 함께하지는 못한다. 공간과 시간의 분리에 의해 지속적 인간관계를 유지하기 어렵게 만든다. 따라서 인간관계는 단편화되고 부분적으로 이루어지게 마련이다.

그러나 공동체는 서로의 일상이 함께 이루지기 때문에 인간관계의 깊이가 매우 깊다. 따라서 기존 사회에서 보던 소외와 따돌림은 찾기 어렵다. 그러나 이러한 상황은 역설적으로 인간관계의 갈등을 내재적으로 포함하고 있다. 서로의 시간과 공간을 갖기 어렵기 때문에 인간관계에 대한 충돌은 잘 해소되기 힘들다. 때로는 개인적 시간과 영역이 다른 사람과의 관계를 개선하는 데 도움이 되기도 한다. 물론 서로 많은 대화를 통해 해결하는 편이기는 하지만 한계는 존재한다.

그러한 한계는 외부 환경적 조건에 의한 것이다. 질병이나 화재 그리고 이웃주민과의 원만하지 못한 관계 때문이다. 또한 지대의 증가나 재정적 어려움이 도래하기도 한다. 그러나 무엇보다 문제가 되는 것은 공동체 내부의 어려움으로 구성원의 분열, 불화, 지도층에 대한 회의가 생길 수 있다(캔터, 1983: 110-113).

인간관계에서 갈등을 유발하는 요인으로는 몇 가지를 들 수 있다. 첫째, 가치의 차이에서 오는 것이다. 공동체가 표방하는 가치의 확고함에서 서로 차이가 있을 수 있다. 둘째, 기대의 어긋남이다. 사람들은 타인에 대해 기대하는 것이 있다. 그러나 이러한 타인의 행동에 대한 기대는 항상 적절하게 충족되는 것은 아니다. 오히려 사람들은 인간관계에 있어서 상대방에게 기대하는 바를 정확하게, 혹은 아예 말을 하지 않는 경우가 있다. 셋째, 힘, 통제, 권위와 같은 것에 대한 것이다. 사람들은 누가 누구를 지배하는가에 따라서 갈등상황에 직면할 수 있다. 넷째, 목표달성에 관계된 것이다. 즉 목표를 달성하기 위해서 일이나 의무를 할당하고 분배하는 데 있어서 갈등의 여지가 존재한다. 이뿐만 아니라 달성의 방법에서도 갈등할 수 있다. 다섯째, 각각의 역할이 분류되지 않았을 때이다. 분류되지 않은 역할은 서로에 대한 갈등의 여지가 된다. 마지막으로 경계와 영역의 침범이다. 즉 개인의 경계와 영역에 대한 타인의 간섭이다(이위한 · 김용주, 2009: 299-302).

이러한 인간관계의 갈등은 사실 구성원이 공동체를 떠남으로써 해결되기도 한다. 그렇기 때문에 성공적인 대안공동체는 공동체의 이탈에 대해 관용적일 수밖에 없다.

3. 개인과 공동체 간의 충돌

공동체는 개인의 사생활이 완전히 보장되는 것이 아니다. 그렇기 때문에 공동체에 노출되어 있다(테일러, 2006: 182-183). 사실 사생활은 공동체 생활의 약한 고리가 된다. 대안공동체는 24시간을 함께 지내야 한다. 그렇기 때문에 사생활이 그대로 드러나게 된다. 그리고 개인의 생활보다는 공동체에 대한 헌신, 봉사가 우선이다. 물론 개인적 건강과 상황에 따라 합리적으로 사생활이 보호되기는 한다. 그러나 개인은 공동체 속의 개인이다. 기존 사회에서 개인은 무엇보다 우선적 존재이다. 개인은 근대사회 이후 가장 성공적인 이념이자 생활원리의 기본이 되었다.

공동체라는 특별한 사회를 유지하기 위해 필수적인 정도만 사생활을 규제한다. 개인은 다른 사회보다 공동체에서 자신을 더 노출시킬 수밖에 없다. 또한 수군거림, 조롱과 같은 보다 광범위한 규제가 존재한다. 그럼에도 불구하고 자신들이 다른 사람에게 더 많이 노출되었다고 하더라도 전적으로 노출된 생활을 계속해야 된다는 것을 의미하지는 않는다(테일러, 2006: 182-183).

규율은 개인과 개인들이 만나는 곳에서는 언제든지 존재한다. 그러나 외부세계의 규율은 특정 공간과 시간에서 국한되는 경우가 대부분이다. 그래서 개인의 자유로운 시간은 이러한 외부의 규율에 적용되지 않는다. 정해진 시간에 일을 하고 마치는 정도의 규율은 공동체든 외부세계든 간에 동일하게 적용된다. 그러나 외부세계에서는 그 이후의 생활은 개인적으로 가능하다. 하지만 공동체에서는 비록 자유시간은 주어지지만 공동체 내에서의 자유이다. 공동체가 TV시청을 금지하면 공동체의 구성원은 그 규율을 따라야 한다. 개인적 생활과 공동체의 규율을 조화롭게 한다는 것은 쉽지 않다. 공동체가 요구하는 규율은 개인의 사적 생활과 충돌하게 된다(이동일, 2011: 194).

하지만 공동체에서는 내가 요구하는 것보다 공동체가 요구하는 것이 더 많다. 그런 점에서 개인은 언제나 공동체와 충돌할 가능성이 존재한다. 가장 일반적인 해결책은 공동체를 떠나는 것이다. 그러나 기존 사회와 단절하고 새로운 사회를 꿈꾸는 구성원에게 그것은 쉬운 결정이 아니다. 결국 개인주의와 공동체주의 논쟁을 현실에서 철저하게 증명하고 있는 것이다. 그러나 개체에 대한 존중과 공동체에 대한 헌신과 봉사가 산술적으로 나누어질 수 없다. 오히려 공동체에서는 공동체에 대한 영역을 더 많이 요구한다. 결국 끊임없이 공동체적 인간으로 만들어지는 과정 속에서 이러한 충돌은 계속될 것이다.

Ⅵ 결 론

현실적으로 존재하는 공동체는 운동의 측면에서 살펴보아야 할 것이다. 한국 사회의 위기는 사실 자본주의라는 사회적 사실이 가장 크다고 볼 수 있다. 그러나 사회의 모든 구성원들이 그러한 자본주의적 삶에 성공적으로 적응한다고 할 수는 없다. 경쟁, 생산, 상품, 소유라는 현실은 개인에게 부과되는 사회적 부담으로 작용할 수 있다.

그래서 사람들은 이러한 사회적 상황을 벗어나서 다른 삶을 꿈꾼다. 현실적으로 한국 사회는 IMF 이후 자본주의적 삶에서 실패한 사람들을 중심으로 귀농, 귀촌의 현상이 본격적으로 시작되었다. 그 이후 현재에 이르면서 고학력, 전문직의 귀농, 귀촌이 점차 증가하는 추세이다.

귀농과 귀촌이 공동체운동과 직접적으로 연결되는 것은 아니다. 하지만 이러한 사회적 경향은 기존 사회와는 다른 삶을 꿈꾸는 사람들이 늘어난다는 점이다. 그러나 사실 귀농과 귀촌이 대부분 성공적이지는 못한다. 그 이유는 농촌이라는 특정 공간과 유리된 삶을 산다는 것 때문이다. 지역과 주변 구성원과 함께 공동체적 의식을 공유하지 않으면 매우 힘든 상황에 처하게 된다.

본 글에서는 근대사회의 프로젝트가 현대사회에 이르면서 진행되어 왔지만 한계를 지닌다는 점을 살펴보았다. 소외, 경쟁, 소유는 인간이 그 이전에 맛보지 못한 위기를 가져 왔다. 사상적으로 포스트모더니즘은 그에 대한 대안으로 제시되었다. 하지만 그 역시 현실에서 그것을 설명해야만 되는 부담을 안고 있다.

대안공동체는 이러한 현대사회의 위기에 대처하는 하나의 대안의 사회적 형식이다. 이념, 생산방식, 일상생활에서의 다른 삶을 추구한다는 점에서 분명 대안이다. 분명한 것은 대안공동체가 현대사회의 문제를 전적으로 해결할 수는 없다는 점이다. 또한 대안공동체의 내부에도 많은 갈등과 한계를 가지고 있다는 점도 있다. 그럼에도 불구하고 대안공동체를 주목해야 하는 것은 인간의 공동체적 속성과 사회적 존재로서 인간에 대한 고민 때문이다. 많은 사람들이 대안공동체에 머물다 떠난다. 일부는 여전히 그곳에서 자신의 대안을 찾고 있다. 그런 점에서 대안공동체는 하나의 과정이다. 그 과정이 사실 쉽지는 않다. 그런데 그러한 어려움은 우리가 현실에 너무 깊이 빠져서 또 다른 인간의 대안적 삶을 제대로 보지 않은 것이 아닌지 자문해 본다.

참고문헌

강대기. 2004. 『현대사회에서 공동체는 가능한가』. 아카넷.

니어링, 헬렌 · 스콧 니어링(Nearing, H. K. and S. Nering). 2000. 『조화로운 삶』. 류시화 역. 보리.

드러커, 피터(Drucker, P. F.). 2001. 『미래의 공동체』. 이재규 역. 21세기북스.

유종원. 1988. "공동체주의의 공동체 개념과 의미에 대한 비판적 고찰." 『현대사회과학 연구』 9. 전남대.

윤구병. 2011. 『흙을 밟으며 살다』. 휴머니스트.

윤성열. 1999. 『자연과 인간이 하나가 되는 야마기시즘 농법』. 야마기시즘 실현지 출판부.

윤평중. 1992. 『포스트 모더니즘의 철학과 포스트 마르크스 주의』. 서광사.

이동수. 2002. "탈현대사회 대안공동체." 『한국정치학회보』 32(1).

이동일. 2011. "대안공동체의 유지와 한계." 부산대학교 박사논문.

이위한 · 김용주. 2009.『현대사회와 인간관계론』. 공동체.

캔터, 로자벳(Kanter, M. R.). 1983. 『공동체란 무엇인가(*Communities and Communities: Communes and Uutopias in Sociological Perspective*)』. 김윤 역. 심설당.

테일러, 마이클(Taylor, Michael). 2006. 『공동체, 아나키, 자유』. 송재우 역. (주)이학사.

포피노, 올리버 · 크리스 포피노(Popenoe, Oliver and Cris Popenoe). 1998. 『세계의 공동체마을들』. 이천우 역. 정신세계사.

프루동, 피에르-조제프(Proudhon, Pierre-Joseph). 1993. 『소유란 무엇인가』. 박영환 역. 형설출판사.

Bernard, Jessie. 1973. *The Sociology of Community*. Scott, Loomis, C.

P. Translated and edited by Forsesman and Company.

Hanssinger, E. W. and J. R. Pinkerton. 1986. *The Human Community.* Macmillan Publishing Company.

Hillery, G. A. 1955. "Definition of Community: Areas of Agreement." *Rural Socilogy* 20.

Poplin, Dennis E. 1972. *Communities: A Survey of Theories and Methods of Research.* Macmillan.

Tönnies, Ferdinand. 1957. *Community & Society.* The Michigan State University Press.

Chapter 8

현대 복지국가의 '돌봄' 위기에 대한 유교사상의 '좋은 돌봄' 담론

오세근(동신대학교 사회복지학과)

I 머리말

복지국가의 공황과 불황에 따른 위기 극복을 위한 조절 체제로서 1990년대 이후 시장 만능주의 정책인 신자유주의가 대두한다. 공기업의 민영화 및 해고의 유연화 등으로 실업과 고용 불안정은 커지고 공공재는 줄어든다. 여기에 인구 구성의 고령화 및 저출산은 재정 부담을 늘린다. 더욱이 생활문제 해결의 기본 단위인 가족 역시 기능과 형태가 변화함으로써 대응에 어려움이 커진다. 이혼율이 증가하고 별거 및 한 부모 가족이 늘어나며, 핵가족화를 지나 독신가구가 빠르게 증가하는 등 기존 가족 모델의 변동이 일어난다. 이런 상황은 복지국가 운영의 핵심 원리인 공공 영역과 사적 영역, 생계 부양자로서 남성과 가정 내 돌봄의 주체로서 여성으로 나누는 전형적 생활양식의 작동을 어렵게 하는 요인이 된다. 요컨대 남성 1

인 생계 부양자 양식으로부터 여성이 취업해야 생활이 가능한 경제 활동의 2인 생계 부양자 모델로 변화를 요구한다. 이로 인해 그동안 가족 안에서 이루어지던 영아 · 유아, 아동, 노인, 장애인에 대한 돌봄(양육, 보살핌, 수발)은 위기에 처하게 된다.

복지국가에서 돌봄의 위기는 가족 내 돌봄을 사회가 떠맡을 수 있는 정책 구상과 제도 도입을 필요로 한다. 이 가운데 노인에 대한 돌봄을 사회화하려는 정책 구상의 상징적 결실이 2008년 7월부터 시행된 '노인장기요양보험' 이다. 노인장기요양보험은 노인에 대한 돌봄 서비스를 이용자가 선택하고 계약하며, 서비스 제공의 대가로 화폐를 지불하는 방식으로 운영된다. 노인에 대한 돌봄의 위기나 곤란을 사회보험 방식으로 해결한 점에서 사회적 연대를 일정 실현한 것이다. 그렇지만 돌봄의 시장화 · 상품화라는 한계 역시 지니고 있다. 돌봄의 시장화와 상품화는 이윤추구, 관료주의, 전문주의라는 문제를 드러낸다.

이러한 문제점에 대한 해결 방안을 찾는 기존 정책 담론의 특징은 돌봄 주체를 국가나 시장을 활용한 사회적 돌봄과 가족에 의한 사적 돌봄으로 영역을 나누고 어느 쪽이 더 효율적인지를 평가하는 상호 배제적 성격이 강하다. 그런데 가족 이외의 돌봄을 필요로 하는 상황이 되돌릴 수 없는 경험적 사실이라면 공적 돌봄과 사적 돌봄의 배타적 성격만을 부각하는 것은 생산적 사고가 아닐 것이다. 실제로 이 둘의 관계가 반드시 대립적 성격만을 지니고 있는 것도 아니다. 오히려 '사회적 돌봄' 을 어떻게 '가족과 같은 돌봄' 의 성격을 갖도록 할 것인가를 논의하는 것이 창조적 사고에 가깝다. 요컨대 공적 돌봄과 사적 돌봄의 간극을 어떻게 완화하여야 자발적이고 긍정적인 상호 의존성이 발현될 것인가를 생각하는 것이 중요하다.

이와 같은 문제의식을 전제로 이 글은 개인, 계약, 능률, 효율 등의 가치에 근거하고 있는 기왕의 서구 중심적인 돌봄 정책과 제도의 한계를 지양할 수 있는 이념적 가능성을 유교사상에서 찾아낸다. 나아가 유교적 돌봄 이념이 현실의 돌봄 정책과 제도 마련으로 이어지는 실마리를 제안하는 것을 주요 목적으로 한다.

Ⅱ 현대 복지국가와 '돌봄'의 위기

1. 현대 복지국가에서 돌봄 위기 형성의 배경

복지국가는 역사적으로 제2차 세계대전 이후 베버리지(W.H. Beveridge, 1879-1963)의 구상을 실현하는 다양한 정책과 프로그램의 확산을 통해 대부분의 서구 나라에서 1960년대와 1970년대를 거쳐 하나의 체제로서 정착한다. 그러나 1990년대 이후 세계화, 고용불안, 실업, 사회적 배제, 가족의 불안정성과 같은 '새로운 사회적 위험'이 복지국가 체제의 근간을 흔드는 요인으로 작용한다(에스핑-앤더슨, 2006: 18). 즉, 1990년대 이후 경제의 세계화, 탈산업화de-industrialization 및 서비스화, 미숙련 · 반숙련 노동자의 대량실업, 소득의 감소, 불평등 강화, 가족의 불안정 문제가 기존 복지국가 운영의 제도적 토대를 근본에서 동요하게 한다(Taylor-Gooby, 2004: 1-28).

〈표 1〉은 조세 및 연금, 의료보장, 실업보험, 산업재해보험 등에 급여

〈표 1〉 복지국가의 위기를 보여주는 주요 징후들

1950년대	1960년대	1970년대~1980년대	1990년대
인플레이션 창출 성장의 둔화	평등 산출의 실패 관료제의 과잉	스태그플레이션 실업 탈물질주의 정부의 과부하	세계화 실업 경직성 불평등, 사회적 배제 가족의 불안정성

자료 : 에스핑-앤더슨, 2006: 19.

를 지급함으로써 국민의 기본적 생활을 보장해 온 복지국가가 직면하고 있는 주요한 문제 상황을 정리한 것이다.

새로운 사회적 위험이 기왕의 복지국가 체제에 구체적으로 어떤 모습의 충격을 가하였으며, 사회복지 정책에는 어떤 영향을 미쳤는지를 살펴보자. 경제의 글로벌화는 노동의 유연성을 강제하여 복지국가의 토대를 이루던 완전 고용을 해체하고, 노동 시장의 불안정성을 높이고 있다. 탈산업화와 서비스화는 저숙련 노동자의 일자리는 없애면서 새로운 일자리를 만들어 내지 못하고 있다. 그에 따라 소득을 얻을 수 있는 기회가 제약된다. 나아가 불안정한 생활에 대한 사회보장의 책임을 져오던 국가 역시 재정 지출을 줄인다는 명목하에 사회 계층의 양극화 해소에 적극적으로 나서지 않는다.

노동 시장의 실패나 국가의 조절 능력 상실과 같은 복지국가의 새로운 사회적 위험은 돌봄의 주체로 기능해 온 가족 부문에도 여러 가지 영향을 미친다. 경제적 불안정과 사회보장의 후퇴는 가족이 안정성을 유지하는 데 어려움을 가져오고 이는 특히 이혼율 상승으로 나타난다. 그 결과 아동들이 빈곤을 경험할 위험이 더욱 커진다. 나아가 고용 불안정, 실업, 저임금 등으로 인한 가족 소득의 하락은 기혼 여성의 경제 활동 참가를 강제하는 요인으로 작용한다. 가족 내 돌봄을 책임져 온 여성의 경제 활동 참여는 아동과 장애인, 특히 노인에 대한 돌봄의 노동력 지출을 어렵게 한다. 이에 따라 돌봄 서비스를 시장에서 구매해야 하는데 이 비용은 큰 부담이 된다. 더욱 주목해야 할 것은 가정의 경제적 상황에 따라 돌봄 해결에 필요한 자원 접근의 불평등이 커지고 있다는 점이다. 다시 말해 화폐, 사회 자본, 문화 자본의 소유 여부가 돌봄 영역에서도 '승자' 가족과 '패자' 가족을 규정하는 힘이 되고 있는 것이다.

2. 돌봄 위기에 대한 연구의 흐름 및 주요 내용 개괄

복지국가 체제의 돌봄은 경제의 세계화와 불안정 고용의 증가, 경제적 곤란 해소를 위한 기혼 여성의 노동 시장 참여, 이혼이나 별거 등 가족 안정성의 동요, 급격한 고령화에 의한 의존 인구 증가 등으로 위기에 직면하고 있음을 살펴보았다.

돌봄의 위기는 돌봄에 대한 사회적 정의, 책임과 역할의 재개념화를 근본적으로 요구함과 동시에 가족 내 돌봄을 사회화하기 위한 정책 구상과 제도 도입을 요구한다(장혜경 외, 2007: 4-5). 돌봄의 사회화는 기왕의 돌봄 수행 영역인 가족 이외에 공적 체계인 국가 영역, 민간 비영리 영역, 화폐를 매개로 돌봄과 보살핌을 거래하는 시장 영역으로의 확장을 말한다. 아울러 돌봄의 사회화는 국가, 시장, 민간 비영리 영역에서 임금이나 수당 등 유급의 대가를 받고 돌봄 노동care work을 제공하는 돌봄 노동자care worker 계층을 산출한다(허라금, 2006). 그런데 우리 사회에서 돌봄 노동자가 유급으로 제공하는 돌봄 서비스 행위를 지칭하는 용어는 돌봄, 양육, 보육, 보살핌, 부양, 수발 등 혼용되고 있다. 돌봄 노동을 가리키는 용어의 혼재는 영어권의 'care' 혹은 'caring' 개념을 통해 돌봄 문제에 접근하려는 연구 자체의 일천함 때문이기도 하다. 하지만 그보다는 돌봄 대상자의 연령, 문제 상황, 욕구 정도에 대응하는 행위의 관계성을 포착할 수 있는 우리 언어의 풍부함에서 기인한 것이라 할 수도 있을 것이다. 즉 양육이나 보육 노동은 아동에 대한 돌봄 관계를 나타내는 개념이고, 부양은 노인에 대한 신체적 보살핌에 경제적 지원을 더한 관계 개념이다. 또한 수발 노동은 장애나 노인성 질병으로 자립 생활이 어려운 사람에 대한 신체 활동이나 일상생활을 원조하는 관계 개념을 말하는 것이다. 그리고 돌봄 혹은 보살핌 노동은 양육 · 보육 노동과 부양 · 수발 노동을 아우르는 유개념generic concept으로서 의미를 지니고 있다고 보아야 할 것이다(오세근, 2010:

104-106). 나아가 돌봄의 사회화가 실제로 수행되는 측면을 표현하기 위해 'social care'를 번역해 사회적 보살핌 혹은 사회적 돌봄이라는 용어가 혼용된다. 그렇지만 2009년 보건복지가족부가 사업안내 문헌에서 돌봄 서비스라는 용어를 사용하면서 점차 사회적 돌봄으로 용어를 통일하는 추세이다(황보람, 2009: 1). 이러한 개념 정의를 전제로 해서 서구와 우리나라에서 돌봄에 관한 기존 연구는 구체적으로 어떤 문제의식하에, 무엇을 해결하고자 한 것이었는지를 개괄해 보자.

서구에서는 돌봄에 대한 수요 증가와 공급 한계 문제가 드러나는 1980년대 이후 돌봄 관련 연구가 본격화되어 상당한 성과를 축적하고 있다. 서구의 돌봄 관련 연구의 흐름과 주요 성과를 유형화하여 정리하면 다음과 같다. 먼저 돌봄의 위기를 초래한 원인을 밝히려는 연구가 있다. 이러한 연구는 탈산업체제로의 전환과 고용 불안정, 남성 주 생계자 모델의 붕괴, 가족을 포함한 기존 돌봄 공동체의 기반 해체, 고령화 등이 돌봄 위기의 배경임을 강조하고 있다(Daley and Lewis, 2000; Mahon, 2002). 다음으로, 돌봄을 구성하는 개인적 맥락과 사회적 차원이 상호작용하는 틀을 명료화하여 상대적으로 포괄적인 개념을 구성하려는 탐구가 진행된다(Thomas, 1993). 그리고 돌봄이 가족 내 관계에 의해 해결되는 사적 영역의 문제가 아닌 사회 유지에 필수적인 공공재임을 밝혀 돌봄의 가치를 공적 영역으로 확산하고 사회적 지원의 윤리적, 규범적 근거를 확보하려는 연구가 있다(Kittay, 2001; Tronto, 2008). 이어서 돌봄의 영역 구분과 상호관계성에 대한 이론적 탐색을 말할 수 있다. 복지국가의 위기에 대응해 돌봄은 공공 영역과 가족 영역, 시장 부문과 민간 비영리 부문의 상호 역동적 작용에 의해 수행되고 있음을 강조하는 연구이다(Vivekanandan and Kurian, 2005). 또한 복지국가 체제의 돌봄 정책이 여성의 삶에 대해 가지는 의미를 확인하려는 여성주의적 연구를 들 수 있다. 이들은 페미니즘의 입장에서 여성의 무상 보살핌 노동이 여성의 연금 수급을 비롯한 사회적 시민권을 배제하는 중요 요인임을 지적하고 있다(Bussemaker and Kersbergen, 1994).

우리 사회에서도 1997년 경제공황 이후 두드러진 남성 소득자의 고용 불안정, 주부의 경제 활동 참여, 고령화의 빠른 진전 등을 배경으로 돌봄의 위기가 나타난다. 이에 대응하는 정책 방향 설정이나 제도 마련의 필요성에서 돌봄 관련 연구가 개시된다. 국내의 돌봄 관련 연구의 주요 흐름과 성과는 다음과 같다. 먼저 여성주의 시각에서 돌봄의 사회화에 내재한 긍정적 · 부정적 의미를 읽어낸 다음 새로운 방향으로서 돌봄 가치가 중시되는 사회로의 전환을 제시하려는 연구를 들 수 있다(허라금, 2006), 또한 기존 복지국가 운영의 패러다임인 발전 지향의 가치보다는 돌봄을 중심으로 하는 사회체제로 재편이 필요함을 강조하는 사회 정책론적 입장의 논의가 있다(조혜정, 2006). 그리고 돌봄의 전제 가치를 재조명함으로써 돌봄의 철학적 의미를 확인하는 작업이 있다(공병혜, 2008), 그 밖에도 돌봄 노동의 상품화 문제 및 돌봄 노동자의 근로 실태와 노동조건 개선을 위한 정책 관련 연구를 말할 수 있다(허라금, 2008; 김경희, 2009). 나아가 노인 돌봄 서비스 제공자인 요양보호사의 근로 실태와 근로조건 개선, 좋은 돌봄의 방향 등에 관한 연구가 있다(김영태 외, 2009; 최희경, 2010). 그런데 돌봄 위기와 관련해 수행된 서구 및 우리나라의 연구에서 공통된 고민의 하나는 돌봄이 사적 영역의 문제가 아닌 사회 유지에 필수적인 공공재임을 승인받기 위한 사상적 근거를 확보하는 것이다. 나아가 복지국가의 위기에 대응해 돌봄을 공공 영역과 가족 영역, 시장 부문과 민간 비영리 부문의 상호작용을 통해 해결할 수 있는 제도나 정책을 마련하는 것이다. 요컨대 사적 돌봄을 넘어 사회적 돌봄을 필요로 하는 조건 변화와, 돌봄 행위 주체의 상호작용 방식을 도출하는 것이다. 다음 장에서는 돌봄의 사회화를 필요로 하는 주요 계기들의 상호 연관성을 원리적 수준에서 재구성해 본다. 그리고 노인에 대한 돌봄 제도 운용의 경험을 중심으로 사회적 돌봄의 시장화 · 상품화 문제와 좋은 돌봄 구상의 필요성을 생각해 봄으로써 위에서 말한 물음에 대한 답을 내보도록 한다.

Ⅲ 돌봄 위기에 대한 대응으로서 '사회적 돌봄'의 형성과 문제점, 그리고 '좋은 돌봄'의 모색

1. 돌봄의 위기에 대응하는 돌봄의 사회화

복지국가의 돌봄 위기는 생활 문제의 공동체적, 사회적 해결의 필요에 대한 욕구를 높이는 계기로 작용한다. 이를 반영하여 개인이나 가족 구성원 사이의 관계를 통해 주로 해결하던 돌봄을 가정 밖의 기관이나 시설이 제공하는 전문적 서비스를 통해 사회적으로 해결해야 하는 현실을 승인하게 된다. 가정은 더 이상 돌봄의 자조적 단위일 수 없고, 외부의 공동체적 · 사회적 개입을 통해 돌봄을 해결하는 삶의 조건의 변화를 수용한 것이다. 요컨대 돌봄의 사회화라는 현상은 돌봄이 가정 밖의 서비스에 의존할 수밖에 없는 상황 변화와 그에 대한 사회적 서비스 공급의 확대와 궤적을 같이한다. 돌봄의 사회화가 진전하는 계기를 두 가지로 간추려 다시 정리해 보자. 하나는 사회 변화에 따라 가족이나 친족, 근린관계 등 공동체에 내장된 보살핌 기능의 쇠퇴이다. 다른 하나는 전문성을 갖춘 생활 지원 서비스에 대한 욕구의 생성이다. 기존의 생활 공동체 내부의 돌봄에는 인격적 친밀함이 있지만 돌보아야 할 사람이 바라는 욕구에 맞도록 대응하는 것이 쉽지 않기 때문이다. 따라서 돌봄의 사회화는 돌봄 영역에서 사회적 서비스의 노동 분업이 가시화한 것이라 할 수 있다(眞田是, 1995: 81-88).

그런데 돌봄의 사회화를 필요로 하는 상황 생성이 곧바로 사회적 돌봄의 형식이나 내용을 규정하는 것은 아니다. 따라서 여기서는 노인에 대한 돌봄의 사회화를 필요로 하는 욕구의 실제 내용은 어떤 것인지에 한정해 생각해 본다. 노인 돌봄의 사회화란 돌봄을 필요로 하는 노인의 삶의 질을 높이는 것이면서 가족 성원의 생활의 안녕을 확보하기 위해 적극적으로 가족 바깥의 제도와 서비스를 이용하는 과정이다. 돌봄의 사회화가 전개되는 방식은 다양하다. 여전히 가족이 돌봄 행위의 중심이면서 일부 서비스만 가족 외부에 의존하는 경우, 가족과 사회가 공동으로 대응하는 형식, 사회가 돌봄의 중심이 되고 가족은 일부 돌봄만 분담하는 모습 등 여러 유형을 통해 관철되는 것이다.[1]

2. 사회적 돌봄의 시장화·상품화 문제 및 좋은 돌봄에 대한 이념 구상의 필요성

주로 가족 성원 사이의 '호혜적 증여' 형태로 수행되어 온 노인에 대한 돌봄은 고령화의 빠른 진전, 돌봄 제공자의 경제적 불안정, 가족기능 및 동거 형태 전환, 노인의 의식 변화 등으로 인해 사회적 개입이 필요해진다.[2] 우리 사회에서 노인에 대한 돌봄을 사회화하려는 정책적, 제도적 궁리의 성과는 노인장기요양보험이다. 주지하듯이 노인장기요양보험은 노인에 대한 돌봄의 사회화를 실현하기 위해 관련 법률을 제정하고 운영 지

---

1) 예를 들어, 거동이 불가능하거나 어려운 노인에 대한 사회적 돌봄 체제가 미약한 미국(America's non-system of community supports for disabled elderly persons)에서도 공동체를 기반으로 한 수발서비스(community-based long-term care services) 도입의 필요성을 확인하면서 제도나 정책 변화를 모색하고 있다. 이에 관해서는 C. B. Cox, 2004가 유익할 것이다.

2) 여기서 사용하는 '호혜적 증여(gifts and reciprocity)' 라는 용어는 사회구조와 교환유형 사이의 관계를 체계적으로 밝힌 마르셀 모스(Marcel Mauss)의 인류학 연구의 중심 개념을 원용한 것이다. 모스는 그의 주저인 『증여론』(*Essai sur le don*, 1925)에서 주고받고 되돌려 주어야 하는 의무가 호혜성의 순환 원리를 이루면서 사회를 유지시킨다고 본다. 아울러 그는 증여와 교환, 호혜성을 통해 현대사회를 지배하는 논리인 이윤추구, 효용 극대화, 경쟁, 이기주의 등이 형성되기 이전의 기본적 사회관계의 주요 실체가 무엇인가를 이야기한다. 마르셀 모스 지음, 이상률 옮김, 한길사, 2002 참조.

침을 개발해 2008년 7월부터 시행되었다.[3] 노인장기요양보험 서비스 이용자는 보험료 기여에 따른 권리에 근거하여 시장의 다양한 서비스 제공자 가운데 적절한 사업자를 선택한다. 이는 민간 영리부문이 서비스 제공의 공급 주체로 참여가 가능해짐에 따른 것이다. 민간 영리부문의 참여는 노인 돌봄이 기존의 가정, 공적 부문, 비영리 부문 이외의 더욱 다양한 사회적 분업에 의존하게 된 것을 의미한다. 돌봄의 사회화에 대한 욕구 증대에 대응하는 공급 측면의 균형을 맞추기 위해서는 이와 같은 민간 영리부문의 참여는 일정 정도 바람직한 것일 수도 있다.

하지만 시장 경제 및 상품화를 중심으로 한 사회적 분업은 결과적으로 민간 영리부문의 이윤 창출 활동의 영역을 확대한 것이기도 하다. 시장 원리에 근거한 민간 영리 장기요양 기관은 당연히 서비스 양의 확대나 효율화를 통해 이윤율을 높이려 한다. 그래서 수지 타산이 맞지 않는 노인이나 지역에 대한 돌봄 서비스는 축소하거나 심지어 서비스 제공을 회피할 가능성도 배제할 수 없다. 이러한 점은 결국 돌봄 관계에서 의사소통이나 정서적 유대를 확보하기 어렵게 할 뿐 아니라 개별적 욕구나 특성을 존중하는 서비스 실현이 제약될 수 있는 가능성을 담고 있는 것이다. 따라서 가족 이외의 사회적 돌봄의 필요성이 되돌릴 수 없는 경험적 사실이라면 이제 정책 담론은 시장 논리에 의해 상품화한 돌봄의 본래적 공공성 회복과 적정 수준의 서비스 질의 확보 방안을 찾는 것이어야 한다. 왜냐하면 돌봄의 상품화로 인해 왜곡된 돌봄의 인륜적 가치, 인격적 관계, 호혜성, 타자의 욕구에 대한 공감 등을 회복하는 것이 중요하기 때문이다. 그런 점에서 시장화 · 상품화한 돌봄의 한계를 넘어서려는 대안 담론인 '좋은 돌봄good care' 논의는 주목할 만한 가치가 있다.

최희경은 서구에서 수행된 좋은 돌봄 관련 연구의 주요 내용을 다음과

3) 노인장기요양보험제도의 도입 경과에 대해서는 오세근, 2010: 102-103을 참조할 것.

같이 소개하고 있다(최희경, 2009: 238-252). 먼저 Brechin(1998)은 좋은 돌봄이란 돌봄 제공자와 돌봄 수용자의 우호적 관계가 증진되고 돌봄과 관련된 다양한 선택권을 행사할 수 있을 때 좋은 돌봄으로 의미 규정한다. 또한 Stone(2000)은 공적 돌봄에서 돌봄 수용자와 제공자 간의 의사소통, 친밀성, 개별적 대우, 인간적 관계, 돌봄 대상자의 상황과 특성을 고려한 서비스 등이 가족과 같은 좋은 돌봄을 형성하는 주요 방법임을 강조한다.

좋은 돌봄 담론은 시장화 · 상품화한 돌봄의 한계성을 의식하고 새로운 정책 설정의 방향을 제시해 보려고 한 점에서 선구적 의미를 지닌다. 그러나 좋은 돌봄 관련 논의는 다음과 같은 이론적 · 실천적 한계 역시 내포하고 있다. 첫째, 서구의 좋은 돌봄 담론을 형성하는 중추적 개념은 앞서 지적하였듯이 대상자의 욕구와 특성, 서비스 제공자와 수용자의 정서적 유대, 서비스 이용자의 삶의 질, 사회적 지원망에의 선택권 등이다. 그런데 서구의 좋은 돌봄 담론은 이러한 핵심 개념이 삶의 어떤 조건 변화로 인해 발아한 것이며, 문제 상황을 어떻게 풀어야 담론의 본래 의도를 달성할 수 있는지와 같은 역사적 · 구조적 시각을 결여하고 있다. 둘째, 좋은 돌봄 관련 논의는 자신의 담론을 구성하는 핵심 가치의 사상적 근거는 무엇이고, 목적으로 하는 가치가 사회적 힘을 발휘하는 정책이나 제도로 바뀌기 위해서는 구체적으로 어떤 프로세스를 따르는지에 대한 논구가 미약하다. 셋째, 좋은 돌봄 담론이 다루는 쟁점 사안은 주로 서구 복지국가의 시설 보호 노인에 대한 사회적 서비스의 한계를 넘어서려는 실천 과정의 경험을 즉자적으로 기술한 경우가 많다. 그래서 인륜적 가치, 인격적 관계, 호혜성, 타자의 욕구에 대한 공감 등과 같은 사상적 일반 개념으로 진전하지 못한다.

Ⅳ 유교사상의 노인에 대한 '좋은 돌봄good care'의 정책 담론 구상

이번 절에서는 좋은 돌봄 담론의 일정 성과를 전제로 하면서 그 한계를 지양해 더 나은 돌봄 정책과 제도를 산출하는 데 유효한 사상적 단서를 유교에서 찾아보고자 한다. 그것은 시장화 · 상품화한 사회적 돌봄이 가족과 같은 돌봄의 성격을 지닐 수 있도록 하는 방책은 무엇인가를 살펴보는 것이다. 나아가 유교적 돌봄 이념이 구체적 정책과 제도 구상으로 이어질 수 있는 실마리를 제안하고자 하는 것이다.

1. 좋은 돌봄의 기저로서 사랑(仁愛)과 믿음(信)에 대한 깨달음

현재 노인에 대한 돌봄의 사회화는 시장과 상품화를 축으로 전개되는 한계를 지니고 있다. 그럼에도 가족 및 친족의 인격적 돌봄이 어렵기 때문에 사회적 돌봄의 제도적 확대는 확실히 필요한 상황이다. 그렇다면 현재의 사회적 돌봄에 내재한 한계를 넘어서 돌보는 이와 돌봄을 받는 사람 사이에 친밀함과 사랑, 인격적 의사소통 등이 가능한 좋은 돌봄이 되기 위해서 필요한 핵심적 요인은 무엇인가?

돌봄은 돌봄을 주고받는 사람 사이의 진정한 인격 결합을 전제로 하지 않으면 성립하기 어려운 관계 행위이다. 진정한 인격 결합을 위해서는 우선 자력으로 생활을 유지하고 지탱하기 어려운 사람의 상황에 대해 역지사지하고 배려하는 어진 마음이 바탕에 놓여 있어야 한다. 즉 스스로의 힘으로 생활하는 것이 어려운 사람의 의존 상황에 대한 의식적 관심과 배려로부터 돌봄의 인격 관계는 형성된다. 또한 돌봄 관계가 화폐나 공무公務를 매개로 하는 행정적, 관료적, 전문적 역할 수행에 머물지 않고 진정한 인간적 교류가 되기 위해서는 서로에 대한 신뢰가 중요하다. 요컨대 좋은 돌봄의 기저를 형성하는 기본 요소는 어진 마음인 인애仁愛와 믿음信이다.

그러면 유교의 사유체계는 돌봄 관계의 기층을 형성하는 어진 마음과 믿음의 의미를 어떻게 설명하고 있고, 인애와 믿음은 서로 어떤 형식을 가지고 상호작용하는 것인지 살펴보자. 우리의 생활은 개별적 욕구 충족의 삶이기도 하지만, 그 한편에 자신보다 더 곤란한 처지에 있는 사람에게 자신의 물질적 생활 자료를 양보하고 시간을 내서 다른 사람의 부족한 부분을 채워주는 행위를 하는 존재이기도 하다.

유교는 세상을 생생生生의 관점, 즉 만물을 낳고 살리는 것이 천지의 마음이라는 세계관을 사유의 중심에 둔다. 그래서 주역에서는 생명을 낳는 것을 천지 변화의 근본으로서 역易이라 정의하고,[4] 천지 만물이 태어나 제 본성대로 살아갈 수 있도록 북돋아 주는 것이 큰 덕이라 말한다.[5] 나아가 유교는 사람이 마음을 극진하게 하면 자신의 본성이 선하다는 것을 알게 되고, 본성이 선함을 알게 되면 바로 천지의 마음은 만물을 낳고 살리는 것이라는 것을 깨달을 수 있음을 강조한다.[6]

천지가 생명을 낳고 살리는 이치를 사람이 깨닫고 본받아 다른 존재와 선한 관계를 맺고 상대에 대해 사랑을 실행하는 것을 인이라 한다. 그래서 공자는 인이란 사람을 초월해 있는 것이 아니라 자기로부터 말미암는 것이며[7] 그 본질은 사람을 사랑하는 것임을 지적한다.[8] 사람은 바로 인의 본성이 있기 때문에 다른 사람의 어려움에 차마 눈감지 못하며(不忍人之心)[9] 다

4) 『周易』 卷二十二, 「繫辭上傳」 第五章, 生生之謂易.
5) 『周易』 卷二十三, 「繫辭下傳」 第一章, 天地之大德曰生.
6) 『孟子』, 「盡心章句上」, 孟子曰 盡其心者 知其性也 知其性 則知天矣.
7) 『論語』, 「述而」, 子曰 仁遠乎哉 我欲仁 斯仁至矣.
8) 『論語』, 「顔淵」, 樊遲問仁 子曰 愛人.
9) 『孟子』, 「公孫丑章句上」, 孟子曰 人皆有不忍人之心.

른 사람의 위험이나 불행에 대해 측은한 감정(惻隱之心)[10]을 갖고 돌봄에 나서는 것이다. 돌보는 사람의 상대에 대한 진정한 사랑의 실천은 양자의 인격적 결합을 이끌어 낸다. 그래서 맹자도 어진 사람은 남을 사랑하며, 남을 사랑하는 사람이라면 남도 그를 언제나 사랑한다 하여 인으로 서로가 친밀하게 결합함을 개진한다.[11] 이처럼 인에 근거한 사랑으로 다른 사람을 돌본다는 말은 유약한 사람에 대한 관심과 배려이고, 이는 결국 사람을 섬기는 일에 다름 아니다. 그래서 공자 역시 자로가 귀신 섬기는 법을 물었을 때 사람도 다 못 섬기는데 어떻게 귀신을 섬기겠는가라고 하면서 사람에 대한 관심과 섬김의 중요성을 이야기한다.[12]

그런데 인에 바탕을 둔 사람 섬김으로서 돌봄은 무엇을 중추적 원리로 지니고 있어야 다른 종種의 돌봄과 구분되는 인간적 돌봄이 되는 것일까? 이에 대해 공자와 맹자의 의견은 다음과 같다.

> 지금의 효는 물질적으로 잘 봉양하는 것이라고 할 수 있다. 그러나 개나 말에게도 봉양함이 있으니 공경하는 마음이 없다면 무엇으로 구별하겠는가.[13]

> 먹이기만 하고 사랑하지 않는 것은 돼지로 기르는 것이요, 사랑하기만 하고 공경하지 않는 것은 짐승처럼 여기는 것이다. 공경하는 것은 폐백의 예물을 받기 전에 이미 마음에 있는 것이다.[14]

공자와 맹자는 돌보는 이의 마음과 실행이 공경을 지니고 있어야 인간적 돌봄이 되는 것임을 언술하는 것이다. 말하자면 공경이 없는 돌봄은 동

---

10) 『孟子』, 「公孫丑章句上」, 今人乍見孺子將入於井 皆有怵惕惻隱之心.
11) 『孟子』, 「離婁章句下」, 孟子曰 仁者愛人 有禮者敬人 愛人者 人恒愛之 敬人者 人恒敬之.
12) 『論語』, 「先進」, 季路問事鬼神 子曰 未能事人 焉能事鬼.
13) 『論語』, 「爲政」, 子游問孝 子曰 今之孝者 是謂能養 至於犬馬 皆能有養 不敬 何以別乎.
14) 『孟子』, 「盡心章句上」, 孟子曰 食而弗愛 豕交之也 愛而不敬 獸畜之也 恭敬者 幣之未將者也.

물 차원의 돌봄이거나 낮은 수준의 돌봄이고, 공경을 바탕에 둔 돌봄이어야 비로소 인간의 품성에 어울리는 좋은 돌봄이라 본 것이다.

인애와 더불어 돌보는 이와 돌봄을 받는 사람 사이의 인격적 결합을 가져오기 위해 바탕에 깔아야 할 요소는 믿음이다. 유교에서 믿음이라는 덕목은 행위자 상호 간의 소통을 의미하는 것이다. 돌봄 행위 과정에서 사람과 사람이 지닌 뜻이 제대로 전달되기 위해서는 다른 사람의 진실함에 대한 나의 믿음도 중요하지만, 남이 나의 진실함에 대해 신뢰를 할 수 있어야만 진정한 소통과 결합을 이룰 수 있다. 유교는 사람 사이의 인격적 결합에서 서로 간의 믿음이 지닌 중요함을 다음과 같이 가르친다.

> 공자께서 말씀하시길 사람에게 믿음이 없으면 그의 쓸모를 모르겠다. 큰 수레에 수레채 마구리가 없고, 작은 수레에 멍에 막이가 없으면 어떻게 끌고 갈 수 있겠는가.[15]

> 자장이 어디에서나 통하는 방법을 묻자 공자께서 대답하셨다. 말을 진실하며 믿을 수 있게 하고, 행실이 돈후하고 공경스러우면 비록 오랑캐 나라라고 하더라도 통할 수 있다.[16]

보다시피 믿음은 그 진실성을 통해 돌보는 사람과 돌봄을 받는 이의 마음과 행위가 진정으로 호류互流할 수 있는 통로를 확보하는 것이라 할 수 있다.

2. 개별적 돌봄에서 사회적 돌봄 관계로 차별적 확산 : 친친親親, 인민仁民, 애물愛物

좋은 돌봄의 기저를 이루는 인격적 유대감 형성에 인애와 신의 이념이

15) 『論語』, 「爲政」, 子曰 人而無信 不知其可也 大車無輗小車無軏 其何以行之哉.
16) 『論語』, 「衛靈公」, 子張問行 子曰 言忠信 行篤敬 雖蠻貊之邦行矣.

어떤 역할을 할 수 있는지에 대해 유교가 말하는 바를 살펴보았다. 그런데 유교사상은 이와 같은 형이상학의 추구뿐 아니라 일상의 가까운 곳에서 진리를 찾는 데 그 두드러진 특징이 있다. 낮은 데서 높은 데로, 가까운 데서 먼 데로 나아가는 것이 도道임을 역설하는 것이다. 인간 완성의 길도 자기 인격을 닦는 일(修身)에서 시작해 가정을 바로잡고(齊家), 나라를 다스리며(治國), 세상을 평화롭게 하는 일(平天下)에 이른다. 또한 사랑의 행위 역시 부모를 사랑하는 일(親親)에서 인류를 사랑하는 일(仁民)로, 그리고 만물을 사랑하는 일(愛物)로 나아간다. 말하자면 유교는 사람이란 무한히 자신을 확장할 수 있는 존재임을 가르치는 것이다(금장태, 1982: 22-23).

유교의 이런 견지에서 보면 좋은 돌봄 관계를 형성하는 기저적 요인인 인애와 신 역시 개인과 개인의 관계 혹은 가족 단위 돌봄에 머물지 않고 더욱 중층적인 사회적 돌봄 관계로 확산되어 가는 것이다. 즉 가족의 돌봄 역시 낮은 데서 높은 데로, 가까운 데서 먼 데로 파급되고 확산됨으로써 사회적 돌봄 관계를 형성한다. 사회적 돌봄은 원심력遠心力의 특성에도 불구하고 그 기원과 출발이 가족의 인격적, 호혜적 돌봄이기에 다시 구심력求心力에 의해 변화한 관계 조건에 맞추어 가족과 같은 돌봄을 실행할 수 있다는 것이 유교의 생각이다. 이제 유교적 입장에서 가족의 돌봄이 사회적 돌봄으로 확장되고, 사회적 돌봄은 가족과 같은 돌봄의 인격성과 정서적 지지를 상실하지 않고 돌봄 본래의 특성을 발휘하는 프로세스를 논리적으로 살펴보자.

돌봄 행위를 일으키는 바탕 요인인 사랑과 믿음은 모든 사람의 마음에 본래 내재한 것이다. 그러나 돌봄 행위의 일상적인 실행은 늘 자기 가족과 친족에 대한 보살핌으로부터 시작한다. 가족과 친족을 돌보고 사랑하는 마음이 있어야 이웃을 돌볼 수 있고, 이웃을 돌볼 수 있어야만 천지 만물 역시 아끼고 사랑할 수 있기 때문이다. 이러한 이치는 관념에서 추상적으로 구성한 당위적 명제가 아니라 사람은 자신과 가까울수록 친밀하게 생각하고 배려하는 정도가 높다는 인간 본성의 표출을 꿰뚫는 언설이다. 공자도 돌봄의 기저로서 인은 자기로부터 말미암는 것임과 동시에 남에게 미루어 나가는 것임을 언급한다.

> 인이란 자신이 서고 싶으면 남도 서게 하고, 자신이 통달하고자 하면 남도 통달하게 하는 것이다.[17]

맹자 역시 인간이 사랑을 실현하는 것은 가까운 인간관계에서 시작해서 나와 다른 사람, 사회, 국가, 멀리는 천지 만물과의 관계로 확대되며 그럼으로써 진정한 세계를 이룬다고 본다. 특히 노인에 대한 돌봄을 독립적 개체 사이의 계약에 의한 의무 행위에 한정하는 것이 아니라 층층의 인륜이 결합하는 행위로서 파악할 수 있게 하는 생각의 실마리 역시 암시한다.

> 나의 부형을 공경하는 마음을 남의 부형에게까지 미치게 하고, 내 아이를 사랑하는 그 마음을 남의 아이에게까지 미치게 하면 천하도 손바닥에 놓고 움직일 수 있습니다.[18]

이처럼 유교적 돌봄의 특징은 내 부모나 가족을 돌보고 사랑하는 행위로부터 다른 사회적 관계로 점차 넓혀가는 차별애적이고 단계적인 돌봄임을 알 수 있다. 맹자는 이러한 돌봄 관계의 차별적 실천과 그 까닭을 친친親親, 인민仁民, 애물愛物의 세 유형으로 나누어 설명한다.

> 군자는 사물에게는 사랑하나 인하지 않고, 백성에 대해서는 인하지만 친애하지 않는다. 어버이를 친애하고서 백성을 인하게 하고, 백성에게 인하고서 사물을 사랑하는 것이다.[19]

---

17) 『論語』, 「雍也」, 夫仁者 己欲立而立人 己欲達而達人.

18) 『孟子』, 「梁惠王章句上」, 老吾老 以及人之老 幼吾幼 以及人之幼 天下可運於掌.

19) 『孟子』, 「盡心章句上」, 孟子曰 君子之於物也 愛之而弗仁 於民也 仁之而弗親 親親而仁民 仁民而愛物.

또한 유교가 말하는 돌봄의 차별적 확산은 가족의 혈연적이고 본능적인 돌봄이 이웃과 사회, 국가, 인류, 천지 만물 등으로 점차 확대됨으로써 도덕적이고 사회적인 돌봄으로 형태 변화하는 이치를 드러내는 것이기도 하다. 달리 말해 돌봄 관계의 확산은 사람이 이기적인 사적 관계에 한정된 존재가 아니라 보편적 사랑을 바탕으로 국가와 천하라는 보다 큰 공적 세계에 연결되는 존재임을 확인할 수 있게 해 주는 것이다. 그래서 공자는 안연이 인의 뜻을 묻자 극기복례라고 한다.[20]

3. 상황에 맞는 돌봄 실행 : 돌봄 주체 사이의 감응感應과 시중時中

돌봄은 인애와 믿음을 바탕으로 자신과 가깝고 친밀한 사적 관계로부터 시작해서 점차로 공적 성격이 강한 관계로 미루어 나가는 사회적 행위임을 설명하였다. 그리고 돌봄 관계가 중층적으로 확산해 간다고 해도 그 바탕은 가족과 같은 돌봄의 인격성과 호혜성임을 말하였다. 그런데 돌봄은 사적 영역의 돌봄이든 공적 차원의 돌봄이든 보살핌의 경험을 일반화한 전형적 교범에 따라 실행하기만 하면 가족과 같은 돌봄을 항상 적절하게 발현시킬 수 있는 것은 아니다. 돌봄 대상의 삶의 맥락, 가족의 유대, 사회의 문화적 전통, 나라별 보살핌 제도 등이 서로 다르기 때문이다. 그래서 돌봄의 내용이나 방식 역시 여러 상황에 맞추어 상이하게 펴 나가야 하며, 특히 실제 돌봄에서는 돌보는 이와 돌봄을 받는 이의 공감과 각각의 조건에 들어맞는 돌봄을 제공하는 것이 중요하다.

먼저 돌봄 과정에서 돌보는 사람과 돌봄을 받는 이 사이의 호혜적 감응의 중요성을 일깨우는 유교의 사상적 단서를 살펴보자. 주역의 함咸괘는

---

20) 『論語』, 「顔淵」, 顔淵問仁 子曰 克己復禮爲仁.

사람이 서로 감응하는 이치를 상징적으로 나타낸다. 함괘는 부자와 부부를 비롯한 사람들의 정의情意가 서로 감응하면 화순하게 되어 형통하게 된다는 것을 말한다.[21] 화순하고 형통한 감응이 생기기 위해서는 몇 가지 조건이 필요하다. 중요한 것으로 정명正名, 호혜적 배려, 의사소통을 들 수 있다. 정명은 사회를 구성하는 사람들이 자신의 몫을 다하면 가정과 천하는 물론 천지 만물이 바르게 된다는 것이다. 돌봄에서도 돌보는 사람과 돌봄을 받는 이가 서로의 합당한 몫을 올바르게 실현하고 자신의 분수를 지키면 화순하고 형통한 좋은 돌봄이 생겨날 수 있는 것이다. 또한 감응은 상대에 대한 배려를 통해 나타난다. 유교는 내가 상대방을 배려하는 만큼 상대방도 나를 배려할 것이라는 사실을 전제한다. 호혜적 배려에 의한 감응이 좋은 돌봄을 가져올 수 있다는 점을 유교는 특히 혈구지도絜矩之道라는 개념을 통해 가르치고 있다. 그리고 감응을 얻는 데 빼놓을 수 없는 것이 바로 의사소통이다. 돌봄을 주고받는 사람이 적절하고 효과적인 돌봄을 만들어 내기 위해서는 돌봄 상황에 대한 인식을 공유하고 전달하는 것이 필요하다는 것이다(이상익, 2001: 155-170).

다음으로 돌봄을 필요로 하는 사람의 개별적이고 독특한 상황에 적절한 개입을 할 수 있도록 하는 실천 원리인 시중時中에 대한 유교의 생각을 들여다보자. 시중이란 수시로 변하는 현실 속에서 지나침이나 부족함이 없이 원칙을 관철하는 것을 말한다. 삶의 현실은 끊임없이 생성하고 변화하며 소멸해 다른 것으로 바뀌는 것이기 때문에 획일적인 교범만을 고집하면 변화하는 상황에 제대로 대응할 수 없다. 그래서 변화하는 현실에 맞추어 실제의 행동 방식을 적절하고 적합하게 맞추어 나갈 필요가 있으며 그러한 실천 원칙을 유교에서는 권도權道라 이른다. 권權은 저울과 저울추로서 일의 경중, 물건의 대소를 달아서 알맞음을 취하는 것이다. 맹자는 그

21) 『周易』 卷十二, 「咸」 彖傳, 咸 感也 柔上而剛下 二氣感應以相與 止而說 男下女 是以亨利貞 取女吉也.

래서 세상일을 처리할 때 양 극단을 헤아려 그 중간을 잡는 것이 도道에 가깝지만 산술적 중간을 고집해 상황에 대한 저울질이 없으면 형식에 교착되어 변화를 알지 못함으로써 그 또한 극단을 고집하는 폐해에 빠져 있는 것이라 이른다.[22] 노인에 대한 돌봄의 경우에도 대상을 사랑과 믿음으로 섬겨야 한다는 것은 변하지 않아야 할 상도常道이다. 그러나 대상 노인의 연령, 성별, 가족관계, 경제력, 신체적 · 정신적 건강상태 등의 차이에 따라 개입 방식을 다르게 하는 권도를 적절하게 활용해야 좋은 돌봄을 이룰 수 있다.

살펴보았듯이 유교는 상황마다 다른 돌봄 과정에서 현실적 대응력을 높일 수 있는 행위 지침으로서 돌봄 주체 사이의 감응과 시중이라는 아이디어를 제시하고 있다. 그런데 돌봄이 교범주의나 형식주의에 매몰되는 것도 문제이지만 상황 속의 합리적 대응인 권도를 잘못 적용하면 이 역시 원칙을 버리는 실용주의로 전락할 수 있다. 그래서 변통變通에는 무엇이 적절한 시의時宜인지를 가늠하고 판단하는 것이 중요하다. 말하자면 개별적 상황에 맞는 돌봄을 제공한다고 하더라도 그것은 항상 공경(敬)과 옳음(義)에 기반을 둔 변통이어야 한다. 왜냐하면 앞에서도 말했듯이 공경이 없는 돌봄은 동물과 같은 낮은 수준의 돌봄이며, 공경을 바탕에 둔 돌봄이라야 인간적 품위에 맞는 좋은 돌봄이기 때문이다. 공경이 바로 좋은 돌봄의 내면적 조건이라고 한다면 의는 돌봄의 실행 형식을 바르게 하려는 원칙이다. 의는 돌봄의 양 주체가 이기심이나 사욕을 억제하고 서로 예禮에 합당한 돌봄 관계를 형성하는 것을 말한다.

4. 좋은 돌봄의 제도화 : 인정仁政

가족과 친족에 의한 인격적 돌봄은 점차 사회적 돌봄으로 확장되고 있

22) 『孟子』, 「盡心章句上」, 子莫執中 執中爲近之 執中無權 猶執一也.

으며, 돌봄의 실행에는 주체 사이의 감응과 상황에 맞는 실천 원리인 시중의 활용이 필요함을 이야기하였다. 특히 유교의 사상적 자원을 중심으로 좋은 돌봄을 형성하는 기본적 요건을 함께 검토했다. 그런데 현실의 사회적 돌봄은 시장 기제와 상품화를 축으로 확산되고 실행되는 까닭에 좋은 돌봄의 고갱이를 이루는 인격적 관계는 시장과 상품화에 포섭된다. 그래서 현실에서 사회적 돌봄은 가족과 친족의 돌봄을 대체하고 있으면서도 비인격화, 형식화, 전문가주의라는 문제점을 함께 가져 오고 있다. 그러면 이러한 문제에 유교는 어떤 내용의 답을 줄 수 있을까?

유교는 사회의 법과 제도 운영은 인격성을 근본으로 하고, 그 위에 제도와 법률이 세워져야 한다는 원칙을 강조한다. 이러한 원칙은 사회화된 돌봄의 비인격화나 관료적 전문가주의의 한계를 지양할 수 있는 방안 모색의 단초를 제공하는 것이다. 즉 사회화한 돌봄의 내실 있고 효율적인 운영을 위해서는 법과 제도를 상황 변화에 맞추어 지속적으로 정비하고 개선해 가야 하지만, 근본은 사람과 사람 사이의 유대와 연대를 위한 사랑과 신뢰를 바탕에 두어야 한다는 것이다. 사랑과 신뢰에 근거해 돌봄 정책을 구상하고 제도화하며, 돌봄을 필요로 하는 사람들이 편히 이용할 수 있는 서비스 체제를 만드는 것은 결국 정치 부문의 역할이다. 이런 점에서 현실 사회를 질서와 배려를 바탕으로 하는 인륜 공동체로 만들어 가는 것을 이상으로 삼는 유교의 정치 이념인 인정仁政은 좋은 돌봄의 제도화와 관련해서 중요한 의미를 지닌다.

인정은 사람과 사물에 대한 인애를 인격에 체화한 통치 계층이 나라를 다스림으로써 백성의 마음을 얻는 정치 과정을 말한다. 유교적 이상 정치를 의미하는 인정 개념은 공자가 백성들의 생활을 안정적으로 지원하기 위한 기본 방책으로 제시한 균均으로부터 발아한 것이라 할 수 있다.

> 내가 들은 바 나라를 다스리는 자는 백성이 적음을 근심하지 않고 고르지 못함을 근심하며, 가난함을 걱정하지 않고 안정되지 못함을 걱정한다. 대개 고르면 가난함이 없고, 화락하면 백성이 적지 않을 것이며, 안정되면 기울지 않을 것이다.[23]

맹자는 공자에서 발아한 인정의 단서적 가르침을 현실의 논리적 언술로 구체화함으로써 그 의미나 내용을 보다 분명히 한다.

> 이는 백성들이 산 사람을 부양하고 죽은 이를 장사지내는 데 유감이 없도록 하는 것이니, 산 이를 봉양하고 죽은 이를 장송함에 유감이 없게 하는 것이 왕도의 시작입니다.[24]

> 왕께서 만약 백성에게 어진 정치를 베푸시어 형벌을 신중히 하시며, 세금을 적게 거두신다면 백성들은 밭 갈고 김매고, 장성한 자들은 한가한 틈을 타 효제와 충신을 배워 들어가서는 부형을 섬기며, 나가서는 윗사람과 임금을 섬길 것입니다.[25]

보듯이 유교는 백성들의 생활 안정 확보를 정치의 기본 원칙으로 역설한다. 원칙의 실현을 위해서는 백성이 일할 수 있도록 함은 물론 세금을 적게 거두어 재물을 넉넉하게 하는 것이 중요하다고 생각한다. 요컨대 인정의 기본 과제는 백성의 생업 안정과 빈부 격차를 줄이거나 해소하는 것이다. 맹자는 인정의 기본 원칙 천명에서 한 걸음 더 나아가 인정의 핵심적 대상을 명확히 한다.

---

23) 『論語』, 「顔淵」, 丘也聞有國有家者 不患寡而患不均 不患貧而患不安 蓋均無貧 和無寡 安無傾.

24) 『孟子』, 「梁惠王章句上」, 是使民養生喪死無憾也 養生喪死無憾 王道之始也.

25) 『孟子』, 「梁惠王章句上」, 王如施仁政於民 省刑罰 薄稅斂 深耕易耨 壯者以暇日修其孝悌忠信 入以事其父兄 出以事其長上.

> 늙어서 아내가 없는 이를 홀아비라 하고, 늙어서 남편 없는 이를 과부라 하며, 늙어서 자식 없는 사람을 독이라 하고, 어려서 부모 없는 자를 고아라고 하는데, 이 네 부류는 세상에서 가장 어려운 사람들입니다. 문왕은 인정을 베풀 때에 반드시 이 사람들을 먼저 배려했습니다.[26]

좋은 돌봄을 시행하기 위한 정책을 구상하고 제도화 방안을 가다듬을 때 유교의 정치이념인 인정을 미루어 어떤 시사를 받을 수 있는지를 생각해 보자. 우선 돌봄이 제도로서 시행될 때 돌봄을 필요로 하는 국민이 화폐소득이 없거나 적은 경우에도 돌봄 서비스를 이용함에 걱정하지 않도록 해야 한다. 또한 돌봄을 필요로 하는 여러 가지 욕구에 맞추어 돌봄 서비스가 고르게 제공되도록 제도 구상을 해야 한다. 다음으로 돌봄 체계는 특히 사회적 약자, 배제자, 소수자, 위약 계층 등이 사회적 역할 수행을 해나갈 수 있도록 지원하는 데 그 초점을 맞추어 설계해야 한다. 그리고 현실 사회는 나와 너의 사익 추구에 의해 분열된 사회지만 돌봄의 가치를 중심으로 사람들이 일정한 범위에서 이기적 동기를 넘어선 연대를 실천할 수 있도록 돌봄을 사회의 중심 가치로 자리 잡게 해야 한다. 자기를 위하는 이기적 마음을 미루어 남을 배려하는 데까지 미치는 유교의 사회 존재의 연결 원리를 실제 생활에서 구현하는 것 그것이 바로 좋은 돌봄의 가시적 제도화에 다름 아니기 때문이다.

V 맺음말

이 글은 사회적 돌봄 체제가 가족과 같은 돌봄이 되도록 하기 위해서는

---

26) 『孟子』, 「梁惠王章句下」, 老而無妻曰鰥 老而無夫曰寡 老而無子曰獨 幼而無父曰孤 此四者 天下之窮民而無告者 文王發政施仁 必先斯四者.

어떤 사상적 자원에 근거하는 것이 유효하며, 그 내용은 무엇이어야 하는지를 생각한 것이다. 그래서 개인, 계약, 능률, 효율 등의 가치에 근거하고 있는 기왕의 서구 중심적인 돌봄 정책이나 제도의 한계를 지양할 수 있는 이념적 가능성을 유교사상에서 찾아보았다. 나아가 유교적 돌봄 이념이 구체적인 돌봄 정책과 제도 구상으로 이어질 수 있는 실마리를 제안하였다.

유교사상을 통해 좋은 돌봄에 대한 담론 논의를 더욱 풍성하게 하려는 이 작업은 다음과 같은 의미를 지니고 있다. 먼저, 공적 영역의 돌봄의 가치를 우선할 것인가 아니면 사적 영역 중심의 돌봄을 중시할 것인가와 같은 상호 배타적 담론의 한계를 넘어선다. 그것은 가족, 지역 공동체, 국가, 시장 등 돌봄 주체가 유기적인 돌봄 연결망을 구축하고 확산해 가면서도 가족과 같은 돌봄을 보전할 수 있는 방책 제시에 의한 것이다. 다음으로, 사회적 돌봄을 좋은 돌봄으로 전환해 가는 논의의 핵심 사안 가운데 하나는 사상적 근거를 확보하는 것이다. 이는 돌봄 관련 정책과 제도 구상은 사회적 정당성의 승인이 중요하고 거기에는 이념적 배경이 필요하기 때문이다. 그래서 이 글은 인륜적 가치, 인격적 관계, 호혜성, 타자의 욕구에 대한 공감 등의 추상적 개념을 구체성을 담보한 논리적 언술로 전환함으로써 그러한 사상적 자원을 제공한 것이다.

모든 사람이 바라는 바는 자유롭고 행복하게 사는 것이다. 사리사욕, 경쟁이 지배하는 곳에서는 자유롭고 행복한 사람의 결합체를 조직하고 유지하는 것이 쉽지 않다. 특히 자본제 사회는 이윤창출을 위한 무한 경쟁, 인격의 상품화, 사회적 지위와 역할의 해체를 거칠게 밀어붙이고 있어 사회 구성원의 삶은 더욱 곤란해지고 있다. 일터나 수입을 상실한 근로자, 소득이 낮은 저소득 가정, 희망을 잃은 청년 실업자, 빈곤 가정의 아동, 노후가 불안정한 노인, 삶의 의미를 확인하지 못하는 장애인, 차별받는 소수자, 이주 노동자, 혼인 이주여성 등은 관심을 기울이고 돌보아야 할 의존적 사회 구성원이다. 그런데 돌봄은 이제 이와 같은 사회적 배제자나 약자에 대한 선별적 배려라는 차원에 머물 수 없다. 왜냐하면 지금 경험하고 있는 궁핍의 일반화는 우리들 대부분을 보살핌의 대상으로 바꾸고 있으며, 실제로 의존적 사회 구성원이 빠르게 늘어나고 있다. 따라서 돌봄의 가치를 사회 전체에 뿌리내리도록 하고, 그 대상에 대해 충실한 사회적 지원을 하는 것은 인류 공동체의 재생을 위한 야심찬 기획에 다름 아니다. 돌봄의 최대 가치는 사람 섬김이다.

참고문헌

경향신문. 2011. "노인요양기관 불법 유인, 알선 땐 처벌." (2011.8.9.).

공병혜. 2008. "보살핌의 학문과 철학." 『범한철학』 48: 323-344.

금장태. 1982. 『한국 유교의 재조명』. 전망사.

김경희. 2009. "성별화된 저임금 돌봄노동의 재생산 과정 연구: 비공식 부문의 돌봄 노동을 중심으로." 『아시아여성연구』 48(2): 147-184.

김영태 외. 2009. "요양시설과 재가시설의 요양보호사 직무만족에 관한 연구." 『노인복지연구』 46: 53-76.

모스, 마르셀(Mauss, Marcel). 2002. 『증여론』. 이상률 옮김. 한길사.

에스핑-앤더슨(Esping-Andersen, G). 2006. 『복지체제의 위기와 대응』. 박시종 옮김. 성균관대학교출판부.

오세근. 2010. "요양보호사 수발노동의 실태와 노동조건 개선을 위한 정책 과제." 『사회연구』 20: 101-136.

이상익. 2001. 『유가사회철학연구』. 심산.

장혜경 외. 2007. 『공식 영역의 돌봄노동 실태조사』. 한국여성정책연구원.

조혜정. 2006. "후기 근대적 위기와 돌봄 국가적 패러다임 전환을 위한 시론." 『사회과학논집』 37(1): 71-97.

최희경. 2009. 『노인에 대한 사회적 돌봄과 돌봄 서비스의 질 보장』. 집문당.

——. 2010. "노인요양시설 요양보호사가 인식하는 좋은 돌봄에 대한 연구."

『노인복지연구』 48: 31-58.

허라금. 2006. "보살핌의 사회화를 위한 여성주의의 사유." 『한국여성학』 22(1): 115-145.

——. 2008. "여성 이주 노동의 맥락에서 본 보살핌의 상품화." 『시대와 철학』 19(4): 231-264.

황보람. 2009. "사회적 돌봄 정책의 성격 규명에 관한 이론적 연구: 복지국가의 공사 구별정치경제." 『사회복지정책』 36(4): 1-26.

Brechin, A. 1998. *What Makes for Good Care.* London: Sage Publications.

Bussemaker, J. and Kess van Kersbergen. 1994. "Gender and Welfare States: Some Theoretical Reflections." in D. Sainsbury(ed.). *Gendering Welfare State.* London: Polity.

Cox, C. B. 2004. *Community Care or an Aging Society: Issues, Policies, and Services.* Springer Publishing Company.

Daley, M. and Jane Lewis. 2000. "The Concept of Social Care and the Analysis of Contemporary Welfare State." *British Journal of Sociology* 51(2): 281-298.

Kittay, E. F. 2001. *From Welfare to a Public Ethic of Care.* New Jersey: Rutgers University.

Mahon, R. 2002. "Child Care: Toward What Kind of Social Europe." *Social Politics* 9(3).

Marshall, G. 1963. *Sociology at the Crossroads.* London: Heinemann.

Stone, D. 2000. *Care Work: Gender, Labour and the Welfare State.* London: Routledge.

Taylor-Gooby, P. F. 2004. *New Risks, New Welfare.* Oxford University Press.

Thomas, C. 1993. "De-Constructing Concepts of Care." *Sociology* 27(4): 649-669.

Tronto, J. C. 2008. "Book Review: The Ethic of Care." *Hypatia* 23(1): 211-217.

Vivekanandan, B. and N. Kurian. 2005. *Welfare States and the Future.* Palgrave Macmillan.

眞田是(사나다 타다시). 1995.『社會福祉の今日と明日』. かもがわ出版.

『論語』.
『孟子』.
『周易』.

결 론

정학섭(전북대학교 사회학과)
신종화(서울과학종합대학원 경영학과)

독일의 철학자이자 사회학자인 하버마스는 유럽연합의 경제적 · 재정적 위기를 언급하면서, "초국가적 민주주의는 세계사회의 정치조직으로서 좋은 사례가 될 수 있는 기회로 작동한다"고 주장한다(Habermas, 2011). 그는 일찍이 1970년대 중반에 시스템적으로 해석되는 부정적 관점의 위기와 함께 행위론적으로 필요한 개입과 변화추동의 필요성에서 "위기는 또 다른 측면에서 다른 의미의 기회"라고 강조한다(Habermas, 1975).

위기危機는 영어 crisis의 어원에 해당하는 그리스어 krisis에 그 뿌리를 두고 있다. krisis는 '큰 일의 등장 내지 발생'을 의미한다. 그래서 '위기는 기회'라고 할 때 우리는 '위危-기機-회會'의 연상구조를 받아들일 수 있다. 이 같은 상황 인식은 곧 위기는 실천적 대응과 연관돼야 한다는 행위론적 관점을 수용하게 되는 것이다.

작금에 이르러 우리 사회에서 '한국 사회의 위기'라는 용어는 다소 상투적이기도 하다. 구체적 현실에 대한 과학적 분석 차원을 떠나 오늘날의 시대 상황, 어떠한 시기나 구체적 국면에 대한 수사적修辭的 표현에 머무르고 있기도 하다. 다소 상투적이고 진부하기는 해도 그렇다고 하여 위기에 놓여 있는 객관적 상태를 부정하거나 방치해 둘 수도 없다. 2010년대 중반을 지나며 우리가 당면하고 있는 정치 · 경제 · 사회 · 문화적 현상은 그야말로 복합적이고 중층적으로 위기 상황이기 때문에 더욱 그렇다.

'한국 사회의 위기'에 대한 논의는 다양하고 복합적이라 볼 수 있다. 구조적 위기, 문화적 위기, 가치지향의 위기, 체계system의 위기, 환경과 생태의 위기, 정체성과 통합의 위기, 결혼과 가족 친밀성의 위기, 저출산 고령사회의 위기, 사회적 양극화와 세대 격차의 위기 등등. 이 같은 양상의 쟁점들에 대해 사회과학 내지 사회학적 관점에서 과학적으로 분석하고 진단하여 대안을 추구하는 기존의 성과들도 나름대로 축적되고 있다.

그런데 이들 논의 내지 담론들의 대부분은 다분히 근대 내지 탈근대론의 서구적 관점들에 근거하고 있다. 이 같은 접근 내지 시각 자체가 잘못되었다거나 별무소용이라고 볼 수는 없다. 그럼에도 불구하고 우리 한국 사회가 당면한 제반 위기 현상에 대해 우리 고유의 전통적 관점과 사상의 측면에서 현상의 본질을 진단하고 대안을 모색하려는 시도는 잘 이루어지지 않고 있다. 기존의 시도들은 대체로 원론적이며 당위적인 차원에 머무르고 있는 실정이라 할 수 있다. '위기의 한국 사회'에 대한 인문학적 문명비판은 다수 제기되어 왔지만 사회과학적 진단 및 처방과는 결합하고 있지 못한 것이다.

그리하여 우리 동양사회사상학회는 이러한 문제의식을 지니고 오늘날 한국 사회 위기 현상에 대해 접근해 보려고 한다. 우리 사회와 동양사회의 전통적이고 고유한 사유체계와 사상의 틀을 비롯하여 서구의 표준사회학적 관점을 동원하여 새로운 분석과 성찰의 지평을 개척해 보려는 것이기도 하다. '동양사회사상'의 관점, 나아가 이와 관련된 인식 및 비판의 지평에서 '한국 사회의 위기' 현상을 분석 진단하고 성찰하여 대안을 모색해 보려고 한 것이다.

우리 한국 사회는 오늘날 급속하게 고령사회로 치닫고 있다. 이와 함께 혼자 사는 사람들의 폭발적 증가와 그 위험은 엄혹한 우리의 현실이자 당면과제이기도 하다. 고령사회로의 급속한 진전과 더불어 1인 가구의 증가 현상이 공론화되는 경우, 부정적 측면의 사회문제, 자기중심주의와 파편화의 징후, 공적 생활의 약화로 해석하는 것이 일반적 경향이기도 하다(클라이넨버그, 2013:17-21).[1]

한편, 한국 사회는 갖가지 폭력과 중독의 위험risk에 노출되어 있고, 한국인들은 존재론적 불안 속에서 안전감을 확보하려 진력盡力한다. 누군가와 어떤 형태로든 접속하려 하며 후기 근대적 존재의 취약성과 파편화를 경험하면서도 갖가지 방식으로 친밀성을 추구하고 있다.

근대사회 이후 친밀성intimacy의 구조변동은 사회경제적 구조변동과 가족구조 변화 등에서 비롯된다. 근대적 생활양식life style은 지역공동체와 일차적 친족관계의 전통적 결속 및 유대를 약화시킨다. 이와 함께 상대적으로 사랑 · 결혼 · 가족에 대한 개인주의적 가치를 증대시킨다. 20세기 후반에 이르러 일반 생활 및 교육 수준이 향상됨으로써 사람들은 자기 자신의 내면과 자기를 둘러싼 사적 관계와 네트워크들networks에 대해 성찰적 태도를 갖게 된다. 또한 개인들은 삶의 잣대와 행위의 준거틀을 점점 더 개인적 차원으로 내면화하려고 한다.

오늘날 사람들과의 관계 및 행위와 관련한 지식 및 정보와 삶의 조건들 또한 근본적으로 변하고 있다. 인터넷이 내장된 스마트폰이 빠르게 확산되고 있다. 트위터나 페이스북과 같은 SNSSocial Network Service를 통한 커뮤니케이션, 실시간 e메일 확인과 응답 또한 일상적 현상이 되고 있다. 사람들 간의 소통은 더욱더 빨라지고, 더 많은 사람들과 연결되고 있다. 그런데 소통을 촉진하고 만남을 네트워킹하는 스마트폰이 대화의 부재, 소

---

1) 이 부분은 정학섭 외(2014: 4-13)를 참고하여 재구성하고 수정 보완한 것임.

통의 단절 문제를 야기하는 것이다(정학섭 외, 2014).

영국의 사회학자 기든스(A. Giddens)는 현대사회의 개개인이 안정된 자아정체성을 갖기 위해서는 신뢰를 기반으로 하는 '존재론적 안전감ontological security'이 필수적이라고 주장한다(기든스, 2010). 우리는 누군가와 '연결connection'되어 있음을 확인함으로써 안정된 자아정체성self-identity을 확보한다. 가족의 일원이라는 연대감, 또래집단과의 친밀한 우정friendship, 직업 및 종교조직의 공동체 구성원으로 인정받는 안전감 등은 인간이 '존재론적 안전감'을 느낄 수 있는 기본 조건이기도 하다. 그래서 우리는 일상에서 누군가와 몸과 마음으로 연결되려 하고, 신뢰할 수 있고 친밀한 누군가와 끊임없이 접속하고자 열망하는 것이다.

한편, 인터넷이나 트위터, 페이스북Facebook 등 소셜미디어를 통해 익명 또는 실명으로 자기 존재를 과시하며 대중의 감정과 심리를 이용하려는 사람들이 점증漸增하고 있다. 사회심리학적 관점에서 이들 중에는 자아도취narcissism에 사로잡힌 나머지 과도한 자기 확신과 기만을 생존의 방책으로 삼는 경우가 많다고 볼 수 있다. 가상공간에선 과장되고 왜곡된 과시 행위가 더 많은 관심을 불러 모을 수 있다. 일탈적 행위를 통제하는 장치가 작동하지 못하는 상황에서 과대망상, 적개심, 충동적 행동 등이 난무하게 되는 것이다. 이들이 활동범위를 확장시킬 수 있는 것은 소셜네트워크서비스SNS가 폭발적으로 증가함으로써 이들에게 생산성 도구를 제공해 주고 있기 때문이기도 하다.

가상공간이나 SNS엔 왜 이렇게 적대적 음모와 증오의 파도가 넘실대며 자정自淨의 통제력은 작동하지 않는 것일까? 『루머론*On Rumor*』의 저자, 캐스 선스타인Cass R. Sunstein 하버드대 교수는 그 원인 중의 하나로 '편향동화偏向同化'와 '집단 극단화group polarization'를 지적하고 있다(선스타인, 2009). 판단을 내릴 때 타인에 의존하는 '사회적 폭포효과social cascades'와 함께 같은 생각을 가진 사람들끼리 루머를 강화시키는 '집단 극단화'라는 두 경로로 루머가 전파된다는 것이다.

이 같은 방식으로 대중의 감정을 동원하고 확산시킴으로써 소기의 목적을 달성하려는 시도들은 냉철한 성찰적 기획(기든스, 2010)의 대상이 되어야 할 것이다. 선스타인은 파괴적인 거짓 루머를 유포하는 자들의 활동을 억제시키기 위해 위축효과chilling effect가 필요하다고 주장한다. 거짓 루머를 위축시킬 수 있는 제도적 · 문화적 장치와 표현의 자유 사이에 어떻게 균형을 확보할지는 향후 사회학적 연구의 중요한 과제이기도 하다.

우리들 온라인과 오프라인에는 반이성적이고 중독적인 유해 정보가 뒤섞여 떠다닌다. 누군가의 주장처럼 "은밀한 생각과 공식적 발화發話, 정파적 이해와 국가적 가치, 이로움과 해로움처럼 상극하는 영역의 소리가 제자리를 못 찾고 뒤엉켜 시끄럽다. 세종대왕이 우려한 대로 이만하면 가히 망국지음亡國之音 수준"이라 아니할 수 없다.

이 같은 상황의 위기를 더욱 절망하게 하는 것이 작금의 정치 현실이다. 2016년 제20대 국회의원 총선 국면에 이르기까지 지금껏 여야는 '정치적 내전內戰'으로 지새우고 있다. 생산적 담론은 팽개쳐 두고 사사건건 대척하여 원수처럼 으르렁대며 서로 잡아죽일 듯이 맞서고 있다. 정치 현상이 국론을 파편화시키고 백성들도 서로 진영을 달리하며 서로가 서로를 증오하고 있다.

이러한 사회적 관계의 성격 변화와 사회구조 변동의 위기 속에서 우리는 황폐해진 개인의 사회적 관계와 사회적 재구성을 어떻게 새롭게 구축할 수 있을 것인가? 앞으로만 구르는 바퀴처럼 물러섬을 배제하고 굉음을 쏟아내며 광속도로 질주하는 후기 근대적 삶 속에서 우리 존재의 정체성은 무엇이며 어디로 지향하고 있는 것인가?

지상의 고통을 줄여주기는커녕 서로의 상처를 깊이 후벼파는 존재상실 속에서 우리는 2천년 전의 고대 풍경을 떠올려 본다. 춘추전국시대에 제자백가들은 전쟁과 두려움에서 벗어나 진정한 사랑과 평화의 문법을 찾을 수 있는 대안을 사상적으로 추구할 때 그들 자신의 학문 방법을 길, 즉 도道라고 명명한다. 당대 지식인들의 철학적 · 사상적 울부짖음(백가쟁명百家爭鳴)처럼 우리는 동양사회사상에서 인간의 위기 현상과 고통을 제대로 진단 · 치유할 수 있는 사회학적 상상력을 도출해 내려고 한다. 그래서 우리는 후기 근대적 한국 사회의 위기 현상과 문제, 그 대안에 대해 동양사회사상의 성찰적 관점에서 살펴보고자 한 것이다.

한국 사회의 위기를 논의할 때 우리는 새삼 개개인이나 조직 단위 모두 그 지위에 걸맞은 역할을 다하고 있는지를 성찰하지 않을 수 없다. 저마다의 사회적 지위 내지 직책에 따른 규범과 의무를 적절히 수행하고 있는가의 문제이다. 논어 안연편에서 공자는 "군주는 군주답고 신하는 신하다워야 하며, 아비는 아비답고 자식은 자식다워야 한다君君臣臣父父子子"고 주장한다. 또한 자로편에서 "정사를 하려고 할 때 무엇을 먼저 해야 하는가?"를 묻는 제자 자로에게, "반드시 그 이름에 걸맞게 바로잡아야 한다必也正名乎"고 강조한다. 이른바 각득기소론各得其所論이다.

오늘날 우리 시대의 위기 양상은 저출산 고령사회의 문제, 헬조선과 N포 세대 운운의 청년 세대 고용 절벽의 문제, 가치 및 이념 지향의 갈등 등등 다양하게 나타나고 있다. 이러한 문제들과 위기들에 대처하기 위해서도 우리는 이러한 정명사상正名思想을 제시하지 않을 수 없다. 시편의 저자가 읊고 있듯이, 전전긍긍戰戰兢兢 · 여림심연如臨深淵 · 여리박빙如履薄氷의 자세로 위기에 대응하고 탐구하려는 것이다.

참고문헌

기든스, 앤서니(Giddens, Anthony). 2003. 『현대사회의 성 · 사랑 · 에로티시즘』. 배은경 · 황정미 옮김. 서울: 새물결.

————————————. 2010. 『현대성과 자아정체성: 후기 현대의 자아와 사회』. 권기돈 옮김. 서울: 새물결.

선스타인, 캐스(Sunstein, Cass R.). 2009. 『루머: 인터넷시대에 던지는 신 문명비판』. 이기동 역. 서울: 프리뷰.

정학섭. 2015a. "친밀성의 위기와 순수지속의 사상적 성찰." 『사회사상과 문화』 18권 3호. 동양사회사상학회

———. 2015b. "관계와 친밀성의 유가사상적 관점." 『공감과 배려: 더불어 사는 사회를 위한 조건 자료집』. 안동: 21세기 인문가치포럼 2015.

정학섭 외. 2014. 『사회학적 관심의 동양사상적 지평』. 서울: 다산출판사.

카, 니콜라스(Carr, Nicholas G.). 2011. 『생각하지 않는 사람들』. 최지향 옮김. 서울: 청림출판.

클라이넨버그, 에릭(Klinenberg, Eric). 2013. 『고잉 솔로 싱글턴이 온다』. 안진이 역. 서울: 더퀘스트(길벗).

『大學』.

『中庸』.

『論語』.

『孟子』.

『周易』.

Habermas, Jürgen. 1975. *Legitimation Crisis*. Boston: Beacon Press.

——————————. 2011. *The Crisis of the European Union: A Response*. translated by Ciaran Cronin. Cambridge: Polity Press.

〔저 자 약 력〕

김미경
서강대학교 사회학과 및 동 대학원 석사 졸업, 독일 보쿰(Bochum)대학 사회과학부 박사
한국사회학회 대외협력위원장, 여성학회 이사
현 여성학회 대외협력위원장, 동양사회사상학회 운영위원
여성정책, 노동사회학, 사회복지사상 전공
"여성주의적 유토피아, 그 대안적 미래", "여성노동시대-일가정양립을 위한 여성주의적 사회복지" 등 저술

김보경
계명대학교 사회학과 대학원 졸업
현 계명대학교 한국학연구원 전임연구원
동양사회사상, 유교사회학, 생태사상 등 전공
"유교소외론의 이념형적 구성과 그 적용", "동양사상과 현대적 가치"(공저) 등 저술

박수호
고려대 사회학과 학부 및 동 대학원 졸업
성균관대/중앙승가대/덕성여대 연구교수 역임
현 중앙승가대 불교사회과학연구소 연구위원 및 동양사회사상학회 편집위원장
불교사회학, 동양사회사상, 정보사회학 전공
"사이버커뮤니케이션과 종교적 정체성, 그리고 사회갈등", "조직 내 갈등관리와 불교상담 심리학의 과제" 등 저술

신종화
고려대학교 사회학과 문학사
헬싱키경제대학 E-MBA
워릭대학교 사회학박사
동양사회사상학회 총무이사 역임
현 서울과학종합대학원대학교 경영학과 교수
사회이론과 사상, 사회변동, 빅데이터학 전공
"경험된 미래로서의 고(古)", "한국의 현대성과 경제민주화: 사회사상의 쟁점" 등 저술

오세근
전남대학교 사회학과, 히로시마 대학교 사회학 박사
현 동신대학교 사회복지학과 교수
동양사회 사상 및 사회복지 사상 전공
"불교복지 행복과 대화하다", "사회학적 관심의 동양사상적 지평" 등 저술

유승무
한양대학교 사회학과 학부, 한국학중앙연구원 석사, 한양대학교 사회학과 박사
동양사회사상학회 부회장
중앙승가대학교 불교사회학부 교수
동양사회사상 및 사회이론 전공
“불교사회학”, “오늘의 사회이론가들”, “현대사회와 베버 패러다임” 등 저술

이동일
부산대 사회학과 학부 및 동 대학원 졸업
일상생활연구소 사무국장
현 창원대 사회과학연구소 전임연구원
공동체사회학, 동양사회사상, 사회심리학 전공
“공동체 있어서 유교적 가치의 함의”, “일상생활의 사회학적 이해”, “한국인의 술문화와 술집의 변천” 등 저술

이명호
한양대 사회학과 학부 및 동 대학원 졸업
현 한양대 사회학과 강사
동양사회사상, 종교(불교)사회학, 역사사회학 전공
“근대이전 한국사회의 종교와 신앙”, “근대전환기 종교영역의 변화와 사회인식” 등 저술

이현지
계명대 사회학과 대학원 졸업
동양사회사상학회 편집위원장 역임, 국제화하의약회 부회장
현 계명대 교양교육대학 교수
동양사회사상, 의료사회학 전공
“동양사상과 탈현대의 발견”, “동아시아 전통의학의 현대화” 등 저술

정승안
부산대 사회학과 학부 및 대학원 졸업, 사회학 박사
동명대학교 자율전공학부 교수
동양사회사상학회 총무이사, 한국종교사회학회 이사
동양사회사상, 종교사회학, 일상생활사회학
“역(易)과 점(占)의 사회학”, “신자유주의적 세계화와 한국불교의 대응” 등 저술

정학섭
서울대학교 사회학과 학부 및 대학원(석박사) 졸업
한국사회학회 이사, 환경사회학회 감사 등 역임
현 동양사회사상학회 회장(2011~)
현 전북대학교 사회학과 교수
사회계층론, 동양사회사상, 결혼과 가족사회학 전공
"사회학적 관심의 동양사상적 지평", "한국의 사회사상" 등 저술

최석만
고려대 사회학과 학부 및 동 대학원 졸업
미국 펜실베이니아 주립대 사회학 박사
한국사회학회 총무, 동양사회사상학회 회장 역임
현 전남대 사회학과 교수
동양사회사상, 정치사회학, 이론사회학, 미래사회학 전공
"별유천지", "유교 문화와 민주주의" 등 저술

최우영
연세대 사회학과 학부 및 동 대학원 졸업
한국사회학회 이사, 동양사회사상학회 편집위원장 역임
현 전북대 사회학과 교수
동양사회사상, 종교사회학, 사회학이론 전공
"유교윤리와 한국 자본주의 정신", "아프가니스탄 피랍사태를 통해 본 한국사회의 종교 갈등" 등 저술

홍승표
고려대 사회학과 학사 및 석사, 아이오아주립대 박사
동양사회사상학회 편집위원장 역임
현 계명대 사회학과 교수
동양사회사상, 탈현대사회이론 전공
"깨달음의 사회학", "노인혁명", "동양사상과 탈현대적 삶", "주역과 탈현대 문명" 등 저술

〔출 전〕

김미경, '생태 왜 시대의 화두인가?' "불교사회복지연구" 6, 한국불교사회복지연구소, 2008(수정 · 재편집).

김보경, '유교 사상으로 본 한국인의 자살과 중독', "동양사회사상" 제25집, 2012(수정 · 재편집).

박수호, '사이버공간의 갈등과 폭력: 대안적 불교윤리의 모색', "비폭력연구" 제3집, 2010(수정 · 재편집).

오세근, '현대 복지국가의 돌봄 위기에 대응하는 유교 사상의 정책 담론 도출에 관한 연구: 노인에 대한 좋은 돌봄의 이념 구상을 중심으로', "동양사회사상" 제24집, 2011(수정 · 재편집).

유승무, '위기의 사회와 불교', "사회사상과 문화" 제19권 1호, 동양사회사상학회, 2016(게재 예정) .

이동일, '현대사회의 위기와 대안공동체', "사회사상과 문화" 제18권 4호, 2015(수정 · 재편집).

이명호, '공동체의 위기와 복원에 관한 탐색적 연구: 향촌공동체와 마을공동체를 중심으로', "사회사상과 문화" 제19권 1호, 2016(게재 예정).

이현지, '현대사회 노인 위기의 진상과 극복 방안', "사회사상과 문화" 제18권 4호, 2015(수정 · 재편집).

정승안, '일상위기탈출의 기예로서의 점복의 사회학적 함의', "사회사상과 문화" 제19권 1호, 2016(게재 예정).

정학섭, '친밀성의 위기와 순수지속의 사상적 성찰', "사회사상과 문화" 제18권 3호, 동양사회사상학회, 2015(수정 · 재편집).

최우영, '긴장과 갈등의 유교', "동양사회사상" 제7집, 2003(수정 · 재편집).

홍승표, '현대 세계관과 현대문명의 위기', "동양사상과 탈현대적 삶", 2011(수정 · 재편집).

현대사회의 위기와 동양사회사상

2016년 2월 28일 제1판 1쇄 발행
2016년 7월 5일 제1판 2쇄 발행

저 자 최석만 · 정학섭 외
발행인 강희일 · 박은자

발행처 **다 산 출 판 사**

서울특별시 마포구 용강동 494 - 85
등 록 1979. 6. 5. 제 3-86 호(윤)
전 화 717-3661~2, 718-1751~2
FAX 716-9945
조 판 민하디지탈아트

정가 19,000원 파본은 바꾸어 드립니다.

http://www.dasanbooks.co.kr
ISBN 978-89-7110-511-5 93330